中华传世藏书

【图文珍藏版】

永樂大典

精華本

[明]解縉 等⊙原著

刘凯⊙主编

第一册

綫裝書局

图书在版编目（ＣＩＰ）数据

永乐大典：精华本：全6册 / (明) 解缙等原著；
刘凯主编. -- 北京：线装书局, 2016.1
ISBN 978-7-5120-1991-1

Ⅰ.①永… Ⅱ.①解… ②刘… Ⅲ.①百科全书－中
国－明代 Ⅳ.①Z224

中国版本图书馆CIP数据核字(2015)第249952号

永乐大典（精华本）

原　　著：	［明］解　缙　等
主　　编：	刘　凯
责任编辑：	高晓彬
装帧设计：	博雅圣轩藏书馆 Boyashengxuan Cangshuguan
出版发行：	线 装 书 局
地　　址：	北京市西城区鼓楼西大街41号（100009）
电　　话：	010-64045283（发行部）　64045583（总编室）
网　　址：	www.xzhbc.com
经　　销：	新华书店
印　　制：	北京彩虹伟业印刷有限公司
开　　本：	787mm×1092mm　1/16
印　　张：	168
字　　数：	2040千字
版　　次：	2016年1月第1版第1次印刷
印　　数：	0001－3000套

定　　价：1580.00元（全六册）

明成祖朱棣

　　朱棣（1360～1424）是明太祖朱元璋之子，初被封燕王，1398 年起兵，经过四年内战夺了侄子的皇位。即位后五次北征蒙古，追击蒙古残部，缓解其对明朝的威胁；疏通大运河；迁都并营建北京，作为历史上第一个定都北京的汉人皇帝，奠定了北京此后 500 余年的首都地位；组织学者编撰长达 3.7 亿字的百科全书《永乐大典》；设立奴儿干都司，以招抚为主要手段管辖东北少数民族。

　　明成祖朱棣是历史上争议颇大的一位帝王，他立有不世之功，创造了明初盛世，但他好大喜功，多疑好杀，手上沾满了鲜血，总体来说是功大于过。

解缙、姚广孝编撰《永乐大典》

解缙，洪武二十一年进士，授中书庶吉士，进文渊阁，领修《永乐大典》，晋翰林学士兼右春坊大学士，后贬为广西参议，改贬交趾。八年入奏事南京，后为李至刚等所谮，死于狱中，年47岁。

姚广孝，明成祖朱棣自燕王时代起的谋士，"靖难之役"的主要策划者。通儒、道、佛诸家之学，善诗文。广孝一直不蓄发，不娶妻，为出家之人，八十五岁病故，葬于北京房山崇各庄，现有墓塔留存。

《永乐大典》编撰于明永乐年间，初名《文献大成》，是中国百科全书式的文献集，全书 22,937 卷（目录占 60 卷），11095 册，约 3.7 亿字，这一古代文化宝库汇集了古今图书七八千种。后《永乐大典》惨遭浩劫，大多亡于战火，今存不到 800 卷。《永乐大典》作为世界上著名的百科全书，显示了古代汉族文化的光辉成就，是一部集大成的旷世大典。永乐年间修订的《永乐大典》原书只有一部，现今存世的皆为嘉靖年间的抄本。明世宗十分喜欢《永乐大典》，经常随身携带，翻阅查找验方。

大明奇才解缙《自书诗卷》

　　解缙书法艺术成就很高，本幅共录自作诗7首，是解缙于1407～1410年在广西、交阯为官期间所作。作品创作于永乐八年（1410年），时解缙42岁，恰从遥远的边陲入京奏事。之后不久即被陷入狱，5年后惨死狱中。此卷书法纵横超逸，奔放洒脱，点划出规入矩，绝无草率牵强处。章法经营尤见匠心，全篇一气呵成，神气自备，显示出解缙驾御长卷游刃有余的不凡功力。从卷末自识中流露出解缙本人对此卷也是颇为得意的。他把这件得意之作送给祯期，祯期为解缙兄解纶之子，以书名，不失门风。

姚广孝墓塔及神道碑

　　姚广孝是明永乐皇帝的谋士，在其死后朱棣追赠推诚辅国协谋宣力文臣特进荣禄大夫上柱国荣国公，谥恭靖。

　　姚广孝墓塔，位于北京城西南房山区常乐寺村，建于明代永乐年间。为八角九级密檐式砖塔，高约33米。须弥座塔基束腰部分雕寿字纹和花卉，四正面雕假门，四侧面雕假窗。塔身往上是九层叠涩檐，各角都悬铜铃，塔刹铁制，整个塔身轮廓清秀而挺拔，充分体现出明代塔的建筑风格。

　　塔前立有明成祖朱棣"敕建姚广孝神道碑"一座，碑立于宣德元年(1426)，高4米，宽1.1米，厚0.33米。该塔已经成为北京重要的佛教文化研究遗址，并且列为"北京市重点文物保护单位"。

解缙墓

解缙墓位于江西吉水县仁寿乡。嘉靖年间，当时的吉水知县罗黄裳因担心河岸坍塌殃及解缙墓，遂下令将解缙墓迁移至县城东门外的东山亭，如今为江西吉水县气象局的大院一隅。解缙墓南北长500米，庄严肃穆，墓前有名人石刻，及石门、石人、石马、石羊、石狴等众多的石像。正面碑石上是楷体书写的"解文毅公之墓"六个字。碑石上面是"明右春坊大学士"一行大字，两侧是一副对联："太平十策纾民意，永乐大典惠斯文"。江西省人民政府于1987年12月28日公布解缙墓为"江西省文物保护单位"。

三友百禽图

明代画院派花鸟画的鼻祖边景昭的这幅《三友百禽图》，绘寒冬季节，坡石旁两枝翠竹耸立上伸，梅枝从左上部与竹枝交叉斜插而下，枝头梅花点点竞放，其上布置各类禽鸟百余只。禽鸟或飞或鸣，或嬉或息，呼应顾盼，仰俯侧反，各尽其态，传神入妙。由于画家巧于在繁复的构图中穿插遮隐，使得禽鸟虽多却不乱。画家将象征傲霜耐寒高尚品的"三友"与多姿多彩的"百禽"画在一起，显然有其深意，此图实为隐喻百官朝拜天子，呈现顺承天意之象。

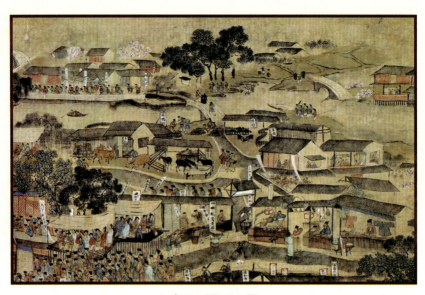

南都繁会图

　　《南都繁会图》生动地描绘了当时南京的盛况。画面以城中的南市街和北市街为中心，表现纵横的街市店铺林立，标牌广告林林总总，车马行人摩肩接踵；图卷绘制有1000多个职业身份不同的人物，描绘有109个商店的招幌匾牌，充分反映了明代社会经济和生活的面貌。

朝元仙仗图

　　《朝元仙仗图》描绘诸神朝拜道教始祖元始天尊的场面。有肃穆庄严的帝君，有威武凶悍的天将，有文雅美丽的玉女，有翩翩欲仙的真人。线条流畅，衣纹稠叠，临风飘扬，似在空中。人物仪态不同，头饰仪仗各异，成功地表现出帝君的庄严、神将的威武和仙女的丰姿。

前　言

　　《永乐大典》成书于1408年,距今已有600多年的历史。世人关注这部书,不仅仅在于古籍本身的价值,还在于它经历了600多年的风风雨雨,里面有许多民族感情蕴藏其中。

　　明洪武二十一年(1388),明太祖朱元璋就想修纂一部"编辑经史子集百家之言为《类书》"的大型类书,但由于新朝初定百废待举,这个想法没有付诸实施。永乐元年(1403),明成祖朱棣认为:"天下古今事物散载诸书,篇帙浩繁,不易检阅",命令解缙等人组织儒士,编纂一部大型类书,并规定了编纂宗旨:"凡书契以来经史子集百家之书,至于天文、地志、阴阳、医卜、僧道、技艺之言,备辑于一书,毋厌浩繁!"大学士解缙接到明成祖的命令后,立即着手编辑此书,奉旨召集文士147人,夜以继日,一年后就完成了任务。明成祖赐书名《文献大成》,但是对书却极不满意,认为"所纂尚多未备"。于是又在永乐三年(1405)再命姚广孝、郑赐、刘季篪、解缙等人重修,并召集朝臣文士、四方宿学老儒2196人,分别担任编辑、校订、抄写、绘图、圈点等工作。为了编纂此书,明成祖允许编纂者调用皇家图书馆文渊阁的全部藏书,还派人到各地搜采图书,为编纂图书提供了充分的保障。

　　《永乐大典》编纂时首先采用皇家图书馆文渊阁的藏书,同时又派人分赴各地采购图书,共集中了经、史、子、集、释藏、道经、戏剧、评话、工技、农艺各类图书七、八千种,按《洪武正韵》将所辑图书,一字不易,整部、整篇或整段分别编入。1408年冬,书成进呈。整部书的规模一共是22877卷,还有60卷目录装订成册,共11095册,比现在存世最大的类书《古今图书集成》还多出近13000卷。因此说《永乐大典》不仅篇幅巨大,收集广泛,而且缮写工整,书中正文全部用毛笔以楷书写成,每半页八行,大字占一行,小字抄成双行,每行28个字。另外,书中插图精美,山川地形皆以白描手法绘制图形,形态逼真,书为硬裱书面,由粗黄布包着,典雅庄重,被誉为有史以来世界上罕见的珍品。

　　《永乐大典》的命运颇具戏剧色彩。可惜不是喜剧,而是悲剧。咸丰十年(1860),英法联军攻入北京,给《永乐大典》带来最大的劫难,洗劫了翰林院,有相当一部分被劫运到了英国,后藏于大英图书馆。到了光绪二十年,也就是1894年,11095册的《永乐大典》已仅存800余册。光绪二十六年(1900),八国联军侵犯北京,烧杀抢掠,《永乐大典》再度遭遇劫难。当时,慈禧仓皇西逃,留下义和团跟八国联军展开激战,位于北京西交民巷的翰林院也沦为战场,珍藏《永乐大典》的敬一亭被毁,玉石俱焚,藏书四散。在激烈的巷战中,八国联军用质地厚实的《永乐大典》代替砖头,修筑防御工事,甚至用来垫马槽,或作为"上马石"。更有甚者,当侵略者的炮车陷入泥泞时,竟用《永乐大典》垫道。而对东方文化稍微了解一二、知道此书价值的侵略者,又乘机肆意抢掠。当时任英使馆官员的威尔在《庚子使馆被困记》中写道:"使馆中研究中国文学者,在火光中恣情拣选,抱之而奔。"一个叫翟理斯的官员,拿走卷 13345 中的一册,送给他父亲作为纪念品。英人莫利逊从废墟瓦砾中取走 6 册。劫掠之后,他们还扬扬自得地说:"将来中国遗失之文字,或在欧洲出现,亦一异事也。"经历了八国联军的洗劫,清政府收拾残局时,清理出残存的《永乐大典》仅剩下 64 册,由京师图书馆收藏。新中国成立以后,国内一些公私收藏家纷纷把自己珍藏多年的《永乐大典》零册捐献给国家。中国政府不懈努力,从海外、民间相继收回一些,如 20 世纪 50 年代,苏联把沙俄和日本侵略者劫走的 64 册归还了中国,德意志民主共和国也归还了 3 册。据统计,流失到海外的《永乐大典》现在散藏在日本、美国、德国、韩国、越南的机构或个人手中,再加上国内中国国家图书馆收藏的 221 册,上海图书馆收藏的 1 册,台湾收藏的 60 册,现存于世的《永乐大典》计约 370 余册。

有关《永乐大典》散册最近的一次发现是在 1983 年,有人写信向中国国家图书馆反映,称山东掖县一位农民家里存有一册《永乐大典》。专家立刻前去察看,确认这册《永乐大典》确实是真正的原本,书的纸张也是古代上等的皮纸。原来,这册古籍是作为这户农家女主人 70 年前的嫁妆"陪嫁"过来的,是女主人用来压图样的。那时的农村,做鞋要剪纸样,剪好的纸样还要压平整,而这册古籍不但书大而且平整厚实,用来压纸样真是"物尽其用",再合适不过了。至于这册难得的国宝文献是如何流散到农家的,女主人也只说是祖上留下的。最终,这册《永乐大典》入藏国家图书馆。

《永乐大典》在成书的时候,是中国古代最大的一部类书。郭沫若先生曾经评价它是我国文化史上最早、最大的"百科全书",在世界文化史中也是出类拔萃的。中华书局张忱石先生专门研究《永乐大典》,他说"《永乐大典》是明成祖(朱棣)永乐年间编纂的一部大型百科全书……比法国狄德罗、达兰贝尔主编的百科全书和著名的《大英百科全书》都要早三百余年。"

总之,《永乐大典》不仅是我国文化遗产中的珍品,而且在世界文化史上也享有崇高的地位,广大读者难一睹其貌。有鉴于此,我们特别组织专家学者,遴选篇章,标点整理,以简体横排的形式出版这套《永乐大典》精华本,在整理的过程中,我们主要照顾了趣味性和多样性,主要为方便广大读者了解、阅读《永乐大典》,因此《永乐大典》中许多科技著作并未收录,同时在版式上,我们尽量照顾类书的特点,做到条目分明,整齐有序。我们相信,在中华民族走过千年兴盛、百年屈辱的历史后的今天,重新整理出版《永乐大典》精华本无疑具有重要的历史意义和现实意义。

目　录

中华传世藏书

永乐大典

精华本

二

中华传世藏书

永乐大典

精华本

五

中华传世藏书

永乐大典

精华本

中华传世藏书

永乐大典

精华本

一三

中华传世藏书

永乐大典

精华本

一四

中华传世藏书

永乐大典

精华本

一六

中华传世藏书

永乐大典

精华本

一八

中华传世藏书

永乐大典

精华本

中华传世藏书

永乐大典

精华本

二三

中
华
传
世
藏
书

永
乐
大
典

精华本

二
九

中华传世藏书

永乐大典

精华本

三五

中华传世藏书

永乐大典

精华本

三七

卷之四百八十 一东

忠 忠义十五

《辽史·耶律曷鲁传》：太祖为于越，秉国政，欲命曷鲁为迭剌部夷离堇。辞曰："贼在君侧，未敢远去。"

耶律敌鲁，字阳隐，孟父楚国王之后。性质直，多膂力。察割作乱，敌鲁闻之，入见寿安王，慷慨言曰："愿得精兵数百破贼党。"王嘉其忠。

契丹贵族出行图

讨古，字括宁，性忠简。应历初，始入侍。会冀王、敌烈宣徽使海思谋反，讨古与耶律阿列密告于上，上嘉其忠。

耶律海里，字留隐，令稳拔里得之长子。察割之乱，其母的鲁与焉，遣人召海里，海里拒之。

萧挞凛，字驰宁，幼敦厚，有才略，通天文。统和十二年，为阻卜都详稳，凡军中号令，太妃并委挞凛。师还，以功加兼侍中，封兰陵郡王。十五年，敌烈部人杀详稳而叛，遁于西北荒，挞凛将轻骑逐，因讨阻卜之未服者。诸蕃岁贡方物充于国，自后往来若一家焉，上赐诗嘉奖。

萧干，小字项烈，字婆典，北府宰相敌鲁之子。性质直。初察割之乱，其党胡古只与干善，使人召之。干曰："吾岂能从逆臣。"缚其人送寿王，王贼平，上嘉其忠。

《太宗纪》：天显十一年冬十一月，自戊戌至戊申，候骑两奏，南有兵至，复奏，西有兵至。命惕隐迪辇洼拒之，唐将张敬达，在围八十余日，内外隔绝，军储殆尽，至濯马粪，屑

木以饲马,马饥,至相啖其鬃尾,死则以充食。杨光远等劝敬达出降。敬达曰:"吾有死而已,尔欲降,宁斩吾首以降。"闰月甲子,杨光远、安审琦杀敬达以降。上闻敬达至死不变,谓左右曰:"凡为人臣当如此也。"命以礼葬。

《金史列传》:栾共子曰:"民生于三,事之如一。唯其所在,则致死焉。公卿大夫居其位,食其禄,国家有难,在朝者死其官,守郡邑者死城郭,治军旅者死行阵,市井草野之臣,发愤而死,皆其所也。故死得其所,则所欲有甚于生者焉。"金代褒死节之臣,既赠官爵,仍录用其子孙。贞祐以来,其礼有加,立祠树碑,岁时致祭,可谓至矣。圣元诏修辽、金、宋史,史臣议凡例,凡前代之忠于所事者,请书之无讳,朝廷从之。呜呼!仁哉,圣元之为政也。司马迁记豫让对赵襄子之言曰:"人主不掩人之美,而忠臣有成名之义。"至哉斯言。圣元之为政,足为万世训矣,作《忠义传》。

胡沙补,完颜部人,年三十五从军,颇见任用。太祖使仆刮剌往辽国,请阿疏实观其形势,仆刮剌还,言辽兵不知其数,太祖疑之,使胡沙补往,还报曰:"辽方调兵,尚未大集。"及见统军,使其孙被甲立于傍。统军曰:"人谓汝辈且反,故为备耳。"及行道中,遇渤海军,渤海军向胡沙补且笑且言曰:"闻女直欲为乱,汝辈是邪。"具以告太祖,又曰:"今举大事,不可后时,若俟河冻,则辽兵盛集来攻矣。乘其未集而亟伐之,可以得志。"太祖深然之。及破宁江县,战于达鲁古城,皆有功,赐以旗鼓,并御器械。高永昌请和,胡沙补往招之,取胡突古以归。高永昌诈降于斡鲁,斡鲁使胡沙补、撒八往报。会高祯降,言永昌非贞降者。斡鲁乃进兵。永昌怒,遂杀胡沙补、撒八,皆支解之。胡沙补就执,神色自若,骂永昌曰:"汝叛君逆天,今日杀我,明日及汝矣。"骂不绝口至死,年五十九。天会中,与撒八俱赠遥镇节度使。

特虎,雅挞澜水人,躯干雄伟,敢战斗。达鲁古城之役,活女陷敌,特虎救出之,攻照散城,辽兵三千来拒,特虎先登败之。攻卢葛营,麻吉堕马,特虎独杀辽兵数辈,掖而出之。赏赉逾渥。自临潢班师至辽河,余睹来袭,娄室已引去,特虎独殿,马毙乃步斗,娄室与数骑来救,特虎止之曰:"我以一死捍敌,公勿来,俱毙无益。"遂没于阵。皇统间,赠明威将军。

仆忽得,宗室子,初事国相撒改,伐萧海里有功,与酬斡俱招降烛偎水部族。酬斡为谋克,仆忽得领行军千户,从破黄龙府,战于达鲁古城,皆有功。宁江县渤海乙塞补叛,仆忽得追复之。天辅五年九月,酬斡、仆忽得往鳖古,阿藉军马烛偎水部实里古达等七人,杀酬斡、仆忽得,投其尸水中,俱年四十三。太祖悼惜,遣使吊赙加等。六年正月,斡鲁伐实里古达于石里罕河,追及于合挞剌山,杀四人,抚定余众。诏斡鲁求酬斡、仆忽得尸以葬。天眷中,赠酬斡奉国上将军,仆忽得昭义大将军。酬斡亦宗室子也,年十五,隶军从太祖伐辽,率涛温路兵,招抚三坦、石里、狼跋若、三水、鳖古城邑,皆降之。败室韦五百于阿良葛城,获其民众,至是死焉。

粘割韩奴,以护卫从宗弼征伐,赐铠甲弓矢战马。初太祖入居庸关,辽林牙耶律大石自古北口亡去,以其众来袭,奉圣州壁于龙门东二十五里,娄室往取之,获大石,并降其众。宗望袭辽主辎重于青冢,以大石为向导,诏曰:"辽赵王习泥烈、林牙大石、比王喝里

质、节度使讹里剌、孛堇赤狗儿、招讨迪六、详稳六斤、同知海里及诸官民,并释其罪。"复诏斡鲁曰:"林牙大石虽非降附,其为向导有劳,可明谕之。"时天辅六年也。既而亡去,不知所往。天会二年,辽详稳挞不野来降,言大石称王于北方,署置南北面官僚,有战马万匹,畜产甚众。诏曰:"追袭辽主,必酌事宜而行,攻讨大石,须俟报下。"三年,都统完颜希尹言:"闻夏人与耶律大石约曰:'大金既获辽主,诸军皆将归矣,宜合兵以取山西诸部。'"诏答曰:"夏人或与大石合谋为衅,不可不察,其严备之。"七年,泰州路都统婆卢火奏,大石已得北部二营,恐后难制,且近群牧,宜列屯戍。诏答曰:"以二营之故发兵,诸部必扰,当谨斥候而已。"八年,遣耶律、余睹、石家奴、拔离速追讨大石,征兵诸部,诸部不从。石家奴至兀纳水而还,余睹报元帅府曰:"闻耶律大石在和州之域,恐与夏人合,当遣使索之。"夏国报曰:"小国与和州壤地不相接,且不知大石所往也。"皇统四年,回纥遣使入贡,言大石与其国相邻,大石已死。诏遣韩奴与其使俱往,因观其国风俗,加武义将军,奉使大石。韩奴去后,不复闻问。大定中,回纥移习览三人至西南招讨司贸易,自言本国回纥邹括番部所居城,名骨斯讹鲁朵,俗无兵器,以田为业,所获十分之一输官。耆老相传,先时契丹至,不能拒,因臣之。契丹所居屯营,乘马行,自旦至日中始周匝。近岁契丹使其女婿阿本斯领兵五万,北攻叶不辇等部族,不克而还。至今相攻未已。诏曰:"此人非隶朝廷番部,不须发遣,可于咸平府旧有回纥人中安置,毋令失所。"是岁,粘拔恩君长撒里雅寅特斯,率康里部长孛古及户三万余求内附,乞纳前大石所降牌印,受朝廷牌印,诏西南招讨司遣人慰问,且观其意。秃里余睹通事阿鲁带,至其国,见撒里雅,具言愿归朝廷,乞降牌印,无他意也。因曰:"往年大国尝遣粘割韩奴自和州往使大石,既入其境,大石方适野,与韩奴相遇,问韩奴何人?敢不下马。韩奴曰:'我上国使也,奉天子之命,来招汝降,汝当下马听诏。'大石曰:'汝单使来,欲事口舌耶?'使人捽下,使韩奴跪,韩奴骂曰:"反贼,天子不忍于尔加兵,遣招汝,尔纵不能面缚请罪阙下,亦当尽敬天子之使,乃敢反加辱乎!,大石怒,乃杀之。"此时大石林牙已死,子孙相继西方,诸部仍以大石呼之。余睹阿鲁带还奏,并奏韩奴事,世宗嘉韩奴中节,赠昭毅大将军,召其子永和县商酒都监详古、汝州巡检娄室,谕之曰:"汝父奉使万里,不辱君命,能尽死节,朕甚闵之。"以详古为尚辇局直长,迁武义将军,娄室为武器署直长。

曹珪,徐州人。大定四年,州人江志作乱,珪子弼在贼党中,珪谋诛志,并弼杀之。尚书省议,当补二官杂班叙。诏曰:"珪赤心为国,大义灭亲,自古罕闻也。法虽如是,然未足以当其功。"更进一官,正用班之。

温迪罕蒲睹,为兀者群牧使。西北路契丹撒八等反,诸群牧皆应之。蒲睹闻乱作,选家奴材勇者数十人,给以兵仗,阴为之备。贼不得发,乃绐诸奴曰:"官阙兵器,愿借兵仗以应阅。"诸奴以为实然,遂借与之。明旦,贼至,蒲睹无以御之。贼执蒲睹而问之曰:"今欲反未?"蒲睹曰:"吾家世受国厚恩,子侄皆仕宦,不能从汝反而累吾族也。"贼怒,脔而杀之,子与孙皆遇害。是时迪翰群牧使徒单赛里、副使赤盏胡失答耶鲁瓦、群牧使鹤寿欧里不、群牧完颜术里骨、副使完颜辞不失卜迪不部、副使赤盏胡失赖速木典糺、详稳加古买住胡睹糺、详稳完颜速没、葛辖木糺、详稳高彭祖等皆遇害。鹤寿,郓王昂子,本名吾都

不，五院部人。老和尚率众来招鹤寿与俱反，鹤寿曰："吾宗室子，受国厚恩，宁杀我，不能与贼俱反。"遂与二子皆被杀。

讹里也，契丹人，为尚厩局直长。大定初，招谕契丹窝斡，叱令讹里也跪见，讹里也不从，谓曰："我朝廷使也，岂可屈节于汝等。早降可全性命，若大军至，汝辈悔将何及！"窝斡怒曰："汝本契丹人，而不我从，敢出是言。"遂害之。从行骁骑军士闰孙、史大、习马小底、颇答皆被害。三年，赠讹里也宣武将军，录其子阿不沙为外帐，小底、闰孙、史大皆赠修武校尉，颇答赠忠翊校尉。

纳兰绰赤，咸平路伊改河猛安人。契丹括里使人招之，绰赤不从。括里兵且至，绰赤遂团结旁近村寨为兵，出家马百余匹给之，教以战阵击刺之法，相与拒括里于改渡口，由是贼众月余不得进。既而括里兵四万人大至，绰赤拒战，贼兵十倍，遂见执，脔而杀之。诏赠官两阶，二子皆得用荫。

魏全，寿州人。泰和六年，宋李爽围寿州，刺史徒单义尽籍城中兵民，及部曲厮役，得三千余人，随机拒守坚甚。义善抚御，得众情，虽妇人皆乐为用。同知蒲烈古中流矢卒，义益励不衰，募人往斫爽营，全在选中，为爽兵所执。爽谓全曰："若为我骂金主，免若死。"全至城下，反骂宋主，爽乃杀之，至死骂不绝口。仆散揆遣河南统军判官乞住，及买哥等以骑二十人救寿州，去寿州十余里，与爽兵遇，乞住分两翼夹击爽兵，大破之，斩首万余级，追奔至城下，拔其三栅，焚其浮梁。义出兵应之，爽兵大溃，赴淮死者甚众，爽与其副田林仅脱身去，余兵脱者十之四。诏迁义防御使，乞住同知昌武军节度使事，买哥河南路统军判官，赠蒲烈古昭勇大将军，官其子图剌。赠全宣武将军、蒙城县令，封其妻为乡君，赐在州官舍三间，钱百万，俟其子年至十五岁，收充八贯石正班局分承应用。所赠官荫，仍以全死节送史馆，镂版颁论天下。

鄀阳，宗室子，为符宝祗侯完颜石古乃为护卫十人长。至宁元年八月，纥石烈执中作乱，入自通玄门。是日变起仓猝，中外不知所为。鄀阳、石古乃往天王寺，召大汉军五百人赴难，与执中战于东华门外。执中扬言曰："大汉军反矣，杀一人者赏银一锭。"执中兵众，大汉军少，二人不胜而死。须臾，执中兵杀五百人殆尽，执中死。诏削官爵，诏曰："宣武将军护卫十人长完颜石古乃，修武校尉符宝祗侯鄀阳，忠孝勇果，没于王事。石古乃赠镇国上将军、顺州刺史。鄀阳赠宣武将军、顺天军节度副使。尝从拒战，猛安赏钱五百贯，谋克三百贯，蒲辇散军二百贯，各迁两阶，战没者赠赏付其家。"石古乃子尚幼，以八贯石俸给之，俟年十五以闻。

夹谷守中，咸平人，本名阿土古。大定二十二年进士，历清池、闻喜主簿，补尚书省令史，除刑部主事、监察御史，修起居注，转礼部员外郎。大名治中，历嵩、琢、北京、临洮路按察副使，以忧去官。起复同知曷懒路兵马都总管府事，坐事谪韩州刺史，寻复同知平凉府事。大安二年，为秦州防御使，迁通远军节度使。至宁末，移彰德军。未行，夏兵数万入巩州，守中乘城备守，兵少不能支。城陷，官吏尽降。守中独不屈，夏人壮之，且诱且胁，守中益坚，遂载而西。至平凉，要以招降府人，守中佯许，至城下即大呼曰："外兵矢尽，且遁矣，慎勿降。"夏人交刃杀之。兴定元年，监察御史郭著按行秦中，得其事以闻。

诏赠资善大夫，本京留守，仍收其子兀毋为笔砚承奉。

石抹元毅，本名神思，咸平府路酌赤烈猛安莎果歌仙谋克人也。以荫补吏部令史，再调景州宁津令。有剧盗白昼恣劫为民害，元毅以术防捍，贼散去。入为大理知法，除同知亳州防御使事，被省檄录，陕右五路刑狱无冤人。复委受宋岁币故事，有私遗物，元毅一无所受。明昌初，驿召为大名等路提刑判官，以最迁汾阳军节度副使。时石岚间贼党啸聚，肆行剽掠，朝廷命元毅捕之，贼畏而遁。元毅追袭，尽殪之，二境以安。迁同知武胜军节度使事。别郡有杀人者，屡鞫不伏，元毅讯不数语，即具服。河东北路田多山坂硗瘠，大比时定为上赋，民力久困，朝廷命相地更赋，元毅以三壤法平之，民赖其利。改彰德府治中，寻以边警，授抚州刺史，会边将失守，刍粮马牛，焚剽殆尽。元毅率吏卒三千余人，出州经画军饷，卒与敌遇，州卒暨从吏坚请还，元毅曰："我辈责任边守，遇敌而奔，其如百姓何？纵得自安，复何面目朝廷乎？"遂执弓矢令，众感其忠，争为效死。元毅力战，射无不中敌，去而复合，元毅气愈厉，鏖战久之，众寡不敌，遂遇害，时年四十七。事闻，上深惊悼，赠信武将军，召用其子世绩侍仪司承奉。世勤后登进士第，奏名之日，上谓宰臣曰："此神思子耶？"叹赏者久之。元毅性沉厚，武勇过人，每读书见古人忠义事，未尝不嗟叹赏慕，喜动颜色，故临难能死所事云。

伯德梅和尚，泰州人也。性鲠直，尚气节。正隆五年，收充护卫，授曷鲁椀群牧副使，未几复召为护卫十人长，改尚厩局副使，迁本局使，转右卫将军拱卫使。典尚厩者十余年，积劳特迁官二阶，除复州刺史。明昌初，为西北路副招讨，改秦州防御使，升武胜军节度使。六年，移镇崇义军。时有事北边，左丞相夹谷清臣行省于临潢，檄为副统。会敌入临潢，梅和尚暨护军辟合土等，领军逆击之，敌积阵以待，梅和尚直捣其阵，杀伤甚众。敌知孤军无继，聚兵围之，度不能免，乃下马相背射，复杀百余人，矢尽犹以弓提击，为流矢所中死，辟合土等皆没。上闻之震悼，诏赠龙虎卫上将军，躐迁十阶，特赐钱二十万，命以礼葬之，物皆官给。以其子都奴为军前，猛安中奴护丧，就差权同知临潢府事。李达可为敕祭使同知德昌军节度使事，石抹和尚为敕葬使。承安五年，上谕尚书省曰："梅和尚死王事，其子都奴从军久有功，其议所以酬之。"乃命为典署丞。

乌古孙兀屯，上京路都人，大定末，袭猛安。明昌七年，以本兵充万户，备边有功，除归德军节度副使，改盘安军察廉，迁同知，速频路节度使事，以忧去官。起复归德府治中，迁唐州刺史。泰和六年四月，宋皇甫斌步骑万人侵唐州，兀屯兵甚少。遣泌阳尉白撒不、巡检蒲闲各以五十人乘城拒守，兀屯见宋兵在城东北者可破，令军事判官撒虎带，以精兵百人，自西门出，统出东北宋兵营后掩击之，杀数十百人。宋兵大乱，殆夜乃遁去。五月，皇甫斌复以兵数万来攻，行省遣泌阳副巡检纳合军胜救唐州，兀屯出兵与军胜合兵城东北，设伏兵以待之。乃分骑兵为三，一出一入，以致宋兵。宋兵陷于淖，伏兵发，中冲宋兵为二，遂大溃。追奔至湖阳，斩首万余级，获马三百匹。宋别将以兵三千来袭，遇之竹林寺，殪之，纳合军胜手杀宋将，取其金带印章以献。诏迁兀屯同知河南府事，军胜迁梁县令，各进两阶。兀屯赏银三百五十两，重彩十端，为右副元帅。完颜左右翼都统。匡取枣阳，遣兀屯袭神马坡，宋兵五万人夹水阵，以强弩拒岸。兀屯分兵夺其三桥，自辰至午，连

拔十三栅，遂取神马坡。从攻襄至汉江，兀屯乱流径度，复进一阶，号平南虎威将军。宋人请和，迁河南副统军。大安初，迁昌武军节度使，副统军如故。迁西南路招讨使。兀屯御下严酷，军士多亡。杖六十，除同知上京留守事。大安三年，将兵二万入卫中都，迁元帅右都监，转左都监，兼北京留守有功，赐金吐鹘重彩十端，迁元帅左监军，留守如故。贞祐元年闰月，以兵入卫中都。诏以兵万六千人守定兴，军败，兀屯战没。

高守约，字从简，辽阳人。大定二十八年进士，累官观州刺史。大元兵徇地河朔，郭邦献以归顺，从至城下，呼守约曰："从间当计全家室。"守约弗顾，至再三。守约厉声曰："吾不汝识也。"城破被执，使之跪，守约不屈，遂死。诏赠崇义军节度使，谥忠敬。

和速嘉安礼，字子敬，本名酌，大名路人。颖悟博学，淹贯经史。大定二十八年进士。至宁末，为泰安州刺史。贞祐初，山东被兵，郡县望风而遁，或劝安礼去之。安礼曰："我去城，谁与守？且避难负国家之恩乎？"乃团练缮完为御守记。已而大元兵至，战旬日不能下，谓之曰："此孤城耳，内无粮储，外无兵援，不降无遗类矣。"安礼不听，城破被执，初不识其为谁，或妄以酒监对。安礼曰："我刺史也，何以讳为？"使之跪，安礼不屈，遂以戈撞其胸而杀之。诏赠泰定军节度使，谥坚贞。

王维翰，字芝翰，利州龙山人。父庭，辽季率县人保县东山，后以众降。维翰好学不倦，中大定二十八年进士。调贵德州军事判官，察兼迁永霸令。县豪欲尝试维翰，设事陈诉，维翰穷竟之，遂伏其诈，杖杀之，健讼衰息。历弘政、获嘉令，佐胥持国治河决有劳，迁一阶，改北京转运户籍判官，补尚书省令史，除同知保静军节度使事。捡括户籍，一郡称平。属县有奴杀其主人者，诬主人弟杀之，刑部疑之，维翰审谳，乃微行物色之，得其状，奴遂引服，改中都转运副使，摄侍御史。奏事殿中，章宗曰："佳御史。"就除侍御史，改左司员外郎，转右司郎中，仆散揆伐宋，维翰行省左右司郎中。泰和七年，河南旱蝗，诏维翰体究田禾，分数以闻。七月雨，复诏维翰曰："雨虽沾足，秋种过时，使多种蔬菜，犹愈于荒莱也。蝗蝻遗子，如何可绝？旧有蝗处，来岁宜菽麦，谕百姓使知之。"八年，宋人受盟，还为右司郎中，进官一阶。上问宋人请和，复能背盟否，维翰对曰："宋主怠于政事，南兵佻弱，两淮兵后千里萧条，其臣惩韩侂胄、苏师旦，无复敢执其咎者，不足忧也。唯北方当劳圣虑耳。"久之，迁大理卿，兼潞王傅同知审官院事。新格教坊乐工，阶至四品，换文武正资，服金紫。维翰奏："伶优贱工，衣缙绅之服，非所以尊朝廷也。"从之。大安初，权右谏议大夫。三司欲税间架，翰谏不听。转御史中丞，无何迁工部尚书，兼大理卿，改刑部尚书，拜参知政事。贞祐初，罢为定海军节度使。是时道路不通，维翰舟行遇盗，呼谓之曰："尔辈本良民，因乱至此。财物不惜，勿恐吾家。"盗感其言而去。至镇无兵备，邻郡皆望风奔溃。维翰谓吏民曰："孤城不可守。此州阻山浮海，当有生地，无俱鱼肉也。"乃纵百姓避难，维翰率吏民愿从者奔东北山，结营堡自守，力穷被执，不肯降。妻姚氏亦不肯屈，与维翰俱死。诏赠中奉大夫，姚氏芮国夫人，谥贞洁。

移剌古与涅，安化军节度使。贞祐初，大元兵取密州，古与涅率兵力战，流矢连中其颈，既拔去，复中其颊，死焉。贞祐三年，诏赠安远大将军，知益都府事。

宋扆，中都宛平人也。正隆五年进士，历辰州、宁化州军事，判官曹王府记室参军，陕

西西路。转运都勾判官，补尚书省令史，除武定军节度副使，中都右警巡使。时固安县丞刘昭与部民裴原争买邻田，宸用昭属柳原使毋争，御史台劾奏，夺一官，解职，降广宁府推官，改辽东路盐使。丁父忧，起复吏部员外郎，历苏、曹、景州刺史，同知中都路转运使事，迁北京、临潢等路按察使，改安国军节度使，河东南路转运使，御史劾其前任按察侵民舍，不称职，降沂州防御使，移浚州。迁山东西路转运使，改定海军节度使。贞祐二年，改泌南军。正月，大元兵至怀州，城破死焉。宸天资刻酷，所至不容物，以是蹭蹬于世云。

乌古论荣祖，本名福兴，河间人。明昌二年进士，历官补尚书省令史，除都转运司都勾判官，转弘文校理，升中都总管府判官，察廉除震武军节度副使，彰德府司马，累迁户部员外郎，宁海州刺史。贞祐二年，城破，荣祖犹力战死之。赠安武军节度使，赐谥毅勇。

乌古论仲温，本名胡剌，盖州按春猛安人，大定二十五年进士，累官太学助教，应奉翰林文字，河东路提刑判官，改河北东路转运副使。御史荐前任提刑称职，迁同知顺天军节度使事，签上京、东京等路按察司事，改提举肇州漕运，兼同知武兴军节度使事，东胜州刺史。坐前在上京不称职，降镇宁军节度副使，改滑州刺史，河东南路按察副使，寿州防御使。贞祐初，迁镇西军节度使。是时中都被围，遂至太原，移书安抚使贾益谦，约以乡兵救中都，因驰驿如平阳，将与益谦会于绛，不能进，抵平阳而还。仲温尝治平阳，吏民争留之，仲温曰："平阳巨镇，易为守御，于私计得矣。"如岚州何遂还镇。已而大元兵大至，城破不屈而死。赠资德大夫，婆速路兵马都总管，谥忠毅。岁时致祭。

九住，宗室子，为武州刺史，唐括孛果速为军事判官。贞祐二年十一月，大元兵取九住子侄，抵城下，谓之曰："山东河北，今皆降我。汝之家属，我亦得已。苟不速降，且杀之也。"九住曰："当以死报国，遑恤家为。"无何城破，力战而死。孛果速亦不屈死焉。诏赠九住临海军节度使，加骠骑卫上将军。孛果速建州刺史，加镇国上将军。仍令树牌，岁时致祭。

李演，字巨川，任城人，泰和六年进士第一，除应奉翰林文字。再丁父母忧，居乡里。贞祐初，任城被兵，演墨衰为济州刺史，画守御策，召集州人为兵，搏战三日。众皆市人，不能战，逃散。演被执，大将见其冠服非常，且知其名，问之曰："汝非李应奉乎？"演答曰："我是也。"使之跪，不肯。以好语抚之，亦不听。许之官禄，演曰："我书生也，本朝何负于我，而利人之官禄哉！"大将军怒，击折其胫，遂曳出杀之，时年三十余。赠济州刺史，诏有司为立牌云。

刘德基，大兴人。贞祐元年特赐同进士出身，守官边邑。夏兵攻城，德基坐厅事，积薪其傍，谓家人曰："城破即焚我。"及城破，其家人不忍纵火，遂被执。胁使跪降，德基不屈，同僚故人绐夏人曰："此人素病狂，故敢如此。"德基曰："为臣子当如此尔，吾岂狂耶！"夏人壮其义，乃系诸狱，冀其改图。已而召问，德基大骂，终不能从，曰："吾岂苟生者哉？"遂害之。赠朝列大夫，同知通远军节度使事。

王毅，大兴人，经义进士，累官东明令。贞祐二年，东明围急，毅率民兵愿战者数百人拒守，城破，毅犹率众抗战，力穷被执，与县人王八等四人同驱之郭外，先杀二人，王八即前跪，将降，毅以足踏之，厉声曰："忠臣不佐二主，汝乃降乎！"驱毅者以刃斫其胫，毅不屈

而死，赠曹州刺史。

王晦，字子明，泽州高平人。少负气自熹，常慕张咏之为人。友妻与人有私，晦手刃杀之。中明昌二年进士，调长葛主簿，有能声。察廉除辽东路转运司都勾判官，提刑司举其能，转北京转运户籍判官，迁安阳令，累除签陕西西路按察司事，改平凉治中，召为少府少监，迁户部郎中。贞祐初，中都戒严，或举晦有将帅才，俾募人自将，得死士万余统之，率所统卫送通州粟，入中都有功，迁霍王傅，以部兵守顺州。通州围急，晦攻牛拦山，以解通州之围，赐赉优渥，迁翰林侍读学士，加劝农使。九月，顺州受兵，晦有别部在沧、景，遣人突围，召之，众皆踊跃思奋，而主者不肯发。王臻，晦之故部曲也，免胄出见，且拜曰："事急矣，自苦何为？苟能相从，可不失富贵。"晦曰："朝廷何负汝耶！"臻曰："臻虽负国，不忍负公。"因泣下。晦叱曰："吾年六十，致位三品，死则吾分，讵从汝耶！"将射之，臻掩泣而去。无何，将士缒城出降，晦执不肯降，遂就死。初，晦就执，谓其爱将牛斗曰："若能死乎？"曰："斗蒙公见知，安忍独生。"并见杀。诏赠荣禄大夫、枢密副使。仍命有司立碑，岁时致祭。录其子汝霖为笔砚承奉。

齐鹰扬，淄州军事判官；杨敏中，屯留县尉，致仕。张乞驴，淄州民。贞祐初，大元兵取淄州，鹰扬等募兵备御，城破，率众巷战。鹰扬等三人创甚，被执，欲降之，鹰扬伺守者稍息，即起夺槊杀数人，敏中、乞驴皆不屈以死。诏赠鹰扬嘉议大夫，淄州刺史，仍立庙于州，以时致祭。敏中赠昭勇大将军，同知横海军节度使事。乞驴特赠宣武将军，同知淄州军州事。

大日如来

术甲法心，蓟州猛安人，官至北京副留守。贞祐二年，为提控，与同知顺州军州事温迪罕、咬查剌俱守密云县。法心家属在蓟州，大元兵得之，以示法心曰："若速降，当以付汝，否则杀之。"法心曰："吾事本朝，受厚恩，战则速战，终不能降也。岂以家人死生为计也。"城破，死于阵。咬查剌被执，亦不屈而死。盘安军节度判官蒲察幼舍，与鸡泽县令温迪罕、十方奴同守蓟州，众溃而出，紅舍十方奴死之。诏赠法心开府仪同三司，枢密副使，封宿国公。咬查剌镇国上将军，顺州刺史。紅舍金紫光禄大夫，蓟州刺史。十方奴镇国上将军，蓟州刺史。仍命树牌，以时致祭。

高锡，字永之，德基子，以阴补官。积劳调淄州酒使，课最，迁萍乡令，察廉迁辽东路转运度支判官，太仓使、法物库使，兼尚林署直官提举都城所，历北京，辽东转运副使，同知南京路转运使事。贞祐初，累迁河北东路按察转运使，城破，遂自投城下而死。

吴僧哥，西南路唐古乙剌紅上沙燕部落人，拳勇善骑射。大安间，选籍山西人为兵，僧哥充马军千户有功。贞祐初，迁万户，权顺义军节度使。朔州失守，僧哥复取之，贞授同知节度使事，弟权同知节度使事。迪剌真授节度副使，权节度副使。燕曹儿真授节度

判官,提控马寿儿以下,迁授有差。众苦乏食,僧哥乞赐粮十五万斛,朝廷以为应州已破,朔州孤城,其势不可守,乃迁朔之军民九万余口,分屯于岚、石、隰、吉、绛、解之间。未行,大元兵至朔州,战七昼夜。有功,加遥授同知太原府事,兼同知节度使事,迪剌石州刺史,曹儿同知峁岚州防御使事。四年始迁其民南行,且战且行者数十里,僧哥力惫,马踬死焉,时年三十。诏赠镇国上将军,顺义军节度使。

乌古论德升,本名六斤,益都路猛安人。明昌二年进士,累官补尚书省令史,知管差除,除吏部主事,降阳军节度副使。丁父忧,起复太常博士、东平治中。大安初,弘文院改侍御史,论西京留守纥石烈执中奸恶,卫绍王不听,迁肇州防御使。宣宗迁汴,召赴阙,上言泰州残破,东北路招讨司猛安谋克人皆寓于肇州,凡征调往复甚难,乞升肇州为节度使,以招讨使兼之,置招讨副使二员,分治泰州及宜春。诏从之。进翰林侍读学士,兼户部侍郎。俄以翰林侍读权参知政事,与平章政事。抹撚尽忠论近侍局预政。宣宗怒,语在《尽忠传》。无何,出为集庆军节度使,改汾阳军节度使,河东北路宣抚副使,复改知太原府事,权元帅左监军,兴定元年,大元兵急攻太原,粮道绝。德升屡出兵战,粮道复通。诏迁官一阶,德升上言:"皇太子聪明仁孝,保训之官已备,更宜选德望素著之士,朝夕左右之,日闻正言,见正行,此社稷之洪休,生民之庆也。"宣宗嘉纳之。二年,真授左监军行元帅府事。大元兵复围太原,环之数匝,已破濠垣,德升植栅为拒,出其家银币及马赏战士。北军坏城西北隅以入,德升联车塞之,三却三登,矢石如雨,守俾者不能立。城破,德升至府署,谓其姑及其妻曰:"吾守此数年,不幸力穷。"自缢而死。其姑及其妻皆自杀,诏赠翰林学士承旨。子兀里伟,尚幼,诏以奉御俸养之。

张顺,淄州士伍。淄州被围,行省侯挚遣总令提控王庭玉将兵救之,庭玉募顺等三十人,往觇兵势,且欲令城中知援兵之至,乘夜潜至城下。顺为所得,执之,使宣言行省军败绩,庭玉亦死,宜速降。顺阳许诺,既乃呼谓城中曰:"外兵无多,王节度军且至,坚守毋降。"兵刃交下,顺曰:"得为忠孝鬼足矣。"遂死。淄人知救兵至,以死守,城赖以完。后赠宣武将军,同知□州防御使事。诏有司给养其亲,且访其子孙,优加任用。

马骧,禹城人也,登进士,历官有声。贞祐三年,为曹州济阴令。四月,大元克曹州,骧被执,军卒榜掠求金,骧曰:"吾书生,何从得是?"又使跪,骧曰:"吾膝不能屈,欲杀即杀,得死为大金鬼足矣。"遂死。赠朝列大夫,泰定军节度副使。仍树碑于州致祭。贞祐四年七月,诏以其男惟贤于八贯石局分收补。

伯德窳哥,西南路咩糺奚人。壮健沉勇。大元兵克西南路,邻郡皆降,窳哥独不屈。贞祐五年,东胜州已破,窳哥与姚里鸦胡、姚里鸦儿招集义军,披荆棘复立州事。河东北路行元帅府承制,除窳哥武义将军,宁远军节度副使,姚里鸦胡武义将军节度判官,姚里鸦儿武义将军观察判官。窳哥等以恩不出朝廷,颇怀觖望,纵兵剽掠。兴定元年,诏窳哥遥授武州刺史,权节度使。姚里鸦胡权同知节度使事。姚里鸦儿权节度副使,各迁官两阶。兴定三年,窳哥特迁三官,遥授同知晋安府事,寻真授东胜军节度使。东胜被围,城中粮尽援兵绝,窳哥率众溃围,走保长宁寨治,各进一官,战没者赠三官。九月,复被围,窳哥死之。

奥屯丑和尚,为代州经略使。贞祐四年八月,大元兵攻代州,和尚御战败绩,身被数创,被执,欲降之,不屈,遂死。

从坦,宗室子。大安中,充尚书省祗候郎君。贞祐二年,自募兵数千,充宣差都提控,诏从提举奉先范阳三都统兵,除同知涿州事,迁刺史,佩金牌经略海州。顷之,充宣差都提控,安抚山西军民,应援中都。上书曰:"绛、解二州,仅能城守。而村落之民,皆尝被兵,重以连岁不登,人多艰食,皆持盐布易米。今太阳等渡乃不许粟麦过河,愿罢其禁,官税十三,则公私皆济矣。"又曰:"绛、解,河中必争之地,惟令宝昌军节度使从宜规画盐地之利,以实二州,则民受其利,兵可以强矣。"又曰:"中条之南,垣曲、平陆、芮城、虞乡,河东之形势,陕路之襟喉也。可分陕州步骑万二千人为一提控,四都统分戍四县,此万全之策也。"又曰:"平陆产银铁,若以盐易米,募工炼冶,可以广财用,备戎器。小民佣力为食,可以息盗。"又曰:"河北贫民渡河逐食,已而复还,济其饥者,艰苦殊甚,苛暴之吏,抑止诛求,弊莫大焉。"又曰:"河南、陕西调度未急择,骑军牝马群牧,不二三年,可增数万骑,军势自振矣。"又曰:"诸路印造宝券,久而益多,必将积滞,止于南京印造给降,庶可久行。"又曰:"河北职任,虽除授不次,而人皆不愿者,盖以物价十倍,河南禄廪不给,饥寒且至,若实给俸粟之半,少足养廉,则可责其效力。"又曰:"河北之官,朝廷减资迁秩躐等以答其劳,闻河南官吏,以贬逐目之。彼若以为信然,谁不解体?"书奏下尚书省议,惟许放至大阳等渡宣抚司,量民力给河北官俸,目河北为贬所者有禁而已。四年,行枢密院于河南府,上书曰:"用兵累年,出辄无功者,兵不素励也。士庶且充行伍,况于皇族与国同休戚哉?皆当从军,亲冒矢石,为士卒先,少宽圣主之忧,族人道哥,实同此心,愿隶臣麾下。"宣宗嘉其忠,许之。兴定元年,改辉州刺史,权河北平军节度使,孟州经略使。初,御史大夫权尚书右丞永锡被诏经略陕西,宣宗曰:"敌兵强,则谨守潼关,毋使得东。"永锡既行,留沔池数日,至京兆驻兵不动。顷之,潼关破,大元兵次近郊,由是永锡下狱,久不决。从坦乃上疏救之,略曰:"窃闻周祚八百,汉享国四百余载,皆以封建亲戚,犬牙相制故也。孤秦曹魏,亡国不永,晋八王相鱼肉,犹历过秦魏。自古同姓之亲,未有不与国存亡者。本朝胡沙虎之难,百僚将士无敢谁何,鄱阳石古乃奋身拒战,尽皆而死,御史大夫永锡,才不胜任,而必用之,是朝廷之过也。国之枝叶已无几矣,伏惟陛下审图之。"于是宗室四百余人上书论永锡,皆不报。久之,永锡杖一百,除名。当是时,诸路兵皆入城自守,百姓耕稼失所,从坦上书曰:"养兵所以卫民,方今河朔,惟真定、河间之众可留捍城。其余府州,皆当散屯于外,以为民防。俟稼穑毕功,然后移于屯守之地,是为长策。"从之,加遥授同知东平府事,权元帅左监军行元帅府事,与参知政事李华俱守平阳。兴定二年十月,从坦上奏太原已破,行及平阳河东郡县皆不守,大抵屯兵少,援兵不至故耳。行省兵不满六千。平阳,河东之根本,河南之藩篱也。乞并怀、孟、卫州之兵,以潞州调泽州、沁水、端氏、高平诸兵,并山为营,为平阳声援,惟祈圣断,以救倒悬之急。是月壬子,大元兵至平阳,提控郭用战于城北濠垣,被执,不屈而死。癸丑,城破,从坦自杀,赠昌武军节度使。

李术鲁福寿,为唐邑主簿。大元兵攻唐邑,福寿与战,死之。赠官三阶,赗钱五百贯。

吴邦杰,登州军事判官。邦杰寓居日照之村墅,为大元兵所得驱,令攻城。邦杰曰:

"吾荷吾国恩，讵忍攻吾君之城。"与之酒食，不顾，乃杀之。诏赠朝列大夫，定海军节度副使。

纳合蒲剌都，大名路猛安人。承安二年进士，调大名教授，累除北阳令，补尚书省令史，除彰德军节度副使，以忧去官。贞祐二年，调同知西安军节度使事，历同知临洮、平凉府事，河州防御使。三年，夏人围定，羌蒲剌都击走之，以功加遥授彰化军节度使。四年，升河州为平西军，就以蒲剌都为节度使。上言："古者一人从军，七家奉之，兴十万之师，不得操事者七十万家。今籍诸道民为兵者十之七八，奉之者才二三，民安得不困？夫兵贵精，不在众寡，择勇敢谋略者为兵，脆懦之徒使归农亩，是亦纾民之一端也。"又请补官赎罪以足用，及请许人射佃陕西荒田，开采矿冶，不报。改知平凉府事，入为户部尚书。是时伐宋大捷，蒲剌都奏："宋人屡败，其气必沮，可乘此遣人谕说，以寻旧盟。若宋人不从，然后伐之。疾雠怒顽，易以成功。"朝廷不能用。蒲剌都又言："诸军当汰去老弱，妙选精锐，庶可取胜。陕西弓箭手不习骑射，可选善骑者以代之。延安屯兵甚众，分徙万人驻平凉、关中。元帅猥多除京兆重镇，其余皆可罢。巩县以北，黄河南岸，及金钩吊桥、虎牢关、虢州嵺岭，凡斜径僻路，俱当置兵防守。"诏下尚书省枢密院议，竟不施行。未几，改元帅右监军，兼昭义军节度使，行元帅府事。兴定二年，潞州破，力战而死，赠御史大夫。

女奚烈斡出，仕至桢州刺史，被行省牒，徙州人于金胜堡。已而大兵至，斡出拒战，中流矢，病创卧，花帽军张提控言："兵势不可当，宜速降。"斡出曰："吾曹坐食官禄，可忘国家恩乎？汝不闻赵坊州乎？以金帛子女与敌人，终亦不免。我辈但当力战而死耳。"至夜，张提控引数人持兵仗以入，胁斡出使出降，斡出曰："听汝所为，吾终不屈也。"遂杀之，执其妻子出降。初，桢州人迁金胜堡，多不能至，军事判官王谨收遗散之众，别屯周安堡，周安堡不缮完楼堞，置战守之具。兵至，谨拒战十余日，内溃被执，不屈而死。诏斡出、谨各赠官六阶，升职三等。

时茂先，日照县沙沟酒监，寓居诸城。红袄贼方郭三据密州，过其村，居民相率迎之。贼以元帅自称，茂先怒谓众曰："此贼首耳，何元帅之有！"方郭三闻而执之，断其腕，茂先大骂，贼不胜忿，复剔其目，乱刃剁之，至死骂不绝。诏赠武节将军，同知沂州防御使事。

温迪罕老儿，为同知上京留守事。蒲鲜万奴攻上京，其子铁哥生获老儿，胁之，使招余人，不从。铁哥怒，乱斫而死。赠龙虎卫上将军，婆速兵马都总管。以其侄黑厮为后，特授四官。

梁持胜，字经甫，本名询宜，避宣宗嫌名改焉，保大将军节度使襄之子，多力善射。泰和六年进士，复中宏词，累官大常博士，迁咸平路宣抚司经历官。兴定初，宣抚使蒲鲜万奴有异志，欲弃咸平徙曷懒路，持胜力止之。万奴杖之八十，持胜走上京，告行省太平。是时太平已与万奴通谋，口称持胜忠，而心实不然，署持胜左右司员外郎。既而太平受万奴命，焚毁上京宗庙，执元帅承充，夺其军。持胜与提控咸平治中裴满赛不、万户韩公恕约杀太平，复推承充行省事，共伐万奴。事泄，俱被害。诏赠持胜中顺大夫，韩州刺史。赛不镇国上将军，显德军节度使。公恕明威将军，信州刺史。

贾邦献，霍州霍邑县陈村人也。举进士第，质直有勇略。大元攻河东，邦献集居民为

守御计。既而兵大至，居民悉降，邦献弃其家，独与文懿保于松平寨。是时权知州事刘珍在寨，与之共守，竟能成功。珍每欲辟之，邦献辄以衰老为辞。兴定四年十月，兵复大至，病不能避，与懿俱被执。欲以为镇西元帅，且持刃胁之，邦献不屈，密遣懿归松平，遂自刭。赠奉直大夫。本县令移剌阿里合，辽人，兴定间累迁霍州刺史。兴定四年正月，移霍州治好义堡。大元兵至，阿里合力战不能敌，兵败被执。诱使降，阿里合曰："吾有死无二。"叱使跪，但向阙而立。于是丛矢射杀之。宝昌军节度副使孔祖汤同时被获，既又令祖汤跪，祖汤不从，亦死。诏赠阿里合龙虎卫上将军，泰定军节度使。祖汤资善大夫，同知平阳府事。祖汤，泰和三年进士。

完颜六斤，中都路胡土爱割蛮猛安人。大安中以荫补官，选充亲军，调阜平尉，迁两城令，改通州军事判官，以功迁本州刺史。顷之，元帅右都监蒲察七斤执之以去。未几，挈家脱归，除同知临洮府事，徙庆阳，迁保大军节度使。兴定五年，鄜州破，六斤自投崖下死焉。赠特进知延安府事，诏陕西行省访其子孙以闻。

纥石烈鹤寿，河北西路山春猛安人。性淳质，躯干雄伟。初充亲军，中泰和三年武举，调褒信县副巡捡。六年，宋人围蔡州，鹤寿请于防御使，与勇士五十人夜斫宋营，使诸军噪于城上，斩三百余级。宋兵自相蹂践，死者千余人。迟明，宋人解围去，鹤寿追之，使殿曳柴，宋人顾尘起，以为大兵且至，遂奔，追至陈寨而还。已而宋兵复据新蔡、新息、褒信三县，鹤寿皆复取之，得马三百匹。充行军万户，从大军出寿春，败宋人于涡口，夺马千余匹，攻下真、滁二州及盱眙军。军还，进九官，迁同知息州军州事，改万宁宫同提举。大安三年，充西南路马军万户。夏人五万围东胜，鹤寿救之，突围入城。夏兵解去，迁两阶，赐银百两，重采十端，迁尚方署令，充行军副统，升充行省左翼都统，转武卫都统。充马军副提控转钤辖，充都城东面宣差副提控。贞祐二年，丁父忧，起复武宁军节度副使，破红袄贼于兰陵石城，堋一切掠良人为生口。监察御史陈规奏，乞敕有司，凡鹤寿所获，俱从放免。诏徐州、归德行院，拘括放之。寻遥授同知武宁军节度使事，兼节度副使。坐出猎纵火延烧官草，杖一百，改同知河北平军节度使事。兴定元年，充马军都提控，入宋襄阳界，遥授同知武胜军节度使事，改遥授睢州刺史。二年，攻枣阳，三败宋兵，改遥授同知归德府事。三年，夺宋石渠寨，决去枣阳濠水，加宣差邓州路军马从宜，遥授汝州防御使。四年，宋扈太尉步骑十万围邓州，鹤寿分兵拒守，出府库金帛赏士，许以迁官加爵，自将余众日出搏战。宋兵焚营去，鹤寿被创，不能骑马，遣招抚副使术虎移剌答追及之，杀数十人，夺其俘而还。诏所散金帛勿问，将士优给官爵，鹤寿迁金紫光禄大夫，遥授武胜军节度使。俄丁母忧，以本官起复权元帅左都监，行元帅府于鄜州。兴定五年十月，鄜州破，鹤寿与数骑突出城，追及之，鹤寿据土山，力战而死，谥果勇。

蒲察娄室，东北路按出虎割里罕猛安人。泰和三年进士，调庆都牟平主簿，以廉能迁中都右警巡副使，补尚书省令史，知管差除。贞祐初，除吏部主事、监察御史。丁母忧，服阕，充行省经历官，改京兆治中，遥授定西州刺史，充元帅恭议官。兴定二年，与元帅承裔攻下西和州，自撒由秦州进兵抵栈道，宋人悉锐来拒，娄室乘高立帜，策马旋走，扬尘为疑兵，别遣精骑掩出其后，宋兵大溃，乘胜遂拔兴元，进一阶，除丹州刺史，再迁同知河中府

一
二

事，权元帅右都监，河东路安抚使。复取平阳、晋安，优诏褒宠，进一阶，赐银二百两，重币二十端，遥授孟州防御使，权都监如故。将兵救郦州，转战而至，城破死之。赠资德大夫，定国军节度使，谥襄勇。敕行省求其尸以葬。

女奚烈资禄，本姓张氏，咸平府人。泰和伐宋，从军有功，调易县尉，迁潞县主簿。贞祐初，遥授同知德州防御事，改秦州。三年，遥授同知通远军节度使事。兴定元年，改西宁州刺史，赐今姓。久之，遥授同知临洮府事，兼定西州刺史。从元帅右都监完颜阿邻破宋兵于梢子岭。三年，攻破武林关，资禄功最，诏比将士迁五官，职二等外，资禄更加官职一等。遥授通远军节度刺史如故。五年，遥授陇安军节度使，俄改金安军。诏曰："陕西行省奏军官阙员，卿久在行阵，御下有法，旧隶士卒多在京兆。今正防秋关，河要冲，悉心备御。"将兵救郦州。闰十二月，郦州破，被执，不肯降，遂死。赠银青荣禄大夫，中京留守。元光元年，言事者谓资禄褒赠尚簿，诏禄其二子烈山、林泉，升职一等，陕西行省军中用之。

赵益，太原人。读书肆业。大元兵入境，益鸠合土豪，保聚山陕，屡战有功。晋阳公郭文振署为寿阳令，驻兵榆次重原寨，遂率众收复太原，夜登其城，斩首甚众，所获马仗不可计，获老幼二万余口以出。升太原治中，复擢同知府事，兼招抚使。元光元年八月，大元兵大至，攻城，益急知不可支，乃自焚其府库，杀妻子，沉其符印于井，遂自杀。宣宗闻之嘉叹，赠银青荣禄大夫，河东北路宣抚使，仍谕有司，求其子孙录用。

侯小叔，河东县人，为河津水手。贞祐初，籍充镇威军，以劳补官。元光元年，迁河中府判官，权河东南路安抚副使。小叔尽护农民入城，以家财赏战士。河中围解，迁治中安抚如故。枢密院奏小叔才能可用，权位轻，不足以威众，乞假符节。十二月，诏权元帅左都监，便宜从事。提控吴德说小叔出降，叱出斩之。表兄张先从容言："大兵势重，可出降，以保妻子。"小叔怒，谓先曰："我舟人子，致身至此，何谓出降。"缚先于柱而杀之，饭僧祭葬，以尽戚党之礼。顷之，枢密院遣都监讹论与小叔议兵事，小叔出城与讹论会，石天应乘之，取河中府，作浮桥，通陕西。小叔驻乐。李山寨，众兵毕会。夜半，坎城以登，焚楼橹，火照城中，天应大惊，不知所为，尽弃辎重、牌印、马牛、杂畜，死于双市门。小叔烧绝浮桥，抚定其众，迁昭毅大将军，遥授孟州防御使，同知府事监军安抚如故。二年正月，大元军骑十万围河中，总帅讹可遣提控孙昌率兵五千，枢密副使完颜赛不遣李仁智率兵三千，俱救河中。小叔期以夜中鸣钲，内外相应。及期，小叔出兵战，昌仁智，不敢动，小叔敛众入城，围益急，众议出保山寨，小叔曰："去何之？"密遣经历官张思祖溃围出奔，告于汴京。明日城破，小叔死，不得其尸。总帅讹可以河中府权推官籍阿外，代小叔权右都监。枢密院奏："小叔功卓异，或疑尚在。遽令阿外代之，绝归向之路。"至是小叔已亡四十余日，中条诸寨无所统领，乃诏阿外权领。宣宗思小叔功，下诏褒赠，切责讹可不救河中之罪。

王佐，字辅之，霍州农家子，豁略不事产业。轻财好施，善骑射。兴定中，聚兵数千人，权领霍州事。平阳胡天作承制加忠勇校尉。赵城丞，迁霍邑令，同知蒲州军事，权招抚副使，蒲州经略使。诏迁宣武将军，遥授宝昌军节度副使。大元兵取青龙堡，佐被获，

署霍州守将隶元帅崔环质其妻子,招抚使成天□与环有隙,佐与天□谋杀环,天□曰:"君妻子为质,奈何?"佐曰:"佐岂顾家者邪?"元光二年七月,因环出猎杀之,率军民数万请命,加龙虎上将军,元帅右监军,兼知平阳府事。佐与平阳公史咏素不协,请徙沁州玉女寨,诏从之。仍令听上党公完颜开节制。是岁七月救襄垣,中流矢卒。赠金吾卫上将军。以其子为符宝典书。

黄掴九住,临海人。大定间以荫补部令史,转枢密院令史,调安肃州军事判官。明昌四年为大理执法,同知蓟州军事,再迁潞王府司马,累官河东北路按察使、转运使,改知彰德府事。战没,赠荣禄大夫,南京留守,仍录用其子孙。

乌林答乞住,大名路猛安人。大定二十八年进士,累官补尚书省令史,除山东提刑判官,英王府司马,御史台举前在山东称职,改太原府治中,签陕西按察司事,历汝州、沁州刺史,北京、临潢按察副使,迁蒲兴路节度使。未几,以罪夺三官解职,降德昌军节度副使。崇庆初,戍边有功,迁一官,赏银百两,重币十端,转利州刺史。贞祐初,改同知咸平府事,迁归德军节度使,改兴平军,就充东面经略使。寻罢经略司,改元帅右都监,赴援中都,战殁,赠荣禄大夫,参知政事,以参政半俸给其家。

陀满斜烈,咸平路猛安人。袭父猛安,明昌中,以所部兵充押军万户戍边。承安中,讨契丹有功,除陈州防御使,迁知平凉府事,改保大军节度使,徙知彰德府事。贞祐四年,大元兵复取彰德,斜烈死焉。

尼厖古蒲鲁虎,中都路猛安人。明昌五年进士,累官补尚书省令史,从平章政事仆散揆伐宋。兵罢,除同知崇义军节度使事,察廉改东平府治中。历环州、裕州刺史、翰林待制,开封府治中,大理卿。寻擢知河南府事,兼河南路副统军。贞祐四年,急备京西,为陕州宣抚副使,兼西安军节度使。是岁大元兵取潼关,戍卒皆溃,蒲鲁虎御战,兵败死焉。

兀颜畏可,隆安路猛安人。补亲军充护卫,除益都总管府判官,中都兵马副都指挥使,累官会州刺史。贞祐初,为左卫将军,拱卫直都指挥使,山东副统军、安化军节度使。土贼据九仙山为巢穴,畏可拥众不击,贼愈炽,东平行省蒙古纲劾奏畏可不任将帅,朝廷不问,改镇西军,权经略副使,历全安武胜军。兴定四年,改泰定军。是岁五月,兖州破,死焉。

兀颜讹出虎,隆安府猛安人。大定二十八年进士,累官补尚书省令史,除顺天军节度副使,诏为治书侍御史,刑部员外郎,单州刺史,户部郎中,河东北路按察副使,同知大兴府事,秦州防御使。丁母忧,起复泗州防御使,迁武宁军节度使,徙河平军兼都水监。坐前在武宁奏军功不实,降沂州防御使,迁汾阳军节度使,兼经略使。兴定二年九月,城破,死焉。

粘割贞,本名抄合,西南路招讨司人。大定二十八年进士,历教授,主簿,用荐举,除河北大名提刑知事,察廉迁都转运户籍判官,累官泰定军节度副使。丁父忧,服阕,除德兴治中,宣德州刺史。贞祐元年十二月,贞以礼部郎中,摄国子祭酒与恩州刺史,摄武卫军副都指挥使,粘割合达河间府判官,摄同知顺天军节度使事,梅只乞奴保州录事,摄永定节度副使。伯德张奴出议和事。二年,和议成,赏银二百两,重币十端玉吐鹘,改户部

侍郎,历沁南、河平、镇南、集庆、汾阳军节度使。贞祐四年,改昭义军,充潞州经略使。兴定二年,入为工部尚书,由寿州伐宋,攻正阳有功,权元帅左都监,守晋安府。兴定三年十一月城破,贞与府官十余人皆死之。

徒单航,一名张僧,驸马枢密使某之子也。父号九驸马。卫王有事北边,改授都元帅,仍权平章,殊不允人望。张僧时为吏部侍郎,力劝其父请辞帅职,遂拜平章。至宁元年,胡沙虎弑逆,降航为安州刺史,会北兵大至城下,声言都城已失守,汝可速降。航谓其民曰:"城守虽严,万一攻破,汝辈无子遗矣。我家两世驸马,受国厚恩,决不可降。汝辈计将安出?"其民曰:"太守不屈,我辈亦何忍降。愿以死守。"航乃尽出家财以犒军民,军民皆尽力备御。又五日,城危,航度不可支,谓其妻拏曰:"今事急矣,惟有死尔。"乃先缢其妻拏,谓其家人曰:"我死,即撤屋焚之。"遂自缢死,城破,人犹力战,曰:"太守既死,我辈不可独降。"死者甚众。

完颜陈和尚,名彝,字良佐,世以小字行,丰州人。系出萧王诸孙。父乞哥,泰和南征,以功授同知阶州军事。及宋复阶州,乞哥战殁于嘉陵江。贞祐中,陈和尚年二十余,为北兵所掠,大帅甚爱之,置帐下。时陈和尚母留丰州,从兄安平都尉斜烈事之甚谨。陈和尚在北岁余,托以省母乞还,大帅以卒监之。至丰,乃与斜烈劫杀监卒,夺马奉其母南奔。大兵觉,合骑追之,由他路得免。既而失马,母老不能行,载以鹿角车,兄弟共挽南渡河。宣宗奇之,斜烈以世官授都统,陈和尚试补护卫,未几转奉御。及斜烈行寿泗元帅府事,奏陈和尚自随诏以充宣差提控,佩金符。斜烈辟太原王渥为经历。渥,字仲泽,文章议论与雷渊、李献能相上下,故得师友之。陈和尚天资高明,雅好文史,自居禁卫日,人以秀才目之。至是渥授以《孝经》《小学》《论语》《春秋左氏传》,略通其义。军中无事,则窗下作牛毛细字,如寒苦之士,其视世味漠然。正大二年,斜烈落帅职,例为总领屯方城。陈和尚随以往,凡兄军中事皆预知之。斜烈时在病军中,李太和者,与方城镇防军葛宜翁相殴,诉于陈和尚,宜翁事不直,即量笞之。宜翁素凶悍,耻以理屈受杖,竟郁郁以死,留语其妻,必报陈和尚。妻讼陈和尚以私忿侵官,故杀其夫,诉于台省于近侍,积薪龙津桥南,约不得报,则自焚以谢其夫,以故陈和尚系狱。议者疑陈和尚狃于禁近,倚兵间之重,必横恣违法,当以大辟。奏上,久不能决。陈和尚聚书狱中读之,凡十有八月。明年,斜烈病愈,诏提兵而西入朝。哀宗怪其瘦甚,问:"卿宁以方城狱未决故耶?卿但行,吾今赦之矣。"以台谏复有言,不敢赦。未几,斜烈卒。上闻,始驰赦陈和尚曰:"有司奏汝以私忿杀人,汝兄死,失吾一名将。今以汝兄故曲法赦汝,天下必有议我者。他日汝奋发立功名,国家得汝力,始以我为不妄赦矣。"陈和尚且泣且拜,悲恸,左右不能出一言为谢,乃以白衣领紫微军都统。逾年,转忠孝军提控。五年,北兵入大昌原,平章合达问谁可为前锋者,陈和尚出应命,先已沐浴易衣,若将就木然者,擐甲上马不反顾。是日,以四百骑破八千众,三军之士踊跃思战。盖自军兴二十年,始有此捷,奏功第一,手诏褒谕,授定远大将军,平凉府判官,世袭谋克。一日名动天下。忠孝一军,皆回纥乃满羌浑,及中原被俘避罪来归者,鸷狠凌突,号难制,陈和尚御之有方,坐作进退,皆中程式,所过州邑常料所给外,秋毫无犯,街曲间不复喧杂。每战则先登陷阵,疾若风雨,诸军倚以为重。六年,有卫州之胜。八年，有倒回谷之胜。自刑徒不四五，迁为御侮中郎将。副枢移剌蒲阿无持重之略，尝一日夜驰二百里，趋小利，军中莫敢谏止，陈和尚私谓问列曰："副枢以大将军为剽略之事，今日得生口三百，明日得牛羊一二千，士卒喘死者则不复计，国家数年所积，一旦必为是人破除尽矣。"或以告蒲阿，一日置酒会诸将饮，酒行至陈和尚，蒲阿曰："汝曾短长我，又谓国家兵力当由我尽坏，诚有否？"陈和尚饮毕，徐曰："有。"蒲阿见其无惧容，漫为好语云："有过当面论，无后言也。"九年正月，三峰山之败走，钧州城破，大兵入，即纵军巷战，陈和尚趋避隐处，杀掠稍定。乃出，自言曰："我金国大将，欲见白事。"兵士以数骑夹之，诣行帐前，问其姓名，曰："我忠孝军总领陈和尚也，大昌原之胜者我也，卫州之胜亦我也，倒回谷之胜亦我也，我死乱军中，人将谓我负国家，今日明白死，天下必有知我者。"时欲其降，斫足胫折，不为屈，豁口吻至耳，噀血而呼，至死不绝。大将义之，酹以马湩，祝曰："好男子，他日再生，当令我得之。"时年四十一。是年六月，诏赠镇南军节庆使，塑像褒忠庙，勒石纪其忠烈。

斜烈名鼎，字国器，毕里海世袭猛安。年二十，以善战知名，自寿泗元帅转安平都尉，镇商州，威望甚重。敬贤下士，有古贤将之风。初至商州，一日搜伏于大竹林中，得欧阳修子孙，问而知之，并其族属乡里三千余人，皆纵遣之。

杨沃衍，一名斡烈，赐姓兀林答，朔州静边官庄人，本属唐括迪剌部族。少尝为北边屯田小吏，会大元兵入境，朝命徙唐括族内地，沃衍留不徙，率本部族愿从者，入保朔州南山茶杞沟，有众数千，推沃衍为招抚使，号其沟曰府。故残破镇县徒党日集，官军不能制，又与大兵战，连获小捷。及乏食，遂行剽劫，官军捕之，拒战不下，转走宁隩、武、朔、宁、边诸州，民以为病。朝廷遣人招之，沃衍即以众来归。时宣宗适南迁，次淇门，闻之甚喜，遂以为武州刺史。武州屡经残毁，沃衍入州，未几而大兵来攻，死战二十七昼夜，不能拔乃退，时贞祐二年二月也。既而朝廷以武州终不可守，令沃衍迁其军民驻岢岚州，以武州功擢为本州防御使，俄升岢岚为节镇，以沃衍为节度使，仍诏谕曰："卿于国尽忠，累有劳绩，今特升三品，恩亦厚矣。其益励忠勤，与宣抚司辑睦以安军民。"沃衍自奉诏，即以身许国，曰："为人不死王事而死于家，非大丈夫也。"三年奉旨屯泾、邠、陇三州，沃衍分其军九千人，为十翼五都统，亲统者十之四。是冬，西夏四万余骑围定西州，元帅右都监完赛不以沃衍提控军事，率兵与夏人战，斩首几二千，生擒数十人，获马八百余匹，器械称是，余悉遁去。诏陕西行省视功官赏之。兴定元年春，上以沃衍累有战功，赐今姓，未几遥授通远军节度使，兼巩州管内观察使。是冬，诏陕西行省伐宋，沃衍与元帅左都监内族白撒、通远军节度使温迪罕娄室、同知通远军节度使事乌古论长寿、平西军节度副使和速嘉兀迪将兵五千出巩州、盐井，至故城，逢夏兵三百，击走之。又入西和州，至岐山堡，遇兵六千，凡三队，遣军分击，逐北三十余里，斩首四百级，生获十人，马二百匹，甲仗不胜计。寻复得散关。二年正月，捷报至，上大喜，诏迁沃衍官一阶，遥授知临洮府事。三年，武休关之捷，沃衍功居多，诏特迁一官。元光元年正月，遥授中京留守。六月进拜元帅右监军，仍世袭纳古胡里爱必剌谋克。二年春，北兵游骑数百，掠延安而南，沃衍率兵追之，战于野猪岭，获四人而还，俄而兵大至，驻德安寨，复击走之。未几，大兵攻凤翔还，道出保安，

沃衍遣提控完颜查剌破于石楼台，前后获马二百，符印数十，诏有司论赏。初闻野猪岭有兵，沃衍约陀满胡土门以步军会战，胡土门宿将，常轻沃衍，至是失期。沃衍战还，会诸将欲斩胡土门，诸将哀请，乃释之。时大兵声势益振，陕西行省缴沃衍清野，不从，曰："我若清野，明年民何所得食。"遂隔大涧持势，使民毕麦事。正大二年，进拜元帅左监军，遥领中京留守。八年冬，平章合达、参政蒲阿由邓州而西，沃衍自丰阳川遇于五朵山下，问禹山之战如何？合达曰："我军虽胜，而大兵已散漫趋京师矣。"沃衍愤云："平章参政，蒙国厚恩，握兵柄，失事机，不能战御，乃纵兵深入，尚何言耶？"三峰山之败，沃衍走钧州，其部曲白留奴呆、刘胜既降，请于大帅，愿入钧招沃衍。大帅质留奴，令胜入钧见沃衍，道大帅意，降则当授大官，沃衍善言慰抚之使前，拔剑斫之，曰："我起身细微，蒙国大恩，汝欲以此污我耶。"遂遗语部曲后事，望汴京拜且哭曰："无面目见朝廷，惟有一死耳。"即自缢，部曲举火并所寓屋焚之，从死者十余人。沃衍死，时年五十二。初，大兵破西夏，长驱而至关辅，千里皆汹汹不安，维智者亦无如之何。沃衍与其部将刘兴哥者，率兵往来邠、陇间，屡战屡胜，故大军猝不能东下。兴哥，凤翔虢县人，起于群盗，人呼曰热刘，后于清化战死。大兵至，酹酒以吊，西州耆老语之，至为泣下。

乌古论黑汉，初以亲军入仕，尝为唐邓元帅府把军官。天兴二年，唐州刺史内族斜鲁病卒，邓州总帅府以蒲察都尉权唐州事。宋军两来围唐，又唐之粮多为邓州所取，以故乏食。六月，遣万户夹谷定住入归德奏请军粮，不报。七月，镇防军冯总领甄改住为变，杀蒲察都尉。时朝廷道梗，帅府承制，以黑汉权刺史行帅府事。既而镇防军有归宋之谋，时裕州大成山聂都统一军五百人在州，独不欲归宋，与镇防军为敌，镇防不能胜，弃老幼奔枣阳，宋人以故知唐之虚实。会邓帅移瑗以城叛归于宋，遗书招黑汉，黑汉杀其使者，不报。宋王安抚率兵攻唐，鄂司王太尉继

金朝瓷器黑釉剔花缸

至，攻益急。黑汉闻哀宗迁蔡，遣人求救。上命权参政兀林答胡土将兵以往，宋人设伏，纵其半入城，邀击之，胡土大败，仅存三十骑以还。城中粮尽，人相食，黑汉杀其爱妾啖士，士争杀其妻子。官属聚议欲降，黑汉与聂都统执议益坚，冯总领乃私出城与王安抚会饮，约明日宋军入城。冯归，宋军不得入，聂都统请冯议事，即坐中斩之，及其党皆死。总领赵丑儿者，初与冯同谋，内不自安，开西门纳宋军，黑汉率大成山军巷战，自辰至午，宋军大败而出，杀伤无数。宋人城下大呼，赵丑儿约并力杀大城山军，大成军败，宋人获黑汉，胁使降，黑汉不屈，为所杀。其得脱走者十余人，总领移剌、望军女奚烈军丑儿走蔡州，皆得迁赏，后俱死于甲午之难。

陀满胡土门，字子秀，策论进士也，累官翰林待制。贞祐二年，迁知中山府，三年改知临洮府，兼本路兵马都总管。叛贼兰州程陈僧等诱夏人入寇，围临洮凡半月，城中兵数千，而粟且不支，众皆危之。胡土门日为开谕逆顺祸福，皆自奋，因捕其党欲为内应者二

十人斩之，掷首城外。贼四面来攻，乃夜出袭贼垒，夏兵大乱，金军乘之，遂大捷，夏人遁去。四年，知河中府事，权河东南路宣抚副使。十月进元帅右监军，兼前职。兴定二年为绛阳军节度使，兼绛州管内观察使。十月，迁元帅左监军，行元帅府事，兼知晋安府河东南路兵马都总管。于是修城池，缮甲兵，积刍粮，以备战守。民不悦，行省胥鼎闻之，遗以书曰："元帅始镇河中，惠爱在民。移旗晋安，远近忻仰。去岁兵入平阳不守，河东保完者惟降而已，盖公坐筹制胜，威德素著，故不动声气，以至无虞也。迩来传闻，治政太刚，科征太重，鼎切忧之。古人有言，御下不宽，则人多惧祸；用人有疑，则士不尽心。况大兵在迩，邻境已虚，小人易动，诚不可不虑也。愿公以谦虚待下，忠孝结人，明赏罚，平赋税，上以分圣主宵旰之忧，下以为河东长城之托。"胡土门得书，惧民不从，且或生变，乃上言："臣本琐材，猥膺重寄，方将治隍陴，积刍粮，为捍御之计。而小民难与虑始，以臣政令颇急，皆有怨言，遂贻行省之忧，自闻训谕，措身无所，以自悛悔，外加宽抚，庶几少慰众心。而近以朝命分军过河，则又劝言帅臣不益兵保守，而反助河南，将弃我也。人心如此，恐一旦遂生他变。向者李革在平阳，人不安之，而革隐忍不言，以至于败。臣实拙缪，无以服人，敢以鼎书上闻，惟朝廷图之。"朝廷以鼎言，遣吏部尚书完颜闾山代之。或曰："胡土门欲以计去晋安，乃大兴役，恣为杀戮，务失民心，故鼎言及之。"未几，晋安失守，死者几百万人，遂失河东。三年八月，改大常卿，权签枢密院事，知归德府事。元光二年二月，坐上书不实削一官。正大三年七月，复为临洮府总管。四年五月，城破被执。诱之降，不应；使之跪，不从，以刀乱斫其膝胫，终不为屈，遂杀之。五年，诏赠中京留守，立像褒忠庙，录用其子孙。其妻乌古伦氏，亦死节，有传。

　　姬汝作，字钦之，汝阳人，全州节度副使端修之侄孙也。父懋，以荫试部掾，转尚书省令史。汝作读书知义理，性豪宕，不拘细行，平日以才量称。正大末，避兵松山，保乡邻数百家，众以长事之。后徙居交牙山砦，会近侍局使乌古论四和抚谕西山，以便宜授汝作北山招抚使，佩银符，遂迁入汝州。初，汝州残破之后，天兴元年正月，同知宣徽院事张楷授防御使，自汴率襄郏县土兵百余人，入青阳垜。时呼延实者领青阳砦事。实，赵城人，本扬沃衍曲部，以战功至宝昌军节度使，闲居汝之西山。楷自揣不能服众，乃以州事托实，寻往邓州从恒山公武仙。后大元兵至，城破，杀数千人乃许降，以张宣差者管州事。三月，钧州溃军柳千户者入州，张逃去，柳遂据之。未几，城复破，及汝作至，北兵虽去，但空城尔。汝作招集散亡，复立市井，北兵屡招之，不从。数战，互有胜负。已而北兵复来攻，汝作亲督士卒，以死拒之。兵退，间道纳奏，哀宗宣谕："此州无险固可恃，汝乃能为国用命。今授以同知汝州防御使，便宜从事。"是时此州南通邓州，西接洛阳，东则汴京，使传所出，供亿三面，传通音耗，然呼延实在青阳为总帅，忌汝作城守之功不能相下，州事动为所制，实欲迁州入山，谓他日必为大兵所破。汝作以为仓中粮尚多，四面溃军日至，此辈经百死，激之皆可用，朝廷倚我守此州，总帅乃欲弃之，何心哉？谗间既行，有相图之隙。详议官杨鹏释之曰："外难未解，而顾私忿。"语甚谆切，实乃还山，鹏因劝汝作纳奏，乞死守此州，以坚军民之心。其冬，战于襄郏，得马百余，士气颇振，遂以汝作为总帅，不复与实相关矣。天兴二年六月，哀宗在蔡州，遣使征兵入援，州人为逻。骑所扰，农事尽废，城中粮亦垂尽。是月,中京破,部曲私议,有唇亡之惧,谋以城降,惧汝作,不敢言,乃以迁州入山白之。汝作怒曰:"吾家父祖,食禄百年,今朝廷又以州事帅职委我,吾生为金民,死为金鬼。汝辈欲避于山,非欲降乎?有再言迁者,吾必斩之。"八月,塔察将大兵攻蔡、经。汝州人梁皋作乱,与故吏温泽、王和七八人径入州廨,汝作不为备,遂为所杀。时宣使石珪体究洛阳所以破,及强伸死节事,以路阻留汝州驿。梁皋既杀汝作,走告珪曰:"汝作私积粮斛,不恤军民,众怒杀之矣。皋不图汝作官职,惟宣使裁之。"珪惧,乃以皋权汝州防御使,行帅府事,脱走入蔡,以皋杀汝作事闻,哀宗甚嗟惜之,遣近侍张天锡,赠汝作昌武军节度使,子孙世袭谋克,仍诏岷山帅呼延实,登封帅危真并力讨皋。天赐避岷山远,先约范真,真以麾下李某者,往以抚谕军民为名,皋率军士迎于东门,知朝廷图已,阴为之备,李犹豫不敢发,皋馆天锡于望松搂,隐毒于食,天锡遂中毒而死。皋后为大元兵所杀。杨鹏,字飞卿,能诗。

爱申,逸其族与名。或曰一名忙哥。本虢县镇防军,累功迁军中总领。李文秀据秦州,宣宗诏凤翔军讨之,军围秦州城。时爱申在军中,有罪当死。宣宗问之,枢帅有知其名者奏:"此人将帅材,忠实可倚。"宣宗命驰赦之,以为德顺节度使,行元帅府事。正大四年春,大兵西来,拟以德顺为坐夏之所。德顺无军,人甚危之。爱申识凤翔马肩龙舜卿者可与谋事,乃遗书招之。肩龙得书欲行,凤翔总管禾速嘉国鉴以大兵方进,吾城可恃,德顺决不可守,劝勿往。肩龙曰:"爱申平生未尝识我,一见许为知己。我知德顺不可守,往则必死。然以知己,故不得不为之死耳。"乃举行囊付族父,明为死别,冒险而去。既至,不数日受围,城中惟有义兵乡军八九千人,大兵举天下之势攻之,爱申假舜卿凤翔总管府判官,守御一与共之,凡攻百二十昼夜,力尽乃破。爱申以剑自刭,时年五十三。军中募生致肩龙,而不知所终。台谏有言,当赠德顺死事者官,以劝中外,诏各赠官,配食褒忠庙。肩龙,字舜卿,宛平人,先世辽大族,有知兴中府者,故人号兴中马氏。祖大中,金初登科,节度全、锦两州。父成谊,明昌五年登科,仕为京兆府路统军司判官。肩龙在太学,有赋声。宣宗初,有诬宗室从坦杀人,将置之死,人不敢言其冤。肩龙上书,大略谓从坦有将帅材,少出其右者,臣一介书生,无用于世,愿代从坦死,留为天子将兵。书奏诏问:"汝与从坦交分厚欤?"肩龙对曰:"臣知有从坦,从坦未尝识臣。从坦冤,人不敢言,臣以死保之。"宣宗感悟,赦从坦,授肩龙东平录事,委行省试验。宰相侯挚与语不契,留数月罢归。将渡河,与排岸官纷竞,搜箧中,得军马粮料名数及利害数事,疑其为奸人,侦伺者系归德狱根勘。适从坦至,立救出之。正大三年,客凤翔元帅,爱申深器重之,至是同死于难。

禹显,雁门人。贞祐初,隶上党公张开,累以战功,授义胜军节度使,兼沁州招抚副使。元光二年四月,大师达儿鬴按察儿攻河东,张开遣显扼龙猪谷夹攻,败之,擒元帅韩光国,获辎重甲仗甚众,追至祁县而还,所历州县悉复之。显将军三百人守襄垣,八年不迁。大帅尝集河朔步骑数万攻之,至于数四不能拔,既而战于玉女寨,大获。开言于朝,权元帅右都监。正大六年冬十二月,军内变,城破,擒,帅义之不欲加害,初以铁绳铃之,既而密与旧部曲二十人遁去,闻上党公军复振,将往从之。大兵四向来追,显适与负釜一

兵相失，乞饭山寺中。僧走报焉，被执，不屈死，时年四十一。

秦州人张邦宪，字正叔，登正大中进士第，为永固令。天兴二年，避兵徐州，卓翼率兵至城，邦宪被执，将驱之北。邦宪骂曰："我进士也，惧蒙朝廷用为邑长，可从汝曹反耶？"遂遇害。

刘全者，彭城民也，率乡邻数百避兵，沫沟推为砦主。北兵至徐，尽俘其老幼，全父亦在其中。北兵质之以招全，全缚其人送徐州，因窃其父以归。徐帅益都嘉其忠，承制以为昭信校尉，遥领彭城县尉。后遇国用，安怒其不附己，见杀。

马庆祥，字瑞宁，本名习礼吉思，先世自西域入居临洮狄道，以马为氏。后徙家净州天山。泰和中，试补尚书省译史。大安初，卫王始通问大元，选使副，上曰："习礼吉思智辩，通六国语，往必无辱也。"使还，授开封府判官。内城之役，充应辨使，不扰而事集。未几，大元兵出陕右，朝廷命完颜仲为凤翔元帅，举庆祥为副，上曰："此朕志也。"且筑城有劳，即拜凤翔府路兵马都总管判官。元光元年冬十一月，闻大将萌古不花将攻凤翔，行省檄庆祥与治中胥谦分道清野，将行，命画工肖其貌，付其家人，或曰："君方壮，何乃为此不祥？"庆祥曰："非汝所知也。"明日遂行，遇先锋于浍水，战不利，且行且战，将及城，会大兵邀其归路，度不能脱，令其骑曰："吾属荷国厚恩，竭力效死，乃其职也。"诸骑皆曰："诺。"人殊死战，良久矢尽，大兵围数匝，欲降之。军拥以行，语言往复，竟不屈而死，年四十有六。元帅郭仲元舆其尸以归，葬凤翔普门寺之东。事闻，诏赠辅国上将军，恒州刺史，谥忠愍。胥谦及其子嗣亨亦不屈死，谦赠辅国上将军，彰化军节度使，嗣亨赠威远将军，凤翔府判官。桢州金胜堡提控仆散胡沙亦死，赠银青荣禄大夫。正大二年，哀宗诏褒死节士，若马习礼吉思、王清、田荣、李贵、王斌、冯万奴、张德威、高行中、程济、姬玘、张山等十有三人，为立褒忠庙，仍录其孤。二人者逸其名，余亦无所考。

商衡，字平叔，曹州人。至宁元年，特恩第一人授鄜州洛郊主簿，以廉能换郿县。寻辟威戎令。兴定三年，岁饥，民无所籴，衡白行省，得开仓赈贷，全活者甚众。后因地震城圮，夏人乘衅入侵，衡率蕃部土豪守御应敌，保以无虞。秩满，县人为立生祠。再辟原武令，未几入为尚书省令史，转户部主事两月，拜监察御史。哀宗姨郕国夫人不时入宫闱干预政事，声迹甚恶。衡上章拯言，自是郕国被召，乃敢进见内族。庆山奴将兵守盱眙，与李全战，败，朝廷置而不问，衡上言："自古败军之将，必正典刑，不尔则无以谢天下。"诏降庆山奴为定国军节度使。户部侍郎、权尚书曹温之女在掖庭，亲旧干预权利，其家人填委诸司，贪墨彰露，台臣无敢言者。衡历数其罪，诏罢温户部，改太后府卫尉，再上章言："温果可，罪当贬逐，无罪则臣为妄言。岂有是非不别，而两可之理？"哀宗为之动容，乃出温为汝州防御使，未几为右司都事，改同知河平军节度使，未赴改枢密院经历官，遥领昌武军同知节度使事。丞相完颜赛不领陕西行省，奏衡为左右司员外郎，密院表留有旨，行省地重，急于得人，可从丞相奏。明年召还，行省再奏留之。正大八年，以母丧还京师。十月，起复为秦蓝总帅府经历官。天兴元年二月，关陕行省徒单兀典等败于铁岭，衡未知诸帅存殁，招集溃军以须其至，遂为兵士所得，欲降之，不为屈，监至长水县东岳祠前，诱之使招洛阳。衡曰："我洛阳识何人，为汝招之耶？"兵知不可诱，欲捽其中，衡瞋目大呼曰:"汝欲胁从我耶!"终不肯降,望阙瞻拜曰:"主将无状,亡兵失利,臣之罪责亦无所逃,但以一死报国耳。"遂引佩刀自刭,年四十有六。正大初,河间许古诣阙拜章言:"八座率非其材,省寺小臣,有可任宰相者,不大升黜之,则无以致中兴。"章奏,诏古赴都堂问孰为可相者,古以衡对。则衡之材可知矣。

木甲脱鲁灰,上京人,世为北京路部长。其先有开国功,授北京路宋阿答阿猛安。脱鲁灰自幼袭爵。贞祐二年,宣宗迁汴,率本部兵赴中都扈从,上喜,特授御前马步军都总领。宋人略南鄙,命同签枢密院事。时全将大军南伐,脱鲁灰率本部屡摧宋兵,破城寨,以功遥授武昌军节度使,元帅右都监行蔡息等路元帅府事。既而宋人有因畜牧越境者,逻卒擒之,法当械送朝廷,脱鲁灰曰:"国家自迁都以来,境土日蹙,民力凋耗,幸边无事,人稍得息,若戮此曹,则边衅复生,兵连祸结矣。不如释之以绝兵端。"哀宗即位,授镇南军节度使,蔡州管内观察使,行户工部尚书。时大元兵入陕西,乃上章曰:"宋人与我为储敌,顷以力屈自保,非其本心。今陕西被兵,河南出师转战,连年不绝,兵死于阵,民疲于役,国力竭矣。寿泗一带,南接盱楚,红袄贼李全巢穴也。万一宋人谋知,与全乘虚而入,腹背受敌,非计之得者也。臣已令所部沿边警斥以备非常,宜敕寿泗、帅臣,谨斥候,严烽燧,常若敌至,此兵法所谓'无恃其不来,恃吾有以待之'之道也。"上是而行之。二年秋,传言宋人将入侵农司,令民先期刈禾,脱鲁灰曰:"夫民所恃以仰事俯育,及供亿国家者,秋成而已。今使秋无所获,国何以仰?民何以给?"遂遣军巡逻,听民待熟而刈,宋人卒不入寇。谍者又报,光州汪大尉将以八月发兵来取真阳,议者请籍丁男以备,脱鲁灰曰:"汪大尉,恇怯人耳,宁敢为此!必奸人声言来寇,欲使吾民废务也,不可信。"已而果然。叛人焦风子者,沿河南北屡为反覆,朝廷授以提控之职,令将三千人戍遂平。四年春,风子谋率其众入宋,脱鲁灰策之,以兵数千伏鄱阳道,贼果夜出此途,伏发殪之。七年,大元兵攻蓝关,至八渡仓退,举朝皆贺,以为无事,脱鲁灰独言曰:"潼关险隘,兵精足用,然商洛以南,濒于宋境,大山重复,宋人不知守,国家亦不能逾。宋境屯戍大兵,若由散关入兴元,下金房,绕出襄汉,北入邓鄙,则大事去矣。宜与宋人释怨,谕以辅车之势,唇亡齿寒,彼必见从。据其险要以备,不然必败。"是秋改授小关子元帅,屯商州大吉口。九年春,从行省参政徒单吾典将潼关兵入援,至商山遇雪,大兵邀击之,士卒饥冻,不能战而溃,脱鲁灰被执不屈,拔佩刀自杀。

杨达夫,字晋卿,耀州三原人,泰和三年进士。有才干,所至可纪,召补省掾,草奏章坐字误,降平凉府判官。尝主鄠县簿,事一从简,吏民乐之。达夫亦爱其山水之胜,因家焉。日以诗酒自娱,了无宦情。会有诏徙民东入关,达夫与众游骑所执,将褫衣害之,达夫挺然直立马首,略无所惧。稍侵辱之,即大言曰:"我金国臣子,既为汝所执,不过一死,忍裸袒以渎天日耶?"遂见杀。两山潜伏之民,窃观之者,皆相告曰:"若此好官,异日祠之,当作我横岭之神。"

冯延登,字子俟,吉州吉乡人。世业医,延登初颖悟,既长,事举业,承安二年登词赋进士第,调临真簿德顺州军事判官。泰和元年转宁边令。大安元年秋七月,霜害稼,民艰于食,延登发粟赈贷,全活甚众。贞祐二年,补尚书省令史,寻授河中府判官,兼行尚书省

左右司员外郎。兴定五年，入为国史院编修官，改太常博士。元光二年，知登闻鼓院兼翰林修撰，奉使夏国，就充接送伴使。正大七年十二月，迁国子祭酒，假翰林学士承旨，充国信使，以八年春，奉国书朝见于虢县御营，有旨问汝识凤翔帅否？对曰："识之。"又问："何如人？"曰："敏于事者也。"又问："汝能招之使降，即汝死，不则杀汝矣。"曰："臣奉书请和，招降岂使职乎？招降亦死，还朝亦死，不若今日即死为愈也？"明日，复问汝曾思之不？对如前。问至再三，执义不回。又明日，乃谕旨云："汝罪应死，但古无杀使者理。汝爱汝须鬈，犹汝命也。"叱左右以刀截去之，延登岸然不动，乃监之丰州二年，后放还。哀宗抚慰久之，复以为祭酒，历礼吏二部侍郎，权刑部尚书。明年，大元兵围汴京，仓猝逃难，为骑兵所得。欲拥而北行，延登辞情慷慨，义不受辱，遂跃城旁井中，年五十八。

乌古孙仲端，本名卜吉，字子正，承安二年策论进士。宣宗时累官礼部侍郎，与翰林待制安延珍奉使乞和于大元，谒见太师国王木华黎。于是安延珍留止，仲端独往，并大夏涉流沙，逾葱岭至西域，进见太祖皇帝，致其使事乃还。自兴宁四年七月启行，明年十二月还至，朝廷嘉其有奉使劳，进官两阶，延珍进一阶，历裕州刺史。正大元年召为御史中丞，奉诏安抚陕西，及归，权参知政事。正大五年十二月，知开封府事。完颜麻斤出吏部郎中，杨居仁以奉使不职，尚书省具狱，有旨释之，备再使。仲端言曰："麻斤出等辱君命，失臣节，大不敬。宜偿礼币诛之。"奏上，麻斤出等免死，除名，会议降大军事，及诤太后奉佛涉亡家败国之语，上怒，贬同州节度使。哀宗将迁归德，诏为翰林学士承旨，兼同签大睦亲府事，留守汴京。及大元兵围汴，日久食尽，诸将不相统一，仲端自度汴中事变不测，一日与同年汝州防御裴满思忠小饮，谈太学同舍事，以为笑乐，因数言人死亦易事耳，思忠曰："吾兄何故频出此语？"仲端因写一诗示之，其诗大概谓人生大似巢燕，或在华屋杏梁，或在村居茅茨，及秋社甫临，皆当逝去。人生虽有富贵贫贱不同，要之终有一死耳。书毕，连饮数杯，送思忠出门曰："此别终天矣。"思忠去，仲端即自缢，其妻亦从死。明日，崔立变。仲端为人乐易宽厚，知大体，奉公好善，独得士誉。一子名爱实，尝为护尉奉御，以诛官奴功，授节度世袭千户。思忠名正之，本名蒲剌笃，亦承安二年进士。

乌古孙奴申，字道远，由译史入官。性伉特敢为，有直气，尝为监察御史。时中丞完颜百家以酷烈闻，奴申以事纠罢，朝士耸然。后为左司郎中、近侍局使，皆有名。哀宗东迁，为谏议大夫、近侍局使，行省左右司郎中，兼知宫省事，留汴京居守。崔立变之明日，同御史大夫裴满阿虎带自缢死于台中。是日，户部尚书完颜珠颗亦自缢。阿虎带，字仲宁。珠颗，字仲平，皆女真进士。时不辱而死者，奉御完颜忙哥，大睦亲府事吾古孙端，大理裴满德辉，右副点捡完颜阿撒，参政完颜奴申之子麻，因可知者数人，余各有传。

蒲察琦，本名阿怜，字仁卿，棣州阳信人，试补刑部录，兄世袭谋克。兄死，琦承袭。正大六年，秦蓝总帅府辟琦为安平都慰，粘葛合典下都统兼知事。其冬，小关破，事势已迫，琦常在合典左右，合典令避矢石，琦不去，曰："业已从公，死生当共之，尚安所避耶？"哀宗迁归德汴京，立讲议所，受陈言文字，其官则御史大夫纳合宁以下十七人，皆朝臣之选，而琦以有论议预焉。时左司都事元好问，领讲议兼看读陈言文字，与琦甚相得。崔立变后，令改易巾鬈，琦谓好问曰："今日易巾鬈，在京人皆可，独琦不可。琦一刑部译史，袭

先兄世爵,安忍作此！今以一死付公。然死则即死,付公一言亦剩矣。"因泣涕而别,琦既
至其家,母氏方昼寝,惊而寤,琦问阿母何为？母曰："适梦三人,潜伏梁间,故惊寤。"仁卿
跪曰："梁上人,鬼也。儿意在悬梁,阿母梦先见耳。"家人毕泣,劝曰："君不念老母欤？"
母止之曰："勿劝。儿所处是矣。"即自缢,时年四十余。琦性况静,好读书,知古今。事其
母完颜氏,以孝谨称。

蔡八儿,不知其所始,矫捷有勇,性纯质可任,时为忠孝军元帅。天兴二年,自息州入
援,会大将奔盏遣数百骑驻城东,令人大呼曰："城中速降,当免杀戮,不然无噍类矣。"于
是上登城,遣八儿率挽强兵百余,潜出暗门渡汝水,左右交射之。自是兵不复薄城,筑长
垒为久困计。上令分军防守四城,以殿前都点捡兀林答胡土守西面,八儿副之。已而哀
宗度蔡城不守,传位承麟,群臣入贺。班定,八儿不拜,谓所亲曰："事至于此,有死而已,
安能更事一君乎？"遂战死。

毛佺者,恩州人。贞祐中为盗。宣宗南渡,率众归国,署为义军招抚。哀宗迁蔡,以
佺为都尉,围城之战,佺力居多,城破自缢。其子先佺战殁,时死事者则有阎忠、郝乙、王
阿驴、樊乔马。忠,滑州人。卫王时,开州刺史赛哥叛,忠单骑入城,缚赛哥以出,由是渐
被擢用。乙,磁州人,同日战死,哀宗赠官。阿驴、樊乔,皆河中人,初为炮军万户,凤翔
破,北降,从军攻汴,司炮如故,即绐主者曰："炮利于短,不利于长。"信之,使截其木数尺,
缠十余握,由是机虽起伏,所击无力,即日二人皆捐家走城。是时女真人无死事者,长公
主言于哀宗曰："近来立功效命,多诸色人。无事时,则自家人争强；有事则他人尽力,焉
得不怨。"上默然。余各有传。

温敦昌孙,皇太后之侄,卫尉七十五之子。为人短小精悍,性复岂弟,累迁诸局分官。
上幸蔡,授殿前左副点检。围城中,数引军潜出巡逻。时尚食须鱼汝河,鱼甚美。上以水
多浮尸,恶之。城西有积水曰练江,鱼大且多,往捕必军卫乃可,昌孙常自领兵以往,所得
动千余斤,分赐将士。后知其出。左右设伏,伺而邀之,力战而死。蔡城破,前御史监察
纳坦胡失打闻之,恸哭投水而死。

完颜绛山,哀宗之奉御也,系出始祖。天兴二年十月,蔡城被围,城中饥民万余,诉
于有司求出,有司难之,民大呼于道。上闻之,遣近侍官分监四门,门日出千人,必老稚
羸疾者听其出,绛山时在北门,悯人之饥,出过其数,命杖之四十。然出者多泄城中虚
实,寻止之。三年正月己酉,蔡城破,哀宗传位承麟,即缢于幽兰轩,权点捡内族科烈矫
制诏承御石盏氏、近侍局大使焦春和、内侍局殿头宋珪赴上前,晓以名分大义,及侍从
官巴良弼、阿勒根、文卿皆从死。科烈将死,遗言绛山,使焚幽兰轩。火方炽,子城破,
大兵突入,近侍左右皆走避,独绛山留不去,为兵所执,问曰："汝为谁？"绛山曰："吾奉
御绛山也。"兵曰："众皆散走,而独后,何也？"曰："吾君终于是,吾候火灭灰寒,收瘞其
骨耳。"兵笑曰："若狂者耶！汝命且不能保,能瘞而君耶？"绛山曰："人各事其君。吾
君有天下十余年,功业弗终,身死社稷,忍使暴露遗骸与死道路者同？吾逆知君辈必不
遗吾,吾是以留。果瘞吾君之后,虽寸斩吾不恨矣。"兵以告其帅,奔盏曰："此奇男子
也。"许之。绛山乃掇其余烬,裹以弊衾,瘞于汝水之旁,再拜号哭,将赴汝水死,军士救

之，得免。后不知所终。

毕资伦，缙山人也。泰和南征，以佣顾从军。军还，例授进义副尉。崇庆元年，改缙山为镇州，术虎高琪为防御使，行元帅府事，于是州选资伦为防城军千户。至宁元年秋，大元兵至镇州，高琪弃城遁，资伦行及昌平，收避迁民兵，转战有功，擢授都统军。军数千，与军中将领沈思忠、宁子都辈同隶一府，屯郑州及卫州，时号沈毕军。积功至都总领，思忠为副都尉。仆散阿海南征，军次梅林关不得过，阿海问诸将谁能取此关者？资伦首出应命。问须军士几何？曰："止用资伦所统足矣，不烦余军。"明日迟明，出宋军不意，引兵薄之，万众崩，遂取梅林关。阿海军行南行，留提控王禄军万人守关，不数日，宋兵夺关守之。阿海以梅林归途为敌据，计无所出，复问谁能取梅林者，以帅职赏之，资伦复出应命，以本军再夺梅林。阿海破蕲、黄，按军而还，论功资伦第一，授遥领同知昌武军节度使，宣差总领都提控。既而枢密院以资伦、思忠不相能，恐败事，以资伦统本军屯泗州。兴定五年正月戊戌，提控王禄汤饼会，军中宴饮，宋龟山统制时青，乘隙袭破泗州西城。资伦知失计，堕南城求死，为宋军所执，以见时青，青说之曰："毕宣差，我知尔好男子，亦宜相时达变。金国势已衰弱，尔肯降我宋，亦不负尔。若不从，见刘大帅即死矣。"资伦极口骂曰："时青逆贼听我言！我出身至贫贱，结柳器为生，自征南始得一官，今职居三品。不幸失国家城池，甘分一死，尚不能报，肯从汝反贼求生耶？"青知无降意，下盱眙狱。时临淮令李某者亦被执，后得归，为泗州从宜移刺羊哥言其事，羊哥以资伦恶语骂时青必被杀，即以死不屈节闻于朝。时资伦子牛儿年十二，居宿州，收充皇后位奉阁舍人，宋人亦以资伦忠愤不挠，欲全活之，钤以铁绳，因于镇江府土狱，略给衣食，使不至寒饥，胁诱百方，时一引出问云："汝降否？"资伦或骂或不语，如是十四年。及盱眙将士降宋，宋使总帅纳合买住已下北望哭拜，谓之辞故主，驱资伦在旁观之，资伦见买住骂曰："纳合买住，国家未尝负汝，何所求死不可，乃作如此嘴鼻耶？"买住俯首不敢仰视。及蔡州破，哀宗自缢，宋人以告资伦，资伦叹曰："吾无所望矣，容我以祭吾君乃降耳。"宋人信之，为屠牛羊设祭镇江南岸。资伦祭毕，伏地大哭，乘其不防，投江水而死。宋人义之，宣示四方，仍议为立祠。镇江之因有方士者亲尝见之，以告元好问，及言泗州城陷，资伦被执事，且曰："资伦长身，面赤色，颧颊微高，髯疏而黄，资禀质直，重然诺，故坚忍守节，卓卓如此。"《宣宗实录》载资伦为乱兵所杀，当时传闻不得其实云。

郭虾蟆，会州人，世为保甲射生手，与兄禄大俱以善射应募。兴定初，禄大以功迁，遥授同知平凉府事，兼会州刺史，进官一阶，赐姓颜盏。夏人攻会州，禄大遥见其主兵者，人马皆衣金，出入阵中，约二百余步，一发中其吭，殪之。又射一人，矢贯两手于树。敌大骇，城破。禄大、虾蟆俱被擒。夏人怜其技，囚之，兄弟皆誓死不屈。朝廷闻之，议加优奖，而未知存没，乃特迁禄大子伴牛官一阶，授巡尉职，以旌其忠。其后兄弟谋奔，会自拔其须，事觉，禄大竟为所杀，虾蟆独拔归。上思禄大之忠，命复迁伴牛官一阶，遥授会州军事判官。虾蟆遥授巩州钤辖。会言者乞奖用禄大弟，遂迁虾蟆官两阶，授同知兰州军州事。兴定五年冬，夏人万余侵定西，虾蟆败之，斩首七百，获马五十匹，以功迁同知临洮府事。元光二年，夏人步骑数十万攻凤翔甚急，元帅赤盏合喜以虾蟆总领军事,从巡城濠外,一人坐胡床,以箭力不及,气貌若蔑视。城守者合喜指似虾蟆云:"汝能射此人否?"虾蟆测量远近曰:"可。"虾蟆平时发矢,伺腋下甲不掩处射之,无不中。即持弓矢,伺坐者举肘,一发而毙。兵退,升遥授静难军节度使,寻改通远军节度使,授山东西路斡可必剌谋克,仍遣使赏赉,遍谕诸郡焉。是年冬,虾蟆麻与巩州元帅田瑞攻取会州,虾蟆率骑兵五百,皆被赭衲,蔽州之南山而下,夏人猝望之,以为神。城上有举手于悬风版者,虾蟆射之,手与版俱贯。凡射死数百人,夏人震恐,乃出降。盖会州为夏人所据近十年,至是复焉。至大初,田瑞据巩州叛,诏陕西两行省并力击之。虾蟆率众先登,瑞开门突出,为其弟济所杀,斩首五千余级,以功迁,遥授知凤翔府事,本路兵马都总管元帅左都监,兼行兰、会、洮河元帅府事。六年九月,虾蟆进西马二匹,诏曰:"卿武艺超绝,此马可充战用,朕乘此,岂能尽其力?既入进,即尚厩物也。就以赐卿。"仍赐金鼎一,玉兔鹘一,并所遣郭伦哥等物有差。天兴二年,哀宗迁蔡州,虑孤城不能保,拟迁巩昌,以粘葛完展为巩昌行省。三年春正月,完展闻蔡已破,欲安众心,城守以待嗣立者,乃遣人称使者至,自蔡有旨宣谕,绥德州帅汪世显者亦知蔡凶问,且嫉完展制已,欲发矫诏事,因以兵图之,然惧虾蟆威望,乃遣使约虾蟆,并力破巩昌。使者至,虾蟆谓之曰:"粘葛公奉诏为行省,号令孰敢不从?今主上受围于蔡,拟迁巩昌。国家危急之际,我辈既不能致死赴援,又不能叶众奉迎,乃欲攻粘葛公,先废迁幸之地,上至,何所归乎?汝帅若欲背国家,任自为之,何及于我。"世显即攻巩昌,破之,劫杀完展,送款于大元,复遣使者二十余辈,谕虾蟆于祸福,不从。甲午春,金国已亡,西州无不归顺者,独虾蟆坚守孤城。丙申岁冬十月,大兵并力攻之,虾蟆度不能支,集州中所有金银铜铁杂铸为炮,以击攻者,杀牛马以食战士,又自焚庐舍积聚。曰:"无至资兵。"日与血战,而大兵亦不能卒拔。及军士死伤者众,乃命积薪于州廨,呼集家人,及城中将校妻女,闭诸一室,将自焚之。虾蟆之妾欲有所诉,立斩以徇。火既炽,率将士于火前,持满以待城破。兵填委以入,鏖战既久,士卒有弓尽矢绝者,挺身入火中,虾蟆独上大草积,以门扉自蔽,发二三百矢,无不中者。矢尽,投弓剑于火自焚。城中无一人肯降者。虾蟆死,时年四十五。土人为立祠。完展,字世昌,太和三年策论军与上会于饶峰关,出宋不意,取兴元,既而不果云。

卷之四百八十五 忠

忠传 国朝忠传

文臣

子产，姓国，名侨，是郑国的大夫。郑简公时，子产做国相，专把礼义治国，爱养百姓，修明政事。做相一年，郑国小的每都不敢戏耍，老的每都得快活。犁地的僮子不侵了别人的界分。二年后，市面上买卖贵贱都不讲价。三年后，国中十分太平。百姓每夜里都不闭门，也没盗贼。路上有人失落下的物，见的都不敢拾。四年后，农家的田器撒放在野地里，也没人敢偷拿去。做国相二十六年，国富兵强，晋、楚大国都不敢来伐郑，百姓每爱他如父母。

宁武子，名俞，是卫成公的臣。那时有晋文公起兵伐曹国，问卫成公借路，卫成公不肯。晋文公别路上去伐了曹，却来伐卫，卫成公着人去楚国求救，晋文公将楚军杀败了。卫成公出去在陈国，宁武子跟着。及卫成公归国，宁武子先归抚安国人。晋文公又将卫成公拘在周天子京城，宁武子又跟着，尽心尽力，不怕劳苦，亲自备衣服饮食，进与成公。晋文公著医人来毒卫成公，宁武子将自己钱财与医人，不曾下毒药。以后周天子著卫武子做上卿。

解扬，姓解，名扬，是晋景公的臣。那时楚庄王起军围了宋国，宋国教他的臣乐婴投晋国乞军来救。晋景公欲要救宋，先差解扬去宋国说："且不要降楚，我晋国都起兵来救你。"解扬经过郑国，郑国拿住解扬，送与楚军中。楚庄王多将财宝买嘱解扬，教他对宋国说："晋不来救你。"解扬先不肯从，直至再三说，解扬恐怕被他杀了，传不得晋景公的言语，只得假应

子产

承着。及至到宋国城下，却依旧说与宋人道："晋军都来救你，早晚便到。"庄王见他这等说，大怒，要杀他，著人对他说："你已自许了我，如何又失信？"解扬对说："人臣能守著人君的命令，死也不改移，这方是信。臣奉命出使，有死无二，便有财宝，动不得臣的心。臣先怕王杀了臣，传不得君命，所以许王。而今已自传了我晋君的命，便死也甘心。"庄王见

他尽忠,饶了他。

季孙文子,名行父,是鲁国的臣。做鲁国三朝的卿相,一心只是奉公。家里婢妾,不穿绢帛;所乘的马,不吃谷粟。收藏金玉,不私置甲兵。临终的日,家臣卖什物做葬具,众大夫入他家里看,都叹息他忠于鲁国。

蘧伯玉,名瑗,音院。是卫国的大夫。卫灵公与夫人南子夜里坐,听得阙门外车响,到阙门跟前住了,过了阙门又还响,灵公便问夫人说:“你料着这过的是谁?”夫人说:“这是蘧伯玉。”灵公又问:“你怎地知道是他?”夫人说:“我听得礼书上说,为人臣的,过君的门须下了车马。遇着君的鞍马,也须起身恭敬。自古来忠臣,不因白日里有人见时,才行这礼,也不因暗地里无人见时,慢了这礼。蘧伯玉是卫国的贤大夫,有仁心,有见识,平生敬上,这个人必然不肯黑夜里轻弃了礼法,我所以知道是他。”灵公着人赶上去看,果然是蘧伯玉。

晏婴,表字平仲,东莱人,是齐景公的大夫,有德行。齐国的奸臣崔杼做右相,庆封做左相,这两个人要专权,怕众人不从他,杀牲对神道说誓,说:“您众人有不知俺两家同心的,著他便死。”晏婴听得,仰望着天说:“晏婴必不肯从你。若是忠君王,扶社稷的事,我便肯从。”到底不肯依他说誓。庆封恼怒,要杀晏婴,崔杼音苧说他是忠臣,不曾杀他。在后,崔杼、庆封事败了,景公着晏婴做丞相,齐国大治。

斗辛,是楚昭王郧音云县的县官,在先昭王的父平王,曾杀了斗辛的父,又杀了伍子胥的父兄。伍子胥走去吴国,劝吴王起军马入楚国报父兄的仇。昭王走到郧县,斗辛的弟斗怀要害昭王,对斗辛说道:“以前平王杀了我的父,我而今害他的子。有何不可?”斗辛回说:“人君杀了人臣,谁敢做冤仇?假如一时害了人君,以后灭了宗族,也不是个孝子。你若敢犯这件罪,我决定杀了你。”斗辛又恐怕兄弟真个无知,害了昭王,使著别的兄弟斗巢,送昭王再走入随国去。以后吴军退了,昭王归国,斗辛受赏。

申包胥,是楚昭王的臣。那时伍子胥在吴,引兵伐楚,楚王战败出走,吴兵入楚国都。申包胥见本国危急,直走去秦国求救,立著秦的朝门哭了七日七夜不绝声,秦国君哀公召见他,申包胥启说:“吴国强大,要并吞各国,才从楚起。今臣的楚王失国在外,着臣来告急。”哀公说:“我知道了,你且歇息,待我商议。”申包胥又说:“臣的君王在野地里未归国,臣如何敢歇息。”再立着庭前倚墙大哭,日夜不住声,水不入口。哀公闻得感动,说楚君虽是无道,有一个臣这般忠义,如何可不救?因此出兵救楚,败了吴兵。楚昭王复位,著申包胥做上卿。

公仪休,是鲁国的相。遵守着法度,依顺着道理,教百官每都依着他正道行。但系吃俸禄的人,不许和百姓争利。那时有一个旧朋友,送鱼与公仪休,公仪休不受。那朋友说:“我知道丞相爱吃鱼,所以来送,怎地不受?”公仪休说:“我做国相,要鱼吃时,自把俸钱买吃。我今不受你的,再谁敢送来与我?”到了不肯受。公仪休又曾吃菜,滋味甚好,知道是自家种的,便把菜园里葵菜都拔了。又见家人织得布细,便赶了织布的妇人,烧了织机。说:“卖与谁?”公仪休做人多似这般清俭,有德行,古今称做贤人。

萧何,是沛县人。在县里做吏。汉高祖皇帝初起兵时,用萧何总管军马钱粮的事。及至破了秦咸阳城,诸将官争去取金银财物,只有萧何独先取秦丞相御史府文书图册收藏了。后来高祖尽知道天下户口多少,地理险要去处,都因得这秦的图书。项羽着高祖去汉中做汉王,高祖怒,萧何启说:“臣愿大王且到汉中,抚养百姓,选求贤人,先安定了巴蜀,却出来收三秦的地面,天下可取了。”高祖去之国,著萧何做丞相,保举韩信做大将军,

助高祖出兵,收了三秦,高祖会合诸侯攻项羽,留萧何守关中,辅太子,修城池宫殿,立社稷宗庙,置律令,治州县转运粮草供给军马,没一件欠缺。高祖领的军多有逃亡的,萧何在关中便发人来补了,又募他子孙兄弟少壮的都做军。高祖灭了项羽,即帝位,封萧何做酂<small>才何切,又音赞</small>侯,食邑八千户,位次第一。众功臣都来争功,高祖说与众人道:"你诸人独一身跟我,多的不过两三人,萧何全家三四十人跟着我。他守关中,辅佐我成帝业,功劳又大,务定着。"萧何位第一,子孙世世受封。

张良,表字子房,祖上是韩国的人。汉高祖皇帝初做沛公时,将数千人到下邳,张良归从了高祖,常把《太公兵法》说与高祖,高祖心喜,用他计策。张良将兵法说与别人,便都不省。张良知高祖有天命,因此上跟着不去。及高祖引兵入咸阳,秦王子婴投拜了。高祖得了秦国,看见宫室、帷帐、狗马、宝玩、妇女甚多,心里要留在宫里住,樊哙谏高祖,不肯听。张良谏说:"秦朝因为无道,所以沛公得这里,与天下的人除了害,正当俭素方好。如今才到秦国,便要快活,又和秦一般了。人说的忠言,虽是逆着耳,却成得事。便如苦味的药,虽是苦着口,却医得病。"高祖听他说了,便领着军马还到霸上扎营。后来项羽怒高祖闭了函谷关门,引兵攻破了关,驻扎在鸿门下,要来攻高祖。项羽的叔父项伯,和张良是旧朋友,夜间骑着马走到高祖营外,悄地里唤张良,着张良撒了高祖和他一搭儿走去。张良说:"我跟了沛公几年,今有急难,便走去,是不义了。"便入去说与高祖,与高祖设策,请项伯饮酒结亲,着项伯和解项羽。第二日,张良跟随高祖到鸿门谢项羽。饮酒中间,范增要害高祖,张良出外,着樊哙入去护卫高祖,高祖因而得脱去。张良后为高祖计谋,委任韩信、彭越、黥布三人为将,灭了项羽。高祖即帝位,著张良自拣齐地三万户,封做侯,张良辞不敢受。高祖封他一万户,做留侯。

汲黯,<small>乙减切</small>表字长孺,濮<small>音卜</small>阳人。汉孝武皇帝时,做官在朝。他的性忠直,武帝曾对臣宰每说:"我欲要行仁义,你众臣宰以为如何?"汲黯奏说:"陛下心多私欲,却要外施仁义,怎地学得尧舜治天下?"武帝大怒,退朝,对众臣宰每说:"汲黯这般不晓事。"众臣宰都怪责汲黯,汲黯对众人说:"天子置立公卿宰臣,恐怕有不是的事,要众人匡正。你众人如何阿谀顺承天子的意,将天子陷于不义,纵然爱惜身子不肯正谏,岂不羞辱了朝廷。"众臣宰皆服他说,武帝后来称他可比古时社稷之臣。

魏相,表字弱翁,济阴定陶人。汉孝宣皇帝时,除御史大夫。那时大将军霍光没了,宣帝想他以前功劳,著他见子霍禹做右将军,侄儿乐平侯霍山领尚书事。魏相实封奏说:"而今霍光没了,又着他儿子做大将军,又着他侄儿掌朝廷政事。他一家人都有权势,必是骄纵了。主上若减了他家的权柄,便安了国家,又全了功臣的子孙。"宣帝依着他说,升他做丞相,封高平侯。既做了丞相,和那御史大夫丙吉同心辅佐朝廷政事,天下太平。汉朝好宰相,以前数萧何、曾参,以后只数魏相、丙吉。

邓禹,表字仲华,南阳人。小时和后汉光武皇帝同在长安读书。光武起兵,邓禹跟寻到河北,劝光武延接贤士,务得人心,立高祖的事业,救万民的性命。光武大喜,着邓禹就帐里歇宿,每事与他商议,任用各将官,都问邓禹。人人都用得停当,曾将数百万兵,不肯妄杀一个人。天下已定,便去了甲兵,还修儒业。有儿子十三个,各教他学一件艺业。修整家法,教训子孙,遵守国家法度,俸禄外,并不营添产业。光武极敬重他,除做太傅,封高密侯,二十八将中是第一个人,画像在南宫云台上。

郑众,表字仲师,河南开封人。汉明帝时,除做给事中,又做越骑司马。那时北里胡人要与汉朝和亲,明帝差郑众拿着汉家旄节,去做使臣。胡人要郑众拜,郑众不肯拜。胡

人的王子恼了，把郑众围守着，不与饭食吃，要他降服。郑众不肯服，拔刀在手说誓，胡王害怕放了，着人送郑众回还到京城。章帝即位，又要差郑众去，郑众奏说："臣不忍拿着大汉的旌节，去胡人毡帐里拜。"后胡人来汉朝，章帝问胡人郑众不服胡王的缘故，胡人说郑众的意气壮勇，苏武也不及他。章帝喜悦，除郑众做军司马使。

陈球，音求。表字伯真，下邳淮浦人。后汉顺帝除他做御史。那时桂阳有贼李研等，群聚劫掠，州县家拿捕不得。大尉杨秉荐陈球做零陵太守。陈球到了零陵，摆布捉贼的法度。过了一月，贼知他威名，都散走了。又有军人朱盖，结交着桂阳贼胡兰，领着二三万人来攻零陵，城中的人害怕，吏人每都来对陈球说："而今贼来攻城，可将家里老小逃躲去。"陈球听得大怒，说道："太守分了国家虎符，管着一郡，怎肯顾恋妻子，阻了国家的威势！再有说的，便斩了。"却和城里人紧守着那城子，和贼相抵十来日，朝廷差中郎将度尚来救，陈球和度尚共破了朱盖，赐钱五十万，又着他一个儿子做官。

诸葛亮，表字孔明，琅邪郡阳都人。大有才德，隐居南阳。蜀先主先不识得他，有徐庶在先主行举荐，先主亲自去探他三次，方与先主厮见。辅佐先主成帝业，做丞相。章武三年，先主病在永安宫。着人去成都府取诸葛亮来，分付与他立后主的事。先主对他说："我看着你的才能过魏帝曹丕十倍，你必然能安定我的国家。我的儿子刘禅如可辅佐，你便辅佐他。若是不才，你可自做。"诸葛亮哭奏先主说："臣当尽心尽力，以死报陛下。"先主没后，诸葛亮辅佐后主，出将入相一十二年，国治兵强，魏吴两国都不敢伐蜀。他曾对后主说："臣成都有桑树八百株，有薄田五十顷，足了子孙的衣食。若臣死时，必不教家中有余剩的匹帛，库里不教有余剩的钱财。"到死后果然，谥音示忠武侯。

顾雍，表字元叹，苏州人。吴王孙权时，封顾雍做醴陵侯，伐孙劭，做丞相。顾雍凡选用文武的将吏官员，务要人人尽他的材能，委用品职，心中无偏曲。又访问得民间不便的事，及官人每的好恶，都密地里着。朝廷知道但有行得好的事，都归与朝廷，不敢教外人知道。孙权以此重他，常与他议事。

王导，表字茂弘，琅邪郡临沂音移县人。东晋元帝时，做丞相。他的性公忠，行的政事宽大，荐引贤才，抚安百姓，成就元帝中兴的功业。元帝曾因吃酒妨废国事，王导进谏，元帝将酒钟覆了，终身不吃酒。王导房族的哥哥王敦谋反，王导奏知明帝，先设兵防备。及王敦反了，明帝着王导做大都督，总兵平王敦。王导写书与王敦的哥哥王含说道："先皇帝中兴，恩德在民，你兄弟无故反逆，人人愤怒。我一门受国家的厚恩，今日总兵在此，宁可做忠臣死了，不做逆党求生。"以后王敦死，贼党都平了。王导做三朝丞相，仓里无积下的米谷，身上无重穿的绢帛，一心只忠君爱国。做到司徒，封始兴公。

中华传世藏书

永乐大典
精华本

忠 忠传二

文臣

　　温峤，音轿。表字太真，太原府人，有学问。晋明帝时，王敦请温峤做左司马。那时王敦聚着兵谋反，温峤累次将好言劝王敦，王敦到了不听，温峤便归朝廷奏王敦谋反的意思，着朝廷防备他。后来王敦果然反了，朝廷着温峤做中垒将军，将那王敦平定了。到成帝时，温峤做江州都督，遇着苏峻反，温峤又起兵平定了苏峻。一心忠于国家，成帝升温峤做骠骑将军，封始安公。

　　谢安，表字安石，陈国阳夏人。东晋孝武帝时，做吏部尚书。那时有大司马桓温谋篡位，引着军马来朝，百官都惧怕，侍中王坦之流汗透衣，慌急倒拿着笏，只有谢安神色不改，言语从容，尽忠辅卫天子。桓温不敢说起，只这般去了。以后又使人来问朝廷要加他九锡的礼。谢安见他不忠，不肯与他，桓温到了篡位不成。孝武加谢安做中书监录尚书事。秦王苻坚亲自总兵九十万，要来灭晋国，京城人心震恐，谢安着他的侄儿谢石、谢玄等，统兵八万，杀败了苻坚，收复了河南地面。谢安也不夸功，人说他是真宰相，加做太保，封建昌公。

　　辛恭靖，音净。陇西狄道县人。晋安帝时，做河南太守，遇着后秦主姚兴领军来攻河南城子，恭靖紧守着一百余日，因无救兵，被他攻破了，将恭靖拿到长安。姚兴说：“我要将东南地面的事委任你。”恭靖大声说：“我宁可做晋国的鬼，不做你羌贼的臣。”姚兴恼了，将恭靖监收在别个房子里，监了三年。以后用计走回晋国来。安帝见他忠节，着做谘音咨议参军。

　　高允，表字伯恭，渤海郡菂音条县人。北魏太武帝时，做著作郎，与司徒崔浩共掌国史。那时有辽东公翟黑子，太武好生爱他，他因差使出外，却受了人一千匹布，事发露了，来问高允道：“主上若问我时，我从实说的是，还隐讳着不说的是？”高允回说：“只从实说的是，切不要欺罔。”那翟黑子又听着别一个人说，不曾从实自首。太武恼怒，将翟黑子废了。后来崔浩因修史的事，被监收了，那时高允正在东宫教皇太子讲书，太子说与高允：“若入去见主上，我自引你向前，你但依着我说。”太子见太武，奏说高允小心谨慎，又职分小，国史都是崔浩主张着做，请赦了高允。太武就问高允：“这书都是崔浩做不是？”高允对说：“臣和崔浩一同做来。崔浩只整理得大纲，正做的书，臣比崔浩做得较多。”太武大怒，说高允的罪重似崔浩，怎生饶得他。太子奏说：“主上天威严重，高允是个小臣，心里惧怕，所以言语迷乱了。臣恰才问他，他说国书都是崔浩做的。"太武又问高允，高允对说："臣的罪该灭族，不敢虚妄。殿下因着臣陪侍讲书多日，可怜臣，要乞臣的残命，实不曾问臣，臣也不曾这般说，不敢迷乱。"太武看着太子说："这个人真是直，临死不肯改了言语，可见他信。做人臣不欺君，可见他忠。"特地赦了他罪。后来太子却责怪高允说："我要与你脱死，你却不肯从，是怎生这等。"高允启说："臣与崔浩实一同做史书，死生祸福都合一同，诚蒙殿下再生的恩，违了本心，侥幸免死，不是臣所愿。"太子好生称叹他，后来做到中书令，封咸阳公，寿九十八岁。

狄仁杰，表字怀英，太原人。唐高宗皇帝时，做大理丞，一年中断决了监禁日久的人一万七千名，人都称仁杰断的平。到中宗立，武后管朝廷政事，将中宗降做庐陵王，着在房州住，却要立他侄儿武三思做太子。那时仁杰正做凤阁鸾台平章事，对武后说："臣看天意，未厌唐朝。今若要立太子，不是庐陵王不可。"武后恼怒，罢了。后来武后召仁杰说："我常常地梦打双陆不胜，却是怎地？"仁杰对说："双陆不胜，是无子，必是天要警省主上立太子的意思。太子是天下的根本，根本但动，天下便危了。以前文皇帝亲自厮杀，取得天下，姓生艰难，正要传与子孙。高宗皇帝又曾将两个儿子托付与主上，今主上却自管了天下十余年，又要着武三思做后嗣，却不想姑侄和母子那个亲。若主上立了庐陵王，千秋万岁后便常得在宗庙里受祭祀，武三思怎肯祭祀做姑的？"武后省悟，才使人去房州召回中宗，立做太子。中宗再即了帝位，赠仁杰司空。睿宗即了帝位，追封仁杰做梁王。

姚崇，表字元之，陕州硖石人。唐玄宗皇帝时，做同州刺史。玄宗召到朝廷，问天下的事，姚崇应对如流。玄宗大喜，说与姚崇："你便须做宰相辅佐我。"姚崇知帝有大志量，用心要治天下。姚崇因跪奏："臣愿有十件事奏，主上度量，若行不得时，臣不敢做宰相。"玄宗说："你试说那十件事。"姚崇奏的十件事，都是尽忠的道理，国家合当行的事，玄宗听得他说，便道："我都能行。"姚崇叩头谢了。明日，除姚崇做宰相，封梁国公。姚崇自此进用贤人，黜退小人，天下太平。

姚崇

宋璟居永切，邢州南和县人。中举，做上党尉。唐玄宗皇帝开元四年，代姚崇做宰相，封广平公。务栋选好人做官，著天下百官都得其人，当刑的当赏的，都依着公道，不用些小私意。玄宗但有差失，宋璟便直言正谏。姚崇多有智谋，宋璟只是守法度，两个人见识不同，却同心尽忠，著天下赋役宽平，刑狱减少，百姓家家富足。唐家中兴以后好宰相，只数姚、宋，更无别人及得他。后来赠宋璟做太尉，谥号文贞。

张九龄，表字子寿，韶州曲江县人。中举做校书郎。唐玄宗皇帝时，除做中书令，有大臣的节义。那时玄宗政事上逐渐怠慢，张九龄事事务要谏正，所举荐都是正大的人。有武惠妃要谋废太子瑛，立他的子寿王。张九龄执著法度不肯，武惠妃著火者牛贵儿和张九龄说："有废必有兴，你若肯相助，宰相能够做得长久。"张九龄喝他去，便奏与玄宗知道，因此上太子不曾动。那时安禄山才做范阳小将，来奏事，气势骄傲，张九龄说与裴光庭："他日乱幽州的，必是这个胡儿。"后来征契丹，禄山败了，幽州节度使张守珪，拿禄山到京师，张九龄议他罪该死，玄宗不肯依张九龄说，要把安禄山赦了。张九龄说安禄山狼

子野心，又有反的相貌，可因这件事杀了他，绝了后患。玄宗到了不听，将安禄山赦了。后安禄山果然反了，那时张九龄已殁。玄宗走到四川，思想起张九龄的忠心，泪下，便差使臣去韶州祭祀他，厚赏赐优恤他家里，谥他做始兴文献公。

韦皋，表字城武，陕西万年县人。唐德宗皇帝时，做陇州知州，就领军守御。当有太尉朱泚妻上声，教他部下小将牛云光领军五百镇守陇上。太尉朱泚后来自家称皇帝，教牛云光到陇上诱引韦皋做他的将帅。又有朱泚的家人领着军马来对韦皋说道："太尉已做了皇帝，而今可做一家。"韦皋说与道："既要做一家呵，且把衣甲都卸音泻去声下，免得众军心疑。"韦皋安排著筵，广待那来的人，与云光饮酒中间，韦皋唤埋伏的军人，将牛云光并那来的人都杀了，却差人去报德宗，除授韦皋做陇州刺史，奉义军节度使，以后封王。

裴度，表字中立。河东闻喜县人。由进士出身。唐宪宗皇帝时，做宰相。那时蔡州贼吴元济反，朝廷发各处军马征他，连年平定不得。官军多败，粮食将尽，臣宰每都要罢兵。裴度奏说：如今这贼不降，恰似病在心腹里一般，若不趁时整治了，久后必做大害。臣情愿自总兵伐贼，宪宗看着裴度说："你果然肯去不去？"裴度就拜在地下流泪说："臣誓愿不与这贼同活在世上。"宪宗便着裴度总兵去伐贼，裴度临辞又奏说："臣这一行，必尽死报国，若不斫得贼的头来，臣也更不回。"临行宪宗赐他通天御带，后来果平了蔡州贼回朝。论功封上柱国晋国公，做四朝宰相，扶持唐家天下二十余年。

王徽，陕西人，唐僖宗皇帝时，做宰相。那时有反贼黄巢，引贼众打破潼关，径往京城来。僖宗连夜往四川去，王徽到天明方知道。便跟去，慌了跌在山坡下，被贼拿回来。黄巢要他做官，王徽假做哑不回他言语。贼百般逼他，只是不动。放在下处，伺候监守的人松宽，却走脱了。到河中府扯身上衣服绢帛写表，著人寻小路到四川见僖宗，除做兵部尚书。

陈世卿，表字光远，南剑人。宋太宗皇帝朝进士，做东川节度推官。那时贼人李顺兵起，知州张雍将州内军马分做三四部，差官分领，只有陈世卿会射，自当着一面城子。陈世卿亲射中三四百人。贼来得越多了，同伴官都商量要走，陈世卿正着颜色说："吃了皇帝俸禄，当舍身报国家，怎地只要避难，别有他意。"后来贼军退了，陈世卿归朝，除做太常丞，知新安县。

李沆卞党切，表字太初，洺音名州人。宋太宗皇帝朝进士。真宗皇帝朝做宰相。真宗问治天下的道理，那件最先，李沆对说："不用轻薄的人，这件最先。"李沆常说："我做宰相，别无他能，只是不改朝廷法度，每日将天下水旱盗贼的事奏与真宗知道，要真宗知民间疾苦。"那时有石保吉求做使相，真宗问李沆，李沆奏说："保吉只是国亲，别无军功。教他做宰相，天下人议论。"真宗两三遍问他，他依旧这般说，因此上石保吉不曾便得做。真宗又曾问李沆："人都有密奏的事，你怎地独无？"李沆对说："臣做宰相，有的公事便当明说，何用密奏？那密奏的，不是谗的，便是谄的。臣常嫌他，怎地学他？"李沆做人性直，言语谨慎，不肯求名声，做宰相七年，天下太平，后来赠做太尉中书令，谥号文靖。

王旦，表字子明，大名府人。宋太宗皇帝朝进士。真宗皇帝朝做工部侍郎，参知政事。契丹的军马来犯河北，王旦随从真宗去澶音蝉州亲征，真宗留雍王元份音彬守城，雍王遇着暴病，不能整理事。真宗著王旦回还京城，权留守。王旦回到东京，便入皇城里出号令，著人不要传扬知道。真宗杀退了契丹军马回京，王旦的儿子、兄弟并家人，都不知王旦回在皇城里，都出城外去接。王旦却在后头走着，去迎真宗，王旦的儿子兄弟每回头看见，才知王旦已回来了。到大中祥符八年，真宗著王旦做宰相。王旦做宰相十二年，不肯更改了太祖太宗的法度。任贤才，安百姓，天下太平。王旦做人，等闲不与人言语戏笑，国家的事，众官人每商议，各有不同的，王旦随后发一句话，便定了。有一日回到家不脱朝服，去静屋里独自坐，家人都不敢见他。他的弟却去问同朝官赵安仁，安仁说："方才议论朝事，不曾定夺得，必是因这般忧愁。"又一日，朝廷除薛奎做江淮发运使，薛奎来辞王旦，王旦并无别言，只说东南百姓贫困了，薛奎辞退说："这是真宰相的言语。"封魏国公，谥做文正。

田京，表字简之，亳音箔州鹿邑县人。宋仁宗皇帝朝做河北路提点刑狱官，在恩州。那时有宣毅军小校王则，据着恩州作乱，田京在城里，将印信，弃了妻小，将绳坠下城来，守住了恩州南关，占着骁健营，抚恤众军。保州、振武二处的军，要去应贼，田京将那军人杀了，自后但是南关营里的军马二十六指挥，在外头的百姓，都惧怕不敢谋反。那南关军民聚得多似城里的人，又得不失陷在贼里面，都是田京的功劳。日夜和城里厮杀。一日贼在城里，将田京的老小绑缚着上城来，叫那田京说道："你休要攻着城子，若打得紧，他要杀我家老小。"田京听得这般说，喝教诸军，尽力攻城，又着弓箭射那城上叫的人。贼见田京不顾恋他老小，依旧将他老小每下城去了。后来众人从南关凿地道通入城里去，一时突出擒拿了王则，平了恩州。朝廷御史都上书说道："田京舍了家里妻子，保守南关，为国家忠义的上头，他功劳最大。"升他做兖州通判。

韩琦音奇，表字稚音治。圭，相州安阳县人。宋仁宗皇帝朝进士。正唤他姓名时，天上五色云现。西夏赵元昊反，仁宗用韩琦做将，赵元昊归服了。庆历年间，用韩琦做宰相，天下太平。韩琦劝仁宗立英宗做太子，英宗即了帝位，加韩琦门下侍郎，封魏国公。韩琦的亲戚宾客，说话中但题著立英宗的事，韩琦便正色说："这的是仁宗皇帝的圣意，皇太后内助的气力，我为臣子，怎地得知。"后来英宗忽然患病，皇太后在殿上垂着帘子发落朝廷政事。英宗病重，举止有些比常时不同，那左右的火者每因著英宗平日间不曾有恩与他，都在太后处谗毁英宗，因此太后与英宗两宫不和。韩琦和欧阳修正在帘前奏事，太后哭著说："英宗的不是。"韩琦奏说："主上病重，是有差了处。若病好时，必不似这等。为子的有病，为母的怎生不宽容。"欧阳修也谏劝，太后意渐渐地解了。过了三四日，韩琦独自见英宗，英宗说太后待我无恩，韩琦对说："只恐主上事奉不到，那有不慈的父母。"英宗大省悟了。到英宗病好，太后还了英宗的朝政，加韩琦做右仆射，封魏国公。后又替英宗立神宗做太子。神宗即了帝位，加韩琦做司空，兼侍中。到殁了时，皇帝赐与他家银三千两，绢三千匹，着河南北的军与他造坟。立碑做两朝顾命，定策元勋。赠尚书令，谥忠献公。配享英宗庙廷，以后追封做王。

范仲淹，表字希文，苏州吴县人。宋仁宗皇帝时，除龙图阁学士，改除陕西都转运使。那时夏国侵边塞，延州诸塞多没了守的人。仲淹自请行，又迁户部郎中，兼知延州。既到，修边塞，招还逃散的人。因此百姓都得复业。后来又改仲淹邠音彬州观察使。仲淹上表说："臣守边数年，羌人略自亲爱，唤臣做龙图老子，愿辞不受。"后又除枢密副使。仁宗每问当世事，仲淹乃上言十件事，都是为国尽忠的道理。仲淹将天下的事，做自己的事一般，日夜谋虑，要致天下太平。及病，仁宗尝遣使赐药，薨年六十四，赠兵部尚书，谥文正公。仁宗亲写碑，题做褒贤之碑。仲淹生性内刚外和，至孝，母在时贫困，后富贵，无宾客不吃两般肉，妻子衣食刚勾，但有财物，散与亲眷。一时名士多出门下，到死时四方人闻的都叹息。

欧阳修，表字永叔，庐陵人。宋仁宗皇帝朝进士，除知谏院，论事切直。仁宗看着众

臣说："似欧阳修的人，那里得来。"遇着杜衍音演等罢官，欧阳修上疏说："杜衍、韩琦、范仲淹、富弼，天下都知有可用的贤，不知有可罢的罪。今四人一时都罢去，著众邪臣在朝相贺，四夷人在外相贺，臣甚为朝廷痛惜。"仁宗除修做礼部侍郎，兼翰林侍读学士。在翰林八年，但知的事无不说。后做枢密副使，同曾公亮考天下的军数，屯戍多少，地道远近。屯戍但有缺少，便都补完了。后又参知政事，和韩琦同心整理政事，商议谏仁宗立了英宗做太子。英宗即了帝位，因患病与太后有些不和，欧阳修又和韩琦谏劝的和了。后来赠做太子太师，谥号文忠。

欧阳修

蔡襄，表字君谟，兴化仙游人。宋仁宗皇帝朝进士，做西京留守推官。那时馆阁校勘范仲淹因言国家政事，抵触昌烛切了宰相吕夷简，遭贬。秘书丞余靖音净救仲淹，太子中允尹洙音殊请与仲淹同贬，馆阁校勘欧阳修写书责谏官高若讷坐看不言，因此上三人也都遭贬。蔡襄知得，作了五首诗，明说范仲淹、余靖、欧阳修、尹洙做四贤，将高若讷做一不肖。后来仁宗再用余靖、欧阳修和王素做谏官，也著蔡襄知谏院。蔡襄又怕正直的人不得长久在朝廷，上言说："任谏官不难，听谏是难。听谏又不是难，用谏是难。今欧阳修等，都忠诚刚正，必能尽言，愿主上审察著行，休著邪人巧言遮蔽了直人的言语。"又罢了枢密使夏竦音竦，还用范仲淹和韩琦管事，蔡襄奏说："主上今罢了夏竦，用了韩琦、范仲淹，天下人都喜欢退一个邪人，进一个贤人。虽不便关系着天下的轻重，只是一个邪人退，一般邪的都退。一个贤人进，一般贤的都进。众邪都退，众贤都进，天下怎不安宁？又天下的势，比如人病一般。贤人便似个好医人一般。主上既得了好医人，信用不疑他，不只是好了病，又得长寿。若医人虽有好治法，不得尽用，那病越重了。久后便有似那古来会医的扁鹊一般人，也医不好。"仁宗著蔡襄知制诰，但有除授不当的人，或要罢了无罪的人官，蔡襄便不肯写制书。仁宗因此看得蔡襄好，御书"君谟"两字赐与他。后来赠做吏部侍郎。孝宗时，赐谥号忠惠。

司马光，表字君实，陕州夏县人。宋仁宗皇帝朝进士，除做并州通判。那时仁宗皇帝不曾立太子，天下人都不敢说。司马光和谏官范镇谏仁宗立了英宗做太子。到神宗皇帝朝，王安石做宰相，改变祖宗法度，立新法，百姓愁怨。司马光和他争论不从，退闲在家。天下人都仰望他做宰相。哲宗皇帝立，太皇太后用司马光做宰相，首先进用君子，黜退小人，将王安石所立的新法，以次除罢。天下人心喜悦。有青苗、免役等法，未尽除。司马光那时患病，嗟叹说："这几件不便的事，不曾除得，我死也眼不闭。"便写书与同僚吕公著说："我的身子托付与医人，家事托付与儿子，只有国事无处托付，今托付与公。"就论免役的有五件不便，又立了举荐士大夫的法度十等进奏朝廷。司马光在家，或时无故穿起朝服正坐，人问他缘故，司马光说："我心里正想着朝廷的政事，怎地敢不穿朝服。"他虽是有病，一心只在国家整理事务，日夜不歇。有宾客见他身体羸音雷瘦，引古人诸葛亮食少事烦的事对他说，要教他歇息。司马光说："我死了是命。"整理得越加勤谨。后来病重，神思昏迷，说话恰如梦里一般，虽是自不觉说什么，说的还都是朝廷天下的大事。司马光既没了，朝廷赠做太师温国公，谥号文正，赐墓碑做忠清粹德之碑。

宗泽，表字汝霖，婺音务州义乌县人。宋哲宗皇帝朝进士。到钦宗皇帝靖康元年，做宗正少卿，充和议使，与金国讲和。宗泽说："这一去，必是不得活回来。"有人问为甚这等说，宗泽说："金国若能悔过退了兵便好，若是不肯，我怎肯屈节与他，辱了君命。"众人商议，宗泽若是这般，恐怕害了和议的事，钦宗就不著他去，又著他知磁州。那太原失了，但除去做两河官的，都推托不肯行。宗泽说吃了国家俸禄，怎地敢避难。当日骑着一匹马便行，只有嬴弱军十余人跟着。既到，修城，挑城壕，治军器，召义勇的人，做坚守不动的计策。又上奏着邢、洺音名、磁、赵、相五州各要好军二万，若金人来攻一州，便着四州都来救，一州便是常有十万人，钦宗说他说得是，除宗泽做副元帅。后来金人把徽宗、钦宗虏将北去，康王做了皇帝，宗泽入见泪下，说兴复的大计。时李纲也在，见他说，道他说的是。又除他知襄阳府，后又除做京城留守。金将黏与粘同罕据了西京，和宗泽相对，宗泽著手下将李景良、阎立中、郭俊民领兵去和他厮杀，阎立中战死，郭俊民降了，李景良逃走去。宗泽捉住李景良斩了，金人却着郭俊民和一个姓史的将书来招宗泽，宗泽说："郭俊民，你若战死了，还做忠义的鬼。今反将书来诱引我，你有甚面目见我。"便杀了。又说姓史的："我受命守着这里，有死志。你做人将帅，不肯死战，却来引我。"也斩了。对众将官说："你众人有忠义的心，当尽力和贼厮杀立大功。"说罢泪下。诸将官都啼哭听了，说："出去与金人战。"金人大败，引军去了。宗泽常要渡河与金人战，又要劝高宗还汴京，上了二十奏，都被黄潜善阻住了。宗泽成了病疮发背，众将官来问病，宗泽说："我为二帝去了，忧怒成了病。您众人若尽力和金人战，我死也无恨。"众将官都流泪说："怎敢不尽力。"明日风雨，白日里黑了，宗泽无一句话为自家的事，只连叫"过河"三声，没了。城里人都大哭，遗下表章，还是要著高宗还京的话。赠做观文殿学士，谥忠简公。

张浚音峻，表字德远，汉州绵竹县人。宋徽宗皇帝朝进士。高宗皇帝时，做御营使，守扬州。建炎三年，金人攻扬州，高宗去临安府避他，有管军的官苗傅、刘正彦在临安作乱，逼着高宗让位与太子。张浚在平江节制军马，知道他作乱，大哭，便唤守平江的官汤东野、提刑官赵哲起兵伐贼，张浚又知道武宁军承宣使张俊的才能忠义，被苗傅、刘正彦去了他兵权，着他做秦凤路总管，经过平江，便对他说起兵收贼的意思，又著人将书去约守建康的官吕顺音移浩、镇江的刘光世都来伐贼，就著张俊领军守吴江，自领军到临安，遇韩世忠水军到常熟，张浚与世忠哭道："我两个同心当着伐贼的勾当，休要误了国家。"张浚大赏赐了众军，就问众军道："我伐贼的事，理上顺也不顺？"众人齐应道："顺。"张浚道："你们若有不肯向前拿贼的，我都依军法处治你。"众人都感愤，不敢违了。先教世忠去占了嘉兴，准备战斗的军器。吕顺浩同刘光世后地接应。张浚遍行文书，教守府州的军马同时都来，张浚军到临平镇，和贼战，大破了贼众。苗傅、刘正彦走去衢州去了。张浚著韩世忠追赶上，拿住了献与朝廷，贼党都杀尽了。高宗复位，解自系的玉带赏赐张浚，除知枢密院，又除陕西四川安抚使。那时金国总兵官兀术，打破陕西，要入四川，张浚用将官吴玠等，把了口子，保全得四川。张浚还朝，被人谗言，贬在福州。金人来浸江淮，高宗再用张浚知枢密院，点军江上。将士见张浚来，勇气添了百倍，败了金国的兵。除张浚做丞相，兼都督。伪齐国刘猊等又来浸淮东，张浚总兵建康，分头遣将官韩世忠等杀败了刘猊的军。有奸臣秦桧主张讲和，贬张浚永州。张浚在贬所二十余年，一心只在朝廷。后来金主亮引兵侵宋，高宗再召张浚，军人见张浚，都把手加在额上，又败了金人兵。孝宗皇帝即位，除张浚都督，封魏国公，谥做忠献。

虞彬甫，隆州仁寿县人，出身是进士。宋高宗皇帝著他做军中参谋官。那时金主完颜亮，自将大军来伐宋。王权镇着淮西，弃了庐州，刘锜_{音以}镇着淮东，也回扬州。朝廷著成闵代替刘锜，李显忠代替王权。金主大军到采石，天子着虞彬甫去芜湖催促李显忠交割王权的军马，就去采石犒赏军士。彬甫到采石，王权却去了。李显忠又不曾到。采石的军被金兵杀得星散，坐在路旁。虞彬甫自寻思，若等侍李显忠来，岂不误国家的事。便唤诸将来说："而今我将金银布匹诰敕在这里，待要赏赐你众人。"众将见说欢喜，对说："而今既有主将，我每当死战报国。"或有人对彬甫说："公受命来赏军士，不曾著你管厮杀的事。别人坏了事，公却担任他的事。朝廷责罪，归那个是？"彬甫回说："且如危亡了社稷，我去那里躲避。"那时金兵四十万，宋兵只有一万八千，彬甫著诸将列成大阵，入阵中抚将军时俊的背，言说你的名声，传闻天下，今日不向前出力，好生吃人笑。时俊把双刀出战，大败金人。彬甫后做到丞相，封雍国公。

洪皓，表字光弼，番_{音婆}阳人。自小生得有志气。宋高宗皇帝建炎三年，教他做大金通问使，去金国问徽宗、钦宗的消息。到云中地面，有刘豫本是宋家的臣，降了金国，金国立他做大齐皇帝。金家元帅粘罕逼着他做刘豫的官，洪皓说："我恨不得把刘豫那逆贼的尸来分了，怎肯做他的官。"粘罕要杀洪皓，旁有个贼长说："这个人正是忠臣，休杀他。"便将洪皓放在那苦寒地面囚着。洪皓常穿着粗布衣裳，就马粪里烧面食过活。那里有个陈王悟室，一心要侵宋朝地。洪皓只是当他。悟室恼了，说："你做和事的官，这般口硬，"要杀洪皓。洪皓说："我情愿要死，只是无个杀行人的道理，"悟室不曾杀他。洪皓得知二帝在五国城，便暗地里使人去将着果子米面献与二帝，二帝才知高宗即了皇帝位。绍兴十年，因探事人赵德来，洪皓写机密事三四万字，都是要灭金的意思，藏在破絮里回来，教高宗知道。后又得皇太后的书信，着李徽送与高宗，高宗好生欢喜，说著一百个使臣去，也不如这纸书。金主知得洪皓的好名，要他做翰林学士，洪皓不肯。后因金主生太子放赦，才放得回来。见了高宗，高宗说："卿尽忠的心，不忘君主的意思，便是苏武也不及卿。"自建炎已酉出便北地到回来时，十五年了。忠义的名声，天下都知道。除做徽猷_{音犹}阁直学士。

杨万里，表字廷秀，江西吉安府吉水县人。宋高宗朝进士。做赣_{音甘去声}州司户。到宁宗皇帝朝，升做宝谟阁学士。那时韩侂_{音话}胄弄权，要把天下有名人都收在他身边，扶同他做的事。韩侂胄曾筑南园，要着杨万里作一篇记，许升他官职，杨万里说："官可退了，记不可作。"韩侂胄怒，别著人作了记。韩侂胄专权的事，日日多了，杨万里忧怒成了病，家人知道他常有忧国的心，吏人来报朝廷的政事，都不肯著他知道。忽有房族的一个儿子从外来，说韩侂胄用兵的事，杨万里听得啼哭，便叫家人取纸来，书写着道："韩侂胄奸臣专权，不遵皇帝，动兵害民，要坏了社稷。我老了，要报国无缘由。"又书写十四字别妻子，放下笔就没了。朝廷知道他忠，赐谥文节公。

归旸_{音阳}，汴梁人。元顺帝至元五年，做颖州同知。那时有杞县人范孟，做河南省掾史，好生不得志，假做朝廷使臣，黑夜里到省，将省里大官人并大衙门里的官人，都杀了。别用人管着各衙门事。那时人都不曾识得破，要著归旸守黄河。归旸不从他，贼怒，将归旸禁在牢狱中。归旸绝无怕惧的颜色，不多日贼败了，到朝廷加做监察御史，又受赏赐。

卷之四百八十九　一东

终《洪武正韵》

陟隆切。极也,穷也,死也,毕也。

无成有终

《易·坤卦》

六三:或从王事,无成有终。详坤字。

无初有终

《易·睽卦》

六三:无初有终。

原始反终

《易·系辞》

"原始反终,故知死生之说。"《传》:原究其始,要考其终,则可见死生之学。

晁说之《客语》

原始则足以知其终,反终则足以知其始,死生之说如是而已矣。故以春为始,而原之,其必有终。以终为终,而反之,其必有春。死生者其与是类乎。

原始要终

《易·系辞》

原始要终，以为质也。《传》：质，谓卦体。卦必举其始终而后成体。

魏伯阳《参同契》

原始要终，存亡之绪。注：始，月朔也。终，月晦也。存亡之绪者，晦朔之间，阴将尽而犹未生，阳将生而犹生也。

君子有终

《易·谦卦》

亨，君子有终。详"谦"字

慎初惟终

《书·蔡仲之命》

慎厥初，惟厥终。终以不困，不惟厥终，终以困穷。注：惟，思也，穷困之径也，思其终者，所以谨其初也。陈氏大猷曰："仲率德改行，能谨初矣。尤当克勤无怠，是在于惟厥终也。"详"命"字

慎始敬终

《敬斋泛说》

太甲厥辟不辟，而庙曰太宗。太戊有桑谷之祥，而庙曰中宗。武丁有雉雊之异，而庙曰高宗。是谓三宗。"靡不有初，鲜克有终。"召穆公之诗也。殷之三宗，亦异于兹矣。盖其始之不治，暂咈于人而厌于天，而一念知悔，怀其永图而令终，既足以掩前非，又有以大过人者，此所以煌煌然与尧舜并列上古之书也。故人君之德，虽在于慎始，而究其成功，则尤在敬终。

子曰:"事君慎始而敬终。"注:轻交易绝,君子所耻。

慎终如始

《诸子琼林》

《说苑·敬慎篇》:曾子曰:"官怠于宦成,病加于少愈,祸生于懈惰,孝衰于妻子。"察此四者,慎终如始。《诗》曰:"靡不有初,鲜克有终。"

察微要终

唐《李卫公集·奇器赋》

乃沃水于器,察微要终。挹彼注兹,受之若冲。

嫉始乐终

唐《李文公集·荐所知书》

君子之恶恶也嫉始,善善也乐终。

谋始要终

宋《苏东坡大全集·上文相公书》

谋诸其始而要诸其终,天下无遗事。

善始善终

《史记·乐毅传》

臣闻之,善作者不必善成,善始者不必善终。

宋《杨诚斋集·海鳅赋》

在德不在险,善始必善终。吾国其勿恃此险,而以仁政为甲兵,以人材为河山,以民心为垣墉也乎。

劳始逸终

宋《苏东坡大全集策》

欲事之无繁,则必劳于始而逸于终,晨兴而晏罢。

有始无终

《续通鉴长编》

明道元年,帝尝谓辅臣曰:"臣之事君,多见其有始无终者。"奎对曰:"保终之道,匪独臣下然也。如唐明皇开元之初,励精为治,天下晏然。及其末也,故意荒侈,卒至大乱。此不可不鉴也。"帝深然之。

《记纂渊海·经》

凡人未见圣,若不克见。既见圣,亦不克由圣《书·君陈》注:凡人有初无终。
"将恐将惧,惟予与女。将安将乐,女转弃予。"《诗·谷风》。互见急时抱佛门。
"将恐将惧,寘予于怀。将安将乐,弃予如遗。"同上。互见同上。
"昔育恐育鞠,及尔颠覆。既生既育,比予于毒。"同上。
《权舆》,刺康公也。忘先君之旧臣,与贤者有始而无终也。"於我乎夏屋渠渠,今也每食无余。于嗟乎不承权舆。"《诗》
"彼求我,则如不我得。执我仇仇,亦不我力。"《诗·正月》,互入有名无实
"靡不有初,鲜克有终。"《诗·荡》
史
耳、余始居,约时相然信。及据国争权,卒相灭亡。何向者慕用之诚,后相背之势也!

德宗在危难时,听陆贽谋。及已平,追仇尽言,怫然以谗幸逐,犹弃梗。

集

感平生之游处,差埙篪之相须。何今日之两绝,若胡越之异区。祢正平赋

靡不春华,鲜克岁寒。潘岳《诔鲁武公》

小人槿花心,朝在夕不存。孟东野

中书君老而秃,不任吾用。吾尝谓君中书,而今不中书耶? 因不复召。韩文《毛颖传》

员既罢吴属镂赐,斯既帝秦五刑具。长平威振杜邮死,垓下敌擒钟室诛。皆用尽身贱功成祸归。刘宾客

弃我忽若遗。郭泰机《答傅咸》。

曩者胶漆契,迩来云雨暌。白乐天

初则许之以死,徇体面俱柔。终乃背之而饱飞,身名已遂。张九龄。互见倾险

昔年洛阳社,贫贱相提携。今日长安道,对面隔云泥。《唐文粹》。互见炎凉

谨始克终

元《刘文贞公集》

人恐不知学,知恐不能有,有恐不能行,行恐不能文。致知始条前,力行终理后。谨始复克终,斯人圣贤偶。

善始令终

元王恽《秋涧集·史丞相家传》

其视富贵权势敛然,若浼免于己者。其善始令终,世拟之者郭汾阳王。

慎终

《世说新语》

王右军与王敬仁、许玄度并善。二人亡后,右军为论议更克。孔岩诚之曰:"明府昔与王、许周旋有情。及逝没之后,无慎终之好,民所不取。"右军甚愧。

当虑其终

《采真集》

变更之始,当虑其终。事久而蛊,当图其始。故《巽》言"无初有终,先庚后庚。"《蛊》言"先甲后甲,"终则有始。

政之始终

《荀子·致仕篇》

临事接民而以义,变应宽裕而多容,恭敬以先之,政之始也。多容广纳也。然后中和察断以辅之,政之隆也。政之崇高,在辅之中和察断。断,丁乱反。然后进退诛赏之,政之终也。故一年与之始,三年与之终。夫不教而杀谓之虐。故为政之始,宽裕多容。三年政成,然后进退诛赏也。用其终为始,则政令不行,而上下怨疾,乱所以自作也。先赏罚后德化,则乱。

邵子《观物篇》

始终教化,劝率为道者,乃谓之《易》矣。以教化劝率为德者,乃谓之《书》矣。以化教劝率为功者,乃谓之《诗》矣。以化教劝率为力者,乃谓之《春秋》矣。此四者,天地始则始焉,天地终则终焉,始终随乎天地者也。

数有始终

张行成《述衍》

天地间万物万事,无不出于数者,既以此始,必以此终。圣人藏诸用,不以此显示于人,恐小人托之以为奸,庸人疑之而致惑耳。必先穷理尽性,始可致于天命也。

《采真集》

自始终而言退藏于密者,为万动之终。自终始而言,寂然不动者,为万动之始。一日之早暮,天地之始终具焉;一事之始终,鬼神之变化具焉。

全德始终

《分门故事》

裴度初诏配享宪宗庙廷,度退然才中人,而神观迈奕,操守坚正,善占对。既有功,名震四夷。使外国者,其君长必问度年今几? 状貌孰似? 天子用否? 其威誉德业,比郭汾阳,而用不用常为天下重轻。事四朝以全德,始终及没,天下莫不思其风烈。

乾坤始终

魏伯阳《参同契》

壬癸配甲乙,乾坤括始终。乾纳甲壬,坤纳乙癸,故曰"壬癸配甲乙。"十干始于甲乙,终于壬癸,故曰"乾坤括始终。"

始必终

《抱朴子·内篇·论仙卷》

谓始必终而天地无穷焉。

《书林事类》

始乎为士,终乎为圣人。学恶乎始? 恶乎终? 曰:"其数则始乎诵经,终乎读礼。其义则始乎为士,终乎为圣人。"《荀子》　天行也,终则有始,天行也易。终始慎厥与?《书·太甲》:"天位艰哉,德惟治否。德乱与治,同道罔不兴。与乱同事,罔不亡。终始慎厥与,惟明明后。《注》言:安危在所任,治乱在所法,明慎在所与,治乱之机则为明王明君。《疏》言:当与贤,不与佞,治乱在于用臣。　始卒。有始有卒者,其惟圣人乎。《语》　典于学,念终始,典于学《书·说命》。　惟一。终始惟一时,乃日新。《注》言:德行终始不衰杀,是乃日新之义,咸有一德。　慎终于始。注:于终思始,于始虑终。《太甲》　靡不有初,鲜克有终。《诗》　慎厥初,惟厥终,终以不困。注:《作事》云:为必慎其初,念其终。《书》　法天。王者动作,终始必法于天,以其运行不息也。《唐·刘贲传》　万物成,终始乎艮。艮,东北之卦,万物之所成,终而所成始,故曰成乎艮。《疏》:东北在寅丑之间,丑为前岁之末,寅为后岁之初,则见万物成,终而成始。　终始象四时。《乐记疏》:终于羽,始于宫。终始象之变化。终而复始。　终始无常主。《易》　善始美终,原始要终。易之质也。《系》。　善始以终。房玄龄。　能以功名终始者。娄师德。　始于忧勤,终于逸乐。《诗·文王》。　无缺。《新唐书》:郭子仪富贵寿考,哀荣终始,人臣之道无缺焉。

《群书足用》

事实

《仲虺之诰》汤。谨厥终，惟其始。咸有一德 《太甲》今嗣王新服，厥命终始，惟一时乃日新。伊训。 立爱惟亲，立敬惟长，始于家邦，终于四海。《太甲》下 谨终于始。上文注。 于始虑终，于终思始。同上。 终始谨厥与，惟明明后。《说命》下。 念终始，典于学。厥德修罔觉。《诗·鱼丽》。 文武始于忧勤，终于逸乐。上文《疏》。 文王以此九篇治其内外，是始于忧勤也。今武王承于文王治平之后，内外无事，是终于逸乐。《前晁错传·策》。 汉文帝册曰："贤良明于国家之体，通于人事之终始。"同上 对曰："云云。" "此明于人情终始之功也。"《董仲舒传策》。 武帝册仲舒曰："子大夫习俗之变，终始之序。" 《选》班固《东都赋》："光武克己复礼，以奉终始。允恭乎孝文。"上文注。躬自俭约，同乎孝文帝。 《秦琼传》高宗永徽六年，遣使致祭名臣，图形凌烟阁者，凡七人。征、士廉、瑀、志元、弘基，世南、叔宝，皆终始著名者也。 刘蕡策。文宗，臣前谓格王之理，其则不远者，在陛下谨思之力，行之终始，不懈而已。

谨按春秋元者，气之始也。春者，岁之始也。春秋以元加于岁，又以春加于王，明王者当奉天道以谨始也。又举时以终岁，举月以终时。春虽无事，必存首月以存时，明王者奉天道以谨终也。王者动作终始，必法于天，以其运行不息也。并同上。伏惟陛下，谨终如始，以塞天下之望。

名臣

《毕命》：惟周公克谨厥始，惟君臣克和厥中，惟公克成厥终。 《秦仲之命》谨厥初，惟厥终。唐本赞房玄龄善始以终，此其成令名者。 本赞娄师德宽厚，其能以功名始终。 本传赞郭子仪富贵寿考哀荣终始，人臣之道无缺焉。

圣贤

《孟子·万章下》孔子始条理者，智之事也。终条理者，圣人之事也。

六经

《易·蛊卦》终则有始，天行也。 《系辞》《易》之为书也，原始要终。 《说卦》艮，东北之卦也，万物之所成终，而所成始也。 《记·文王世子》古之君子，举大事必谨其终始。 《大学》事有终始，知所先后，则近道矣。 《乐记》律小大之称，比终始之序，以象行事。 《祭义》日出于东，月生于西，阴阳长短，终始相巡 音沿以致天下之和。 杜预《左序》学者原始要终，寻其枝叶，究其所穷。 《左襄二十五年》《书》曰："谨始而敬终。" 同上子产曰："思其始而成其终。 文元年归余于终事则不悖。"

诸子

《语》十九子夏曰：有始有卒者，其惟圣人乎。 上文注终始如一，唯圣人耳。 《孝经一章》夫孝，始于事亲，中于事君，终于立身。 同上身体发肤，受之父母，不敢毁伤，孝之始也。立身行道，扬名于后世，以显父母，孝之终也。 荀《礼论》生人之始也，死人之终也。终始俱善，人道毕矣。本末相顺，始终相应，使生死终始若一。 同上终始如一，是君子之道，礼义之文也。 议兵终始如一，夫是之谓大吉。 同上虑必先事而申之以敬，谨终如始。 《礼论》如死如生，如存如亡，终始一也。 《王制》始则终，终则始，与天地同理。 上文注言以此道为治，终始不穷，无休息则天下得其次序。 《劝学》学恶乎始？恶乎终？曰：其数则始乎诵《经》，终乎读礼，其义则始乎为士，终乎为圣人。 《儒效》纷纷

夸其有终始。　《正论》君子敬始而谨终。　《致仕》人主临事节民而以义,变应宽裕而多容,恭敬以先之,政之始也。然后中和察断以辅之,政之隆也。然后进退诛赏之,政之终也。　《管·明法解》圣人者,习于人事之始终。　《淮览·冥训》终始若环,莫得其伦。　同上反覆终始,莫知其端绪。　《老子·十日章》谨终如始,则无败事。

诸史

《史·春申君传》春申君说秦王曰:《诗》曰:'靡不有初,鲜克有终。'《易》曰:'狐涉水,濡其尾。'此言始之易,终之难。　《前·郊祀志》终而复始。　《律历志》天之数始于一,终于二十有五,其义纪之以三,地之数,始于二,终于三十,其义纪之以两。　《五行志》圣王发号施令,亦奉天时。十二月咸得其气,则阴阳调,而终始成。　《唐刘贲策》春秋继故必书即位,所以正其始也。终必书,所终之地,所以正其终也。

譬喻

《易蛊卦》注因事申令,终则有始,若天之行,用四时也。　《荀·王制》始则终,终则始,若环之无端。

反说

唐魏知古等赞人之立事,无不锐始而工于初,至其半,则稍息,卒而漫澶不振也。

终始

宋杨龟山《字说论》

无时也,无物也,则无终始。终则有始,天行也。时物由是有焉。天行非有时物也。《中庸》曰:"诚者,天之道也。"又曰:"诚者,物之终始。"盖惟无息故尔,又奚时物之有?

黄光大《积善录》

人之所为不能终始者,无一事可到头也。学而无终始,学必不得禄。耕而无终始,耕必不得谷。以至射御、书数、医药、卜筮、百工技艺,苟不能终始用心者,皆不足以成事。故凡学事无所成者,乃无废疾之弃人也,良可惜哉!此吾子夏所以曰"有始有卒者,其惟圣人乎。"审夫此,则人之为人,当由是而为圣人之徒。切不可反此,致使无一事到头,而废弃终身者也。

论始终

《敬斋泛说》

木壮于卯,人之所知也。生于亥而成于未,人之所不知也。火壮于午,人之所知也。生于寅而成于戌,人之所不知也。金知其壮于酉,而不知其生于巳而成于丑,水知其壮于子,而不知其生于申而成于辰。亦与木火无异也。吾当吾张王之时,据吾张王之地,壮之

也。物莫先焉，然而不可以语成功，必也。既当吾时，又据吾地，又涉吾所畏，历吾所忌，获归吾必归之所，而后吾始终之事了矣。彼其玩春华，弃秋实，得一指而丧肩背者，宁足以进此道耶！

令终

《诗·大雅·既醉篇》

高朗令终。注：令终，善终也。详"醉"字。

义终

《礼记·祭法》

尧能赏均，刑法以义终。注：义终，谓既禅二十八载乃死也。

处常得终

《孔子世家补》

鲁昭公二十五年，荣启期曰："贫者，士之常也；死者，人之终也。处常得终，当何忧哉？"孔子曰："善乎能自宽者也。"

辞荣善终

《晋书》

魏舒为事，必先行而后言。逊位之际，莫有知者。时论以为晋兴以来，三公能辞荣善终者，未之有也。

不能有终

《金史·粘割干特剌传》

世宗谓曰:"朕于天下事,无不用心,一如草创时。"干特剌曰:"自古人君,始勤终怠者多。有始有终,惟圣人能之。"上曰:"唐太宗至明之主也,然魏征谏以十事,谓其不能有终,是则有终始者实为难矣。"

《群书足用》

《太甲上》惟尹躬先,见于西邑夏,自周有终,相亦惟终。 《汤诰》尚克时忱,乃亦有终。 《仲虺之诰》谨厥终,惟其始。 《太甲中》尚赖匡救之德。图惟厥终。 《说命》钦予时命,其惟有终。 《洛诰》已汝惟冲子惟终。 上文注惟当终其美业。 《左》宣二年晋灵公不君,赵盾、士季谏,三进及溜,而后视之,曰:"吾知其过矣。将改之。"稽首而对曰:"人谁无过?过而能改,善莫大焉。"《诗》曰:'靡不有初,鲜克有终。'夫如是,则能补过者,鲜矣。君能有终,则社稷之固也。 《书·毕命》毕公,惟公克成厥终。

六经

《易·谦卦》劳谦,君子有终,吉。 《归妹卦》君子以永终知敝。 《左·文元年》归余于终。 文十五年虽不能始,善终可也。 襄二十五年君子之行,思其终也,思其复也。 哀二十七年君子之谋也,始里终皆举之。

诸子

《仁经》一章终于立身。《荀·议兵》虑必先事而申之,以敬谨终如始。

诸史

刘蕡策春秋举时以终岁,举月以终时,春秋虽无事,必存首月以存时。明王者,当奉天道以谨终也。

譬喻

《孟子·万章》孔子金声也者,始条理也。玉振之也者,终条理也。

反说

《李寻传》哀帝切以今日视陛下志操,衰于始初多也。 《太宗赞》唐可称者三君,宗元、宗宪皆不克终。 《易·未济》濡其尾,无攸利,不续终也。

体题:正始如初,闰端如始,有始孰后,有卒孰先。**赋偶**:始卒不变,正三微之始而首正大本,后先一如戒十渐之没而必限永固。**赋隔**:功既兼隆,毋若唐宋之不克;命焉新服,当如成后之惟终。

必以恶终

《分门故事》

齐庆封来聘，其车美。孟孙谓叔孙曰："庆季之车不亦美乎?"叔孙曰："豹闻之，服美不称，必以恶终。美车何为?"叔孙与庆封食不敬，为赋《相鼠》，亦不知也。

怙终

《书·舜典》

眚灾肆赦，怙终贼刑。注：怙，谓有恃；终，谓再犯若人有如此而入于刑，则虽当有当赎，亦不许其宥，不听其赎而必刑之也。

《记纂渊海》

小人以小恶为无伤而弗去也，故恶积而不可掩，罪大而不可解。《易·系辞》。怙终贼刑。《书·舜典》昼夜颁颁注：肆恶无休。见《书·益稷》凶人为不善，亦惟不足。《书·泰誓》。秽德彰闻。同上。狃于奸宄。《书·君陈》。骄淫矜夸，将由恶终。《书·毕命》。方茂尔恶，相尔矛矣。《诗·节南山》。庶曰式臧，覆出为恶。《诗·雨无正》。多将熇熇，不可救药。《诗·板》。 长恶不悛，从自及也。《左》隐六年。 不思谤讟，不惮鬼神。神怒民痛，无悛于心。《左》昭二十年。 宋子鱼曰："祸犹未也，未足以惩君。《左》僖二十一年 于《易》一过，为过，再为，涉三而弗改，灭其预凶。《魏志》 蜂虿不弃，毒于人则不静。《说苑·权谋篇》虽九死其犹未悔。《楚辞》。蜂虿终怀毒。《杜诗》。 枭音不悛，鸱张益炽。《白传集》。"

大罪非终眚

《书·康诰》

乃有大罪非终，乃惟眚灾适尔。既道极厥辜，时乃不可杀。注：人有大罪，非是故犯，乃其过误，出于不幸，偶尔如此。既自称道，尽输其情，不敢隐匿，罪虽大时，乃不可杀，即《舜典》所谓眚过无大也。

非终惟终

非终惟终。注：非终，即《康诰》"大罪非终"之谓。言过之当宥者。惟终，即《康诰》"小罪惟终"之谓，言故之当辟者。详"刑"字。

一终

《左传》襄公九年

公送晋侯，晋侯以公宴于河上，问公年。季武子对曰："会于沙随之岁，寡君以生。"晋侯曰："十二年矣，是谓一终，一星终也。"注：十二年号为一终，岁星十二年一周天，是一星终也。

《淮南子》

天维建元，常以寅始。起右徙一岁而移，十二岁而大周天，终而复始。

《吕氏春秋》

季冬之纪，是月也。日穷于次，月穷于纪，星回于天数，将几终岁，将更始行之，是谓一终。终一成十二月也

《晋史》

推五星术。星与日会，同宿共度则谓之合，从合至合之日则谓之终，各以一终之日与一岁之日，通分相终而率之岁，数岁则谓之合，终岁，数岁终则谓之合终，合数二率既定，则法数生焉。

间歌三终

《仪礼·乡饮酒礼》

工入，升歌三终，主人献之。笙入三终，主人献之。间歌三终。注曰：间代也。谓堂上与堂下，更代而作也。堂上人先歌《鱼丽》，则堂下笙《由庚》，此为一终。又堂上歌《南有嘉鱼》，则堂下笙《崇丘》，此为二终。又堂上歌《南山有台》，则堂下笙《由仪》，此为三终也。

《乡饮酒义》

工入,升歌三终,主人献之。笙入三终,主人献之。间歌三终,合乐三终,工告乐备,遂出一人,扬觯乃立,司正焉。知其能和,乐而不流也。"工入,升歌三终"者,谓升堂歌《鹿鸣》《四牡》《皇皇者华》,每一篇而一终也。"笙入三终"者,谓吹笙之人入于堂下,奏《南陔》《白华》《华黍》,每一篇而一终也。"间歌三终",谓堂上与堂下更代而作也。合乐三终,谓堂上堂下歌瑟及笙并作也。

《孔子家语》

厄陈蔡,子路援戚而舞,三终。孔子和之,曲三终。

八终

罗泌《路史·禅通纪》

葛天者,权天也。其为治也,不言而自信,不化而自行,荡荡乎无能名之。及其乐也,八士捉牷,投之掺尾,叩角乱之而歌八终。一曰《载民》,二曰《玄鸟》,三曰《遂物》,四曰《奋谷》,五曰《敬天常》,六曰《达帝功》,七曰《休地德》,八曰《临万物之极》。《上林赋》云:"听葛天之歌。"张揖云:"三皇时君也。其乐,三人持牛尾,投足以歌八曲,一曰六六,八曰《总禽兽之极》"。韦昭曰:"古之王者,其事见《吕春秋》。李善以遂物为育,草木奋谷为奋,五谷达为彻,阕为曲。

里十为终

《汉志》

里十为终,终十为同,同方百里。

天禄永终

《书·大禹谟》

帝曰:"四海困穷,天禄永终。"
《论语》:尧曰:"咨尔舜,天之历数在尔,躬允执其中。"

《续后汉书·吾彦传》

彦,吴时为建平太守。吴亡,彦始归命武帝,以为金城太守。帝常从容问彦孙皓所以亡国者,彦对曰:"吴主英俊,宰辅贤明。"帝笑曰:"君明臣贤,何为亡国?"彦曰:"天禄永终,历数有属。所以为陛下禽。此盖天时,非人事也。"张华时在坐,谓彦曰:"君为吴将,积有岁年,蔑而无闻,窃所惑矣。"彦厉声曰:"陛下知我,卿不闻乎?"帝甚嘉之。

受终

《书·舜典》

正月上日,受终于文祖。

伊尹告终

宋《咏史诗》

伊尹精忠死负冤,元王笔下竟亡言。他时斫胫剖心事,说道渠家有本原。注:《春秋后序纪年》:伊尹放太甲于桐,乃自立也。伊尹即位,放太甲七年,太甲潜出自桐,杀伊尹,立其子伊陟。

饰终

《经子法语》

荀子饰终。注:送死饰终也。

知终

《东汉书·计子勋传》

子勋者,不知何郡县人,皆谓数百岁,行来于人间。一旦忽言日中当死,二十人与之葛衣,子勋服而正寝,至日中果死。

永乐大典 精华本

临终

《晋书·隗昭传》

昭善于《易》，临终书版，授其妻曰："吾亡后，当大荒穷。虽尔，慎莫卖宅也。后五年春，当有诏使来顿此亭，姓龚，此人负吾金，即以此版往责之，勿违言也。"

许浑诗《王可封临终诗》

十世为儒少子孙，一生长负信陵恩。今朝埋骨寒山下，为报慈亲休倚门。

《中州集·无事道人董文甫临终四首》

无情丧主没钱僧，送上城南无事人。检尽传灯无尽录，更无公案这番新。

生有地，死有处，万年不能移一步。一轮明月邸天心，此是渠侬住处住。

白发三千丈，红尘六十年。只今无见在，虚费草鞋钱。今古一轮月，分明印碧霄。门门蟾影到，处处桂香飘。不起眼中晕，何劳指上摽。真空浑照破，归去杖头挑。

《诗海绘章·袁世弼临终作》

青霭千峰暝，悲风万古呼。其谁挂宝剑，应有奠生刍。皎月东方陨，长松半壑枯。山泉吾所爱，声到夜台无。

王浑《秋涧集·跋席怀远临终语录》

人当易箦际，发言罔不善。昏朦迷本真，狂者涉诞幻。猗嗟席怀远，洞彻生死变。日气薄西山，皦乎天理见。谆谆忠孝言，垂戒汉马援。洒然明月怀，身后照乡县。赓歌诸贤诗，清风一家传。

《中州集·韩玉临终诗》

客自朝那戌，东过古郑原。衰年会凶运，奇祸发流言。白骨将为土，青蝇且在樊。仰呼天外恨，沉思地中冤。母丧半途鬼，儿孤千里魂。此心终不灭，有路诉天阍。

天下无双士，军中有一韩，才名两相累，世道一何艰。旅次穷冬暮，囚孤永夜寒。身亡家亦破，巢覆卵宁完。矍铄鞍仍在，惊呼铗屡弹。大夫忠义耳，无惜感歌还。

滕奉使茂实《临终诗并序》

某奉使亡，状不复反父母之邦，犹当请从主行以全臣节。或怒而与之死，幸以所杖节幡裹其尸，及有篆字九为刊之石，埋于台山寺下，不必封树。盖昔年大病，梦游清凉境界，觉而失病所在，恐于此有缘。如死穷徼，则乞骸骨归，悉如前祷，预作哀词，几于不达。方之渊明则不可，亦庶几少游之遗风也。

蕭盐老书生，谬列王都官。索米了无补，从事敢辞难。殊邻复明好，仗节来榆关。城守久不下，川涂望漫漫。健辈果不惜，一往何当还。牧羊困苏武，假道拘张骞。流离念窘束，坐阅四序迁。同来悉言归，我独留塞垣。形影自相吊，国破家亦残。呼天竟不闻，痛甚伤肺肝。相逢老兄弟，悼叹安得欢。波澜卷大厦，一木难求安。就不违我心，渠不汗我颜。昔燕破齐王，群臣望风奔。王烛犹守节，燕人有甘言。经首自绝胫，感慨令昔闻，未尝食齐禄，徒以世为民。况我禄数世。一死何足论！远或死江海，近或死朝昏。敛我不须衣，裹尸以黄幡，题作宋臣墓，篆字当深刊。我室尚少艾，儿女皆童顽，四海无置锥，飘流倍悲酸。谁当给衣食，使不厄饥寒？岁时一酹我，犹足慰我魂。我魂亦悠悠，异乡寄沉冤。他时风雨夜，草木号空山。

无疾而终

《五代·薛史列传》

管迥者，武汉球守洺郡日，辟为判官。及汉球卒于汴，迥在洛州未之知，一日忽谓所亲曰："太保遣人召我。"遂沐浴新衣冠，无疾瞑目而终。家人不知其故，后数日方闻汉球卒。

端坐而终

《悦生随抄》

谢泌性端而直，奉道，好服饵。及被病，沐浴，衣逸士服，端坐而终，其身不倾。上闻而嗟异，遣使临问，恤赐家人，即其坐为棺敛之。

梦生桑终

《王公四六话》

王元之自黄移蕲州，临终作遗表曰："岂期游岱之魂，遂协生桑之梦。"盖昔人梦生桑。而占者，桑字，乃四十八果，以是岁终。元之亦以四十八而殁也。临殁用事精当如此，足以见其安于死生之际矣。

告终仪

《辽史·礼志》

凶仪，高丽夏国告终仪：先期于行宫左右，下御帐，设使客幕，次于东南。至日北面，臣僚各常服，其余臣僚并朝服，入朝使者至幕次，有司以嗣子表状，先呈枢密院准备奏呈。先引北面臣僚并矮敦已上近御帐，相对立，其余臣僚依班位序立，引告终人使右入，至丹墀面殿立，引右上立，揖，少前，拜跪，奏讫，宣问。若嗣子已立，恭身受圣旨，奏讫，复位。嗣子来立，不宣问，引右下丹墀，面北鞠躬，通班毕，引面殿，再拜，不出班奏，圣躬万福，再拜，出班谢，面天颜，复位，再拜。出班谢远接，复位再拜。赞祗候，退就幕次。再入依前面，北鞠躬，通辞，再拜，叙恋阙，再拜赞好去，礼毕。

双凤镜

岁终

《书林事类》

岁终奏年历。《后汉·百官志》：太常卿太史令一人，六百石。注：掌天时星历，凡岁将终，奏新年历。日穷于次，是月也，日穷于次，月穷于纪，星回于天，数将几终。《月令》月穷于纪，星回于天。并上冢宰制国用，冢宰制国用，必于岁之杪。岁杪上质成。司会以岁之成质，于天子并王制。官府正其治。岁终则令百官府各正其治，受其会大宰。群吏正岁会。岁终则群吏正岁会宰夫。平在朔易，中命和叔，宅朔方曰幽都，平在朔易。注：《易》谓岁改易于北方。《尧典》阴阳以文。季冬之月，星回岁终，阴阳以文，劳农大享腊。周天之数。并后汉志。万物毕死。岁者，递也。三百六十日一周天，万物毕死，故为一岁。《白虎》更次受计。《新唐书·百官忠》：少尹一人，从四品，下掌二府州之事，岁终更次受计。

容

慕容德

《晋书·载记》

慕容德,字玄明,皝之少子也。母公孙氏,梦日入脐中,昼寝而生德。年未弱冠,身长八尺二寸,姿貌雄伟,额有日角偃月重文。博观群书,性清慎,多才艺。慕容儁之僭立也,封为梁公。历幽州刺史,左卫将军。及晔嗣位,改封范阳王,稍迁魏尹,加散骑常侍。俄而,苻坚将苻双据陕以叛,坚将苻柳起兵抱罕,将应之。德劝晔乘衅讨坚,辞旨慷慨,识者言其有远略,晔竟不能用。德兄垂甚壮之,因共论军国大谋,言必切至。垂谓之曰:"汝器识长进,非复吴下阿蒙也。"枋头之役,德以征南将军,与垂击败晋师。及垂奔苻坚,德坐免职。后遇晔败,徙于长安。苻坚以为张掖太守,数岁免归。

慕容德

及坚以兵临江,拜德为奋威将军。坚之败也,坚与张夫人相失,慕容晔将护致之,德正色谓晔曰:"昔楚庄灭陈,纳巫臣之谏而弃夏姬。此不祥之人,惑乱人主。戎事不迩女器,秦之败师,当由于此。宜掩目而过,奈何将卫之也。"晔不从,德驰马而去之。还次荥阳,言于晔曰:"昔勾践捷于会稽,终获吴国。圣人相时而动,百举百全。天将悔祸,故使秦师丧败,宜乘其弊以复社稷。"晔不纳。乃从垂如邺。

及垂称燕王,以德为车骑大将军,复封范阳王,居中镇卫,恭断政事。久之,迁司徒。于时慕容永据长子,有众十万,垂议讨之,群臣咸以为疑。德进曰:"昔三祖积德,遗咏在耳,故陛下龙飞,不谋而会。虽由圣武,亦缘旧爱,燕赵之士乐为燕臣也。今永既建伪号,扇动华戎,致令群竖纵横,逐鹿不息,宜先除之,以一众听。昔光武驰苏茂之难,不顾百官之疲,夫岂不仁? 机急故也。兵法有不得已而用之,陛下容得已乎!"垂笑谓其党曰:"司徒议与吾同。二人同心,其利断金,吾计决矣。"遂从之。垂临终,敕其子宝,以邺城委德。

宝既嗣位，以德为使持节，都督冀兖青徐荆豫六州诸军事、特进、车骑大将军、冀州牧，领南蛮校尉，镇邺，罢留台，以都督专总南夏。

魏将拓拔章攻邺，德遣南安王慕容青等夜击，败之。魏师退次新城，青等请击之。别驾韩卓进曰：“古人先决胜庙堂，然后攻战。今魏不可击者四，燕不宜动者三。魏悬军远入，利在野战，一不可击也。深入近畿，顿兵死地，二不可击也。前锋既败，后阵方固，三不可击也。彼众我寡，四不可击也。官军自战其地，一不宜动。动而不胜，众心难固，二不宜动。城隍未修，敌来无备，三不宜动。此皆兵家所忌，不如深沟高垒，以逸待劳。彼二十里饭粮，野无所掠，久则三军糜资，攻则众旅多毙，师老衅生，详而图之，可以捷矣。”德曰：“韩别驾之言，良、平之策也。”于是召青还师。魏又遣辽西公贺赖卢率骑与章围邺，德遣其参军刘藻请救于姚兴，且参母兄之问，而兴师不至，众大惧。德于是亲饷战士，厚加抚接，人感其恩，皆乐为致死。会章、卢内相乖争，各引军潜通。章司马丁建率众来降，言章师老，可以败之。德遣将追破章军，人心始固。

时魏师入中山，慕容宝出奔于蓟，慕容详又僭号。会刘藻自姚兴而至，与太史令高鲁遣其甥王景晖随藻送玉玺一纽，并图谶秘文，曰：“有德者昌，无德者亡。德受天命，柔而复刚。”又有谣曰：“大风蓬勃扬尘埃，八井三刀卒起来。四海鼎沸中山颓，惟有德人据三台。”于是德之群臣议以慕容详僭号中山，魏师盛于冀州，未审宝之存亡。因劝德即尊号，德不从。会慕容达自龙城奔邺，称宝犹存，群议乃止。寻而宝以德为丞相，领冀州牧，承制南夏。

德兄子麟自羲台奔邺，因说德曰：“中山既没，魏必乘胜攻邺，虽粮储素积，而城大难固，且人情沮动，不可以战。及魏军未至，拥众南渡，就鲁阳王和，据滑台而聚兵积谷，伺隙而动，计之上也。魏虽拔中山，势不久留，不过驱掠而返。人不乐徙，理自生变，然后振威以援之。魏则内外受敌，使恋旧之士有所依凭，广开恩信，招集遗黎，可一举而取之。”先是，慕容和亦劝德南徙，于是许之。隆安二年，乃率户四万、车二万七千乘，自邺将徙于滑台。遇风，船没，魏军垂至，众惧，议欲退保黎阳。其夕，流澌冻合，是夜济师。旦，魏师至而水泮，若有神焉。遂改黎阳津为天桥津。及至滑台，景星见于尾箕，漳水得白玉，状若玺。于是德依燕元故事，称元年，大赦境内殊死已下，置百官。以慕容麟为司空，领尚书令，慕容法为中军将军，慕舆拔为尚书左仆射，丁通为尚书右仆射，自余封授各有差。初，河间有麟见，慕容麟以为己瑞。及此，潜谋为乱，事觉，赐死。其夏，魏将贺赖卢率众附之。

至是，慕容宝自龙城南奔至黎阳，遣其中黄门令赵思召慕容钟来迎。钟本首议劝德称尊号，闻而恶之，执思付狱，驰使白状。德谓其下曰：“卿等前以社稷大计，劝吾摄政。吾以嗣帝奔亡，人神旷主，故权顺群议，以系众望。今天方悔祸，嗣帝得还，吾将具驾奉迎，谢罪行阙，然后角巾私第，卿等以为何如？”其黄门侍郎张华进曰：“夫争夺之世，非雄才不振；从横之时，岂懦夫能济！陛下若蹈匹妇之仁，舍天授之业，威权一去，则身首不保，何退让之有乎！”德曰：“吾以古人逆取顺守，其道未足，所以中路徘徊，怅然未决耳。”慕舆护请驰问宝虚实，德流涕而遣之。乃率壮士数百，随思而北，因谋杀宝。初，宝遣思之后，知德摄位，惧而北奔。护至，无所见，执思而还。德以思闲习典故，将任之。思曰：“昔关羽见曹公，犹不忘先主之恩。思虽刑余贱隶，荷国宠灵，犬马有心，而况人乎！乞还就上，以明征节。”德固留之，思怒曰：“周室衰微，晋郑夹辅；汉有七国之难，实赖梁王。殿下亲则叔父，位则上台，不能率先群后，以匡王室，而幸根本之倾，为赵伦之事。思虽无

申胥哭秦之效,犹慕君实不生莽世。"德怒,斩之。

晋南阳太守闾丘羡,宁朔将军邓启方率众二万来伐,师次管城。德遣其中军慕容法、抚军慕容和等拒之,王师败绩。德怒法不穷追晋师,斩其抚军司马靳坏。

初,苻登既为姚兴所灭,登弟广率部落降于德,拜冠军将军,处之乞活堡。会荧惑守东井,或言秦当复兴者,广乃自称秦王,败德将慕容钟。时德始都滑台,介于晋魏之间,地无十城,众不过数万。及钟丧师,反侧之徒多归于广。德乃留慕容和守滑台,亲率众讨广,斩之。

初,宝之至黎阳也,和长史李辩劝和纳之,和不从。辩惧谋泄,乃引晋军至管城,冀德亲率师,于后作乱。会德不出,愈不自安。及德此行也,辩又劝和反,和不从。辩怒,杀和,以滑台降于魏。时将士家悉在城内,德将攻之。韩范言于德曰:"魏师已入城,据国成资,客主之势,翻然复异,人情既危,不可以战。宜先据一方,为关中之基,然后蓄力而图之,计之上也。"德乃止。德右卫将军慕容云斩李辩,率将士家累二万余人而出,三军庆悦。德谋于众曰:"苻广虽平,而抚军失据,进有强敌,退无所托,计将安出?"张华进曰:"彭城阻带山川,楚之旧都,地险人殷,可攻而据之,以为基本。"慕容钟、慕容护、封逞、韩卓等固劝攻滑台。潘聪曰:"滑台四通八达,非帝王之居。且北通大魏,西接强秦,此二国者,未可以高枕而待之。彭城土旷人稀,地平无险,晋之旧镇,必拒王师。又密迩江淮,水路通浚,秋夏霖潦,千里为湖。且水战国之所短,吴之所长,今虽克之,非久安之计也。青齐沃壤,号曰'东秦',土方二千,户余十万,四塞之固,负海之饶,可谓用武之国。三齐英杰,蓄志以待,孰不思得明主以立尺寸之功?广固者,曹嶷之所营,山川阻峻,足为帝王之都。宜遣辩士驰说于前,大兵继进于后。辟闾浑昔负国恩,必翻然向化。如其守迷不顺,大军临之,自然瓦解。既据之后,闭关养锐,伺隙而动,此亦二汉之有关中、河内也。"德犹豫未决。沙门朗公素知占候,德因访其所适。朗曰:"敬览三策,潘尚书之议可谓兴邦之术矣。今岁初,长星起于奎娄,遂扫虚危,而虚危,齐之分野。除旧布新之象。宜先定旧鲁,巡抚琅邪,待秋风戒节,然后北转临齐,天之道也。"德大悦,引师而南,兖州北鄙诸县悉降,置守宰以抚之。存问高年,军无私掠,百姓安之,牛酒属路。

德遣使谕齐郡太守辟闾浑,浑不从,遣慕容钟率步骑二万击之。德进据琅邪,徐兖之士附者十余万,自琅邪而北,迎者四万余人。德进寇莒城,守将任安委城而遁,以潘聪镇莒城。钟传檄青州诸郡曰:"隆替有时,义列昔经;困难启圣,事彰中策。是以宣王龙飞于危周,光武凤起于绝汉,斯盖历数大期,帝王之兴废也。自我永康多难,长鲸逸网,华夏四分,黎元五裂。逆贼辟闾浑父蔚,昔同段龛阻乱淄川。太宰东征,剿绝凶命,浑于覆巢之下,蒙全卵之施,曾微犬马识养之心,复袭凶父乐祸之志,盗据东秦,远附吴越,割剥黎元,委输南海。皇上应期,大命再集,矜彼营丘,暂阻王略,故以七州之众二十余万,巡省岱宗,问罪齐鲁。昔韩信以神将伐齐,有征无战;耿弇以偏军讨步,克不移朔。况以万乘之师,扫一隅之寇,倾山碎卵,方之非易。孤以不才,忝荷先驱,都督元戎一十二万,皆乌丸突骑,三河猛士。奋剑与夕火争光,挥戈与秋月竞色。以此攻城,何城不克?以此众战,何敌不平!昔窦融以河西归汉,荣被于后裔;彭宠盗逆渔阳,身死于奴隶。近则曹嶷跋扈,见擒于后赵;段龛干纪,取灭于前朝,此非古今之吉凶,已然之成败乎?浑若先迷后悟,荣宠有加。如其敢抗王师,败灭必无遗烬。稷下之雄,岱北之士,有能斩送浑者,赏同佐命。脱履机不发,必玉石俱摧。"浑闻德军将至,徙八千余家入广固。诸郡皆承檄降于德。浑惧,将妻子奔于魏。德遣射声校尉刘纲追斩于莒城。《魏书》云:浑少子道秀自归,请与

父俱死。德曰:"浑虽不忠,而子能孝。"其特赦之。浑参军张瑛常与浑作檄,辞多不逊。及此,德擒而让之。瑛神色自若,徐对曰:"浑之有臣,犹韩信之有蒯通。通遇汉祖而蒙恕,臣遭陛下而婴戮,比之古人,窃为不幸。防风之诛,臣实甘之,但恐尧舜之化未弘于四海耳。"德初善其言,后竟杀之。德遂入广固。

四年,僭即皇帝位于南郊。大赦,改元为建平。设行庙于宫南,遣使奉策告成焉。进慕容钟为司徒,慕舆拔为司空,封孚为左仆射,慕舆护为右仆射。遣其度支尚书封恺、中书侍郎封逞观省风俗,所在大飨将士。以其妻段氏为皇后。建立学官,简公卿已下子弟及二品士门二百人为太学生。

后因宴其群臣,酒酣,笑而言曰:"朕虽寡薄,恭己南面而朝诸侯,在上不骄,夕惕于位,可方自古何等主也?"其青州刺史鞠仲曰:"陛下中兴之圣后,少康、光武之俦也。"德顾命左右赐仲帛千匹。仲以赐多为让,德曰:"卿知调朕,朕不知调卿乎!卿饰对非实,故亦以虚言相赏。赏不谬加,何足谢也!"韩范进曰:"臣闻天子无戏言,忠臣无妄对。今日之论,上下相欺,可谓君臣俱失。"德大悦,赐范绢五十匹。自是昌言竞进,朝多直士矣。

德母兄先在长安,遣平原人杜弘如长安问存否。弘曰:"臣至长安,不奉太后动止,便即西如张掖,以死为效。臣父雄年逾六十,未沾荣贵,乞本县之禄,以申乌鸟之情。"张华进曰:"杜弘未行而求禄,要利情深,不可使也。"德曰:"吾方散所轻之财,招所重之死,况为亲尊而可吝乎!且弘为君迎亲,为父求禄,虽外如要利,内实忠孝。"乃以雄为平原令。弘至张掖,为盗所杀,德闻而悲之,厚抚其妻子。

明年,德如齐城,登营丘,望晏婴冢,顾谓左右曰:"礼,大夫不逼城葬。平仲,古之贤人,达礼者也,而生居近市,死葬近城,岂有意乎?"青州秀才晏谟对曰:"孔子称臣先人平仲贤,则贤矣。岂不知高其梁,丰其礼?盖政在家门,故俭以矫世。存居湫隘,卒岂择地而葬乎!所以不远门者,犹冀悟平生意也。"遂以谟从至汉城阳景王庙,宴庶老于申池,北登社首山,东望鼎足,因目牛山而叹曰:"古无不死!"怆然有终焉之志。遂问谟以齐之山川丘陵,贤哲旧事。谟历对详辩,画地成图。德深嘉之,拜尚书郎。立治于商山,置盐官于乌常泽,以广军国之用。

德故吏赵融自长安来,始具母兄凶问。德号恸吐血,因而寝疾。其司隶校尉慕容达因此谋反,遣牙门皇璆率众攻端门,殿中师侯赤眉开门应之。中黄门孙进扶德逾城,隐于进舍。段宏等闻宫中有变,勒兵屯四门。德入宫,诛赤眉等,达惧而奔魏。慕容法及魏师战于济北之摽榆谷,魏师败绩。其尚书韩卓上疏曰:"二寇逋诛,国耻未雪,关西为豺狼之薮,扬越为鸱鸮之林。三京社稷,鞠为丘墟;四祖园陵,芜而不守,岂非义夫愤叹之日,烈士忘身之秋!而皇室多难,威略未振,是使长蛇弗翦,封豕假息。人怀愤慨,常谓一日之安,不可以永久;终朝之逸,无卒岁之忧。陛下中兴大业,务在遵养,矜迁氓之失土,假长复而不役;愍黎庶之息肩,贵因循而不扰。斯可以保宁于营丘,难以经措于秦、越。今群凶潜逆,寔繁有徒,据我三方,伺国瑕衅。深宜审量虚实,大校成败,养兵厉甲,广农积粮,进为雪耻讨寇之资,退为山河万全之固。而百姓因秦、晋之弊,迭相荫冒,或百室合户,或千丁共籍,依托城社,不惧熏烧;公避课役,擅为奸宄,损风毁宪,法所不容。但检令未宣,弗可加戮。今宜隐实黎氓,正其编贯,庶上增皇朝理物之明,下益军国兵资之用。若蒙采纳,冀裨山海。虽遇商鞅之刑,恍绾之害,所不辞也。"德纳之,遣其车骑将军慕容镇率骑三千,缘边严防,备百姓逃窜。以卓为使持节、散骑常侍、行台尚书,巡郡县隐实,得荫户五万八千。卓公廉正直,所在野次,人不扰焉。

德大集诸生,亲临策试。既而饗宴,乘高远瞩,顾谓其尚书鲁邃曰:"齐鲁固多君子。当昔全盛之时,接、慎、巴生、淳于、邹、田之徒,荫修檐,临清沼,驰朱轮,佩长剑,恣飞马之雄辞,奋谈天之逸辩,指麾则红紫成章,俯仰则丘陵生韵。至于今日,荒草颓坟,气消烟灭,永言千载,能不依然!"邃答曰:"武王封比干之墓,汉祖祭信陵之坟,皆留心贤哲,每怀往事。陛下慈深二主,泽被九泉,若使彼而有知,宁不衔荷矣!"先是,妖贼王始聚众于太山,自称太平皇帝,号其父为太上皇,兄为征东将军,弟为征西将军。慕容镇讨擒之,斩于都市。临刑,或问其父及兄弟所在,始答曰:"太上皇帝蒙尘于外,征东、征西乱兵所害。惟朕一身,独无聊赖。"其妻怒之曰:"正坐此口,以至于此,奈何复尔!"始曰:"皇后!自古岂有不破之家,不亡之国耶!"行刑者以刀钚筑之,仰视曰:"崩即崩矣,终不改帝号。"德闻而哂之。时桓玄将行篡逆,诛不附己者。冀州刺史刘轨、襄城太守司马休之、征虏将军刘敬宣、广陵相高雅之、江都长张诞,并内不自安,皆奔于德。于是德中书侍郎韩范上疏曰:"夫帝王之道,必崇经略。有其时无其人,则弘济之功阙;有其人无其时,则英武之志不申。至于能成王业者,惟人时合也。自晋国内难,七载于兹。桓玄逆篡,虐逾董卓,神怒人怨,其殃积矣。可乘之机,莫过此也。以陛下之神武,经而纬之,驱乐奋之卒,接厌乱之机,譬犹声发响应,形动影随,未足比其易也。且江淮南北,户口未几,公私戎马,不过数百,守备之事,盖亦微矣。若以步骑一万,建雷霆之举,卷甲长驱,指临江会,必望旗草偃,壶浆属路。跨地数千,众逾十万,可以西并强秦,北抗大魏。夫欲拓境开疆,保宁社稷,无过今也。如使后机失会,豪杰复起,枭除桓玄,布惟新之化,遐迩既宁,物无异望,非但建邺难屠,江北亦不可冀。机过患生,忧必至矣。天与不取,悔将及焉。惟陛下览之。"德曰:"自顷数缠百六,宏纲暂弛,遂令奸逆乱华,旧京墟矣。每寻否运,愤慨兼怀。昔少康以一旅之众,复夏配天,况朕据三齐之地,藉五州之众,教之军旅,训之以礼让,上下知义,人思自奋,缮甲待衅,为日久矣。但欲先定中原,扫除逋孽,然后宣布淳风,经理九服,饮马长江,悬旌陇坂。此志未遂,且韬戈耳。今者之事,王公其详议之。"咸以桓玄新得志,未可图,乃止。于是讲武于城西,步兵三十七万,车一万七千乘,铁骑五万三千,周亘山泽,旌旗弥漫,钲鼓之声,震动天地。德登高望之,顾谓刘轨、高雅之曰:"昔郤克忿齐,子胥怨楚,终能畅其刚烈,名流千载。卿等既知投身有道,当使无惭昔人也。"雅之等顿首答曰:"幸蒙陛下天覆之恩,大造之泽,存亡继绝,实在圣时。虽则万陨,何以上报!"俄闻桓玄败,德以慕容镇为前锋,慕容钟为大都督,配以步卒二万,骑五千,克期将发,而德寝疾,于是罢兵。

初,迎其兄子超于长安,及是而至。德夜梦其父曰:"汝既无子,向不早立超为太子。不尔,恶人生心。"寤而告其妻曰:"先帝神明所敕,观此梦意,吾将死矣。"乃下书以超为皇太子,大赦境内,子为父后者人爵二级。其月死,即义熙元年也。时年七十。乃夜为十余棺,分出四门,潜葬山谷,竟不知其尸之所在。在位五年,伪谥献武皇帝。

《魏书》

女水竭,德闻而恶之,因而寝疾。兄子超请祈女水,德曰:"人君之命,岂女水所知。"超固请,终不许。立超为太子。德死,超僭立。

慕容超

《晋书·载记》

慕容超，字祖明，德兄北海王纳之子。苻坚破邺，以纳为广武太守，数岁去官，家于张掖。德之南征，留金刀而去。及垂起兵山东，苻昌收纳及德诸子，皆诛之，纳母公孙氏以耄获免。纳妻段氏方娠，未决，囚之于郡狱。狱掾呼延平，德之故吏也，尝有死罪，德免之。至是，将公孙及段氏逃于羌中，而生超焉。年十岁而公孙氏卒，临终授超以金刀，曰："若天下太平，汝得东归，可以此刀还汝叔也。"平又将超母子奔于吕光。及吕隆降于姚兴，超又随凉州人徙于长安。超母谓超曰："吾母子全济，呼延氏之力。平今虽死，吾欲为汝纳其女以答厚恩。"于是娶之。超自以诸父在东，恐为姚氏所录，乃阳狂行乞，秦人贱之，惟姚绍见而异焉，劝兴拘以爵位。召见与语，超深自晦匿，兴大鄙之，谓绍曰："谚云'妍皮不裹痴骨'。妄语耳。"由是得去来无禁。德遣使迎之，超不告母妻乃归。及至广固，呈以金刀，具宣祖母临终之言，德抚之号恸。

青釉瓜棱壶

超身长八尺，腰带九围，精彩秀发，容止可观。德甚加礼遇，始名之曰超，封北海王，拜侍中、骠骑大将军、司隶校尉，开府，置佐吏。德无子，欲以超为嗣，故为超起第于万春门内，朝夕观之。超亦深达德旨，入则尽欢承奉，出则倾身下士，于是内外称美焉。顷之，立为太子。及德死，以义熙元年僭嗣伪位，大赦境内，改元曰太上。尊德妻段氏为皇太后，以慕容钟都督中外诸军、录尚书事，慕容法为征南、都督徐、兖、扬、南兖四州诸军事，慕容镇加开府仪同三司、尚书令，封孚为太尉，曲仲为司空，潘聪为左光禄大夫，封嵩为尚书左仆射，自余封拜各有差。后又以钟为青州牧，段宏为徐州刺史，公孙五楼为武卫将军、领屯骑校尉，内参政事。封孚言于超曰："臣闻五大不在边，五细不在庭。钟，国之宗臣，社稷所赖。宏，外戚懿望，亲贤具瞻。正应恭翼百揆，不宜远镇方外。今钟等出藩，五楼内辅，臣窃未安。"超新即位，害钟等权逼，以问五楼。五楼欲专断朝政，不欲钟等在内，屡有闻言，孚说竟不行。钟、宏俱有不平之色。相谓曰："黄犬之皮，恐当终补狐表也。"五楼闻之，嫌隙渐遘。

初，超自长安行至梁父，慕容法时为兖州，镇南长史悦寿还谓法曰："向见北海王子，天资弘雅，神爽高迈，始知天族多奇，玉林皆宝。"法曰："昔成方遂诈称卫太子，人莫辩之，此复天族乎？"超闻而恚恨，形于言色。法亦怒，处之外馆，由是结憾。及德死，法又不奔丧，超遣使让焉。法常惧祸至，因此遂与慕容钟、段宏等谋反。超知而征之，钟称疾不赴，于是收其党侍中慕容统、右卫慕容根、散骑常侍段封诛之，车裂仆射封嵩于东门之外。西中郎将封融奔于魏。超寻遣慕容镇等攻青州，慕容昱等攻徐州，慕容凝、韩范攻梁父。昱等攻莒城，拔之，徐州刺史段宏奔于魏。封融又集群盗袭石塞城，杀镇西大将军余郁，青土振恐，人怀异议。慕容凝谋杀韩范，将袭广固。范知而攻之，凝奔梁父。范并其众，攻梁父克之，凝奔姚兴，慕容法出奔于魏。慕容镇克青州，钟杀其妻子，为地道而出，单马奔姚兴。

于时超不恤政事，畋游是好，百姓苦之。其仆射韩卓切谏，不纳。超议复肉刑、九等之选，乃下书于境内曰："阳九数缠，永康多难。自北都倾陷，典章沦灭，律令法宪，靡有存者。纲理天下，此焉为本。既不能导之以德，必须齐之以刑。且虞舜大圣，犹命皋陶作士，刑之不可已也如是。先帝季兴，大业草创，兵革尚繁，未遑修制。朕猥以不德，嗣承大统，抚御寡方，致萧墙衅发，遂戎马生郊，典仪寝废。今四境无虞，所宜修定，尚书可召集公卿。至如不忠不孝若封嵩之辈，枭斩不足以痛之，宜致烹辐之法，亦可附之律条，纳以大辟之科。肉刑者，乃经之先圣不刊之典，汉文易之，轻重乖度。今犯罪弥多，死之者稍众。肉刑之于化也，济育既广，惩惨尤深。光寿、建兴中，二祖已议复之，未及而晏驾。其令博士已上参考旧事，依《吕刑》及汉、魏、晋律令，消息增损，议成燕律。五刑之属三千，而罪莫大于不孝。孔子曰：'非圣人者无法，非孝者无亲，此大乱之道也。'辐裂之刑，烹煮之戮，虽不在五品之例，然亦行之自古，渠弥之辐，著之《春秋》。哀公之烹，爰自中代。世宗都齐，亦愍刑罚失中，咨嗟寝食。王者之有刑纠，犹人之左右手焉。故孔子曰：'刑罚不中，则人无所措手足。'是以萧何定法令而受封，叔孙通以制仪为奉常。立功立事，古之所重。其明议损益，以成一代准式。周汉有贡士之条，魏立九品之选，二者孰愈，亦可详闻。"群下议多不同，乃止。

超母妻既先在长安，为姚兴所拘，责超称藩，求太乐诸伎，若不可，使送吴口千人。超下书遣群臣详议。左仆射段晖议曰："太上囚楚，高祖不回。今陛下嗣守社稷，不宜以私亲之故而降统天之尊。又太乐诸伎皆是前世伶人，不可与彼，使移风易俗，宜掠京口与之。"尚书张华曰："若彼侵掠吴边，必成邻怨。此既能往，彼亦能来，兵连祸结，非国之福也。昔孙权重黎庶之命，屈己以臣魏；惠施惜爱子之头，舍志以尊齐。况陛下慈德在秦，方寸崩乱，宜暂降大号，以申至孝之情。权变之道，典谟所许。韩范智能回物，辩足倾人，昔与姚兴俱为秦太子中舍人，可遣将命，降号修和。所谓屈于一人之下，伸于万人之上。"超大悦曰："张尚书得吾心矣。"使范聘于兴。及至长安，兴谓范曰："封恺前来，燕王与朕抗礼。及卿至也，款然而附。为依《春秋》以小事大之义？为当专以孝敬为母屈也？"范曰："昔周爵五等，公侯异品，小大之礼，因而生焉。今陛下命世龙兴，光宅西秦，本朝主上承祖宗遗烈，定鼎东齐，中分天耀，南面并帝。通聘结好，义向谦冲，使至矜诞，苟折行人，殊似吴晋争盟，滕薛竞长，恐伤大秦堂堂之盛，有损皇燕巍巍之美，彼我俱失，窃未安之。"兴怒曰："若如卿言，便是非为大小而来。"范曰："虽由大小之义，亦缘寡君纯孝过于重华，愿陛下体敬亲之道，需然垂愍。"兴曰："吾久不见贾生，自谓过之，今不及。"于是为范设旧交之礼，申叙平生，谓范曰："燕王在此，朕亦见之，风表乃可，于机辩未也。"范曰："大辩若讷，圣人美之。况迩日龙潜凤戢，和光同尘。若使负日月而行，则无继天之业矣。"兴笑曰："可谓使乎延誉者也。"范承间逞说，姚兴大悦，赐范千金，许以超母妻还之。慕容凝自梁父奔于姚兴，言于兴曰："燕王称藩，本非推德，权为母屈耳。古之帝王尚兴师征质，岂可虚还其母乎！母若一还，必不复臣也。宜先制其送伎，然后归之。"兴意乃变，遣使聘于超。超遣其仆射张华、给事中宗正元入长安，送大乐伎一百二十人于姚兴。兴大悦，延华入宴。酒酣乐作，兴黄门侍郎尹雅谓华曰："昔殷之将亡，乐师归周；今皇秦道盛，燕乐来

庭。废兴之兆，见于此矣。"华曰："自古帝王，为道不同，权谲之理，会于功成。故老子曰：'将欲取之，必先与之。'今总章西入，必由余东归，祸福之验，此其兆乎。"兴怒曰："昔齐楚竞辩，二国连师。卿小国之臣，何敢抗衡朝士！"华逊辞曰："奉使之始，实愿交欢上国，上国既遗小国之臣，及寡君社稷，臣亦何心，而不仰酬。"兴善之，于是还超母妻。义熙三年，追尊其父为穆皇帝，立其母段氏为皇太后，妻呼延氏为皇后。祀南郊，将登坛，有兽大如马，状类鼠而色赤，集于园丘之侧，俄而不知所在。须臾大风暴起，天地昼昏，其行宫羽仪皆振裂。超惧，密问其太史令成公绥，对曰："陛下信用奸臣，诛戮贤良，赋敛繁多，事役殷苦所致也。"超惧而大赦，谴责公孙五楼等。俄而复之。是岁广固地震，天齐水涌，井水溢，女水竭，河济冻合，而渑水不冰。超正旦朝群臣于东阳殿，闻乐作，叹音佾不备，悔送伎于姚兴，遂议入寇。其领军韩卓谏曰："先帝以旧京倾没，戢翼三齐，苟时运未可，上智辍谋。今陛下嗣守成规，宜闭关养士，以待贼衅，不可结怨南邻，广树仇隙。"超曰："我计已定，不与卿言。"于是遣其将斛谷提、公孙归等率骑寇宿豫，陷之。执阳平太守刘千载、济阴太守徐阮，大掠而去。简男女二千五百，付大乐教。时公孙五楼为侍中、尚书，领左卫将军，专总朝政，兄归为冠军、常山公，叔父颓为武卫、兴乐公。五楼宗亲皆夹辅左右，王公内外无不惮之。

超论宿豫之功，封斛谷提等并为郡、县公。慕容镇谏曰："臣闻悬赏待勋，非功不侯。今公孙归结祸延兵，残贼百姓，陛下封之，得无不可乎！夫忠言逆耳，非亲不发。臣虽庸朽，忝国戚藩，辄尽遇款，惟陛下图之。"超怒，不答，自是百僚杜口，莫敢开言。尚书都令史王俨诣事五楼，迁尚书郎，出为济南太守，入为尚书右丞，时人为之语曰："欲得侯，事五楼。"又遣公孙归等率骑三千入寇济南，执太守赵元，掠男女千余人而去。刘裕率师将讨之，超引见群臣于东阳殿，议拒王师。公孙五楼曰："吴兵轻果，所利在战，初锋勇锐，不可争也。宜据大岘，使不得入，旷日延时，沮其锐气。可徐简精骑二千，循海而南，绝其粮运，别敕段晖率兖州之军，缘山东下，腹背击之，上策也。各命守宰，依险自固。校其资储之外，余悉焚荡，芟除粟苗，使敌无所资。坚壁清野，以待其衅，中策也。纵贼入岘，出城逆战，下策也。"超曰："京都殷盛，户口众多，非可一时入守。青苗布野，非可卒芟。设使芟苗守城，以全性命，朕所不能。今据五州之强，带山河之固，战车万乘，铁马万群，纵令过岘，至于平地，徐以精骑践之，此成擒也。"贺赖卢苦谏，不从，退谓五楼曰："上不用吾计，亡无日矣。"慕容镇曰："若如圣旨，必须平原用马为便，宜出岘逆战。战而不胜，犹可退守。不宜纵敌入岘，自贻窘逼。昔成安君不守井陉之关，终屈于韩信；诸葛瞻不据束马之险，卒擒于邓文。臣以为天时不如地利，阻守大岘，策之上也。"超不从。镇出，谓韩卓曰："主上既不能芟苗守险，又不肯徙人逃寇，酷似刘璋矣。今年国灭，吾必死之。卿等中华之士，复为文身矣。"超闻而大怒，收镇下狱。乃摄莒、梁父二戍，修城隍，简士马，畜锐以待之。其夏，王师次东莞，超遣其左军段晖、辅国贺赖卢等六将步骑五万，进据临朐。俄而王师度岘，超惧，率卒四万就晖等于临朐，谓公孙五楼曰："宜进据川源，晋军至而失水，亦不能战矣。"五楼驰骑据之。刘裕前驱将军孟龙符已至川源，五楼战败而返。裕遣谘议众军檀诏率锐卒攻破临朐。超大惧，单骑奔段晖于城南。晖众又战败，裕军人斩晖。超又奔还广固，徙郭内人入保小城，使其尚书郎张纲乞师于姚兴。赦慕容镇，录尚书、都督中外诸军事。引见群臣，谢之曰："朕嗣奉成业，不能委贤任善，而专固自由，覆水不收，悔将何及！智士逞谋，必在事危，忠臣立节，亦在临难，诸君其勉思六奇，共济艰运。"镇进曰："百姓之心，系于一人。陛下既躬率六军，身先奔败，群臣解心，士庶丧气，内外之情，

不可复恃。如闻西秦自有内难，恐不暇分兵救人，正当更决一战，以争天命。今散卒还者，犹有数万，可悉出金帛、宫女，饵令一战。天若相我，足以破贼。如其不济，死尚为美，不可闭门坐受围击。"司徒慕容惠曰："不然，今晋军乘胜，有凌人之气，败军之将，何以御之！秦虽与勃勃相持，不足为患。且二国连横，势成唇齿，今有寇难，秦必救我。但自古乞援，不遣大臣则不致重兵，是以赵隶三请，楚师不出；平原一使，援至从成。尚书令韩范德望具瞻，燕秦所重，宜遣乞援，以济时艰。"于是遣范与王薄乞师于姚兴。

未几，裕师围城，四面皆合。人有窃告裕军曰："若得张纲为攻具者，城乃可得耳。"是月，纲自长安归，遂奔于裕。裕令纲周城大呼曰："勃勃大破秦军，无兵相救。"超怒，伏弩射之，乃退。右仆射张华、中丞封恺并为裕军所获。裕令华、恺与超书，劝令早降。超乃遗裕书，请为藩臣，以大岘为界，并献马千匹，以通和好。裕弗许。江南继兵相寻而至。尚书张俊自长安还，又降于裕。说裕曰："今燕人所以固守者，外仗韩范，冀得秦援。范既时望，又与姚兴旧昵。若勃勃败后，秦必救燕，宜密信诱范，诮以重利，范来则燕人绝望，自然降矣。"裕从之，表范马散骑常侍，遗范书以招之。时姚兴乃遣其将姚强率步骑一万，随范就其将姚绍于洛阳，并兵来援。会赫连勃勃大破秦军，兴追强还长安。范叹曰："天其灭燕乎！"会得裕书，遂降于裕。裕谓范曰："卿欲立申包胥之功，何以虚还也？"范曰："自亡祖司空世荷燕宠，故泣血秦庭，冀匡祸难。属西朝多故，丹诚无效，可谓天丧弊邑而赞明公。智者见机而作，敢不至乎！"翌日，裕将范循城，由是人情离骇，无复固志。裕谓范曰："卿宜至城下，告以祸福。"范曰："虽蒙殊宠，犹未忍谋燕。"裕嘉而不强。左右劝超诛范家，以止后叛。超知败在旦夕，又弟卓尽忠无二，故不罪焉。是岁东莱雨血，广固城门鬼夜哭。

明年朔旦，超登天门，朝群臣于城上，杀马以饷士，文武皆有迁授。超幸姬魏夫人从超登城，见王师之盛，握超手而相对泣。韩卓谏曰："陛下遭百六之会，正是勉强之秋，而反对女子悲泣，何其鄙也！"超拭目谢之。其尚书令董锐劝超出降，超大怒，系之于狱。于是贺赖卢、公孙五楼为地道出战，王师不利。河间人玄文说裕曰："昔赵攻曹嶷，望气者以为渑水带城，非可攻援。若塞五龙口，城必自陷。石季龙从之，而嶷请降。后慕容恪之围段龛，亦如之，而龛降。降后无几，又震开之。今旧基犹在，可塞之。"裕从其言。至是，城中男女患脚弱病者大半。超辇而升城，尚书悦寿言于超曰："天地不仁，助寇为虐，战士尪病，日就凋陨，守困穷城，息望外援，天时人事，亦可知矣。苟历运有终，尧舜降位，转祸为福，圣达以先，宜追许、郑之踪，以存宗庙之重。"超叹曰："废兴，命也。吾宁奋剑决死，不能衔璧求生。"于是张纲为裕造冲车，覆以板屋，蒙之以皮，并设诸奇巧，城上火石弓矢无所施用。又为飞楼、悬梯、木幔之属，遥临城上。超大怒，悬其母而肢解之。城中出降者相继。裕四面进攻，杀伤甚众，悦寿遂开门以纳王师。超与左右数十骑出亡，为裕军所执。裕数之以不降之状，超神色自若，一无所言，惟以母托刘敬宣而已。送建康市斩之，时年二十六，在位六年。德以安帝隆安四年僭立，至超二世，凡十一年，以义熙六年灭。泛说慕容熙之立也，年始十八，在位六年，年二十三，为冯跋所弑，时义熙三年也。超之立也，年始二十，在位六年，年二十六，为刘裕所执，送建康市斩之，时义熙六年也。当熙淫纵时，晋室虽微，刘裕甫起，姚秦元魏，气焰方炽。至如辱檀、蒙逊、李暠及柔然、契丹、刘勃勃、吐谷浑之属，日夕智力相吞噬，而熙实残折余烬，偬然自得，恣为不道，乐其所以亡者，其愚骏固不足齿。而超雄伟有持守，累经多难，既归依叔父，获承旧物，而用匪其人，几成大乱。乃欲辇烹为法，惨若申威，而又专固自矜，寡谋妄与，轻以区区之齐，挑挠江

慕容钟

《晋书·载记》

慕容钟，字道明，德从弟也。少有识量，喜怒不形于色。机神秀发，言论清辩。至于临难对敌，知勇兼济，累进奇策，德用之颇中。由是政无大小，皆以委之，遂为佐命元勋。后公孙五楼规挟威权，虑钟抑己，因劝超诛之，钟遂谋反。事败，奔于姚兴，兴拜始平太守、归义侯。

史臣曰："慕容德以季父之亲，居郧中之重，朝危未闻其节，君存遽践其位，岂人理哉！然禀倜傥之雄姿，韫从横之远略，属分崩之运，成角逐之资，跨有全齐，窃弄神器，抚剑而争衡秦魏，练甲而志静荆吴，崇儒术以弘风，延谠言而励己，观其为国，有足称焉。超继已成之基，居霸者之业，政刑莫恤，畋游是好，杜忠良而谗佞进，暗听受而勋戚离。先绪俄颓，家声莫振。陷宿豫而胎祸，启大岘而延敌，君臣就虏，宗庙为墟。迹其人谋，非不幸也。"

赞曰：德实奸雄，转败为功。奄有青土，淫名域中。超承伪祚，挠其国步。庙失良筹，庭悲沾露。

慕容白曜

《魏书》

慕容白曜，慕容元真之玄孙。父琚，历官以廉清著称，赐爵高都侯，卒于冠军将军、尚书左丞，赠安南将军、并州刺史、高都公，谥曰简。白曜少为中书吏，以敦直给事东宫。高宗即位，拜北部下大夫，袭爵，迁北部尚书，在职执法，无所阿纵，高宗厚待之。高宗崩，与乙浑共秉朝政，迁尚书右仆射，进爵南乡公，加安南将军。刘彧徐州刺史薛安都，兖州刺史毕众敬并以城内附，诏镇南大将军尉元，镇东将军孔伯恭率师赴之。而彧东平太守申纂屯无盐，并州刺史房崇吉屯升城，遏绝王使。皇兴初，加白曜使持节都督诸军事。征南大将军、上党公，屯于碻磝，以为诸军后，继白曜攻纂于无盐，城拔。其东郭其夜纂遁，遣兵追执之，获其男女数千口。先是刘彧青州刺史沈文秀、冀州刺史崔道固并遣使内附，既而彧遣招慰，复归于彧。白曜既拔无盐，回攻升城肥城戍，主闻军至，弃城遁走，获粟三十万斛。既至升城，垣苗、麇沟二戍拒守不下。白曜以千余骑袭麇沟，麇沟溃，自投济水死者千余人。击垣苗，又破之，得粟十余万斛，由是军粮充足。先是，淮阳公皮豹子等再征垣苗不克，白曜以一旬之内，频拔四城，威震齐土。显祖嘉焉，诏曰："卿总率戎旅，讨除不宾，霜戈所向，无不摧靡，旬日之内，克拔四城，韩、白之功，何以加此！虽升城戍将房崇吉守远不顺，危亡已形，溃在旦夕，宜勉崇威略，务存长辔，不必穷兵极武，以为劳顿。且伐

罪吊民，国之令典，当招怀以德，使来苏之泽加于百姓。"升城不降，白曜忿之，纵兵陵城，杀数百人。崇吉夜遁，白曜抚慰其民，无所杀戮，百姓怀之。获崇吉母妻，待之以礼。刘或遣其将吴憙公率众数万，欲寇彭城，镇南大将军尉元表请济师，显祖诏白曜赴之，白曜到瑕丘遇患，时泗水暴竭，船不得进，憙公退，白曜因停瑕丘。会崇吉与从弟法寿盗或盘阳城，以赎母妻，白曜自瑕丘遣将军长孙观等，率骑入自马耳关赴之。观至盘阳，诸县悉降。平东将军长孙陵、宁东将军尉春东讨青州，白曜自瑕丘进攻历城，白曜乃为书以喻之曰："天弃刘或，祸难滋兴，骨肉兄弟，自相诛戮，君臣上下，靡复纪纲，徐州刺史薛安都、豫州刺史常珍奇、兖州刺史毕众敬等，深睹存亡，翻然归义，故朝廷纳其诚款，委以南蕃，皆目前之见事，东西所备闻也。彼无盐戍主申纂，敢纵奸愿，劫夺行人，官军始临，一时授首。房崇吉固守升城，寻即溃散。自襄城以东，至于淮海，莫不风靡，服从正化，谓东阳历城有识之士，上思安都之荣显，下念申纂之死亡，追悔前惑，改图后悟，然执守愚迷，不能自革。猥总戎旅，扫定北方，济黄河知十二之虚说，临齐境想一变之清风，踟蹰周览，依然何极，故先驰书以喻成败。夫见机而动，《周易》所称；去危就安，人事常理。若以一介为高，不悛为美，则微子负嫌于时，纪季受讥于世，我皇魏重光累叶，德怀无外，军威所拂，无不披靡，固非三吴弱卒所能拟抗。况于今者，势已土崩，刘或威不制秣陵，政不出阃外，岂复能浮江越海，赴危救急？恃此为援，何异于蹄涔之鱼，冀拯江海？夫蝮蛇螫手则断手，螫足则断足，诚忍肌体以救性命。若推义而行之，无割身之痛也，而可以保家宁宗，长守安乐，此智士所宜深思重虑，自求多福。"道固固守不降，白曜筑长围以攻之。长孙陵等既至青州，沈文秀遣使请降，军人入其西郭，颇有采掠，文秀悔之，遂婴城拒守。二年，崔道固及兖州刺史梁邹、守将刘休宾并面缚而降，白曜皆释而礼之，送道固、休宾及其僚属于京师，后乃徙二城民望于下馆。朝廷置平齐郡，怀宁、归安二县以居之。自余悉为奴婢，分赐百官。白曜虽在军旅，而接待人物，宽和有礼，获崇吉母妻、申纂妇女，皆别营安置，不令士卒喧杂。乃进讨东阳，冬入其西郭。三年春，克东阳，擒沈文秀。凡获仓粟八十五万斛，米三千斛，弓九千张，箭十八万八千，刀二万二千四百，甲胄各三千三百，铜五千斤，钱十五万，城内户八千六百，口四万一千，吴蛮户三百余。始末三年，筑围攻击，日日交兵，虽士卒死伤，无多怨叛，督上土人租绢，以为军资，不至侵苦，三齐欣然安堵乐业。克城之日，以沈文秀抗倨不为之拜，忿而箠挞，唯此见讥。以功拜使持节都督、青、齐、东徐州诸军事，开府仪同三司、青州刺史，济南王，将军如故。四年冬见诛。初乙浑专权，白曜颇所侠附，缘此追以为责。及将诛也，云谋反叛，时论冤之。赞见《尉元传》后。

白曜少子真安，年十一，闻父被执，将自杀，家人止之曰："轻重未可知"。真安曰："王位高功重，若有小罪，终不至此，我何忍见父之死。"遂自缢焉。白曜弟如意，亦从白曜平历下，与白曜同诛。太和中，著作佐郎成淹上表理白曜曰："臣闻经疆启宇，实良将之功。褒德酬庸，乃圣王之务。昔姜公仗钺，开隆周之基；韩生秉旄，兴鸿汉之业。故能赏超当时，名垂前史。若阃外功成，而流言内作，人主猜疑，良将怀惧，乐毅所以背燕，章邯所以奔楚。至如邓艾怀忠，矫命宁国，赤心皎然，幽显同见，而横受屠戮，良可悲哀。及士治伐吴，奋不顾命，万里浮江，应机直指，使孙皓君臣，舆榇入洛，大功亦举，谗书骤至，内外唱和，贝锦将成。微晋武之鉴，亦几于颠沛矣。每览其事，常为痛心。圣主明王，固宜深察。臣伏见故征南大将军、开府仪同三司、青州刺史、济南王慕容白曜，祖父相资，世胄东裔，值皇运廓被，委节臣妾，白曜生长王国，饮服道教，爵列上阶，位登帝伯。去天安初，江阴夷楚，敢拒王命，三方阻兵，连城岳峙，海岱苍生，翘首拯援。圣朝乃眷南顾，思救荒黎，大议庙堂，显举元将。百僚同音，金曰惟允，遂推毂委诚，授以专征之任，握兵十万，仗钺一方。威陵河济，则淮徐震惧；师出无盐，而申篡授首。济北太原，同时消溃，麋沟垣苗，相寻奔走。及回麾东扫道固，衔璧盘阳，梁邹肉袒，请命于时。东阳未平，人怀去就，沈文静、高崇仁拥众不朝，扇扰边服，崔僧祐、盖次阳、陈显达连兵淮海，水陆蜂起，扬旌而至，规援青齐，士民汹汹，莫不南顾。时兵役既久，咸有归心。而白曜外宣皇风，内尽方略，身怀甲胄，与士卒同安抚初附，示以恩厚。三军怀挟纩之温，新民欣来苏之泽，遂使僧□拥徒弭旋，效顺军门，文静、崇仁弃城窜海，次阳、显达望尘南奔，声震江吴，风偃荆汉。及青州克平，文秀面缚，海波清静，三齐克定，遂彼东南，永为国有，使天府纳六州之贡，济泗息烽警之虞，开岱宗封禅之略，辟山川望秩之序。斯诚宗庙之灵，神算所授，然抑亦白曜与有力矣。及氛翳既静，爵命亦隆，荣烛当时，声誉日远，而民恶其上，妄生尤隙，因其功高，流言惑听，巧伪乱真，朱紫难辩，伤夷未瘳，合门屠戮，鸿勋盛德，蔑尔无闻。有识之徒，能不凄怆！臣谓白曜策名王庭，累荷荣授，历司出内，世载忠美。秉钺启藩，折冲敌国，开疆千里，拔城十二，辛勤于戎旅之际，契阔于矢石之间，登锋履危，志存静乱。及方难既夷，身应高赏，受胙河山，与国升降。六十之年，宠灵已极，观其立功，足明机运，岂容侥幸，更邀非望者乎？且于时国家士马，屯积京南，跨州连镇，势侔云岳，主将骁雄，按钾在所，莫不殉忠死难，效节奉时，此之不可生心，白曜足知之矣。况潜逆阻兵，营、岱厌乱，加以王师仍举，州郡屠裂，齐民劳止，神瞻俱丧，亡烬之众不可与图存，离败之民不可与语勇哉！白曜果毅习戎，体闲兵势，宁不知士民之不可藉，将士之不同己。据疆兵之势，因涂炭之民，而欲立非常之事，此愚夫之所弗为也。料此推之，事可知矣。伏惟陛下圣鉴自天，仁孝宰世，风冠宇宙，道超百王，开国以来，诸有罪犯极刑，不得骸骨者悉听收葬，大造之恩，振古未有。而白曜人旧功高，婴祸沦覆，名灭国除，爵命无绍，天下众庶，咸共哀怜。方之余流，应有差异，愿陛下扬日月之光，明勋臣之绩，垂天地之施，慰僵尸之魂，使合棺定谥，殁有余称。选其宗近，才堪驱荣，赐以微爵，继其绝世，进可以奖劝将来，退可以显国恩泽，使存者荷莫大之恩，死者受骨肉之惠，岂不美哉！仰惟圣明，需然昭览，狂瞽之言，伏待刑宪。"高祖览表，嘉愍之。

白曜弟子契，轻薄无检。太和初，以名家子擢为中散，迁宰官南安。王桢有贪暴之响，遣中散间文祖诣长安之。文祖受桢金宝之赂，为桢隐而不言，事发坐之。文明太后引见群臣，谓之曰："前论贪清，皆云克修，文祖时亦在中，后竟犯法。以此言之，人心信不可知。"高祖曰："古有待放之臣，亦有离俗之士。卿等自审不胜贪心者，听辞位归第。"契进曰："臣卑微小人，闻识不远，过蒙曲照，虚忝今职。小人之心无定，帝王之法有常，以无恒之心，奉有常之法，非所克堪，乞垂退免。"高祖曰："昔郑相嗜鱼，人有献鱼者，相曰：'若取此鱼，恐削名禄。'遂不肯受。契若知心不可常，即知贪之恶矣。何为求退？"迁宰官令。微好碎事，颇晓工作，主司厨宰，稍以见知。及营洛阳基构，征新野南阳，起诸攻具，契皆参典。太和末，以功迁太中大夫光禄少卿，营州大中正，赐爵定陶男。正始初，除征虏将军，营州刺史，徙都督沃野、薄骨律二镇诸军事，沃野镇将，转都督御夷怀、荒二镇诸军事，平城镇将，将军并如故，转都督朔州，沃野、怀朔、武川三镇三道诸军事，后将军、朔州刺史。熙平元年卒。赠镇北将军、并州刺史，谥曰克。初，慕容破后，种族仍繁。天赐末，颇忌而诛之，时有遗逸不敢复姓，皆以舆为氏。延昌末，诏复旧姓。而其子女先入掖庭者犹号慕容，特多于他族。契长子升，字僧度，建兴太守，迁镇远将军，沃野镇将，进号征虏将军，甚得边民情和。第二子僧济，自奉朝请，稍转至五校，耽淫酒色，不事名行。契弟晖历

泾州长史,新平太守,有惠政。景明中,大使于忠,赏粟二百石,卒赠幽州刺史。孙善,仪同开府主簿。

慕容绍宗

《北齐列传》

慕容绍宗,慕容晃第四子,太原王恪后也。曾祖腾归魏,遂居于代。祖郁,岐州刺史。父远,恒州刺史。绍宗容貌恢毅,少言语,深沉有胆略,尔朱荣即其从舅子也。值北边挠乱,绍宗携家属诣晋阳以归荣,荣深待之。及荣称兵入洛,私告绍宗曰:“洛中人士繁盛,骄侈成俗,若不加除剪,恐难制驭。吾欲因百官出迎,仍悉诛之。谓可尔不?”绍宗对曰:“太后临朝,淫虐无道,天下愤惋,共所弃之。公既身控神兵,心执忠义,忽欲歼夷多士,谓非长策。深愿三思。”荣不从。后以军功封索卢县子,寻进爵为侯。从高祖破羊侃,又与元天穆平邢杲,累迁并州刺史。纥豆陵步藩逼晋阳,尔朱兆击之,累为步藩所破,欲以晋州征高祖共图步藩,绍宗谏曰:“今天下扰扰,人怀觊觎,正是智士用策之秋。高晋州才雄气猛,英略盖世,譬诸蛟龙,安可借以云雨?”兆怒曰:“我与晋州推诚相待,何忽辄相猜阻,横生此言!”便禁止绍宗,数日方释。遂割鲜卑隶高祖,高祖共讨步藩,灭之。及高祖举义信都,兆以绍宗为长史,又命为行台,率军壶关,以抗高祖。及广阿韩陵之败,兆乃抚膺自咎,谓绍宗曰:“比用卿言,今岂至此!”兆之败于韩陵也,士卒多奔。兆惧,将欲潜遁,绍宗建旗鸣角,招集义徒,军容既振,与兆徐而上马。后高祖从邺讨兆于晋阳,兆窘急,走赤洪岭,自缢而死。绍宗行到马突城,见高祖追至,遂携荣妻子,及兆余众自归高祖。仍加恩礼,所有官爵,

北齐时期壁画

并如故。军谋兵略,时参预焉。天平初,迁都邺,庶事未周,乃令绍宗与高隆之共知府库图籍诸事。二年,宜阳民李延孙聚众反,乃以绍宗为西南道军司,率都督库狄安盛等讨破之。军还,行扬州刺史,寻行豫州刺史,丞相府记室。孙搴属绍宗以兄为州主簿,绍宗不用。搴谮之于高祖云:“慕容绍宗尝登广固城,长叹谓其所亲云:‘大丈夫有复先业理不?’”由是征还。元象初,西魏将独孤如愿据洛州,梁颖之间,寇盗锋起。高祖命绍宗率兵赴武牢,与行台刘贵等平之。进爵为公,除度支尚书,后为晋州刺史西道大行台。还朝迁御史中尉。属梁刘乌黑入寇徐方,令绍宗率兵讨击之,大破。因除徐州刺史。乌黑收其散众,复为侵窃,绍宗密诱其徒党,数月间,遂执乌黑杀之。侯景反叛,命绍宗为东南道行台,加开府,转封燕郡公,与韩轨等诣瑕丘,以图进趣。梁武帝遣其兄子贞阳侯深明等率众十万,顿军寒山,与侯景掎角,拥泗水灌彭城。仍诏绍宗为行台节度、三徐州二兖军事,与大都督高岳等出讨,大破之,擒萧明及其将帅等,俘虏甚众。乃回军讨侯景于涡阳。于时景军甚众,前后诸将往者莫不为其所轻,及闻绍宗与岳将至,深有惧色,谓其属曰:

"岳所部兵精,绍宗旧将,宜共慎之。"于是与景接战,诸将持疑无肯先者。绍宗麾兵径进,诸将从之,因而大捷。景遂奔遁。军还,别封永乐县子。初高祖末命世宗云:"侯景若反,以慕容绍宗当之。"至是竟立功效。西魏遣其大将王思政之入据颖州,又以绍宗为南道行台,与太尉高岳、仪同刘丰等,率军围击,堰洧水以灌之。时绍宗频有凶梦,意每恶之,乃私谓左右曰:"吾自年二十已还,恒有蒜发。昨来蒜发,忽然自尽,以理推之,蒜者算也,吾一算将尽乎?"未几与丰临堰,见北有尘气,仍入舰同坐,暴风从东北来,远近晦暝,舟缆断,飘舰径向敌城。绍宗自度不免,遂投水而死,时年四十九。三军将士,莫不悲惋。朝廷嗟伤,赠使持节二青、二兖、齐、济、光、七州军事,尚书令、太尉、青州刺史,谥曰景惠。除其长子士肃为散骑常侍,寻以谋反伏诛。朝廷以绍宗之功,罪止士肃身。皇建初,配飨世宗庙庭。士肃弟建中,袭绍宗爵。武平末,仪同三司,隋开皇中大将军,叠州总管。史臣赞见《北齐列传·张琼传》后。

《隋书·列传》

慕容三藏,燕人也。父绍宗,齐尚书左仆射、东南道大行台。三藏幼聪敏,多武略,颇有父风。仕齐,释褐太尉府参军事,寻迁备身都督。武平初,袭爵燕郡公,邑八百户。其年败周师于孝水,又破陈师于寿阳,转武卫将军。又败周师于河阳,授武卫大将军,又转右卫将军,别封范阳县公,食邑千户。周师入邺也,齐后主失守东道。委三藏等留守邺宫,齐之王公以下皆降,三藏犹率麾下抗拒周师。及齐平,武帝引见,恩礼甚厚,诏曰:"三藏父子,诚节著闻,宜加荣秩,授开府仪同大将军。"其年稽胡叛,令三藏讨平之。开皇元年,授吴州刺史。九年,奉诏持节凉州道黜陟大使,其年岭南酋长王仲宣反,围广州,诏令柱国襄阳公韦洸为行军总管,三藏为副,至广州与贼交战,洸为流矢所中,卒。诏令三藏检校广州道行军事。十年,贼众四面攻围,三藏固守月余,城中粮少矢尽,三藏以为不可持久,遂自率骁锐夜出,突围击之,贼众败散,广州获全。以功授大将军,赐奴婢百口,加以金银杂物。十二年,授廓州刺史。州极西界,与吐谷浑邻接,奸宄犯法者皆迁配彼州,流人多有逃逸。及三藏至,招纳绥抚,百姓爱悦,襁负日至,吏民歌颂之。高祖闻其能,屡有劳问,其年当州畜产繁孳,获醍醐奉献,赉物百段。十三年,州界连云山,响称万年者三。诏颁郡国,仍遣使醮于山所。其日景云浮于上,雊闻兔驯坛侧,使还具以闻,上大悦。十五年,授叠州总管。党项、羌时有反叛,三藏随便讨平之。部内夷夏,咸得安辑。仁寿元年,改封河内县男。大业元年,授和州刺史。三年,转任淮南郡太守。所在有惠政,其年改授金紫光禄大夫。大业七年卒。三藏从子遝为澶水丞。汉王反,抗节不从,以诚节闻。赞见《赵才传》

卷之五百四十 　一东

颂《洪武正韵》

以中切。

《汉惠帝纪》

有罪当盗者皆颂系。颜师古曰："古者颂与容同。"《刑法志》注：颂谓宽容之，不桎梏也。又鲁徐生善为颂。

国颂

《管子》

注：颂，容也。谓陈为国之形容。

凡有地牧民者，务在四时，四时所以生成万物也。守在仓廪。食者人之天也。国多财则远者来，地僻举则民留处。举，尽也。言地尽辟则人留而安居处也。仓廪实则知礼节，衣食足则知荣辱。上服度则六亲固，服，行也。上行礼度，则六亲各得其所，故能感恩而结固也。四维张则君令行。故省刑之要在禁文巧，文巧者，刑法所由生。守国之度在饰四维，顺民之经在明鬼神，祇山川，鬼神山川，皆有尊卑之序，故敬明之。敬宗庙，恭祖旧。谓恭承先祖之旧法。不务天时，则财不生；不务地利，则仓廪不盈。野芜旷则民乃菅，菅当为奸。上无量则民乃妄，文巧不禁则民乃淫，不璋两原则刑乃繁，璋，当为章。章，明也。两原，谓妄之原，上无量也；淫之原，不禁文巧也。能明此法者则刑简。不明鬼神则陋民不悟，不悟鬼神有尊卑之异也。不祇山川则威令不闻，言能登封降禅祇祀山川，则威令远闻。不敬宗庙则民乃上校，校，劾也。君无所尊，人亦效之。不恭祖旧则孝悌不备。四维不张，国乃灭亡。

溶《洪武正韵》

以中切。水貌。又董韵。

沉溶

扬雄《羽猎赋》

莘纵沉溶,淋漓翁落。沉音衮,流行貌。

贯涵溶

《抱朴子·内篇》

畅玄卷云,凌六虚,贯涵溶。详"玄。"

二川溶溶

唐杜牧《樊川集·阿房宫赋》

二川溶溶,流入宫墙。

恩鸿溶

《李翰林集》

恩鸿溶兮泽汪涉。

暗溶溶

宋《苏东坡集》

残雪照山光耿耿,轻冰笼水暗溶溶。

蓉《洪武正韵》

以中切。芙蓉生于水者,即荷花也。《古诗》:"涉江采芙蓉。"生于木者,亦名拒霜。《楚辞》:"搴芙蓉兮木末。"又苁蓉,药名也。

木芙蓉

《格物丛谈》

芙蓉之名二,出于水者,谓之木芙蓉,荷花是也。出于陆者,谓之水芙蓉,此花是也。此花丛高丈余,叶大盈尺,枝干交加,冬凋夏茂,及秋半始著花。花时枝头蓓蕾,不计其数,朝开暮谢,后陆续颇与牡丹、芍药相类。但牡丹、芍药之花,不如是之多且繁也。然此花以色取而无香,有红者,有黄者,有白者,有先红而后白者。又有千叶者,非一种而已。况此花又最耐寒,八九月余,天高气萧,春意自如,故亦有拒霜之名。世俗多于近水栽插而茂,因号曰木莲,审然矣。

《古今事通》

老圃云:芙蓉花根,三年不除,杀人。

李白诗

昔为芙蓉花,今为断肠草。

《农桑撮要》

候芙蓉花开,带青秸沤过,取皮可代麻荣。

《镇江志·草木记》

产于陆者曰木芙蓉。按《楚辞》:"搴芙蓉兮木末。"特假物为喻,言芙蓉在水而求之木,不可得也。二花颜色相类。后人借此语以名之尔。

《种艺必用》

邛州有弄色木芙,初日白,明日鹅黄,又明日浅红,又明日深红,比落微紫色。又谓之文官花。芙蓉隔夜,以靛水调纸,蘸花蕊上,以纸裹,来日开成碧色花,五色皆可染。

《梁书》

昭明太子游后池,乘雕文舸摘芙蓉,姬人荡舟,没溺得出,因动股,寝疾,毙。

《元廉文靖公集·宴集芙蓉花序》

木芙蓉花与菊,时性喜暖,恒产南土,繁于中州,前未闻也。友人周介甫,始移自汉中,植于咸宁之甫张别业,每于其荣,辄邀宾朋,具樽俎以乐之。时天高气清,凌霜未萧,听流水,躅丝竹,倚方丛,当妓丽,而嫣然其颐,灼然其媚,姹然其艳,粲然其蔚,逐客献态。又非阳春凡卉之所可厕。已而耀灵西沉,则酣然其寐,是有以象夫道义之士,顺阳以逆晦。于是羽觞纵横,笑歌迭作,客辍杯而言曰:"追玩以废光阴,块默以孤景物,俱未适夫中。盖一张一弛,文武之道也。今日之集,岂徒然哉?"介甫欲述以辞,俾余为引。

王维诗

木末芙蓉花,山中发红萼。涧户寂无人,纷纷开且落。

李德裕诗

玉女袭朱裳,重重映皓质。晨霞耀丹景,片片明秋日。兰泽多众芳,妍姿不相匹。

韩昌黎诗·水芙蓉诗

新开寒露丛,远比水间红。露方作路,间或作边,皆非是。艳色宁相妒?嘉名偶自同。采江官渡晚,搴木古祠空。方从杭蜀馆本"官渡"作"秋节","祠"作"辞"。又云,阁本作"秋江官渡晚,寒木古祠空。"洪本校从"采江官渡晚,搴木古祠空。"按《古诗》有"涉江采芙蓉,"正谓荷花,又《九歌》:"搴芙蓉兮木末。"则谓搴之,非其地也。此以二花对喻,谓将采之江,则秋节已晚。将搴之木,则古辞所喻为无益。盖诗人强彼弱此意也。今按:方说非是。盖此诗言荷花与木芙蓉生不同处,而色皆美,名又同,故以采江、搴木二事相对,言其生处。而《九歌》者,祭神之辞,故曰古祠也。如此,则此诗从头至此六句,意皆丝属。然嘉□杭本已如此,非洪意定也。愿得勤来看,无令便逐风。"愿得"或作"须劝。"

《柳宗元集·湘岸移木芙蓉》

植龙兴精舍,木芙蓉,拒霜也。有美不自蔽。安能守孤根,盈盈湘西岸?秋至风露繁,丽影别寒水。秾芳委前轩,芰荷谅难杂,反此生高原。

霍惣诗《木芙蓉》

本自江湖远,常闻霜露余。争春候浓李,得水忆红蕖。孤秀曾无偶,当门幸不锄。唯能政摇落,繁彩照阶除。

赵彦朝诗《秋朝木芙蓉》

水面芙蓉秋已衰,繁条偏是著花迟。平明露滴垂红脸,似有朝开暮落悲。

白居易诗《木芙蓉花下招客饮》

晚凉思饮两三杯,召得江头酒客来。莫怕秋无伴醉物,水莲花尽木莲开。

黄滔诗《木芙蓉三首》

黄鸟啼烟二月朝，若教开即牡丹饶。天嫌青帝恩光盛，留与秋风雪寂寥。

却假青腰女剪成，绿罗囊绽彩霞呈。谁怜不及黄花菊，只遇陶潜便得名。

须到露寒方有态，为经霜衰稍无香。移根若在秦宫里，多少佳人泣晚妆。

刘兼诗《木芙蓉》

素灵失律诈风流，强把芳菲半载偷。是叶萎蕤霜照夜，此花斓漫火烧秋。谢莲色淡争甚重？陶菊香浓亦合羞。谁道金风能肃物，因何厚薄不相侔？

洪适《盘洲集·木芙蓉》

《离骚》："采薜荔兮水中，搴芙蓉兮木末。"盖言水中无薜荔可采，木末无芙蓉可搴，犹缘木求鱼之意。与古诗"涉江采芙蓉，"皆指藕花也。韩文公《木芙蓉诗》云："采江官渡晚，搴木古祠空。"乃误用耳。

非陆有芙蓉，名同物不同。采江搴木句，怎么误韩公。

《朱晦庵集·木芙蓉》

红芳晚露浓，绿树秋风冷。共喜巧回春，不防开弄影。

许纶诗《木芙蓉》

津陆元殊种，名称偶尔同。秋光波底见，堤上忆苏公。

次韵方叔媚川图亭上观芙蓉

筛霞擘锦炫晴空，碧玉芙蓉晚更红。只道商秋为素景，也教春色艳秋风。

许棐诗《木芙蓉》

芙蓉艳金谷，秋色锦机中。霜树不知丑，叶与花争红。

宋景文公集《木芙蓉》

芙蓉本作树，花叶两相宜。慎勿迷莲子，分明立券辞。齐时童谣云："十金买药园，中有芙蓉树。"正指此木芙蓉耳。

一作淮南守，再逢霜艳新。花前今日酒，却是去年人。予去秋已有木芙蓉四曲，故有是句。

木芙蓉盛开四解

木末芙蓉语，当时不谓真。今来木末见，愁杀拟骚人。《楚辞》："搴芙蓉兮木末。"盖指芙蓉假为喻尔。

趋尘轻抱蕊,宫缬巧妆丛。青女由来妒,凭君浅作红。

浩露津缃蕋,尖风猎绛英。繁霜不可拒,慎勿爱空名。俗虽名拒霜花,其实逢霜即悴矣。

千绕青丛外,携觞只自留。晚花兼素发,同是一悲秋。

江南木芙蓉,张子春云其高如树,
中山地寒才数尺,花瘠色淡,
八月已开。

江南高北树,塞北仅成丛。向晚谁争艳?防寒浅作红。弄条风渐渐,衔蕊蝶匆匆。且作黄花伴,无令叹觺空。

梅圣俞《苑陵集·廨后木芙蓉》

托根地虽卑,凌霜花亦茂。物禀固不迁,人情自为陋。幸与时菊开,谁嗟发孤秀。楚人搴木末,已见《离骚》就。

《司马温公传家集·未开木芙蓉》

木末采芙蓉,骚人歌所无。何言霜华艳,不与水芝殊,香苞麝脐结,茂叶桐阴敷。岂若龟巢类,飘零老五湖。

《诗海绘章·木芙蓉花》

孤芳托寒木,一晓一番新。春色不为主,天香难动人。丹枫见流落,黄菊伴因循。莫讶偏相爱,衰迟似我身。

李石《方舟集·木芙蓉》

荣枯一气内,造化本自公。春花与秋蒂,孰云有不同?试看木芙蕖,雨露滋芳丛。嫣然生百巧,秀色倾房栊。婢子有不慊,偃蹇霜枝红。溪柳疏其西,池荷亚其东。等作一物看,曾是烦春工。开阖寓至理,岁事号秋风。此有桃李场,感叹无言中。

王黄州《小畜外集·栽木芙蓉》

忆在长洲县,手植芙蓉花。春栽秋成树,枝叶青婆娑。八月寒露下,朵朵开红葩。轻团蜀江锦,碎剪赤城霞。香侵宾朋坐,艳拂人吏衙。凌霜伴松菊,满地如桑麻。岁寒万木脱,斫笋留根查。春雷一声动,又长新枝柯。良因地脉宜,岂在人力多?今来帝城里,赁宅如蜂窠。阶前栽数根,换土拥新沙。浇溉汲御沟,盖覆堆野莎。经春不出土,入夏方有芽。穷秋竟憔悴,花小尤不嘉。地气移物性,自念良可嗟。还同山野人,强为簪组加。妨贤将致诮,薄俸未充家。所以多病身,少年双鬓华。紫微虽云贵,白发将奈何。会当求山郡,卧理寻烟萝。奉亲冀丰足,委身任蹉跎。终焉太平世,散地恣狂歌。

《陈古灵集·中和堂木芙蓉
盛开戏呈子瞻》

千林寒叶正疏黄，占得珍丛第一芳。容易便开三百朵，此心应不畏秋霜。

《宋景文公集》

寒圃萧萧雨气收，敛房障叶似凝愁。情知边地霜风恶，不肯将花剩占秋。

王安石《临川集·木芙蓉》

木芙蓉，今芙蓉也。
水边无数木芙蓉，露染胭脂色未浓。政似美人初醉著，强抬青镜欲妆慵。薛能诗："记得玉人初病起，道家装束厌襜褕时。" 杜荀鹤诗："早被婵娟误，欲妆临镜慵。承恩不在貌，教妾若为容？风暖鸟声碎，日高花影重。年年越溪女，相忆采芙蓉。"

王之道《相山集·题乌江
官舍木芙蓉》

桃叶萧疏柳叶黄，清寒应怯夜来霜。芙蓉雅与秋相好，独对层台试晓妆。

吕东莱《诗木芙蓉》

小池南畔木芙蓉，雨后霜前着意红。犹胜无言旧桃李，一生开落任东风。

郑刚中《北山集》

池边几簇木芙蓉，衰露栖烟花更浓。地有鲜鲜金菊对，赏时莫惜醉千钟。

胡铨《澹庵集》

十二月二十四日问谭孔昭疾，见庭下雨中花云："木芙蓉也。《楚词》云：'搴芙蓉兮木末。'言芙蓉水花，不在木末也。"
幽花卧雨滋溅泪，秀色可人羞冶容。却笑楚人非博物，不知木末有芙蓉。

史浩《鄮峰漫录·即席赋木芙蓉》

盈盈伫立敖秋霜，露染胭脂作倩妆。正似瑶池见金母，归未脱绿衣裳。

张约斋《湖南集·苏堤观木芙蓉》

因见净慈明上人，翌日惠诗，酬赠二绝。
来访秋花本为诗，酒杯征逐负幽期。山中圣出明书记，还了清游一段奇。

口边白醭公家事，坐上清狂我辈真。会乞一闲归故隐，定因能赋结高人。

《池上木芙蓉欲开述兴二首》

芙蓉环望压波明，燕尾舟从绿处撑。侍得花成红沓隋，老夫天地锦纵横。

岸巾三酌便酣眠，堕地鸾笺写未全。明日满城人定说，若无诗累是神仙。

《题羔羊斋外木芙蓉》

慵妆酣酒夕阳浓，洗尽霜根看绮丛。绿地团花红锦障，不知庭院有西风。

《窗前木芙蓉》

辛苦孤花破小寒，花心应似客心酸。更凭青女留连得，未作愁红怨绿看。

赵蕃《淳熙藁木芙蓉》

三两芙蓉并水丛，向人能白亦能红。浩然不在芍药下，如何独占晚秋风。

《刘忠肃公集》

谁染轻红皱万囊？靓如妆面照寒塘。蜀葵千叶仍陪菊，芍药重台更耐霜。

吕南公《灌园集·晓过城隍街
马上看木芙蓉》

秋来风味苦阑珊，偶为繁红略据鞍。何处更期征雁过？只今聊作故人看。三冬已至休争气，九月将残未觉寒。自有荣华趁时节，免从兰菊论丰端。

王之道《相山集·次韵
徐伯远木芙蓉》

千林摇落见孤芳，销得诗人赋拒霜。高压菊花还独步，静窥池水试新妆。自怜衰病追欢懒，忽睹骚吟引兴长。何必采江重比并，佳名艳色正相当。

项安世《悔稿后编·次韵庐
漕木芙蓉二首》

风波久厌水中央，初日精神入槛光。木末端来就词客，墙头应是误行郎。高花大叶宜图障，浅绿深红照豆觞。壮观秋容惟有此，霜边倒尽雨边荒。

吹残池面旆中央，幻出台前艳粉光。衣典欲催愁杜老，越人呼为催典花。言开时寒气将至也。鬓霜难拒笑潘郎。风来尚恐波生陆，暑退犹疑叶可觞。避暑饮以莲叶为杯。拟种陶朱三百树，广文茅屋未应荒。

次韵高秀才木芙蓉

流落秋江世未知，知心惟有子西诗。唐子西《芙蓉行》，以孔孟、伯夷、贾生托兴。苏韩句外新相识，孔孟门中许独窥。不怨碧桃真义命，见高蟾《下第诗》。最宜青女好襟期。见大苏诗。娉婷耻向东风嫁，羞杀邯郸道上姬。

邓绅伯诗《木芙蓉》

露冷烟凄草树荒,木芙蓉好试平章。葡萄晚叶尤宜日,芍药秋花正耐霜。蜀锦卷帏妆院落,秦宫开镜照池塘。写容安得剑南老,聊复殷勤酹一觞。

《骑省徐铉集·题殷舍人宅木芙蓉》

怜君庭下木芙蓉,嫋嫋纤枝淡淡红。晓吐芳心零宿露,晚摇娇影媚清风。似含情态愁秋雨,暗减馨香借菊丛。默饮数杯应未称,不知歌管与谁同。

《张渠紫微先生集·种木芙蓉》

去岁经秋百卉空,今年多种木芙蓉。未如蜀国城边望,疑是秋江渡口逢。定乏雄蜂来慰藉,应余寒菊伴丰容。敢同出水方新句,空自长吟负老松。

姜特立诗《木芙蓉》

西风飒飒吹红兰,千林摇落无容颜。芙蓉花高猩血殷,烁烁对此红玉盘。冰霜骎骎花事寝,生对此花须痛饮。安得蛮户千张机,为我织此明霞锦。

商气正惨慄,商花忽红芳。有如乍贫妇,犹饰盛时妆。众目惊赏心,所见非所望。此后少朱荣,寂寞橘柚黄。

美人婵娟隔秋江,翠罗织裳楸叶光。醉香艳粉凋斜阳,更使诗人感杏殇。

周紫芝《太仓稊米集·木芙蓉歌》

吴江十月霜华浅,秋空无云霜日暖。芭蕉树暗廉幕垂,木芙蓉开红婉婉。银床露重梧叶飞,金钱扫地秋兰萎。无人自对秋风笑,黄蜀葵花不同调。慢绿妖红解醉人,徐娘未老秋娘少。少年时节欢乐多,红莲影落秋江波。若耶女儿白如玉,夜半采莲闻棹歌。惊风吹浪鸳鸯起,回头日月飞梭里。对花不饮今蹉跎,泪湿秋风当奈何。

杨叔能《小亨集·木芙蓉》

南阳气候温,四序花相续。十月木芙蓉,鲜鲜镂香玉。花如朝槿妍,叶拟文楸绿。惜哉开既晚,桃李占春煦。

袁易《静春堂木芙蓉》

少昊秉秋律,白藏振严威。凄其庶物肃,飒然群卉腓。兹花性莫夺,焉于抱贞姿。纷披曲榭阴,布濩苍沼涯。汜莲混名族,丛菊相因依。众芳固殊品,相时各有宜。承露愈幽艳,被霜增华滋。虽微后凋操,讵先秋草萎。临流谁为容?倚风犹自持。踟蹰玩芳熊,惊汝发幽辞。

《全芳备祖·李春伯诗》

甚疑牡丹丛,但病皮骨老。不宜入水看,只可隔水眺。

《宋景文公集》

江南江北树,秋至仅成丛。向晚谁事艳,酡颜浅作红。

《欧阳公集》

溪边野芙蓉,花水相媚好。半看池莲尽,独伴霜菊槁。

湖上野芙蓉,含思秋脉脉。娟娟如静女,不肯傍阡陌。诗人杳未来,幽艳冷难宅。

芳菲能几时,颜色如自爱。鲜鲜弄霜晓,袅袅含风态。蕙兰殒秋香,桃李娇春醉。时节虽不同,盛衰终一致。莫笑黄菊花,离根容憔悴。

种处雪消春始动,开时霜落雁初过。谁栽金菊丛相近,织出新番蜀锦窠。

文同《丹渊集·藤昌祐芙蓉》

双干发寒葩,一桁立纹羽。欲品精妙人,君当二三数。

石学士诗

深浅霜前后,应同旧渚红。群芳生衰歇,聊自舞秋风。

梅圣俞《宛陵集》

玉蕊折花栗,金房落晚霞。涉江从楚女,采菊听陶家。

船窗僧诗

霜深才吐艳,日暮更饶红。掩映残荷浦,冯夷败菊丛。

《陈简斋诗集》

拒霜花已吐,吾宇不凄凉。天地虽肃杀,草木有芬芳。道人宴坐处,侍女古时妆。浓露湿丹脸,西风吹绿裳。

孙觌《鸿庆居士集》

沙际漾浅碧,竹外歌深红。晨光发秾丽,醉脸酣春融。欢华不满眼,荣悴一日中。娟娟泣朝露,槭槭陨夕风。顾我非灵仙,丹砂驻君容。举酒酹其根,明年何处逢。

李流谦《澹斋集·芙蓉》

秋光冷如冰,秋花淡无色。偶见此粲者,浓艳照孤寂。天寒翠袖薄,那得在空谷?东风嬖桃李,倚树三叹息。

李公明诗

孤芳照寒水,婉娩自幽闲。万木碧无色,一花红独殷。秋莲多绿子,晚槿亦朱颜。却

中华传世藏书

永乐大典

精华本

七八

笑渊明宅,于今五柳残。

《江湖前集》陈君正
《和元耘轩赋木芙渠来字韵》

碧树笼秋池,锦帐迎风开。水光曳倒影,矮菊纷舆台。春风木芍药,是花岂云来。淡妆绝脂粉,独秀墙之隈。彷佛秦与虢,上马犹徘徊。特以赠美人,斜插乌云堆。

苏东坡诗《芙蓉》

清飚已拂林,积水渐收潦。溪边野芙蓉,花水相媚好。生看池莲尽,独伴霜菊槁。幽姿强一笑,莫景迫摧倒。凄凉似贫女,嫁晚惊衰早。谁写少年容?樵人剑南老。次公赵昌自题其画云剑南樵叟。

千林扫作一番黄,只有芙蓉独自芳。唤作拒霜知未称,看来却是最宜霜。

《王东牟集·观中芙蓉盛开》

秋木日动摇,秋容日修整。况复白琳宫,焚香事幽屏。胡为彼美人,犯此清净境?仙官俨环佩,注目朝倒景。岂容正法眼,泛爱冶色靓?得罪叶太清,宿念未灰冷?北斗春己足,三山梦初醒。曰鳞贵女子,俗目来可骋。惯听步虚词,生便浮馆静。那知羽衣人,文成伪心猛。记语东方儿,偷桃不可幸。共侍月满除,萧萧散疏影。

韩淲诗《苏坡芙蓉》

西湖八九月,苏堤赏芙蓉。艳艳风日美,鲜鲜霜露浓。今年开最繁,映水自为容。十里烂成锦,红绿花重重。钱塘盛吴会,昭代多鼎钟。游人醉不归,车马如游龙。里巷达廊庙,歌酒日相从。千钟不惮费,一笑无留踪。胜践穷耳目,乐事开心胸。东游将百年,兵农晏提封。四境复丰穰,物色近初冬。作诗代华黍,皇风正时雍。

烂漫芙蓉发,霜前城北花。因君话书室,使我出山家。风雨三杯后,烟云一望赊。石丁余兴在,相与醉生涯。

墙外芙蓉初遇其一尚可玩

日晚山气寒,芙蓉表孤花。亭亭万绿中,红鲜照蓁葩。不与时物迁,肯以颜色夸。立而望之遍,落叶徒泥沙。

《杨诚斋集·看刘寺芙蓉》

初约山寺游,端为怪奇石。那知云水乡,化作锦绣国。入门径深深,过眼秋寂寂。隔竹小亭明,稠红漏疏碧。山僧引幽践,绝巘恣佳陟。三步绮为障,十步霞作壁。烂如屏四围,搭以帔五色。满山尽芙蓉,山僧所手植。秋英例膔淡,此花独腴泽。却忆补外时,朝士作祖席。是间万株梅,冷射千崖白。旧游不可寻,雪枝半榛棘。

李处权《松庵集·芙蓉》

佳哉木芙蓉,秋晚芳意足。偶植华堂下,似续渊明菊。眷此好颜色,可玩不可触。始

见开二三,旋已放五六。濯濯晨风吹,鲜鲜宵露浴。非关竞时节,庶用慰幽独。我老百念空,扫迹坐林谷。犹作烟霞想,久绝脂粉欲。三径阻幽事,吟苦颠毛秃。河洛未休兵,丑负杯中渌。

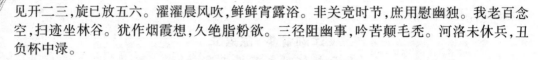

《北涧禅师集》

溪痕寒不肥,岸容晚益退。其谁怜婆娑?明霞剪零碎。烂烂饱冷露,酣酣俯清濑。宛然古铜碧,嫣然倩妆对。又若翠袖薄,瘦立烟渚外。西风仅如许,晚节尚可侍。遂拜拒霜号,不受断肠浼。亦岂无老成?试请推行辈。桂腾小山馥,菊耀东篱采。裳衬芰荷衣,服称陆离佩。芳芷雅相向,宿莽安敢背。花城隔仙凡,俗说信茫昧。独有《离骚》经,名氏得先载。

贯实霜槁百卉,拒霜独开花。寒驱暖消落,秋借春韶毕。酣酣罗珍姿,表表骈翠葩。晴云剪新绮,落日明丹砂。濯冷褪宿艳,叶散摘零霞。《离骚》比君子,城阙藏仙家。二月三月时,红紫相矜夸。西风一摇落,乱委随蓬麻。花中障颓澜,晚节礼有加。芳洁以类从,薰蕕分等差。梅追元气回,菊制暮景斜。弗使四时气,断续令人嗟。

刘后村诗《芙蓉六言四首》

寒林百草摇落,老圃数株白红。楚客空悲岁晏,班姬错怨秋风。

雪白露初泣晓,酒红日欲平西。王姬何彼秾矣,美人清扬婉兮。

月地不离人世,花城岂必仙家?且容康节向月,不羡曼卿主花。

羞作太真妃帐,宁为屈大夫裳。帝赏此花高节,别赐一名拒霜。

绝句二首

湖上秋风起棹歌,万株映柳更依荷。老来不作繁华梦,一树池边已觉多。

池上秋开一两丛,未妨冷淡伴诗翁。而今纵有看花意,不爱深红爱浅红。

律诗一首

纷敷亭馆映池塘,艳冶姿容淡泊妆。醉去恍疑曾被酒,集来未必可为裳。有怀绝色真如面,谁取新名作断肠?只合樽前簪老监,石丁之事大微茫。

韩维《南阳集·芙蓉五绝呈景仁》

堂前堂后尽芙蓉,晴日烘开万朵红。不把一樽酬胜赏,忍看憔悴落霜风。

小沾清露结摇风,养得新花次第红。客至莫教罇酒燥,朝吟夕赏未知穷。

少年曾记作西游,九蕊奇葩夹道秋。今日家园开烂熳,恍疑身在蜀江头。

不辞晨起立秋风,为爱浓芳露满丛。若比洛阳花品盛,万株开遍瑞云红。

携觞日日绕珍丛,未必欢情尽醉中。却怕后时无意思,杀风景似范家翁。

刘攽《彭城集·九月吉日,涧上望芙蓉,因寻菊,今岁持晚,青蕊未作,怃然有怀》

百芳不奈秋风急,唯有芙蓉特拒霜。本为南州积炎德,一为名误客殊方。

张文潜诗

今年古寺摘芙蓉,憔悴真成泽畔翁。聊把一枝闲照酒,明年何处对霜红。

清霜属严杀,松柏气不振。芙蓉乃微木,晚艳独娇春。秾粹觉兰疲,芬敷知菊贫。欲攀无所赠,聊复插吾巾。

《司马温公传家集·和秉国芙蓉五章》

清晓霜华漫自浓,独凭爱日养残红。劝君秉烛须勤赏,间阖难禁一夜风。

北方稀见诚奇物,笔界轻丝指捻红。楚蜀可怜人不赏,墙根屋角数无穷。

平昔低头避桃李,英华今发岁云秋。盛时已过浑如我,醉舞狂歌插满头。

后时独立诚难事,犹赖阶庭有菊丛。绰约霜前弄恣态,非如群木万株红。旦见涉江求水际,岂知缘木采霜中。微红未肯全衰歇,正似酡颜鹤发翁。

朱晦庵诗《次刘正之芙蓉韵三首》

浅红深红出短篱,望中都是可怜枝。要看乱飐寒塘水,更待金风满意吹。

凌波直欲波横塘,却爱无人独自芳。且倚新漪闲照影,更凭女伴一扶将。

微吟泽畔几扶筇,自笑摧颓一秃翁。羞见芙蓉好颜色,且凭诗律傲西风。

杨诚斋诗《芙蓉盛开戏简子文克信》

芙蓉得雨一齐开,开尽秋光客不来。到得客来花已老,晚妆犹可两三杯。

晓穿芙蓉城

晚妆懒困晓妆新,火急来看趁绝晨。夹径花枝欺我老,竞将红露洒乌巾。

芙蓉住处不胜佳,花不中藏只外斜。恰似曲江闻喜宴,绿衣半醉戴宫花。

栟楮江滨芙蓉一株发红白二首

芙蓉照水弄娇斜，白白红红各一家。近日司花出新巧，一枝能著两般花。

司花手法我能知，说破当知未大奇。乱剪素罗妆一树，略将数朵醮胭脂。

杨村园户栽芙蓉为堑，一路凡数万枝

杨村江上绕江围，十里霜红烂欲燃。都种芙蓉作篱落，真将锦绣裹山川。

晚妆照水密如积，春色入秋寒更鲜。客舍瓶中两三朵，可怜向客强婵娟。

红芳晓露浓，绿树秋风冷。共喜巧回春，不妨闲弄影。

染露金风里，宜霜至水滨。莫嫌开最晚，元自不争春。

晓看芙蓉

两岁芙蓉无一枝，今年万朵压枝低。半红半白花都闲，非短非长树斩齐。临水酽妆新雨后，出墙背面晓风西。春英笑杀秋英淡。只恐浓于桃李蹊。

木藋何似水芙蕖，同茵声名各自都。风露商量借膏沐，胭脂深浅入肌肤。唤回春色秋光里，饶得红妆翠盖无？字曰拒霜深不恶，却愁霜重要人扶。

陆放翁诗

满庭黄叶舞西风，天地方收肃杀功。何事独蒙青女力，墙头催放数苞红。

姚成一《雪坡集·芙蓉》

水芙蓉了木芙蓉，湖上花无一日空。卷却水天云锦段，又开步障夹堤红。

《周益公大全集·平园老叟
周某敬读次对兄芙蓉绝句，
叹服不已，效颦于后》

秋花少似春花红，眼明见此木芙蓉。斜临野水作秋镜，似照晓妆浓未浓。

洪适《盘洲集·芙蓉》

高摽幽艳自宜霜，弱草繁葩莫中伤。肯与红莲媚三夏，要同黄菊向重阳。

陈简斋诗

白发飘萧一病翁，暮年身世药瓢中。芙蓉墙外垂垂发，九月凭栏未怯风。杜和裴迪诗："江边一树垂垂发。"

藤元秀诗《题蒋中丞庭下芙蓉三首》

西风吹下一庭秋,秋自无聊花更愁。醉脸晚来红拂掠,未妨萧瑟却风流。

莫把秋芳与春比,物生各各以时行。只今独步西风里,那得春花与抗衡。

菊与为朋竹与邻,闭门谁见晓妆新。不须多羡苏堤好,车马往来尘污人。

熊冕山《瞿梧集·芙蓉》

青鸾庭馆翠重重,雉扇娉婷雍万红。把似牡丹酣富贵,洛阳今是几秋风。

《达且同知即席索芙蓉诗》

忆昔梦游芙蓉城,城中仙子千娉婷。霞舒云卷逞娇媚,朵朵汉家尹与邢。西风吹醒黄粱梦,帐暖香红谁与共? 别来秋晚遇群仙,犹记联骖骑彩凤。太液池边翡翠楼,金屏绣褥何风流。那知锦里朱颜改,阿监青娥雪满头。不必对花长太息,荣华俯仰成尘迹。色空空色无了期,昨是今非又来日。

李公明诗《芙蓉》

野花能白又能红,也在天工长育中。长对秋烟颜色好,岂知人世有春风。

《江湖续集·李龚诗》

懊恼春红不受赊,一枝枝似一团霞。玉霄露重秋烟冷,唐突西风是此花。

《南游寓兴集·芙蓉》

海天秋阔雁呼霜,篱落风凄菊破黄。谁把芙蓉栽近水,分明鸾镜照红妆。

《李忠定公集》

浥露披风浩莫收,嫣然秀色照清秋。佳人日暮来何处,翠袖红妆相对愁。

吕元钧诗

剪取芳条便种成,只从秋后吐繁英。清霜难拒红光减,仰视松筠浪得名。

再咏芙蓉

一夕西风一度开,不须人力为栽培。化工何事存芽蘖,长与炎荒作瘴媒。岭外此花尤多,中元后盛开,瘴疠渐作,土俗恶之,目曰瘴媒。

《方澄孙绵绵小稿·手种芙蓉入秋盛开》

天然富贵又风流,簇簇湘妃起聚头。唤做牡丹何不可,高他一着见深秋。

空山寂寂朋游少，为爱风姿手自栽。九十日秋犹暖热，一枝谢又一枝开。

留侯美好妇人然，楚汉功成更得仙。疑与拒霜同品格，生来质弱节高坚。

闹篮政自亦不恶，冷局由来未易知。开又争他桃李分，何缘同得芷兰时。

虞俦诗《芙蓉盛开》

溪山明处开三径，松桂丛中擅一坡。天借缠头千丈锦，红云不尽绿云多。

忆南坡芙蓉

宦游木末搴音褰芙蓉，只有埋头薄领丛。怅望家山天样远，万枝相映落霞红。

和耘老弟南坡芙蓉

簇簇坡头锦绣丛，几番消息问来鸿。素商未遣先惊绿，青女何妨更染红。向日壅培曾覆箦，有时灌溉亦连筒。年来羁宦成离索，却欠看花一醉同。

夏芙蓉

四月池边见拒霜，园丁惊问此何祥？花如云锦翻新样，叶似宫袍染御香。病不能陪花酒伴，诗犹堪譟鼓旗傍。诸君笔力回元化，努力先春压众芳。

和

老子而今两鬓霜，未应痴绝泥机祥。不能木末搴朝露，争免篱边嗅晚香。便合折来书卷畔，讵宜簪向宝钗傍。漫山千树方芽甲，肯信人间有早芳。

刘圻文诗

晓看如玉暮如霞，浓淡分秋染此花。终日独醒干底事？晚知烂醉是生涯。

陈龟峰诗

紫茸排萼露微红，不比春花对日烘。冷落半秋谁是侣？可怜妖艳嫁西风。

胡松窗诗

妖红弄色绚池台，不作匆匆一夜开。若遇春时占春榜，牡丹未必作花魁。

刘理诗

翠幄临流结绛囊，多情长伴菊花芳。谁怜冷落清秋后，能把柔姿独拒霜。

任希夷《斯庵集·植芙蓉有怀》

为爱秋花霜后红，故栽千树待西风。却思少日拊头语，泪落花前鬓影鬖。

《容容先生诗稿·芙蓉手卷》

玉肌丝理转光深,画得如生不许临。忽忆小池霜后看,一枝斜印碧波心。其图以青绢为地,若扇头然,故云。

《芙蓉初开有怀》

窗外芙蓉三两枝,被风吹绽不多时。娇红适向虚檐见,似送新题遣赋诗。

腻骨丰肌类牡丹,牡丹争解拒霜寒。花边有句道不出,思得铁心人共看。

熊梦祥《草堂集·南溪上种芙蓉》

夹水芙蓉密密栽,缘溪斜立照溪开。放教十里红将去,不尽溪流不要回。

赵蕃《淳熙稿·芙蓉道间二首》

芙蓉山上芙蓉光士人语,向人咫尺分毫纤。或如冠剑或鸟兽,今我左右烦窥觇。平生退之南山句,为渠特骋笔力严。那知刻画果办此,造物至是无留奸。

芙蓉山下芙蓉渡,历尽崔嵬何物路。更观溪水突人来,今我诗情杂欣惧。舆夫重说松原山,如此积雨应生湍。从来潢潦无根源,水收石露须臾间。

《方秋崖集》

绿裳丹脸水仙容,不谓佳名偶自同。一朵方酣初日色,千枝应发去年丛。莫惊坠露添新紫,更待微霜晕浅红。却笑牡丹犹浅俗,但将浓艳醉春风。

《北涧禅师集·忆水芙蓉、
木芙蓉寄西湖诸友》

竹凉池馆绿荷风,同看吴宫小队红。少却乱红深处棹,西陵桥北断桥东。

花满秋城闿水明,镜中滴露掌中零。曾仇新咏游花下,写寄城中石与丁。

曾丰《樽斋集·吉之南门外
见芙蓉烂开》

小春催出倾城色,笑倚墙头若招客。芬芳犹带秋风残,婀娜岂宜江路侧。诗艰惊红狂欲呼,熟看似细又似牭。花神留为菊后乘,天意遣作梅先驱。

《眉山唐子西集》

人间八月初霜严,芙蓉溪上春酣酣。《二南》变尽鲁叟笔,七国破后邹轲谈。人间三月春风好,溪上芙蓉迹如扫。周家盛处伯夷枯,汉室隆时贾生老。小儿造化谁能穷,几回枯折还芳丛。只应人老不复少,有酒且发衰颜红。

王鲁斋《甲寅稿·和易岩兄芙蓉吟》

大专盹盹分四气,曜灵西征驾新霁。人间万宝告成时,白帝畴功有良贵。后皇嘉惠放一头,蜕旌鸾毂恣晨游。蜀锦步帐数千里,烂然一抹眼波流。玉容沐露月梳晓,翠袖蹁跹舞微笑。雪舒霞卷竞芳秾,照水迎风为谁好。水中木末眩骚人,拒霜宜霜名字新。平生不识春宵暖,甘随青女嫁花神。易邑胸中五千卷,景物驱归句中炼。赏花不是少年心,见花依旧少年面。石丁作主事难凭,子高那是梦仙瀛。何如醉乡自广大,幕天籍地山为屏。诗魂醒处风光转,梅花已筑受降城。

张侃《拙轩稿·园丁报秀野
对岸芙蓉盛开》

我家分占清溪曲,溪曲新添数椽屋。屋前花竹占清妍,更植芙蓉伴黄菊。植时止是三寸栽,雨打霜埋地气回。深培浅壅那费力。想见锦绣沿溪开。向来为渠转一语,欲绊秋光坚不住。于今秋光虽胜前,花开却恨隔江涌。畦丁知我酷爱花,风吹芳讯到官衙。淡红深粉足娇态,高高下下依日斜。人生行乐何须定,蹉见此花头次盛。蜂脾添蜜采偏多,蝶婢寻香屡来聘。因报畦丁轻削根,趁时乱插不厌繁。今年开遍明年续,要使长蒙天地恩。主人做官在虞水,亦有芙蓉满闲地。看花翻忆植花时,勺酒一杯谁寄似?

《僧文珦集·芙蓉花歌》

东邻槛外芙蓉花,初开粲粲如朝霞。今朝花谢枝空在,绕树千回只叹嗟。花谢明年还复开,红颜已去终难回。人生不及花枝耐,况有流光白发催。游子对花心尽醉,老翁见之如梦寐。解把浮生比梦中,肯计荣华与憔悴。

《中州集》党怀英《西湖芙蓉诗》

林飚振危柯,野露委荒蔓。孤芳为谁妍,一笑聊自献。明妆炫朝丽,醉态着晚困。脉脉怀春情,悄悄惊秋怨。岂无桃李媒,不嫁惜婵媛。悠哉清霜暮,共抱兰菊恨。

芙蓉锦鸡图

元虞集《道园学古录·木芙蓉》

九月襄王宴渚宫,霓旌翠羽度云中。满汀山雨衣裳湿,宋玉愁多赋未工。丹霞覆苑洲,公子夜来游。终宴风露冷,折花登彩舟。

钱舜举《折枝芙蓉》

白发多情忆剑南,秋风溪上看春酣。剪来一尺吴江水,呎比千花濯锦潭。

虞集《道园遗稿·摘芙蓉》

明月丹霞是镜湖，绿茵隐约锦模糊。西风满地吴王醉，卧看楼前教战图。

许有壬《至正集·调木芙蓉不花》

南土风宜陆地莲，移根培植不能妍。世间久绝司花手，却道殷韩是偶然。

刘仁本《亦玄集·木芙蓉画》

光浮仙掌露华浓，香滴丹砂晕玉红。太液池边秋月白，参差霞佩倚西风。

王沂《伊滨集·木芙蓉》

露白江清水殿凉，馆娃宫里宴吴王。美人醉起更衣晚，密帐温帏翡翠妆。

《抄录杂诗·木芙蓉》

木芙蓉，朝花白，暮花红，世情两翻覆，正与此花同。木芙蓉，生墙东，死墙东，只换色，不换丛，世情翻覆无间断，若比此花根亦换。

舒岳祥《阆风稿》

溪山潇洒最宜秋，缓步何须百尺楼。乱后见花如故旧，老来得酒更风流。幽荪暗拆谁知处？好鸟一啼人举头。欲对黄花开口笑，茫然消息也堪愁。

> 平皋木芙蓉千株，烂然云锦，
> 醉行其中，如游芙蓉城也。作
> 歌纪之。牡丹一名木芍药，拒
> 霜也，号木芙蓉。

好花名尽多重叠，不取枝同取貌同。悲鸿一声天雨血，落霞万顷江饮虹，水花已尽岸花出，千朵万朵能白红。曾共鸳鸯登绣褥，也随鸿鹄上屏风。金钗欲插嫌花压，玉手高攀与面重。弄色合欢无限思，九心千叶为谁容？朝看花开红偏淡，莫见花敛红转浓。朝开夕敛如趁市，明日风光移别蕊。平生爱花入骨髓，白头出没芳丛里。清晓穿花秉烛归，花摇露堕秋溪水。汲溪入瓮琥珀成，驻得朱颜与花似。老我逢花六十秋，花开花落水悠悠。未吃太平一杯酒，岁岁花开伴白头。

《范德机集·芙蓉》

芙蓉生石壁，云锦映青松。那忆南州路，归船处处逢。

《程礼部集·芙蓉远碧》

女娲揉灰土，削作青芙蓉。一笑堕平地，化为烟外峰。遥空秋水积，烂色晨露浓。因之朝王京，仙人迈高踪。

《廉文靖公集·芙蓉盛开,余方在病,姑题数语,以答芳时》

芙蓉发高秋,结根近流水。亭亭袅修茎,鲜鲜益繁蕊。我病绝华觞,徒赏亦成喜。浓露醉朱颜,清风翻绿被。开阖一作翕张。随时明,毅然象端士。循吟夜景寒,雅歌时振履。

黄粹翁和余芙蓉诗,有"赠无玉音,未肯纳履"之句,因复用前韵送之

闻君驾征轩,迢迢渡烟水。徘徊未忍去,倩盼炫新蕊。缓唱骊驹歌,犹能一笑喜。少皋行素商,零霜百草被。潇洒出世姿,赋咏有奇士。郑重蕴余晖,明年听朱履。

绵州荒山道傍芙蓉盛开

台榭琼瑶姿,初非媚幽山。伊谁植老根,安遇怡芳颜。坚持随日心,不放秋光阑。驲骑困病客,况尔生清欢。唔言匪遑久,暝色埋层峦。

郝经《陵川集·仪真馆后园芙蓉》

诗人重江花,池圃不敢唾。芙蓉十数丛,下马开已过。霜霁余秋阳,残花两三个。倏忽今年春,兀若孤馆坐,拨土浇新芽,镇日看长大。绿玉生柯条,蔓草为划莝。秋风吹红苞,半吐娇欲破。初如搭红粉,摺皱烟脂涴。日高颜渐酡,醉鬓惊马堕。轻风一披拂,零乱霞飚簸。脉脉吴宫深,盛盈楚腰饿。露重力不任,欲就锦苔卧。娇多韵有余,所恨唱不和。只应魂苦断,为汝歌楚些。

庚戌岁九月中,于西田获早稻芙蓉

久客未还反,殷忧徒多端。对花复举杯,暂得心田安。芙蓉如美人,盛容耐窥观。愁红渍粉深,醉脸伤春还。上日娇晕滋,依风翠绡寒。含涕有深思,欲言还羞难。露重膏沐新,低垂泪阑干。无情似伤情,使我凋朱颜。载歌更献酬,物我何相关,起来拂花舞,不复为嗟叹。

芙蓉

池馆无人花正愁,仙家城郭楚江头。一帘斜日锦云晚,万里西风红露秋。深院周围情脉脉,小山侧畔思悠悠。只应来岁蓬蒿底,埋没兵尘取次休。

霜后芙蓉

憔悴江头秋牡丹,南人弃掷北人看。明妃出塞胭胭冷,霜满琵琶泪满鞍。

《寓庵稿·中峰寺见芙蓉》

迢迢高涧水,下注清冷池。池上何所有?上有芙蓉枝。芙蓉何娟娟,绿叶敷红滋。不生湘汉间,左右随风披。如何在空谷,君与幽人期。素心果如此,孤独将无辞。

《程雪楼集·至洪王肯堂治书，
见示芙蓉诗，次韵二首》

春风歇桃李，秋雨深莓苔。萧然公馆间，得此奇种栽。九天清露零，一道红云开。勾牵绿衣队，酧宴瑶池杯。秾妆月鉴悬，丽服霜刀裁。瑞莲涌平地，妙色分五台。暂陪飞仙游，偏称幽人怀。终疑阆苑去，嘉会何时谐？此日眼双明，临风首低回。长当歌楚骚，招得花神幽居有佳人，颒颜晕红玉。饱承仙掌露，希晞沐虿发曲。一望西风尘，倚竹翠袖拂。闲临清水照，静对远山蠡。向来涉江人，见谓江成陆。楚楚灵均裳，贮丽为谁鬶？惟应妙手画，挂壁薄夫肃。后皇植众芳，艳艳列金屋。讵知添室忧，不在春睡足。结言遗吾相，高举郢书烛。

胡祗通《紫山集·至元十五年九月
二十三日，赏翟侯虚锦亭芙蓉》

淡白轻红宫样妆，醉客醒态巧低昂。天寒翠袖娇无赖，珍重微云护晓霜。

芙蓉临水四围栽，正要佳宾数往来。不用名家金步障，天教看色画屏开。

露冷霜寒江树空，西风开到锦芙蓉。浑如晋武平南后，越女吴姬满六宫。

荆土藩篱尽此花，北人初见入惊夸。贵无贱有真堪惜，回首西风化彩霞。

王景初《兰轩集·芙蓉》

梦入神仙海外城，醉红香拥万娉婷。觉来烟雨秋江晚，依旧骚人伴独醒。

丁复《桧亭稿·题芙蓉》

秋江渺渺百花尽，天色渐寒愁夜长。春情梦断西风起，一树烂开红拒霜。

王恽《秋涧集·芙蓉》

平生不识翠苞纤，真色还欣到尔瞻。娇绽葵芳无两样，闹妆橙叶更多尖。一溪野水明妆镜，满树清香拂绣帘。开谢已甘秋色晚，碧桃红杏我何嫌。

艾性夫诗

露冷红酥不带愁，湘兰楚菊共清修。灵均死去无人问，闲却沧江一片秋。

《卢疏斋集·赋得秋水芙蓉，
题丹阳刘氏别业》

满意秋江玉镜台，清风时为故人来。谢家池畔芙蓉晚，惆怅春工去后栽。

靖传翁百花诗

此花又名拒霜，庆历中，有见丁度按辔，侍女迎作芙蓉馆主，俄间丁卒。石曼卿

去世后,有见之者,云我今为仙,主芙蓉城,欲见者同往,不诺。骑一素驴而去。近诗"十里秋红照马蹄。"《少陵诗》:"褦隐绣芙蓉。"

如馆如城几艳丛,拒霜不觉老西风。曼卿人见骑驴去,丁度仙游按辔空。惆怅二公皆死谶,浅深十里尚秋红。且图席地看花醉,肯羡豪家绣褦工。

萨天锡《石林稿·三益堂芙蓉》

班帘十二卷轻碧,秋水芙蓉隔画栏。彩扇迎风霞透影,锦袍弄月酒生寒。湘妃翠袖留江浦,仙掌红云湿露盘。只恐淮南霜信早,绛纱笼烛夜深看。

僧大䜣《蒲室集·次韵萨天锡台郎赋三益堂芙蓉》

花开未觉早霜残,留伴仙人酒半阑。翡翠巢空秋浦净,落霞飞尽暮江寒。玉真对月啼双颊,楚袖迎风舞七盘。持向毗那听说法,病翁元作色空看。

刘将孙《养吾集·芙蓉》

芙蓉累累结青苞,密叶深幄光垂稍。西风夭娇索扶倚,出墙临水纷相交。凋梧老柳无颜色,各自晴光借朝夕。游蜂粉蝶最世情,已向墙头水边觅。

韩性《五云漫稿》

山阴堤上芙蓉,咸淳中福王所种,年深憔悴,秋至犹作数花。泊舟堤下,怅然成诗。

黄云作霜古台下,阿甄断魂吊鸳瓦。红蓝一晕落青铜,澹月啼痕梦中泻。波心婵娟抱空篔,欲语不语天为愁。额山淡黄淡如影,蝶使不识邯郸秋。坠髻零妆倚秋陌,古锦缄情寄书客。君不见,侯家女郎争艳阳,水气吹红半天色。

张宪《玉笥集·芙蓉曲一首三解》

芙蓉花,大如杯。露为醴,主作台。劝客饮,客勿推。

芙蓉花,娇杀人,红为袖,绿作裙。舞回风,歌停云。劝客饮,客须醺。

芙蓉花,何娉婷,舞娇梁上燕,歌响花间莺。子高未合卺,曼卿先寄声。人间夜永秋风冷,莫按韩娘丝竹亭。

国朝僧宗泐诗《题木芙蓉》

向来桃李媚春风,霜下芙蓉醉晓红。东巷自衰西巷盛,田家客满窦家空。

清江《贝廷臣集·木芙蓉》

万里名花蜀土分,澄江浑似锦江溃。夜承仙掌三清露,春剪巫山一片云。未许王家夸少妇,还从卓氏妒文君。所思欲寄知何处?雁断天南日色醺。

顾禄诗《咏池上芙蓉》

翠盖拥霓旌,掩映仙姝面。只疑洛浦神,来游水晶殿。

周巽泉《性情集·芙蓉行》

天门初曙啼早鸦,西风吹落丹霄霞。美人闲倚阑干立,锦树颁霜初见花。美人颜色花可比,岁晚见之心自喜。鸿鹈沙边云彩飞,珊瑚枝上虹光起。密叶玲珑乱翠毛,繁英灿灿裁文绮。宫女焚香别殿中,秦娥觅镜妆台里。朝来舣棹驿亭西,疑是美人隔秋水。红妆翠袖青霓裳,微笑含情启玉齿。木末霞消落日红,相思咫尺云千里。

高季迪《缶鸣集·东池看芙蓉》

江天摇落逢秋杪,满目残荷与枯蓼。东家喜有木芙蓉,几树繁开依绿沼。浓艳低将流水映,寒香远逐回风袅。半愁霜露倚兼葭,老去徐娘犹窈窕。天公似厌秋冷淡,故发芳丛媚清晓。莫嗟不及见阳春,车马尘埃相污少。吴王宫废断行客,湘女祠空掩啼鸟。何如此地独来寻,静对婵娟散忧悄。兰舟虽无美人采,日暮孤吟自行绕。明朝重到恐销魂,零落红云波渺渺。

宋濂《罗山集·芙蓉篇》

芙蓉叶上着霜早,芙蓉花开秋已老。美人裁就芙蓉衾,欲寄相思泪满襟。

刘嵩诗《寄题孙子林白描芙蓉》

孙郎作县有高情,闲把芙蓉学写生。玉柱静含秋露白,银屏低立晓风清。洞庭水落愁新浦,锦里霜飞忆故城。亦拟放船螺子港,几时呼酒看秋晴。

宋钱塘《韦先生集·木芙蓉词》

木芙蓉,墙头浅浅红。满林枝叶十九空,独此唯扈当秋风。秋风无意开俗眼,俗眼不开须在侬。接篱斜欹勿嫌重,满篸何恤惊儿童。岂必黄金菊?难辜白玉钟。

欧阳公词《少年游·木芙蓉》

肉红圆样浅心黄,枝上巧如妆。雨轻烟重,无聊天气,啼破晓束妆。寒轻贴体风头冷,忍抛弃向秋光。不会深心,为谁惆怅,回面恨斜阳。

白君瑞词《满江红·木芙蓉》

木落林疏秋渐冷,芙蓉新拆,傍碧水晓妆初鉴。露匀妖色,故向霜前呈艳态。想应青女加怜惜,映朝阳翠叶,拥红苞闲庭侧。岩桂香随飘泊,篱菊嫩陪幽寂,笑春红容易,被风吹落,满眼炯然宫锦烂。一身如寄神仙宅,把绿樽,莫惜醉相酬,秋工力。

谢无逸《溪堂词·西江月·木芙蓉》

晓艳最便清露,晚红偏怯斜阳,移根栽近菊花傍,蜀锦番成新样。

坐客联挥玉

尘,歌词细琢文章,从今故事记溪堂,岁岁携壶共赏。

周竹坡老人词《渔家傲·夜饮木芙蓉下》

月黑天寒花欲睡,移灯影落清樽里。唤醒妖红明晚翠,如有意,嫣然一笑知谁会。露湿柔柯红压地,羞容似替人垂泪。着意西风吹不起,空绕砌,明年花共谁同醉。

西江月·和孙子绍拒霜

天意未教秋老,花容划地宜霜。酒肌红软玉肌香,不与梨花同样。　来伴孙郎小燕,临风为舞霓裳。更疏绿水照红妆,使是采莲船上。

《惟扬志·减字木兰花词》

舞台歌院,雨后西风寒翦翦。翠掩屏风,花与残霞一样红。宫裀隐绣香软巧,随莲步绉,不怕霜寒。日日挤教醉画栏。

张耒词《南乡子·秋日湖上赏木芙蓉》

秋色照波明,夹岸芙蓉似锦城。庵尽楼台,红粉面轻盈,未许黄徐写得成。　一舸载扬舲,共醉花前玉笛声。犹记青鸾和月跨三生。我是仙家石曼卿。

苏东坡词《定风波》

十月九日,孟亨之置酒秋香亭,有双拒霜,独向君猷而开。坐客喜笑,以为非使君莫可当此花,故作是篇。

两两轻红半晕腮,依依独向使君回。若道此君无此意,何为双花,不向别人开?但看低昂烟雨里,不已劝君体诉十分杯。更问樽前狂副使,来岁花开时节与谁来?

耆卿《箑窗质宪集·三台令》

鱼藻池边射鸭,芙蓉苑里看花。月色赭黄相似,不着红鸾扇遮。

池北池南水绿,殿前殿后花红。天子千秋万岁,未央明月清风。

母侯置酒南教场,赏芙蓉赋《鹧鸪天》

莫惜花前泥酒壶,沙场千步锦平铺。将军闲试临边手,按出吴宫小阵图。　清露里,晓霜余,娇红淡白更怜渠。人间落木萧萧下,独倚秋江画不如。

再赋

艳朵珍丛间舞衣,蹴毬场外打红围。小最穿入花深处,且住簪花醉一厄。　秋欲尽,最怜伊,江梅未破菊离披。情知不与韶华竞,回首西风怨阿谁。

《卢祖皋集·瑞鹤仙·赋芙蓉》

坡诗云："芙蓉城中花冥冥,谁其主者石与丁。中有一人长眉青,炯如微月淡疏星。故末章及之。"

江南秋欲遍,莼际鲈分,酒边鳌荐,青林雁,霜浅。问风流何事?试华偏。晚凌波步远,误池馆薰风笑宴。梦回时细剪荷衣,尚倚半酣妆面。深院。绮霞低映,步障横陈,暮天慵卷。无言笑倩,樽前恨仗谁遣。似重来鹤驭,锦城依旧,无复仙风宛转,念疏星澹月,长眉甚时再见。

张元幹《归来集·菩萨蛮·见芙蓉》

天涯客里秋容晚,妖红聊戏思乡眼。一朵醉深妆,羞渠照鬓霜。开时谁断送,不待司花共。有脚号阳春,芳菲属主人。

高观国《竹屋痴语·菩萨蛮·苏堤芙蓉》

红云半压秋波碧,艳妆泣露娇啼色。佳兴入仙城,风流石曼卿。　　宫袍呼醉醒,休卷西风锦。明日粉香残,六桥烟水寒。

范石湖词《菩萨蛮·芙蓉》

水明玉润天然色,年年弃作西风客。不肯嫁东风,殷勤霜露中。　　绿窗梳洗晚,罚饮琉璃盏,斜日上妆台,酒红和困来。

蒋竹山词《高阳台芙蓉》

霞烁帘珠,云蒸篆玉,环楼婉婉飞铃。天壤玉郎,飚轮此地曾停。秋香不断台隍远,溢万聚锦艳蝉明。往事成尘,鸾凤萧中,空度歌声。　　胶翁一点清寒髓,飡英菊屿,饮露兰汀,透屋高红,新营小样花城。霜浓月淡三更梦,梦曼仙来倚吟屏,共襟期不是琼姬,不是芳卿。

叶石林词《卜算子》:

并涧顷种木芙蓉,九月旦盛开。

晓雨洗新妆,艳艳惊衰眼。不趁东风取次开,待得清霜晚。　　曲港照回流,影乱微波浅。作态低昂好自持,水阔烟村远。

朱晦庵词《生查子·拒霜花》

庭户晓光中,帘幕秋光里。曲沼绮疏横,几处新梳洗。　　红脸露轻匀,翠袖风频倚。鸾鉴不须开,自有窗前水。

晏元献公乐府《少年游》

霜华满树,兰凋蕙惨,秋艳入芙蓉。胭脂嫩脸,黄金轻蕊,犹自怨春风。前欢往事,当

歌对酒，无恨到心中。更凭朱槛忆芳容，肠断一枝红。

吴仲方《江湖诗·乐府》

黄叶舞，碧空临水处。照眼红苞齐吐，柔情媚态，伫立西风如诉。遥想仙家城阙，十万绿衣童女，云缥缈，玉娉婷，隐隐彩鸾飞舞。　樽前更风度，记天香国色，曾占春暮。依然好在，还伴清霜凉露。一曲栏干敲遍，悄无语，空相顾。残月澹酒阑时，满城钟鼓。

《永平志·虞美人》

极目楼观芙蓉

秋深犹带秋初热，未放秋香发。爱他楼下木芙蓉，妆罢三千美女出唐宫。　西湖虽小风光胜，分得钱塘景，这些林木这些山，恰似三贤堂后凭栏干。

金王寂《拙轩集·水调歌头》

戊申秋季月十有九日，赏芙蓉于汝南佑德观。酒酣，为赋"明月几时有"，盖暮年游宦之情，不能已也。

岸柳飘疏翠，篱菊减幽香。蝶愁蜂懒，无赖冷落过重阳。应为百花开尽，天公着意，留与尤物殿秋光。霁月炯疏影，晨露浥红妆。

奈无情，风共雨，送新霜。嫁晚还惊衰早，容易度年芳。只恐韶颜难驻，拟倩丹青写照，谁唤剑南昌。我亦伤流落，老泪不成行。

元《高楫集·芙蓉词》

美人夜怨减秋颜，落红片片胭脂干。露珠唾泪损翠盘，菱花压面秋眸酸。琉璃浸碧蜻蜓寒，参差柄折青琅玕。香心碎尽恨未残，翠丝拖风入碧湍。

《卢疏斋集·贺新郎·赋拒霜》

观物聊宾戏，问花枝能红能白，如痴如醉。翠被香销。行云断约，略幽闺睡起。甚却有溪娘风致，木末芙蓉都如许。笑人间不解灵均意，歌晚色，赋秋水。　而今老子婆娑地，更何须齐奴步障，谢公携妓。徙倚西楼，澄江远日，暮霞成绮。怅楚泽荷衣芰制，篱菊难忘，平生约共，小山丛桂。相料理。吾与汝，有知己。

《梁隆吉集·一萼红》

芙蓉，和友人韵。

怨东风，把韶华付去。秾李小桃红，黄落山空。香销水冷，此际才与君逢。敛秋思，柔肠九结。拥翠袖，应费剪裁工。晕脸迎霜，幽姿泣露，寂寞谁同。

休笑梳妆淡薄，看浮花浪蕊，眼底俱空。夜怅云闲，寒城月浸，有人吟遍深丛。自前度王郎去后，旧游处，烟草接吴宫。惟有芳卿寄言，蹙损眉峰。

地芙蓉　即木芙蓉

宋嘉□本《图经》

地芙蓉,生鼎州。味辛平无毒,花主恶疮,叶以傅贴肿毒。九月采。

陈衍《宝庆本草》

折里地芙蓉。古诗云:"一名拒霜花。"俗号寒花。九月采花晒暴,不晒即浥烂。又叶阴乾,亦可晒。

水芙蓉

《格物丛谈》

芙蓉之名,出于水者,谓之水芙蓉,荷花是也。崔豹《古今注》:"芙蓉,一名荷花,生池泽中。"实曰莲花之最秀异者,一名水芝,一名水花。色有赤、白、红、紫、青、黄。红、白二色差多。花大者至百叶。颖川语小芙蓉连花也,又名芙蕖。其花菡萏,拒霜,乃木芙蓉。因其映水而艳,直称为芙蓉,误矣。沈元用词云:"湖水秋来莲荡空,年华都付木芙蓉。"此最分晓。

《秋圃杂志·花之品》

春花秋英,莫不时有。岁五六月,芙蓉盛开,云锦可爱,双花并蒂,间亦为瑞。

吴仁杰《离骚草木疏》

"制芰荷以为衣兮,集芙蓉以为裳。"王逸少注:"芙蓉,莲花也。言已进,不见纳,裁芰荷合芙蓉为衣裳,被服愈洁,修善益明。"《尔雅》:"荷,芙蕖。其茎茄,其叶蕸,其本蔤,其华菡萏,其实莲,其根藕,其中的,的中薏。"郭璞云:"芙蕖,别名芙蓉。江东名茎下白蒻在泥中者为蔤,房为莲。"邢昺云:"今江东人呼荷花为芙蓉,北方人便以藕为荷,亦以莲为藕。或用其母为华名,或用根子为母华号,此皆名相错,俗传误也。"陆机云:"莲青皮里白,子为的,的中有青为薏,味甚苦。《本草》:藕实,一名水芝,一名莲。"《图经》云:"叶名荷,圆径尺余,其花未发为菡萏,已发为芙蓉。其根藕,幽州人谓之光旁,唯苦薏不可食。叶中蒂谓之荷鼻,其至秋末皮黑,而沉水者为石莲,惟盐卤能浮之。"仁杰按:《苏鹗演义》云:"芙蓉,花之最秀者。一名水白,亦名水华,色有红、白、青、黄,大者至百叶。"濂溪先生云:"陶渊明爱菊,世人爱牡丹,予独爱莲花之出淤泥而不染,濯清涟而不妖,中通外直,不蔓不枝,香远益清,亭亭净植,可远观而不可亵玩焉。菊,花之隐逸者也,牡丹,花之富贵者也,莲,花之君子者也。"汉闵鸿《芙蓉赋》乃有"芙蓉灵草,载育中川,竦修干以

凌波，建绿叶之规圆。灼若夜光之在玄岫，赤若太阳之映朝云。乃有阳文修嫮，倾城之色，杨桂枻而来游，玩英华乎水侧。纳嘉实兮倾筐，珥红葩以为饰。感《桃夭》而歌诗，申《关雎》以自敕。嗟留夷与兰芷，听鹍鹉而不鸣。嘉芙蓉之殊伟，托皇居以发英。

《尔雅》书影

三国《曹子建集》

览百卉之英茂，无斯华之独灵，结修根于重壤，泛清流而擢茎。其始荣也，曒若夜光寻扶桑；其扬晖也，晃若九阳出阳谷。芙蓉蹇产，菡萏星属，丝条垂珠，丹荣吐绿，焜焜骈骈，烂若龙烛。观者终朝，情犹未足。于是狡童媛女，相与同游，擢素手于罗袖，接红葩于中流。

晋潘岳《芙蓉赋》

荫兰池之绿水，育沃野之上腴。课众荣而比观，焕卓荦而独殊。狎猎云布，窏沱星罗，光拟烛龙，色夺朝霞。丹辉拂红，飞鬒垂的，斐披艳赫，散焕熠爅。流芬赋采，风靡云旋。布濩磊落，蔓衍夭闲。发青阳而增媚，润白玉而加鲜。

《太平御览·潘尼芙蓉赋》

或擢茎以高立，似雕辇之翠盖。或委波而布体，拟连璧之攒会。

夏侯湛赋

临清流以游览，观芙蓉之丽华。潜灵藕于玄泉，擢修茎乎清波。焕然荫沼，灼尔星罗。若乃回紫外散，菡萏内离，的出艳发，叶恢花披，绿房翠蒂，紫饰红敷，黄螺圆出，垂蕤散舒，缨以金芽，点以素珠，固陂池之丽观，尊终世之特殊。尔乃采淳葩，摘圆质，析碧皮，食素实，味甘滋而清美，同嘉异乎橙橘，参嘉果以作珍，长充御乎口实。

孙故《芙蓉赋》

芬馥扬馨，烟冕星县。烂如朱霞朝兴，炯若流景在天。

宋《鲍明远集·芙蓉赋》

青房兮规接，紫的兮圆罗。树妖遥之弱干，散菡萏之轻柯。上星光而倒景，下龙鳞而隐波。戏锦鳞而夕映，濯绣羽而晨过。排积雾而扬芬，镜洞泉而含绿，叶折水而为珠，条集露而成玉。润蓬山之琼膏，耀葱河之银烛。冠五华于众草，超四照之灵木。

《艺文类聚》宋傅亮《芙蓉赋》

考庶卉之珍丽，实总名于芙渠。潜幽泉以育藕，披翠莲而挺敷。泛轻荷以冒沼，列红葩而曜除。徽旭露以滋采，靡朝风而肆芳。表丽观于中沚，播郁烈于兰堂。在龙见而萌秀，于火中而结房。岂星芬于芷蕙？将越味于沙棠。咏三闾之被服，美兰佩而荷裳。伊玄匠之有瞻,恍嘉卉于中渠。既晖映于丹墀,亦纳芳于绮疏。

晋傅玄《芙蓉歌》

度江南,采莲花。芙蓉晔,若星罗。绿叶映长波,回风容与动纤柯。

涉江采芙蓉,兰泽多芳草。采之欲遗谁? 思之在远道。

又赋得《涉江采芙诗》

浮照满川涨,芙蓉承露光。人来间花影,衣度得荷香。桂舟轻不定,菱歌引更长。采采嗟离别,无暇缉为裳。

梁简文帝诗

圆花一蒂卷,交叶半心开。影前光照耀,香里蝶徘徊。欣随玉露点,不逐秋风摧。

采莲诗

晚日照空矶,采莲承晚晖。风起湖难度,莲多摘未稀。棹动芙蓉落,船移白鹭飞。荷丝傍绕腕,菱角远牵衣。

隋新德源《芙蓉诗》

洛神挺凝素,文君拂艳红。丽质徒相比,鲜彩两难同。光临照波日,香随出岸风。涉江长自远,托意在无穷。

孝元帝《赋得涉江采芙蓉诗》

江风当夏清,桂楫逐流紫。初疑京兆剑,复似汉冠名。荷花风送远,莲影向根生。叶卷珠难溜,花舒红易轻。日暮凫舟满,归来度锦城。

唐太宗皇帝《采芙蓉诗》

结伴戏芳塘,携手上雕航。船移分细浪,风散动浮香。游莺无定曲,惊凫有乱行。莲稀钏声断,水广棹歌长。栖鸟还密树,泛流归建章。

洪适《盘洲集》

涉江采芙蓉,芳薙荫幽沚。相思不相见,芬芳欲谁遗? 秋容感人心。浪浪睫涵泪。不如膝上琴,哀音入君耳。

《江湖续集》邓允端诗

涉江采芙蓉,欲采寄所思。所思今何在? 望断天一涯。将花照秋水,秋水清且漪。行乐不得再,日暮空凄悲。

杨冠卿《客亭类稿采芙蓉词》

采采芙蓉花,集之以为裳。自彼若耶溪,登于君子堂。馨香压纫兰,把玩卑琼芳。佩

服古无数,怀人思沅湘。

《方巨山集·题叶司理采芙蓉图》

纫之以湘累秋兰之佩,载之以剡溪夜雪之舟,漱之以清冰寒露之壶,洗之以碧玉晴云之瓯。着童船尾书船头,荷花浦淑双飞鸥。新红如洗云锦稠,停桡伫棹香浮浮。薰风满袖凉飔飔,醉面欲醒谁相酴? 若有人兮渺中洲,把住老月叫不休。花亦问月愁不愁,何以了此兼葭秋? 鲛宫夜泣悲灵修,鳞幢欲湿行云留。楚骚如水不可作,此意难以笔墨求。荡予浆兮涯之幽。

虞集诗

长洲宫沼醉西施,荡漾兰舟不自持。愿奉君王千岁乐,一盘清露玉淋漓。

《陆龟蒙集》

闲吟鲍昭赋,更起屈平愁。莫引西风动,红衣不耐秋。

碧芙蓉

《太平广记》

元载造芸辉堂,前有池,中碧芙蓉,载因暇日,凭栏以观,忽闻歌声清响,若十四五女子唱焉,其曲则《玉树后庭花》也。载惊异,莫知所在。及审听之,乃芙蓉中也。俯而视之,闻喘息之音。载恶之,遂剖其花,一无所见。

高似、高纬略。

颜延之《碧芙蓉颂》

泽芝芳艳,擅奇水属。练气红荷,比苻缥王。擢丽苍池,飞映云屋,实纪仙方,名书灵躅。水属,全未见人用。齐王融《谢紫□启》曰:东越水羞,实馨乘时之美;南荆任土,方揖□鱼之味。刘孝感《谢藕启》曰:凡厥水羞,莫敢相辈。"水羞"二字亦新。

白芙蓉

唐《李卫公集·白芙蓉赋并序》

金陵城西池有白芙蓉,素萼盈尺,皎如霜雪。江南梅雨麦秋后,风景甚清,漾舟渌潭,不觉隆暑,与嘉客泛玩,终夕忘疲。古人惟赋红渠,未有斯作。因以抒思,庶得其仿佛焉。

朱明夕霁,佳木凝阴,兰未歇其秀色,鸟尚流其好音。泛回塘兮清景暮,环修渚兮碧云深。诚有感于逝节,思更新于赏心。是时黛叶已繁,琼英始发,摇瑞彩于波上,挺纤茎于苹末。忽疑巨蜃捧漪,暂睹其明月;复似处子映松,遥觇其冰雪。焕列宿于长河,耀良玉于方折,点白鹭于葭菼,散飞鸿于林樾。余乃鼓轻枻,入澄瀛,楚词曰:古人呼池泽为瀛。度杞柳,越兰蘅,裴徊容与,放志遗荣。近汀洲而菱密,出莲径而潭平。飞鸿鹈,起鹥鹊,挥水珠而溅叶,动波纹而抗茎,传羽色而适性,合金丝而写情。管度风而阴远,歌临流而转清。既而稍出川阴,暂游霄外,极望漪澜,静无夕霭,又如游女解佩于汉曲,宓妃采芝于湍濑。舒蕴藻以为席,倚立荷以为盖,发巧笑之芬芳,感嘉期之来会。嗟夫! 楚泽之中,无莲不红,惟斯华以素为绚,犹美人以礼防躬。银辉光而流烛,玉精气而舒虹,虽有贵其符采,且未匹其华容。由是南国之姝,以为丽观。延华颈于沿沚,曳罗裙于矶岸,且谓降玄实于瑶池,徙灵根于天汉,怅霄路兮永绝,与时芳兮共玩。听高柳之早蝉,悲此岁之过半,彼妍姿之照灼,待风雨而消散。乃为歌曰:

秋水阔兮秋露浓,盛华落兮叹芙蓉。菖花紫兮君不识,萍实丹兮君不逢。相佳人兮密静处,颜如玉兮无冶容。

黄芙蓉

宋喻良能《香山集·彦礼提宫,寄似芙蓉诗次韵奉酬二绝》

红粉虽云妙,鹅黄亦大奇。欲知堪画处,绝胜采江时。

幽圃知何处? 青山东复东。芙蓉黄玉蕊,还与海榴同。惠山黄芙蓉锦园黄石榴,风味略相似。

梅圣俞《宛陵集·咏王宗说园黄木芙蓉》

水中兼木末,相拟有嘉花。玉蕊拆蒸粟,金房落晚霞。涉江从楚女,采菊听陶家。事与《离骚》异,吾将搴以夸。

红芙蓉

元蒲道原《顺斋丛稿·九月八日赋二种芙蓉二首》

其一,红芙蓉。
丰肌弱骨与秋宜,宿酒酣来不自持。岂为严霜成槁质,要凭初日发妍姿。燕姬入画犹嫌陋,蜀锦团栾未足奇。独对芳丛寄幽兴,子高真是遇仙时。

醉芙蓉

漳州府《清潭志》

一名拒霜,有红者、白者、朝白而暮红者,曰醉芙蓉。

姚成一《雪坡集·醉芙蓉》

庭前木芙蓉,姿色琼殊异。初开花微碧,仙子淡云袂。逡巡改莹白,玉骨净无滓。烂熳欲谢时,潮脸晕红媚。诗人第花品,独号此为醉。花虽无情物,司者定有意。晨醒粲初发,晚醉飒欲坠。乃知沉湎者,颠沛在造次。可以为酒箴,看花当歌器。

国朝清江贝廷臣诗《醒芙蓉》

蜀江芙蓉四十里,花外楼台夹江水。蜀主龙舟八月来,日照千门锦云起。一朵依稀武都女,雪色宫衣轻欲举。已窃玄珠化水仙,不同石镜埋黄土。朝妍夕态还相恼,傅粉涂黄俱草草。春风入髓犹未苏,丹砂换骨应长好。凌波殿废花亦残,江上秋深风雨寒。武林城南偶识面,把酒共看颒玉盆。十年流落云间路,欲寻旧赏知何处。芳心一点对斜阳,脉脉无言岁华暮。

并蒂芙蓉

《宋书》

元嘉十年七月己丑,华林天渊池,芙蓉异花同蒂。
元嘉十九年八月壬子,扬州后池二莲合华,刺史始兴王浚以献。
元嘉二十年五月,庐陵郡池,芙蓉二花一蒂,太守王渊以闻。
元嘉二十年六月壬寅,华林天渊池,芙蓉二花一蒂,园丞陈袭祖以闻。
元嘉二十年夏,永嘉郡后池,芙蓉二花一蒂,太守臧艺以闻。
元嘉二十年七月,吴兴郡后池,芙蓉二花一蒂,太守孔山士以闻。
元嘉二十年,扬州后池,芙蓉二花一蒂,刺史始兴王浚以献。
太始七年六月己亥,东宫玄圃池,芙蓉二花一蒂,皇太子以献。

《酉阳杂俎》

卫公庄有同心蒂芙蓉。

《能改斋漫录·并蒂芙蓉词》

政和癸巳,大晟乐成,嘉瑞既至,蔡元长以晁端礼次膺,荐于徽宗,诏乘驿赴阙。

次膺至都会禁中。嘉莲生分苞合跗，□出天造人章，有不能形容者。次膺效乐府体，属辞以进，名并蒂芙蓉词。上览之，称善，除大晟府协律郎。不克受而卒。其辞云：

太液波澄，向鉴中照影，芙蓉同蒂。千柄绿荷深，并丹脸争媚。天心眷临圣日，殿宇分明敞嘉瑞。弄香嗅蕊。愿君王寿与南山齐。　　此池边屡回翠辇，拥群仙醉。赏凭栏凝思，萼绿揽飞琼，共波上游戏。西风又看露下，更结双新莲子，斗装竞美。问鸳鸯向谁留意。

国朝顾禄诗《题赵子昂学士
所画并蒂芙蓉花》

春入毫端散彩霞，无边生意绕秋华。院铃不动文书静，貌得芙蓉并蒂花。

同心芙蓉

隋松公瞻诗《咏同心芙蓉》

灼灼荷花瑞，亭亭出水中。一茎孤引绿，双影共分红。色夺歌人脸，香飘舞袖风。名莲自可念，况复两心同。

梁朱超诗《咏同心芙蓉》

青山丽朝景，玄峰朗夜光。未及清池上，红渠并出房。日分双蒂影，风含两花香。鱼惊畏莲折，龟上碍荷长。云雨留轻润，草木应嘉祥。徒歌涉江曲，谁见缉为裳。

重台芙蓉

唐《李卫公集·重台芙蓉赋并序》

吴兴郡南白苹亭，有重台芙蓉，本生于长城章后旧居之侧，移植苹洲，至今滋茂。余顷岁，徙根于金陵桂亭，奇秀芬芳，非世间之物，因为此赋，以待美人托意焉。昔柳恽为吴兴太守，顾坐客而叹曰："游汀洲以采苹，忆潇湘之故人。悲白日之已晚，惜青春之不返。且欲舍琼蕊于桂山，折瑶华于兰畹。"客乃称曰："彼有清川，爰生瑞莲。红葩炜而晔晔，翠叶小而田田。此花大于常莲，而叶小于众荷。愿得荐佳名于君子，悦丽色于当年。"于是纵兰棹，泛沧涟，吟朱鹭于萧管，鸣鹍鸡于瑟弦。临漪澜以远望，叹华艳之何鲜。是日际海澄廓，微风不起，涵丽景于碧湍，烂朝霞于清沚，鲜房秀颖，攒立丛倚。疑西子之颜酡，自馆娃而戾止。远以意之。若珠阙玲珑，叠映昆峰。粲玉女之光色，抗霓旗以相从。迫而察之，若桂裳重复，郁挠丹谷，思江妃之窈窕，发红罗之纷郁。尔其映兰芷，出苹萍，掩菶菶之众色，挺娖娖之修茎，泫清露以濯秀，流鲜飙而发精。虽草木之无情，亦独立而倾城。若乃行潦既收，秋光始静，见凉野之夕阴，怅回塘之余景，思摘芳以赠远，更临流而引领。翡翠失其辉鲜，珠玑夺其光颖，惟斯物之特丽，而独秀于寥天。在灵境而何降，居下

泽而何偏？有繁华而不实，嗟淑类而莫传。念庄姜之无子，非巧笑之未妍。彼天意之所属，谅难得而知焉。此华无实，从根又不三数年，故人间罕有。为乃歌曰：

吴山秀兮烟景媚，因淑女兮感斯瑞。莲无多兮无厥类，兰徒芳兮何足贵！人已去兮代不留，独含情兮托此地。

裴说诗《重台芙蓉》

众芳凋落后，特地遇阴和。一一开虽晚，重重得亦多。略无幽鸟语，时有冻蜂过。日暮寒阶畔，轻红拂浅莎。

九蕊芙蓉

宋刘攽《彭城集·九蕊芙蓉》

托根不近芙蓉苑，移植犹依瘴疠乡。并蕊连心九相似，看来还使九回肠。

二色芙蓉

宋文同《丹渊集·二色芙蓉》

蜀国芙蓉名二色，重阳前后始盈枝。画开粉笔分妆处，绣引红针间刺时。落晚自怜窥露沼，忍寒谁念倚霜篱。主人日有西园客，得尔方于劝酒宜。

姜特立《梅山续稿·二色芙蓉花》

拒霜一树碧丛丛，两色花开迥不同。疑是酒边西子在，半醒半醉立西风。

熊梦祥《草堂诗·题二色芙蓉便面》

曾障西风十一阑，亭亭醒醉碧波寒。月边青鸟无消息，流落人间作画看。

程公许《沧洲尘缶编·红白芙蓉》

木渠三数株，能白又能朱。晓暮浅深色，醉醒容态姝。流霞夹斛玉骨，抽汞养丹炉。模写终难尽，秋江有画图。

转观芙蓉

元蒲道原《顺斋丛稿·转观芙蓉》

露凉风冷见温柔，谁挽春还九月秋。午醉未醒金蒂艳，晨妆初罢尚含羞。未甘白紵居寒素，也着绯衣入品流。若信牡丹南面贵，此花应是合封侯。

添色芙蓉

《虞衡志》

晨开正白,已午微红,夜深红。

《欧阳公牡丹谱》

有添色红者,与此意同。此花枝条经冬不枯,有高出屋者。江浙间必宿根重苗,蜀种亦尔。

海面芙蓉

《太平广记》

元和初,有柳实者,尝乘舟越海,风飘至孤岛而止。二公愁闷而陟焉,逡巡有紫云,自海面拥出,蔓衍数百步,中有大芙蓉,高百余尺,叶叶而绽,内有帐幄若绣绮,错杂耀夺人目。时有双鬟侍女降焉。

金芙蓉

《南史·干陀利国传》

其俗与林邑、扶南略同。后传至毗针邪跋摩王,遣长史毗员跋员跋摩,奉表献金芙蓉杂香等药。

唐《李翰林集·登庐山五老峰诗》

庐山东南五老峰,青天削出金芙蓉。

《送温处士归黄山·白鹅峰旧居诗》

丹崖夹石柱,菡萏金芙蓉。

玉芙蓉

《杜阳杂编》

敬宗时,浙东国贡舞女二人,修眉蝤首,兰气融冶,衣轻罗之衣,戴轻金之冠,上更琢

玉芙蓉，以为二女歌舞台。每歌声一发，如鸾凤之音。

石芙蓉

《洛阳名园记》

董氏西园有石芙蓉，水自其花间涌出。

《建安记》

大湖山在浦城县西南一百里，一名圣湖山。湖在山顶。昔有采药者止此，见满湖皆芙蓉，涉水采之，乃石也。

锦城芙蓉

《蜀祷杌》

孟后主，罗城上尽种芙蓉，九月盛开，曰自古以蜀为锦城，今日观之，真锦城也。又令城上尽以幄幕遮护。

《成都记》

孟后主于成都四十里罗城上种此花。每至秋，四十里皆如锦绣，高下相照，因名锦城。

张章江《渔翁集》

四十里城花发时，锦囊高下照坤维。虽妆蜀国三秋色，难入《豳风·七月》诗。
去年今日到成都，城上芙蓉锦绣舒。今日重来旧游处，看花得似去年无。

柳池芙蓉

王子年《拾遗记》

汉昭帝游柳池，有芙蓉，紫色，大如斗，花叶柔甘可食，芬气闻十里之内，莲实如珠。

白石芙蓉

《邵氏闻见录》

唐骊山下有温泉,以白玉石为芙蓉,出水为御汤。

步出芙蓉

《齐书》

涪陵王凿金莲花以贴池,令潘妃行其上,曰:"步步出芙蓉。"

渌水芙蓉

《南史列传》

齐王俭谓人曰:"昔袁公作卫将军,欲用我为长史,虽不获就,要是意向如此,今亦应须如我辈人也。"俭乃以庾杲之为将军长史。杲之美容质,善言笑。萧缅与俭书曰:"盛府元僚,实难其选。庾景行泛渌水,依芙蓉,何其丽也!"时人已入俭府,为莲花池,故缅书美之。

初发芙蓉

《南史》

宋颜延之与陈郡谢灵运,俱以辞采齐名,而迟速悬绝。文帝尝各使拟乐府《北上》篇,延之受诏便成,灵运顷之乃就。延之尝问鲍昭,已与灵运优劣,昭曰:"谢五言如初发芙蓉,自然可爱。君诗若铺锦列绣,亦雕缋满眼。"

脸若芙蓉

《西京杂记》

卓王孙之女文君,眉色如远山,脸际常若芙蓉。十七而寡,放诞风流,故悦相如之才,而越礼焉。

人镜芙蓉

《酉阳杂俎》

李固遇老妪,言郎君明年芙蓉镜下及第。明年固果状元及第。其诗赋中有"人镜芙蓉"之语。妪乃金天神也。

华芙蓉

《太平广记》

梁清家数有异光,仍闻擗篱声。令婢子看,见一人问,云姓华,名芙蓉,为六甲至尊所使,来过旧居。仍留不去。

幕下芙蓉

李曾伯《可斋集·谢荆帅启》

代庖越俎,实无一日之善取诸人;制锦操刀,敢谓千室之邑使为宰。顾选坑未能脱足,而县债先已埋头。幕下芙蓉,徒缅怀于绿水;堂前杨柳,赖犹有于春风。

鸭触芙蓉

李端诗《奉秘书元丞抄秋亿终南旧居》

行鱼避杨柳,惊鸭触芙蓉。

口喷芙蓉

常建

黄金作身双飞龙,口衔明月喷芙蓉。《古意》。

秀出芙蓉

李白诗《望九华赠青阳韦仲堪》

天河挂绿水,秀出九芙蓉。

褥绣芙蓉

杜工部诗

屏开金孔雀,褥隐绣芙蓉。

芙蓉羹

山家清供雪霞羹,采芙蓉花,去心蒂,汤瀹之,同豆腐煮,红白交错,恍如雪霁之霞羹,加胡椒,萱亦可也。详见"羹"。

芙蓉城

《古今事通》

晋王迥子高与仙女周瑶英游芙蓉城,凡百余日。

欧阳公《归田录》

石曼卿去世后,其故人有见之者云:我今为仙,主芙蓉城。欲呼故人共游,不诺,忿然骑一素骡而去。

芙蓉城中花冥冥,谁其主者石与丁。石曼卿也。

芙蓉馆

《石林燕语》

庆历中,有一朝士,将晓赴朝,见美女三十余人,丽服靓妆,两两并马而行,观文丁度按辔于其后。朝士惊曰:"丁素俭约,何姬之众邪?"有一人最后行,朝士问曰:"观文将宅眷何往?"曰:"非也,诸女御迎芙蓉馆主尔。"俄闻丁卒。

芙蓉园

《事类合璧》

芙蓉园,魏文帝所开,在长安曲江塘。

杜甫《乐游园歌》

青春波浪芙蓉园,白日雷霆夹城仗。

芙蓉苑

《事类合璧》

开元二十年,筑夹城入芙蓉园,《唐地理志》。
又"六蜚南幸芙蓉苑,十里香飘入夹城。"杜牧《长安杂题》。

肉苁蓉

《神农本经·名医别录》

肉苁蓉,味甘酸咸,微温,每毒,主五劳七伤,补中。除茎中寒热痛,养五脏,强阴,益精气。多子,妇人症,除膀胱邪气腰痛,止痢,久服轻身。生河西山谷及代郡雁门。五月

五日采,阴干。

《抱朴子·内篇·至理卷》

菟丝苁蓉之补虚乏,博闻录最难辨。唯咀之即化,无滓者真。以刀切肉,有细煤沙,而无滓者亦真也。山居备用,煎当归、苁蓉、天麻、桔梗,俱换水三次,煮一日取汁,再用浆水浸一日,换三次出控干下。飞密内燔透为度,如吃,切作片子。

《食经诸品》

羊肾苁蓉羹方,治五劳七伤。阳气衰弱,腰脚无力,宜食羊肾一对。去筋膜脂细切,又曰肉苁蓉一两,酒浸二宿,刮去皱皮细切。有件药和作羹看,葱白盐五味末,一如常法,空腹服之。《太原志》:代州。

《太平寰宇记》

朔州、云州。

《甘肃志》

宁夏、灵州、肃州。

《元一绕志》

昆仑崆峒之间所出。笔昌府会州。《郡县志》:渭州保安军、莫州保定路、唐县、曲阳县,行唐,以上皆土产。

葿蓉

《山海经·西山经》

嶓冢之山有草焉,其叶如蕙,蕙香草,兰属已。或以蕙为薰叶,失之。音惠。其本如桔梗,本,根也。黑华而不实,名曰葿蓉。《尔雅·释草曰》:荣而不实,谓之葿,音骨。食之使人无子。

芙蓉县

《旧唐书·地理志》

芙蓉县,旧属牢州,贞观十六年改夷州,二十年又改属播州,开元二十六年废胡刀、瑯川两县并入。

诗 诗话六十三

《敬斋古今黈》

"文出升平世，禾生大有年。四充今日月，六合古山川。反朴次三五，古文丁一千。王功因各定，代作不相沿。主化布于下，人心孚自天。上方求士切，公亦立仁先。才行苟并至，位名尤两全。末由弓冶手，安比父兄肩？幸及布衣仕，宜希守令先。尺刀元互用，丹白且同研。去吏多甘老，休兵坐力田。干戈包已久，永卜本支延。"欧阳永叔戏为也。小儿初作字，点画稍多，即难措笔，必简易则易为力。故小学有"上土由山水，中人坐竹林"之语。欧公此诗，当亦为儿辈设也。

小说中载宫人诗云："朝来自觉承恩最，笑倩傍人认绣球。"一本云"承恩醉，"殊害义理。又杜荀鹤《春宫怨》落句云："年年越溪女，相忆采芙蓉。"一本云相伴，则上下支离，不成语矣。

东坡诗："口业向诗犹小小，眼花因酒尚纷纷。"又云"口业不停诗有倩，眼花乱坠酒生风。"若眼花，则或然或否。若口业，则信有之。

东坡《聚星堂雪诗》，禁体物语，而有"欲浮大白追余赏，幸有回风惊落屑"之句。或以谓落屑亦体物语，或者之言非也。此盖用陶侃竹头木屑事耳。

"纳纸投名愧已深，更教门外久沉吟。事穷计急烧牛尾，不是田单素有心"。此诗不知何人所作。索谒固可耻，然士当穷困，摇尾乞怜于人，亦可悯也。前辈又有云"门前久立处，席上欲言时"。此真所谓不经此境，不能道此语者。

李华寄赵七诗云："丹丘忽聚散，素壁相奔冲"。出于老杜"秦山忽破碎，泾渭不可求"。

李白瀑布诗云"海风吹不断，江月照还空。"而陆蟾咏瀑布云："岳色染不得，神工裁亦难。"可谓天冠地屦矣。乐天咏草云："野火烧不尽，春风吹又生。"狄燠咏柳云"翠色折不尽，离情生更多。"盖皆模写李白体。而蜀妓赠陈希夷则云："帝王师不得，日月老应难。"是又其变也。

杜诗"酒债寻常行处有，人生七十古来稀。"此以意对耳，故前人谓之十四字句。或者说子美诗无一字浪发者，人止知以意对，不知寻常与七十，正为切对也。盖八尺曰寻，倍寻曰常，寻常亦数也，故得对七十。或者之言非是。如秦州杂诗云："近按西南境，长怀十九泉。"西南，非数也。此诗西南字，虽非其数，而预四方之名，与数相近准。或者之言犹得借用，如杜位宅守岁云："四十明朝过，飞腾暮景斜。"岂飞腾亦为四方之名耶？或者之言不可信。

李义山诗"古木含风久"，凡两用。摇落对云："疏萤怯露深"。戏赠张书记对云："平芜尽日闲"，其优劣大不相侔，览者自当见之。咏槿花云："月里宁无姊？云中亦有君。"又咏李花云："月里谁无姊？云中亦有君。"月姊、云君，用之于槿花虽新奇，固不若用之于李花之为高洁也。然"谁无姊"，语太径庭，谁字止宜作宁。

"根非生下土，叶不坠秋风。因寻樵子舍，误到葛洪家。"自不害为佳句，而后人论诗者，以为此皆假对，意谓下土与秋风，樵子与葛洪，不相偶属。故借下为春夏之夏，子为朱紫之紫，尘俗哉！

李益《鹳雀楼诗》："事去千年犹恨速，愁来一日即知长"。鲁直《初至叶县诗》云："千年往事如飞鸟，一日倾愁对夕阳。"全用李句，然其意不逮李远矣。

欧诗"欢时虽索寞，得酒便豪横。"老苏诗"佳节屡从愁里过，壮心还傍酒中来。"二老诗意正同。

老杜《寄高适岑参》诗云："高岑殊缓步，沈鲍得同行。"休文明远，意惬关飞动，篇终接混茫。举天悲杨骆。富嘉谟近代惜卢王。似尔官仍贵，前贤命可伤。"以此诗证《戏为》等篇，则此老未尝鄙四杰也。

老杜《送高三十五书记师字韵诗》，言意娓娓不尽。予尝欲学作一篇，自顾浅鄙，不敢措手。人言百尺竿头，更进一步。予谓此诗，百尺竿头，更进百尺。

许浑《灞上逢元处士东归》诗云："何人更结王生袜？此客空弹贡禹冠。"薛逢上崔相公云："公车未结王生袜，客路空弹贡禹冠。"二人所对皆同，然许语似畅于薛。

东坡赠王子直诗首云："万里云山一破裘，杖端闲挂百钱游。"其第三联云："水底笙歌蛙两部，山中奴婢橘千头。"晋阮脩，字宣子，常步行，百钱挂杖头，至酒店，便独酣畅而饮。今改云"杖端"，盖避下句"橘千头"之"头"。孔稚圭门庭之内，草莱不剪，中有蛙鸣。或问之曰："欲为陈蕃乎？"稚圭曰："我以此当两部鼓吹，何必效蕃邪？"鼓吹者，所谓卤薄之鼓吹也。稚圭自以蛙鸣为鼓吹，今以蛙鸣为笙歌，亦似与本事不类。

邻韵而叶者，诗家间用之，谓之辘轳格，又谓之出入格。或以谓自宋人始，非也。此自有诗以来有之。盖古人文体宽简，不专以声病为工拙也。然为律诗，则其格有二，有前后相错者，有前后两叠者。如李贺咏竹云："入水文光动，抽空绿影春。露花生笋径，苔色拂霜根。织可承香汗，裁堪钓锦鳞。三梁曾入用，一节奉王孙。"则其相错者也。如示弟云："别弟三年后，还家十日余。醽醁今日醉，细帔去时书。病骨独能在，人间底事无。何须问牛马，抛掷任枭卢。"则其两叠者也。

孟郊失志夜坐，思归楚江诗云："死辱片时痛，生辱长年羞。青桂无直枝，碧江思旧游。"又失意归吴寄刘侍郎云："至宝非眼别，至音非耳通。因缄俗外辞，远寄高天鸿。"夫穷通得失，固自有命。郊一踬跎，便尔忿怼欲死，又自以至宝至音，非人耳目所能及，因之缀缉语言，布露当世，则郊之为丈夫也，何其浅邪！人言郊及第后，有"一日看尽长安花"之句，知其必不远到，何待已第时语？但观此未第时语，已足以见其人矣。

予寓赵在摄府事李君坐，坐客谈诗。或曰："必经此境，则始能道此语"。余曰："不然。此自其中下言之。彼其能者，则异于是。不一举武，六合之外无不至到。不一揉眼，秋毫之末无不照了。是以谓之才也。才也者，犹之三才之才，盖人所以与天地并也。使必经此境，能道此语，则其为才也狭矣。子美咏马则云：'所向无空阔，真堪托死生。'子美未必曾跨此马也。长吉状李凭箜篌则云：'女娲炼石补天处，石破天惊逗秋雨'。长吉岂果亲造其处乎？以其不经此境，能道此语，故子美所以为子美，长吉所以为长吉。"一坐为

之嘿然。

太白寄远云："三鸟别王母，衔书来相过。"又云："念此送短书，愿同双飞鸿。"又云"本作一行书，殷勤坐相忆。一行复一行，满纸情何极！瑶台有黄鹤，为报青楼人。朱颜凋落尽，白发一何新。"又云："寄书白鹦鹉，西海慰离居。"大内云："安得秦吉了，为人道寸心"。寄内云："北雁春归看欲尽，南来不得豫章书。"代别云："天涯有度鸟，莫绝瑶台音。"答元丹丘云："青鸟海上来，今朝发何处？口衔云锦笺，为我忽飞去。"酬岑勋云："黄鹤东南来，寄书写心曲。倚松开其缄，忆我肠断续。"此皆以禽鸟寄书见意，其原出于苏子卿《上林雁》及汉武帝故事，盖以为相思契阔，无由寄声，而行空度远，莫若飞鸟之疾，愿托劲翮，犹或可以致我万一之心焉。是固诗人陶写性情，言叹不足之余旨也。司马温公诗："太白大如李，东方三丈高。"

李太白醉酒图

又"雨不成游布路归，逢花值柳倍依依"。于"李"字，"路"字下，俱注云："恐误。"此实不误而云误者。本自装板之时，无人校雠，偶不知所出，而便自以为误也。

老杜诗自高古，后人求之过当，往往反为所累。如"纨袴不饿死，儒冠多误身。"乃云本乎天者亲上，本乎地者亲下。"旌旗日暖龙蛇动，宫殿风微燕雀高"。谓为藩镇跋扈，朝多小人。"老妻画纸为棋局，稚子敲针作钓钩。"谓为纵横由妇人，曲直在小儿。如此等类，又岂足与言诗邪？

《国风》"方秉蕳兮"，"赠以芍药"，"贻我握椒"之类，皆以为外藉芳香可习之物，持赠所怀，既以尽其交结往来之欢，且以表其深相爱慕之情也。《楚辞》曰："折疏麻兮瑶华，将以遗兮离居。"王逸曰："疏麻，神麻也。"枣据《逸民赋》曰："沐甘露兮余滋，握春兰兮遗芳。"谢灵运诗《越岭溪行》云："想见山河人，薜萝若在眼。握兰勤徒结，折麻劳莫展。"又南楼迟客云："瑶华未堪折，兰苕亦屡待。路阻莫赠问，云何慰离析。"凡此一本于诗人之意，乃知后世折柳寄梅，未必真有事实也。

"海外逢寒食，春秋不见饧。洛阳新甲子，何日是清明。"沈佺期诗也。黄鲁直极爱此诗，以为二十字中，婉而有味，如人序百许言者，而石林乃云："今历家论节气，有清明无寒食。"流俗但以清明前三日为寒食，既不知清明，安能知寒食？此不可解也。石林此说得矣。沈诗止述南北风俗之异，及夫远客思归之意。今以为不知清明，安能知寒食，一何所见僻邪？

李白诗"玳瑁筵中怀里醉，芙蓉帐底奈君何。朝共琅玡之绮食，暮宿鸳鸯之锦衾。"已极淫媟矣。至云"秋草秋蝶飞，相思愁落晖。何由一相见，灭烛解罗衣。"若此等类，又可谓不可道者也。其何以示子孙？

陶弼诗《冬日喜许陟见过》云："扁舟兴尽且休云，五岭以南皆洞庭。"案五岭横列于虔、林、桂、道之间，北望洞庭甚远，弼谓五岭以南皆洞庭，何邪？大抵诗家立意贵纵夺，造语贵激昂，弼之此意，亦以见其一时相慕恋云耳。

李陵诗"行人难久留，各言长相思。安知非日月，弦望自有时。"李周翰曰：我心相思如日月，当有弦望无极时也。翰说非是。弦则月半之明，望则月满之明，朔则日月相合也。李陵意谓今虽相别，各出相思之言，安知人生之离合，非若日月之有离合乎？日月之

弦望有时，人生之聚散亦自有时也。但当期远久耳，故下云"努力崇明德，皓首以为期。"

曹子建公宴诗："公子敬爱客，终宴不知疲。应瑒德琏传，五官中郎将"。

建章台燕集诗云"公子爱敬客，乐饮不知疲。"左太仲咏史诗云"吾希段干木，偃息藩魏君。吾慕鲁仲连，谈笑却秦军。当世贵不羁，遭难能解纷。功成耻受赏，高节卓不群。临纽不肯继，对珪宁肯分。"谢灵运述祖德诗云："段生藩魏国，展季救鲁人。弦高犒晋师，仲远却泰军。临组乍不继，对珪宁肯分"。案《魏志》云：文帝为五官中郎将，瑒为文学，为瑒丕文学，则必非碌碌者。而灵运之文章，沈约称美，以为江左莫及。二君制作，必不剽掠前人。然瑒则全用子建语，灵运则全用太冲语，何也？当时爱赏之极，时时讽咏，不觉误为己有耳。谢诗复云"惠初辞所赏，厉志故绝人。"一篇之中，押两人字，在古虽有此体，终不免为此类，此岂率尔而为邪？陈述祖德，固无率尔之理，是又何哉？又《代君子有所思》云："蚁壤漏山阿，丝泪毁金骨。"盖谓事有可忧者，虽小可以丧生。故下云"器忌含满歉，物忌厚生没"，而李善指谗邪之人，似不类也。按《家语》孔子曰："吾闻宥坐之器，虚则歉，中则正，满则覆。"此诗当云"含满覆"，而谓"含满歉"者，又明远之误也。

陆士衡《别士龙诗》云："分途长林侧，挥袂万始亭。伫盼要暇景，倾身玩余声。"谢灵运《别从弟惠连》诗云："中流袂就判，欲去情不忍。顾望脰未悁，汀曲舟已隐。"东坡《既别子由复寄诗》云："登高回首坡垅隔，惟见乌帽出复没"。文章气焰，天机所到，虽云今古一辙，至其写手足之爱，道违离之苦，千载而下，读其诗则犹能使人酸鼻，此其真有物以触之，特诗人能道人情之所同然，人易为之感动耳。

《瓮牖闲评》

杜子美诗云："片云头上黑，应是雨催诗。"世多疑诗字是时字，而苏东坡诗云"飒飒催诗白雨来"。又诗云："急雨岂无意？催诗走群龙。"盖与子美意同，则知子美诗，是用诗字无疑。

《遁斋闲览》尝称罗可雪诗云："斜侵潘岳鬓，横上马良眉。"诚佳句也。不知如何是佳句，而遁斋称之若此？每笑青衿诗，其咏席云"孔堂曾子避，汉殿戴凭重。"殆与罗可雪诗无异。

许慎《说文》云："琼，赤玉也。"然前辈多以比白物。韩退之《雪》诗："今朝踏作琼瑶迹，为有诗从凤沼来。"又《雪》诗云"屑琼""瑰琼"，本是赤玉，今以比雪，则误矣。故晏元献公《拒霜花》云："江城嘉号木芙蓉，金蕊琼芳绽晓风。"又《红梅诗》云："巧缀雕琼蕊色丝，三千宫女宿燕脂。"又《红蓼诗》云："绛英琼粒傲霜前，冷落池台亦自妍。"其意盖欲证退之之误耳。余观元微之《石榴花》诗云："寥落山榴深映叶，红霞浅蒂碧霄云。趋尘枝下年年见，别似衣裳不似裙"。谓榴花不可以比裙也。至欧阳公《榴花诗》云："东堂榴花好，点缀裙腰鲜"。又榴花诗云："榴花最晚今又拆，红绿点缀如裙腰。"乃特以比裙者，岂亦证微之之误邪？

余先父作诗至少，每得句，须不凡。其和倪彦达雪诗云："猛穿窗纸寒无敌，乱积檐茅晓未知。"此一联绝佳。尝谓前辈作诗，正不欲区区比类，惟善形容者，自能体帖，使人一见便知咏某物，如此方为奇特。老父之作，正有合前人之意矣。又尝作绝句嘲雪云："六出匀如剪，无根散乱开。倚风轻薄甚，伴困贴梅腮。"其句清绝如此，足见其胸中洒落，而非俗者也。

苏东坡诗云："水面风生人未知，低昂巨叶先零乱。"巨叶，荷也。此二句殊有佳致。

非才藻过人者,未易及此。此恰如郑毅夫诗也。毅夫诗云:"料得凉风消息近,萧萧已在柳梢头。"比之东坡诗句语虽别,而意极同。以是知前人锦绣肾肠,凡吐出者皆新奇,初非蹈习者也。

苏东坡《壶中九华诗》,板本首句云:"我家岷蜀最高峰"。然余家收得东坡亲书此诗石本,首句乃云"清溪电转失云峰。"此首句以不若板本之奇,疑后来经改也。

王介甫不作纤艳等语,余尝疑"浓绿万枝红一点,动人春色不须多"非介甫之词。后观方勺《泊宅编》云:陈正敏谓此唐人诗,介甫常题于扇上尔。是余之所见,为不妄也。

洪觉范诗云:"丽句妙于天下白,高才俊似海东青"。此一联甚佳。天下白者,越女天下白也。海东青者,海上一鸟名,能一日渡海者也。

杜子美诗云:"白白江鱼入馔来。"余深爱其用"入馔"二字。后观黄太史家书云:"笋四时入馔。"又洪驹父诗云:"溪毛入馔光浮荚。"亦爱其用入馔二字,与余所见同也。

秦少游赠鲜于子骏诗云:"击强雕鹗健治剧,鹓鹐铦艺苑雌黄。"病其句中不见余刃之意,遽云鹓鹐铦不可,彼盖不知少游用杜子美之诗耳。子美诗云"铦锋莹鹓鹐"。所谓"鹓鹐铦"者,盖此尔。非少游之误也。

《懒真子录》载杜子美独酌诗云:"步履深林晚,开樽独酌迟。仰蜂粘落絮,行蚁上枯梨。"徐步诗云:"整履步青芜,荒亭日欲晡,芹泥随燕嘴,花蕊上蜂须。"且独酌则无献酬也,徐步则非奔之也,以故蜂蚁之类,微细之物,皆能见之。若夫与客对谈,急趋而过,则何暇详视,至于如此哉!余以是知苏东坡在惠州,其子过赴州会未归,而东坡有诗云"卧看月窗盘蜥蜴,静闻风幔落蚓蛾"者,亦是意也。

人多病苏东坡诗"不向如皋闲射雉,归来何以得卿卿。"谓《左氏传》"如"训往,御以如皋者,盖为妻之御而往皋也。今曰不向如皋,则是便指如皋为地名,非是。彼乃不知后人误写向字在不字下尔,非东坡之误也。余尝亲见东坡一纸书此诗,乃"向不诚"是也。与如皋地名略不相妨,见前辈文字不能详究,辄妄自讥语,岂不重可笑欤?

洪觉范有文采,作诗殊可喜,黄太史诸公皆爱之。尝与唱和,但不读儒书,故用事时有错误,为可恨也。其作《冷斋夜话》,窃笑杜子美《彭衙行》押两"餐"字。夫子美《彭衙行》云"小儿强解事,故索苦李餐。"是押"餐"字无疑。若乃"众雏烂熳睡,唤起沾盘飧",此盘飧字,盖用《左氏传》"乃馈盘飧寘璧"者,飧字音苏昆切,或印本误写作餐字,然岂得谓之盘餐也?盘飧有何据依?惟觉范不知所出,故以谓子美押两餐字,岂不重可笑邪?非独此也。又尝作诗云:"人生如逆旅,岁月苦逼催。安知贤与愚,同作土一杯。"此一杯字,乃《前汉·张释之传》所谓"取长陵一抔土"者,"抔"字音步侯切,岂可作杯字用也?此无他,皆是不读儒书,故错误至此。然则学为文者,其可不本书之所出乎!

苏东坡送江公著诗,押两耳字,一云"忽忆钓台归洗耳",一云"亦念人生行乐耳"。其题林逋诗后,谓押两曲字,一云"吴人生长湖山曲。"一云"更肯悲吟白头曲"。然东坡于耳字诗,则注云:"其义不同,虽重压无害。"于曲字诗,又却不注,何也?

欧阳文忠公读《徂徕集》诗云:"子生诚多难,忧患靡不罹"。罹字乃与魔字同,押作罗字音。余按扬雄《方言》云:"罹谓之罗,罗谓之罹。"是罹字可音罗字也。

呈似亦如送似、指似。送似,出韩退之诗云"写吾此诗特送似。"指似,出元徽之诗云"指似旁人因恸哭"。未知呈似所出,闲识之,俟知者。

苏东坡尝记韩定辞为镇州书记,聘燕帅刘仁恭,仁恭命幕客马都延接,马有诗云"别后巉岹山上望,羡君时复见王乔。"然巉岹二字,《缃素杂记》自音作权务,用此二字,则平

侧不顺，不可读。恐是故作务权用之，颠倒其二字。亦如苏东坡龙井作井龙，黄太史西巴作巴西也邪？不然，何谬误如此也？

黄太史《西江月》词云："断送一生惟有酒，破除万事无过此。"皆韩退之之诗也。太史集之，乃天成一联。陈无己以为切对，而语益峻，盖其服膺如此。太史又尝谓人云：杜荀鹤诗"举世尽从愁里老"，可对韩退之诗"何人肯向死前休"。此一联尤更奇绝，虽尚未成全篇，则如太史真能集句矣。第恨所见者不多尔。然其譬集句为百家衣，又喜王荆公莫言常为此诗，而谓正堪一笑者，亦其所优为之故也。

黄太史诗云"莫作秋虫促机杼，贫家能有几绚丝"？绚者，履绚也。盖言履绚之上用丝无几尔。绚，音渠，非王荆公用一绚丝之比也。荆公之诗"只向贫家促机杼，几家能有一绚丝。"乃用《隋唐嘉话》"一绚丝得几时络"者。

宋景文公作《仲商晦日集》，晏相国西园诗末句云："三入功名始白头"。始下音试，以是知杜工部诗"皂雕寒始急，"白乐天诗"千呼万唤始出来"，如此等始字，当皆音试可也。

《石林诗话》记黄太史诗云"人得交游是风月，天开图画即江山"。以谓止此二句，乃晚年最得意者，每举以教人，而终不能成篇，盖不欲以常语杂之。然太史集中载王厚颂二绝，后一绝云"夕阳尽处望清闲，想见千岩细菊班。"其下二句，即前面一联，《石林》何不细考如此。

白乐天诗云："而今格在颈成雪"，元徽之诗云"隔是身如梦"。格隔二字，殊不晓其义，二公用之又不同。《容斋随笔》云："犹言已是也"。余谓只是已是，不须作犹言，第未知出处耳。且如"差池"二字，前汉中自作"柴池"。注云"柴音差"。"委蛇"二字，横塘诗中自作委羽。注云："羽音俱依切"。以是知隔、格二字，二公用之虽别，皆只是已是，更详考之。

余最爱前辈诗中用"梦思"二字。苏子美诗云"请甚无梦思"，陈无己诗云："岁晚山河无梦思"。

苏东坡诗云："有意寻弥明，长颈高结喉。"若据韩文出处，乃长颈高结下方云喉中，更作楚声，今东坡乃借下句一喉字押韵，却与误读庄子三缄其口，破句而点者相类。然东坡高材，岂不知此？而故云耳者，以文为戏也邪。

余酷爱杜工部诗中用受字，如"修竹不受暑"，"双燕受风斜"，"野航恰受两三人"是也。而秦少游诗中学用受字亦可爱，如"蜂房受晚香"，"乱帆天际受风忙"是也。然此受字，乃出于《左氏传》云"而受室以归。"受字盖出于此。

"烟红霞绿晓风香"，此苏东坡《披锦亭》诗也。烟，焉得红？霞，焉得绿？诗家故作此语，亦枕沠嗽石之意耳。

"春蚕到死丝方尽，蜡烛成灰泪始干"，此名倡王幼玉之诗也，非渠无能道此者。

程演解苏东坡诗"白日为君愁"引韩混诗"白日自为人闲长"。然此句，乃欧阳文忠公《青州即事》诗，非韩渥也。

"月明星稀，乌鹊南飞"，《文选》载曹丕之诗也。苏东坡作《前赤壁赋》云："月明星稀，乌鹊南飞，此岂非曹孟德之诗乎？"孟德乃丕之父，亦错记焉耳。或云苏东坡诗云"岂知乘槎天女侧，独倚云机看织纱"，奈何独看织纱，故陈无己讥失于粗者。余谓不然，此自是一格，正如杜牧诗云"珊瑚破高齐，作婢舂黄糜。"夫孝绚得珊瑚，其母令衣青衣而舂，初无糜字也。

"穿云透石不辞劳,远地方知出处高。溪洞岂能留得住？终归大海作波涛。"此唐宣宗《瀑布诗》也。其命意如此,岂非天子气象邪？

唐韩文公、苏东坡皆误用《庄子》中"子桑里伫事"作"子来",文公诗云:"昔者一日雨,子来寒且饥。其友名子舆,忽然忧且思。褰裳涉泥水,里伫往从之。"东坡诗云:"杀鸡未肯邀季路,里伫应须问子来。"余原此字之失,盖来字与桑字颇相类,文公已为误用,东坡又承其误尔。

"钓艇归时菖叶雨"并"寺官官小未朝参",此二绝首句也。苏东坡集云:"仆作此诗时,年二十九岁。"至《春渚纪闻》乃云:"此闻子容诗,误载在东坡集中。"未知其孰是也。

朱希真避地广中,作小尽行云:"藤州三月作小尽,梧州三月作大尽。哀哉官历今不须,忆昔升平泪成阵"云云。此诗前押两尽字,殆类杜子美"前年渝州杀刺史,今年开州杀刺史"与夫"西川有杜鹃,东川无杜鹃","洪万无杜鹃,云安有杜鹃"也。

苏东坡《和编礼公水官》诗云:"长安三月火,至宝随飞烟。尚有脱身者,漂流东出关"。夫"出东关"三字,出《前汉·终军传》。东坡用古人句语押韵,精切如此,而旧本乃作出东关,且长安之地,初无东关,可见旧本之误也。学者其可不知！

《香弯类藁》尝病苏东坡和陶诗押游字,陶诗云:"命室携童弱,良日登远游",而东坡和之,乃言"一饱忘故山,不思马少游",谓遊、游二字不同,不可押。余按《广韵》,游字下注云:' 与遊同。"如此虽用游字,然亦无害。

杜工部《题岳阳楼》诗,其间二句云"江山有巴蜀,栋宇自齐梁"。至矣哉,诗之极也！而汪彦章《陪诸公游惠山》诗,乃云"巍基首梁宋,爽气接吴楚",亦佳作,但不免蹈工部之尘也。

苏东坡"春来幽谷水潺潺",诗题目只作《梅花》,少年时读,甚疑之。此盖谪黄州时,路中作诗偶及之。初不专为梅花。《东坡续帖》中载之甚详。黄太史诗云:"清谈落笔一万字,白眼举觞三百杯"。后洪景卢罢赣守,送者一十六人,亦用三百杯事,其诗云:"嘉宾自是十六相,痛饮须拚三伯杯"。余爱其用事亲切,未尝不击节称赏也。

苏东坡在扬州作诗云:"此生已觉都无事,今岁仍逢大有年。山寺归来闻好语,野花啼鸟亦忻然。"其年神宗上仙,当时谤者,遂谓东坡以迁谪之故,忻幸神宗上仙,而作是诗。故东坡有辨谤劄子云:是三月六日,臣在南京,闻先帝遗诏,举哀挂服了。至五月间,住扬州竹西寺,见百姓父老十数人,相与道旁语笑。其间一人,以手加额云:"才见好一个少年官家"。又是时,淮浙间所在丰熟,因作是诗。其时去神宗上仙已两月,决非山间始闻之语,事理甚明。及观其弟子由作东坡墓志乃云:公之自汝移常也,授命于宋。会神宗晏驾,哭于宋,而南扬州,常人与公买田书至,公喜作诗,有闻好语之句。言者妄谓公闻讳而喜,乞加深谴。然诗刻石有时日,朝廷知言者之妄,皆逐其说又如此。

秦少游《虚飘飘》诗云"雨中:沤点没流水,风里彩云铺远霄。"余谓没字恐误,欲改作泛字。若沤点既已没矣,自不足云也。惟其尚在汇水之间,故有虚飘飘之意焉。《芥隐笔记》:谢灵运有"云中辨烟树,天际识归舟",王僧孺有"岸际树难辨,云中鸟易识",梁元帝有"远村云里出,遥船天际归",阴铿诗有"天际晚帆孤,天边看远树"。大江静犹浪,老杜所以有"江流静犹涌,云中辨烟树"。铿有"薄云岩际出,初月波中上",杜诗"薄云岩际宿,孤月浪中翻"。铿有"中川闻棹讴",杜有"中流闻棹讴"。铿有"花逐下山风",杜有"云逐度溪风"。祖述有自,青出于蓝也。

陈去非尝语先君云:吾平生得意十字云"开门知有雨,老树半身湿"。先君故效之,作

感兴诗云:"夜半微雨湿,凌晨春草长"。谓顺正云:吾十字似有味,后读《河岳英灵集》留访诗"荒庭人何许,老树半空腹",殷璠谓皎然可佳,殆亦有所祖云。

山谷诗"霜威能折绵,风力欲冰酒",盖用阮籍诗"阳和微弱阴气竭,海冻不流绵絮折,呼吸不通寒洌洌"。庾肩吾诗"颈气方凝海,清威正折绵",张说"塞上绵应折,江南草可结"语也。

杜诗"自平宫中吕太一",按《唐史》有两吕宦官。吕太一,为广南市舶使反。注:吕太一,代宗时为广南市舶使,逐刺史张休而反。东坡云:"自平宫中吕太一"。世莫晓其义,妄者以谓唐有自平宫。偶读《元宗实录》,有宫中吕太一,叛于广南,故下有南海收珠之句。故下云"收兵南海千余日"。复何疑?而说诗者,纷纷不可晓,至谓唐有自平宫。开元中,中书舍人吕太一,与张嘉正号四俊者,又吕宁为太一宫使,尤谬。

荆公诗"绿揽寒芜出,红争暖树归",妙甚。"归"字,盖用老杜"红入桃花嫩,青归柳叶新",李白"寒雪梅中尽,春风柳上归"意。老杜"花远重重树,云轻处处山",可作画本。

《三辅黄图》:长安故城,城南为南斗形,城北为北斗形,故号斗城。何逊《咸阳诗》云:"城斗疑连汉",老杜"秦城近斗杓","秦城北斗边","北斗故临秦"。而《秦中》诗"春城依北斗,郢树发南枝"。乃秦城耳,刘梦得《望赋》亦云"城依斗兮阑干",春亦无义,亦不可对郢树也。

渊明诗:"弱女虽非男,慰情良胜无"。故乐天云:"衰病四十身,娇痴三岁女。非男犹胜无,慰情时一抚"。

东坡诗"斯人乃德星,遣出虚危间"用乐天"德星降人福,时雨助岁功。福似岁星移,望如时雨至"意。

老杜"安得广厦千万间,大庇天下寒士俱欢颜。呜呼!何时眼前突兀见此屋,吾庐独破受冻死亦足!"乐天云"百姓多寒谁可救?一身虽暖亦何情。安得大裘长万丈,一时都盖洛阳城。"

《北征》诗:"皇帝二载秋,闰八月初吉"。卢仝《月蚀》诗"元和庚寅,斗柄插子,律调黄钟"。白乐天《贺雨》诗:"皇帝嗣宝历,元和三年冬",又《苦寒》诗:"八年十二月,五日雪纷纷"。阴铿有"夜雨滴空阶",柳耆卿用其语,人但知为柳词耳。

乐天有"玉容寂寞泪阑干,梨花一枝春带雨"。不知又有《蔷薇》诗"露垂红蕚泪阑干"。

牧之诗"尘土惊勖勤"。乐天"委命不勖勤"。

诗中用斗在,盖出乐天诗"世上争先从尽注:上声汝,人间斗在不如吾"。乐天用格是字王仲言,自宣城归,得杜甫诗三峡,有南唐澄心堂纸,有建邺文房印,沈思远印,及敕赐印,笔法精妙,殆能书者。试考一二诗,多与今本不同。如《忆李白》诗"白也诗无数,飘然意不群。清新庾开府,豪迈鲍参军。渭北春天树,江东日暮云。何时一樽酒,重与话斯文。"《九日诗》乃云"今朝醉里为君欢,笑倩傍人为正冠。"及"再把茱萸子细看",又"芹泥随燕觜,叶粉上蜂须","宫草霏霏随委佩,云近蓬莱常五色","酒醒思卧簟,已近苦寒夜。长贫怪妇愁,雨映行宫辱。"赠诗"骑马谁家白面郎,不通姓字粗疏甚","忍待江山丽"之类,不可概举也。

多病爱闲,始见《南史·王俭传》。乐天有"经忙始爱闲",刘梦得有"功成却爱闲",杜牧之有"爱闲能有几人来"。

诗中用而今、匹如、些些、耳冷、妒他、欺我、生憎、勿留、赢垂、温暾,皆乐天语。相欺、有底、也自、也知、差底、斩新、庶莫,皆老杜语。

《史记》：“秦虎狼之国也。”《唐史》：太宗龙凤之姿。而子美《昭陵》诗云“谶归龙凤质，威定虎狼都”，各易一字，最为妙处。洪氏《辨证》，谓“急急能鸣雁，轻轻不下鸥。”“能鸣”，用《庄子》。“不下，”用《列子》语。于此见其用出处下字之法。《庄子·外篇》：庄子舍于故人之家，故人喜杀雁而烹之。庄子请曰：“一能鸣，其一不能鸣，请奚杀？”主人曰：“杀不能鸣者。”《列子·黄帝篇》：海上之人，有好沤鸟者，每从沤鸟游。其父曰：“吾闻沤鸟皆从汝游，汝取来，吾玩之。”明日之海上，沤鸟舞而不下。

杜牧之诗：“授图黄石老，学剑白猿翁”。盖出庾信《宇文盛墓志》云：“授图黄石，不无师表之心。学剑白猿，遂得风云之志。”

杜牧之诗“老翁四百牙爪利，掷火万里精神高”。盖用天蓬咒“苍舌绿齿，四目老翁”，而今本误以目为百尔。掷火万里，亦用度人经“掷火万里，流铃八冲”之语，而东坡亦用之于《芙蓉城》诗云“仙风锵然韵流铃”也。

东坡谓老杜“窃比稷与契”，盖求之于其诗“舜举十六相，身尊道何高。秦时用商鞅，法令如牛毛。”意特有所指，余以为见此老容民畜众之度，莫若“水深鱼极乐，林茂鸟知归”，又“林茂鸟攸归，水深鱼知聚”。重言之，此其意有在。

荆公《次韵酬龚深甫》诗云：“北寻五柞固未憖，东挽三杨仍有穆穆。”《舆地志》：锺山本少林木，宋时使诸州刺史罢职还者，栽松三千株，下至郡守各有差焉。山之最高峰有五愿，树柞木也。元嘉中，百姓祈祷，率有验。又李太白《白下亭》诗：“驿亭三树杨，正当白下门”，王诗“三杨白下亭”。《西京赋》：“掩长杨而联五柞。”又“集乎长杨之宫，怀仵乎五柞之馆。”此荆公《次韵酬龚深甫》诗云“恩容衰老护松楸，复得一龚随我游。讲肆剧谈兼祖谢，舞雩高蹈异求由。北寻五柞故未憖，东挽三杨仍有穆。陟巘降原从此始，但无瑶玉与君舟。”又李白《金陵白下亭留别》诗：“驿亭三树杨，正当白下门。吴烟暝长条，汉水啮古根”。荆公“晴日晚风生麦气”。麦气，盖用何逊《新林分别》诗“麦气始清和”。

《淮南子》：“水清则鱼聚，木茂而鸟乐。”所以老杜有“林茂鸟攸归，水深鱼知聚”。

《文选》古诗：“何能待来兹”，用《吕氏春秋》“今兹美禾，来兹美麦。”注：兹，年也。

《文选》张景阳杂诗：“丛林森如束”，唐元稹“连昌宫中满宫竹，岁久无人森似束”盖用此。东坡《过李公择故居诗》：“四邻戚莫犯，十亩森似束。”《文选》古诗有：“思君令人老”。曹子建有“沉忧令人老”，其本出“唯忧用老”耳。《文选》古诗“思君令人老，岁月忽已晚。”周美成“社日停针线”，盖用张文昌吴楚词“今朝社日停针线”，有自来矣。《谢上蔡语录》问学诗之法，曰：诗须讽味以得之，发乎情性，止乎礼义，便是法。曾本云：“问学诗以何为先？”云：“先识取六义体面。”又问：“莫须于《小序》中求否？”云：“小序亦不尽，更有诗中以下句证上句，不可泥训诂，须讽味以得之，发乎情性，止乎礼义，便是法。”

国史不特作诗序，凡诗皆经其手删定，明道初见，谢语人曰：“此秀才展托得开，将来可望。”

《诗文发源》

老杜“风吹客衣日杲杲，树搅离思花冥冥”。此最着意深远。

《鹤林玉露》

杜陵诗云：“桑麻深雨露，燕雀半生成”。后山诗云“辍耕扶日月，起废极吹嘘。”或谓虚实不类，殊不知生为造，成为化，吹为阴，嘘为阳，气势量，与日月字正相配也。

张宣公《题南城》云：“坡头望西山，秋意云如许。云影度江来，霏霏半空雨。”《东渚》

云:"团团凌风桂,宛在水之东。月色穿林影,却下碧波中"。《丽》云:"长哦伐木诗,伫立以望子。日暮飞鸟归,门前长春水。"《濯清》云:"芙蓉岂不好?濯濯清涟漪。采去不盈把,惆怅暮忘饥。"《西屿》云:"系舟西岸边,幅巾自来去。岛屿花木深,蝉鸣不知处。"《采菱舟》云:"散策下亭皋,水清鱼可数。却上采菱舟,乘风过南浦。"六诗闲澹简远,德人之言也。

杜陵《病柟》诗曰:"犹含栋梁具,无复霄汉志。良工古昔少,识者出涕泪。"伤贤者之老病,而不获用也。又曰:"种榆水中央,成长何容易。截之承金露,裛裛不自畏。"言少不更事之人,无所涵养,而骤膺拔擢,以当重任,力绵才腐,凛凛危亡,而曾不知畏也。又《舟中上水遣怀》诗曰:"篙工密逞巧,气若酣杯酒。歌讴互激烈,回斡明授受。善知应触类,各藉颖脱手。古来经济才,何事独罕有。"盖叹舟人操舟,尚有妙手,而整顿乾坤,独未见妙手也。盖方天宝间,杜陵少壮之时,虽乱离瘼矣,而人才尚多,故《洗兵马行》曰:"成王功大心转小,郭相谋深古来少。司徒清鉴悬明镜,尚书气与秋天杳。二三豪俊为时出,整顿乾坤济时了。"又云:"张公一生江海客,身长九尺须眉苍。征起适遇风云会,扶颠始知筹策良。"盖幸其所以支撑世变者,尚有人也。及杜陵晚岁《八哀》之诗既作,则一时豪杰或死,而后来者未有其人,此病柟种榆之叹,舟师妙手之叹,意益婉而词哀。呜呼!此唐室所以终不振乎!宋朝元丰间,洛阳诸老为耆英会,图形赋诗,一时今为盛事,而识者悲之曰:此皆仁宗所养之君子,至是而皆老矣。升降消长之会过此,甚可畏也。时林行己曰:"天将祚其国,必祚其国之君子。观其君子之众多如林,则知其国之盛。观其君子之落落如晨星,则知其国之衰。观其君子之康宁福泽,如山如海,则知其为太平之象。观其君子之摧折顿挫,如湍舟、如霜木,则知其为衰乱之时。"又曰:"天将使建中为崇宁,则不使范忠宣复相于初元。天将使宣和为靖康,则不使刘陈二忠肃愁遗于数岁。"皆至论也。

古诗多矣,夫子独取三百篇,存劝戒也。吾辈所作诗,亦须有劝戒之意,庶几不为徒作。彼有绘画雕刻,无益劝戒者,固为枉费精力矣。乃若吟赏物华,流连光景,过于求适,几于海淫教偷,则又不可之甚者矣。白乐天《对酒诗》曰:"蜗牛角上争何事?石火光中寄此身。随富随贫且欢喜,不开口笑是痴人。"又曰:"百岁无多时壮健,一春能几日晴明。相逢且莫推辞醉,听唱《阳关》第四声。"又曰:"昨日低眉问疾来,今朝收泪予人回。眼前见例君看取,且遣琵琶送一杯。"自是家言之,可谓流丽旷达,词旨俱美矣。然读之者,将必起其颓堕废放之意,而汲汲于取快乐,惜流光,则人之职分,与夫古之所谓三不朽者,将何时而可为哉?且如《唐风·蟋蟀》之诗,盖劝晋僖公以自虞乐也。然才曰"今我不乐,日月其除。"即曰"无已太康,职思其居。"吕成公释之曰:"凡人之情解其拘者,或失于纵。广其俭者,或流于奢。故疾未已,而新疾复生者多矣。"信矣,《唐风》之忧深思远也。乐天之见,岂及是乎!本朝士大夫多慕乐天,东坡尤甚。近时叶石林谓乐天与杨虞卿为姻家,而不累于虞卿,与元稹、牛僧孺相厚善,而不党于元稹、僧孺。为裴晋公之所爱重,而不因晋公以进。李文饶素不相乐,而不为文饶所深害。推其所由,惟不汲汲于进,而志在于退,是以能安于去就爱憎之际,每裕然而有余也。此论固已得之,然乐天非是不爱富贵者,特畏祸之心甚于爱富贵耳。其诗中于官职声色事,极其形容,殊不能掩其恋嫪之意,其平生所善者元稹、刘禹锡辈,亦皆是逐声利之徒,至一闻李文饶之败,便作诗畅快之,岂非冤亲未忘,心有偏党乎?慕乐天者,爱而知其疵可也。

荆公《题舒州山谷寺石牛洞泉穴》云:"水泠泠而北出,山靡靡以旁围。欲穷源而不得,竟怅望以空归。"晁无咎编《续楚词》,谓此诗具六艺群书之余味,故与其经学典册之文

中华传世藏书

永乐大典 精华本

一一九

俱传。朱文公编《楚词后语》，亦收此篇。

自陈、黄之后，诗人无逾陈简斋，其诗繇简古而发秾纤。值靖康之乱，崎岖流落，感时恨别，颇有一饭不忘君之意，如"凉风又落宫南木，老雁孤鸣汉北州。乾坤万事集双鬓，臣子一谪今五年。天翻地覆伤春色，齿豁头童祝圣时。近得会稽消息不？稍传荆渚路岐宽。东南鬼火成何事，终藉胡锋作争臣。龙沙此日西风冷，谁折黄花寿两宫。"皆可味也。

徐渊子《九日》诗云："衰容不似秋容好，坐上谁怜老孟嘉。牢里乌纱莫吹却，免教白发见黄花。"时一士和云："呼儿为我整乌纱，不是无心学孟嘉。要摘金英满头插，明朝还是过时花。"二诗兴致皆佳，未易优劣。

唐李商隐《汉宫诗》云："青雀西飞竟未回，君王犹在集灵台。侍臣最有相如渴，不赐金茎露一杯。"讥武帝求仙，言青雀杳然不回，神仙无可致之理必矣。而君王未悟，犹徘徊台上，庶几见之，且胡不以一物验其真妄乎？金盘盛露，和以玉屑服之，可以长生，此方士之说也。今侍臣相如，正苦消渴，何不以一杯赐之？若服之而愈，则方士之说，犹可信也。不然，则其妄明矣。二十八字之间，委蛇曲折，含不尽之意。

唐子西《立朝赋梅花》诗云："桃花能红李能白，春深何处无颜色？不应尚有数枝梅，可是东君苦留客？向来开处是严冬，桃李未在交游中。只今已是丈人行，勿与年少争春风。"执政者，恶其自尊，一斥不复。后以党祸谪罗浮，作诗云："说与门前白鹭群，也须从此断知闻。诸公有意除钩党，甲乙推求恐到君。"殊有意味。又云："鹤归辽海悲人世，猿入巴山叫月明。唯有虫沙今好在，往来休傍水边行。"《抱朴子》云：周穆王南征，一军皆化，君子化为猿鹤，小人化为虫沙。诗意言君子或死或贬，唯小人得志，深畏其含沙射影也。

徐渊子诗云："俸余拟办买山钱，却买端州古砚砖。依旧被渠驱使在，买山之事定何年。"刘改之贺其除直院启云："以载鹤之船载书，入觐之清标如此。移买山之钱买砚，平生之雅好可知"。渊子诗词清雅，余尤爱其《夜泊庐山》词云"风紧浪淘生，蛟吼鼍鸣，家人睡着怕人惊。只有一翁扪虱坐，依约三更。雪又打残灯，欲暗还明。有谁知我此时情，独对梅花倾一盏，还又诗成。"

吾郡罗椿，字永年，诚斋高弟也。清贫入骨，一介不取，颇有李方叔、谢无逸风味。累举于礼部，竟不第。自号就斋。尝访诚斋于毗陵，诚斋作诗送之归曰："梅萼香边蹋雪来，杏花影里带春回。明朝解缆还千里，今日看花更一杯。谁遣文章大惊俗？何缘场屋不遗才。南溪鸥鹭如相问，为报春吟费麝煤。"宋庆元初，诚斋与朱文公同（下缺）

月佛前灯，塔在孤峰最上层。犬吠一声秋意尽，敲门只有独归僧。"诵毕舍去，竹涧甚异之，亟追逐出门，不复见。问群僧，皆不之识。意者其仙鬼之流欤？今夏解后竹涧于京口，偶及此。竹涧谓仆曰："由子诗而成一段公案，不可使之无传也。"

香山居士《大林寺桃花》绝句："人间四月芳菲尽，山寺桃花始盛开。长恨春归无觅处，不知转入此中来。"可谓巧于形容卉木，为造物分疏。仆观唯室《步里客谈》，载苏丞相子容使虏，适北历官失日，虏问立春与中国先后，子容曰："本朝在南，气先到一日。北朝在北，气后到一日。"虏主大喜，乃知此意非特可资诗人谈谐，亦可擅专对机捷，所谓不龟手之药一也。或以封或不免于洴澼絖所用之异也，讵不信然？《言行录》所载，与此稍异，而谈之辞为婉。《尔雅》："菥蓂豕首。"郭璞注曰："《本草》，彘卢，一名蟾蜍兰，今江东呼豨首。可以焰蚕蛹。"陆左丞农师《尔雅新义》训菥蓂豕，首云豕俯其首，积精在脑。"以此见服此草者，可以上达泥丸。考之《本草》，上药有天名精，亚于五芝、黄精、人参之列，非惟今人不识，诸方亦不曾用。中下药乃有地崧、豨莶、或又谓之火杴。鹤虱，即其子也分布诸条，陶隐居、陈藏器之徒，各为异说，莫能归一。近世沈存中良方，始以一言蔽之曰：地崧、豨莶、鹤虱，即天名精也。旧传张忠定公进豨莶元方，其效甚著。神农既见之正经，《尔雅》又列于"释草"，则其知名也久矣。仆囊苦脚膝之疾，尝合服十余年，甚得其力。但久服，觉气微壅，至于活血驻颜，诚为妙药。《山谷外集》有诗云："红药山丹逐晓风，春荣分到豨莶丛。朱颜颇欲辞镜去，煮叶掘根觉见功。"以此知山谷亦尝留意于此，但其根元不中用，气味只在叶尔。四五月内采，酒浸，九蒸九曝，味甚苦，不可为汤剂，以酒或蜜为元，百无所忌。小便白浊者，三五服便见效。闻向来亲王贵人，亦有加鹿茸之属而为饵者，自见别录。

洪野处《夷坚乙志》，载刘义死后文有云："余数世为人直信，弃己济众，设教化人，报不平之事，行无极之道，以是故用达仙。"仆得其集观之，有修养诗曰："损神终日谈虚空，不如归命于胎中。我神不西亦不东，烟收云散何濛濛。常使体如微微风，绵绵不断道自冲。世人逢一不逢一，一回存想一回出。只知一切望一切，不觉一日损一日。劝君修真须识真，世上道人多误人。披图醮录益乱神，此法那能坚此身。心田自有灵地珍，惜哉自有不自亲。明真汩没随埃尘。"真仙者之言也。学道者，苟能参之，去真境不远矣。世但知义有《冰柱》、《雪车》二诗，在韩门与郊、岛同科，不知其所造如此，故为表出之，修真者或有取焉。

仆己巳岁备员江东帐计，与运管晋陵胡季玉鉴、运干洮湖陈德制仲冀同幕。二君皆名家子，能诗。春时同游蒋山，遂至报宁寺，登谢公墩，季玉因举荆公诗"我名公字偶相同，我屋公墩在眼中。公去我来墩属我，不应墩姓尚随公。"且及前辈，谓荆公不独与时贤争新法，又与谢公争，可见其为人。仆戏问曰："万一争至漕司，诸文何以处之？"二君无答。仆曰："使送本厅当断曰：'在法，二主亡殁，契要不明，过二十年不在陈理之限，合没官。'"时皆大笑。今二君墓木拱矣，追记一时戏笑之言，为之怅然。

陆仲高升之，放翁族兄也。绍兴间，宫学秩满，时思平郡王判大宗正事，置司于会稽，有主管财用宫教等官。赴行在时，放翁年尚少，作诗送之云："兄去游东阁，材堪直北扉。莫忧持索晚，姑记乞身归。道义无今古，功名有是非。临分出苦语，不敢计从违。"仲高颇衔之，放翁不知也。后仲高坐累久闲。乾道中，放翁以史越王荐召，试除删定官，仲高临别衔袖，亦出诗送行，封题甚谨密，一时不暇拆。暨登舟观之，但头句改"兄"字为"弟"字尔。放翁光祖少列，政和八年辟雍上舍，赐第起家，习诗训子孙，他日不可忘新经义训。后季父著作以书，伯氏太史以诗决科，独景迂愚钝，不能继经学，自别为词赋。尝记伯氏言舒王诗解，真有过前人处。且如解"民之质矣""日用饮食，神之吊矣""诒尔多福"，其辞曰："至治之世，神无所出其灵响，吏无所用其聪明，此言要非秦汉以后学者所能道。"

《古今事通》

安成刘信夫登第，授宣州教官，寓杭州渡江，值太学数人同行，信夫征衫布履，众鄙之。问能诗否？曰："略晓。"泊岸索诗，指西湖即云："长乐钟声下九天，万家春色柳摇烟。山迎山送利名客，潮落潮生来去船。"众大喜，挽其笔曰："只消此四句，不必足。"后因此定友。

《青麓笔乘》

叠山谢枋得，至元己丑方归五峰，魏参政聘之入燕，至崇真寺十五日，不食死，付子诗曰："西汉有臣龚胜卒，闭口不食十四日。我今半月忍饥渴，求死不死更无术。精神常与天往来，不知饮食为何物。若非功行积未成，便是业债偿未毕。太清神仙多宴会，凤箫龙笛鸣瑶瑟。岂无道兄相提携？骑鲸直上寥天一。"

元稹与白居易为友，为诗善状当时风态物色，当时言者称"元白"。自衣冠士子，闾阎下俚，悉传诵之，号"元和体"。宫中呼元才子。居易晚与刘禹锡善，集其诗，序之曰："彭城刘梦得，诗豪也。其锋森然，少敢当者。梦得文之神妙，莫先于诗。在在处处，应有灵物护持，岂止两家子弟秘藏而已。"

王禹锡弟十六子，与子瞻姻连作《贺雨诗》："打叶两拳随手重，吹凉风口逐人来。"瞻曰："十六郎作诗怎得如此不入规距？"曰："盖是醉中所作。"他日持大轴来，曰："尔复醉耶？"

唐学士院在右银台内，含元殿宴罢归院，多从睿武楼过，故郑略《酬通义刘相瞻》曰："刘纲暗借飙轮便，睿武楼中似去年。"尝同为学士侍宴也。故事内中宴设，则学士院备食以延徙官，宋宣献诗因宴曰："再至，寄同院云：'云间乍阕仙韶曲，禁里还过睿武楼。'"盖用唐事。

坡云："巴人杨朴能诗"。真宗召对，自言不能。问临行有人作诗送卿否？朴曰："惟臣妻有一首云：'更休落魄贪杯酒，且莫猖狂爱咏诗。今日捉将官里去，这回断送老头皮。'"帝大笑，放还山。予在湖州赴诏狱，妻子送出皆哭，无以语之。顾曰："子独不能如杨处士作诗送我乎？"坡自云。

司空图论诗，谓元白力勍而气屑，乃都市之豪估耳。郊、岛非附于寒涩，无所置才，皆中其病。自评己作，乃以"南楼山最秀，北路邑偏清"为假令作者复生，亦当以著题见许。殆不可晓。如乐天所谓斸石破山，先观镵迹；发矢中的，兼听弦声。使不见其诗而闻此语，当以为何如哉？

南朝作诗，多先赋韵，如"竞""病"二字是也。《陈后主文集》十卷，载王师献捷贺乐，文思预席，群僚各赋一字，仍成韵，上得"盛病柄令横，映□并镜庆"十字。宴宣猷堂，得"迻格白赫易，夕掷斥拆哑"十字。幸舍人省，得"日谧一瑟毕，讫橘质帙实"十字，今人无此格也。

议者杜牧《华清宫》诗，明皇十月骊山，至春还宫，非荔支时。按《礼乐志》，帝幸骊山，贵妃生日，命小部乐长生殿奏新曲，未立名。会进荔支，因名荔支香。《外传》：十四载六月一日，上幸骊山，乃贵妃生日，甘泽谣同。又言十五载，妃侍辇避暑骊山宫，感牛女事。不可议牧之之失也。

刘勋少宣，云中人，专于诗。"万里风沙怜病客，几年刁斗厌寒更。人怜直道违时好，自喜闻身与世疏。击筑漫流燕客泪，佩兰谁识楚臣心。"济南云："好风襟袖知秋早，甲夜阑干得月多。船行著色屏风里，人在回文锦字中。百和香薰风过处，万盘珠落雨来时。"尤可喜也。

唐诗有一句中自成对者，谓之当句对。盖起于楚词。桂棹兰枻，斵冰积雪，蕙丞兰藉桂酒将，自后皆然。如"襟三江带五湖"，"钟鸣鼎食于公异"，"卧鼓偃旗"，"养威蓄锐"，"左武右文"，"销锋铸镝"，杜诗尤多。

杨徽之诗,太宗写其警句屏上。僧文莹云:必以天地浩露,涤笔于冰瓯雪盘中,方与此诗相副。

寒山诗,涉猎广博,非但释子语。《楚辞》尤超出。"曰有人兮山陉,云卷兮霞缨。秉芳兮欲寄,路漫兮难征。心怊怅兮狐疑,謇独立兮忠贞"。若青蝇白鹤,黄籍白丁,青蚨黄绢,黄口白头,七札五行,彩熊席青凤装,甚工。"问津耦耕各其适,后人未可轻雌黄。"两翁之心秋月白。

孙烛湖《读通鉴》诗:"簿书流汗走君房,那得狂奴故意降。努力诸公了台阁,不烦鱼雁到桐江。　　清浊无心陈仲弓,圆机聊救汉诸公。末流不料儿孙误,千古黄初佐命功。"二绝甚佳。

朱文公曰:《栗里题咏》,独颜平原一篇云'张良思报韩,龚胜耻事新。狙击苦不就,舍生悲拖绅。'呜呼!陶渊明"奕叶为晋臣,自以分相后。"每怀宗国屯,题诗庚子岁,自谓羲皇人。"手持山海经。头戴漉酒巾,兴与孤云远,辨随还鸟泯。"见《庐山记》,公集不载。

白傅《分司东都》诗,上李留守,序言公见过。"池上泛舟举酒,话及翰林旧事",因成四韵。后云:"白首故情在,青云往事空。同时六学士,五相一渔翁。"盖与李绛者,正纪元和二年至六年事。崔群、裴垍、王涯、杜元颖及绛也。

《耆旧续闻》

吕伯恭先生尝言往日见苏仁仲提举,坐语移时,因论及诗。苏言南渡之初,朱新仲寓居严陵时,汪彦章南迁,便道过新仲。适值清明,朱送行诗云:"天气未佳宜且住,风波如此欲安之?"盖用颜鲁公帖,及谢安事,语意浑成,全不觉用事。二十年欲效此体,用意不到。比作陆仲高挽章,偶然得之云:"残年但愿长相见,今雨那知更不来。"盖用杜子美诗句"但愿残年饱吃饭","但愿无事常相见。"及秋述常时车马之客"旧雨来今雨不来",亦不觉用事也,恐可庶几焉。乃知时人伪注。《赠王中允维》末句云:"穷愁应有作,试诵白头吟"。旧注:虞卿著《白头吟》,以人情乐新而厌旧,义自明白。伪注乃云:张跋欲娶妾,其妻曰:"子试诵《白头吟》,妾当听之。"跋惭而止。此妇人女子,善警戒者也。是以《白头吟》为文君事,有何干涉?往往时史传所有之事,乃东坡已载于《笔录》者,饰伪乱真,其言又皆鄙缪。近日有刊《东莱家塾诗武库》,如引伪注"苦吟诗瘦,翠屏晚对,眼前无俗物,短发不胜簪。日月不相饶,独立万端忧"等伪作。东坡注:"不知此何传记耶?"世俗浅识辈,又引其注为故事用,岂不误后学哉!所谓"诗武库"者,又伪指为东莱之书也。余后观周少隐《竹溪录》云:东坡《煮猪肉》诗有"火候足"之句,乃引《云仙录》"火候足"之语以为证。然此亦常语,何必用事?乃知少隐亦误以此书为真。后来引用者,亦不足怪。

唐人以格律自拘,唯白居易敢易其音于语中,如"照地骐麟袍""雪摆胡栏干""三百六十桥"。晏殊尝评之曰:诗人乘后语,当如此用字。故晏公与郑侠诗云"春风不是长来客,主张繁华能几时?"然杜诗如此用字亦多。"将军只数汉嫖姚",《汉书》音漂鹞,而杜作平声之类。李嘉□诗"门临苍茫经年闭,身逐嫖姚几日归"。又张□诗"洛水暮天横苍莽,邙山落日露崔嵬"。东坡诗"峥嵘依绝壁,苍茫瞰奔流"。"苍茫"二字,古人用之皆是平声,而此作仄声。又石鼻城诗:"独穿暗月朦胧里,愁度关河苍茫间",亦作侧声。鲁直亦多如此用字。

夏文庄举制科对策罢,方出殿门,遇杨徽之。见其年少,遽邀与语曰:"老夫他则不知,唯喜吟咏,愿丐贤良一篇,以卜他日之志。"公欣然援笔曰:"殿上衮衣明日月,砚中旗

影动龙蛇。纵横礼乐三千字，独对丹墀日未斜。"杨公叹服曰："真宰相器也。"此《青箱记》所载。又《东轩笔录》与此少异，云：公举科制对策，廷下有老宦者前揖曰：吾阅人多矣，视贤良他日必贵，求一诗以志今日之事。因以吴绫手巾展前，公乘兴题曰："帝内衮衣明黼黻，殿中旗旆杂龙蛇。纵横落笔三千字，独对丹墀日未斜"。然不若前诗用字之工。所谓宦者，以吴绫手巾求诗，想必有此。至今殿试唱名，宦者例求三名诗，但句语少有工者，诗亦不足重矣。祖宗朝，一诗翰苑诸公唱和，有《上李舍人》诗"西掖深沉大帝居，紫微西省掌泥书。天关启钥趋时后，侍史焚香起草初。"又"黄扉陪汉相，彩笔代尧言。"又《和人见贺》："分班晓入翔鸾阁，直阁旁联浴凤池。彩笔闲批五色诏，好风时动万年枝"。又"太液西入凤池边，西阁凌云为起烟。彩笔时批天一诏，直庐深在九重天。"又《内直》诗"紫泥初熟诏书成，红药翻阶昼影清。屋瓦生烟宫漏永，诗闻幽鸟自呼名"。李访《宴会》诗："衣惹御香拖瑞锦，笔宣皇泽洒春霖。"黄中云："青纶辉英轻前古，丹地深严隔世尘。"钱若水云："日上花稍檐卷后，柳遮铃索雨晴初"。杨徽之云："诏出紫泥封去润，朝回莲烛赐来香。"皆粲然有贵气。

东坡论柳子厚诗在渊明下，韦苏州上，退之豪放奇险则过之，而温丽靖深则不及也。所贵于枯淡者，谓其外枯而中膏，似淡而实美。渊明、子厚之类是也。若中边皆枯淡，亦何足道！譬如食蜜，中边皆甜。人食五味知其甘苦者，皆是能分别其中边者，百无一也。周少隐云：诗人多喜效渊明体者不多，但使渊明愧其雄丽耳。韦苏州诗云："霜露悴百草，时菊独妍华。物性有如此，寒暑其奈何。掇英泛浊醪，日夕会田家。尽醉茅檐下，一生岂在多。"非惟语似，而意亦大似。故东坡论柳子厚诗晚年极似陶渊明，知诗病者也。诗之用事，当以故为新，以俗为难。好奇务新，乃诗之病。子厚南迁诗后"秋气集南涧，独游亭午时。"清深纤余，大率类此。故谓子厚诗在渊明下，苏州上。山谷书柳子厚诗数篇与王观，复欲知子厚如此学渊明，乃能近之耳。如白乐天自云效渊明数十篇，终不近也。

苏轼回翰林院图

又云诗有律。子美云："晚节渐于诗律细。"余少学诗，乡先生云："侵凌雪色还萱草，漏泄春光有柳条"，"卑枝低结子，接叶暗巢莺"。此细律也。唐之诗人，及本朝名公，未有不用此。洪龟父诗云："琅玡严佛屋，薜荔上僧垣"。山谷改上句云"琅玡鸣佛屋"，亦谓于律不合也。余谓陆务观尝学诗于曾文清公，有赠赵教授诗云："忆昔茶山听说诗，新从夜半得玄机。律令合时方帖妥，工夫深处却平夷。每愁老死无人付，不谓穷荒有此奇。世间有恨知多少，不得从君谒老师。"亦以合律为工。"穷荒有此奇，"见东坡帖"穷荒有此奇观"，用字皆有来处。

黄鲁直少有诗名，未入馆时，在叶县、大名、吉州、太和、德平，诗已卓绝。后以史事待罪陈留，偶自编《退听堂诗》，初无意尽去少作。胡直孺少汲，建炎初帅洪州，首为鲁直类诗文为《豫章集》，命洛阳朱敦儒、山房李彤编集。而洪炎玉父专其事，遂以退听为斫，以前好诗皆不收。而不用吕汲《老杜编年》为法，前后参错，殊牴牾也。反不如姑胥居世英刊《东坡全集》殊有叙，又绝少舛谬，极可赏也。庐陵守陈城虚中，刊《欧阳公居士集》，亦无论次，盖不知编摩之体耳。又云：作诗用经语，尤难得峭健。杜子美《端午赐衣》诗"自天题处湿，当暑著来轻"。"自天""当暑"，皆经语，而用之不觉其弱。此可为省题诗法。至落句云"意内称长短，终身荷圣情。"其语又妙。余谓近日辛幼安作长短句，有用经语者。《水调歌》云："凡我同盟鸥鹭，今日既盟之后，来往莫相猜"，亦为新奇。

梅圣俞尝云：古人造语，有纯用平声琢句，天然浑成者。如"枯桑知天风"是也。有纯用侧声作诗，云"月出断岸口，影照别舸背。且独与妇饮，颇胜俗客对"。

大观初，上元赐诗曰："午夜笙歌连海峤，春风灯火过湟中。"群臣应制皆莫及。独有府尹宋乔年诗云"风生阊阖春来早，月到蓬莱夜未中。"乃赵鲲之子雍代作也。雍少学于陈无己，有句法。

赵龙图师民，名重当世。而文章之外，诗思尤精，如"麦天晨气润，槐夏午阴清"。又"晓莺林外千声啭，芳草阶前一尺长"。前辈名流所未到也。

卷之八百二十三　二支

诗 诗话六十五

《编类》

《诗》三百篇，一变而为《离骚》，再变而为秦汉之歌，三变而为五言七言。《乐府》辞虽不同，音节亦异，而风雅之气犹存。东晋以后，渐有琢句之风，以巧丽对律相夸尚，于是古意失。而律诗兴于梁沈约永明八法，至唐杜子美，律诗之体成，而大行于世。《乐府》自汉至唐，变而为词，至宋、金而淫冶之风盛，但知发乎情，而能止乎礼义者鲜矣。此诗之沿革，而历代相尚之所以不同也。然《离骚》为词赋之祖，而尚有六义之体。绝句出于律诗，金元之曲出于词，而古意失之益远。盖由世道日益降，古风日益泯，时俗日益薄，人心日益荡，以日降之道，日泯之风，日薄之俗，日荡之心，而欲复古，不亦难哉！然今之作者，苟能以三百篇存诸心，而以为之师，以两汉盛唐为之友，正心立志，措意遣辞，虽不及古，必能远过时人矣。

提梁壶

古诗无题，以诗中首句二字为题。至乐府而始有题。自谢朓、沈约，席上各咏一物，始有分题。至唐而又有分韵、用韵、次韵之法，而盛行于宋、金、元之世，是不述己志，而牵合从人。汉魏犹有赠答倡和之法，犹是各言己志，后世倡和宛如拓本临帖，与人写真，果何关于自己哉？此诗之所以愈不若古也。

杜子美诗云："蜀相祠堂何处寻？锦官城外柏森森。映阶碧草自春色，隔叶黄鹂空好音。三顾频烦天下计，两朝开济老臣心。出师未捷身先死，长使英雄泪满襟。"观"自"字、"空"字、"未"字、"先"字，多少感慨！然深味之，则先主之敬礼武侯，武侯之事先主以及后主终始如一，而各尽其道，非子美其孰能知之？是虽律诗，古意存焉。他人又曰："伯仲之间见伊吕，"以其人品与其心而言也。"指挥若定失萧曹，"以才能事功而言也。"运移汉祚终难复，志决身歼军务劳，"天命已去汉矣。武侯虽有人品之高，过人之才，亦不能善其后。宜乎食少事多，而终不能久于世也。百世之下，知武侯之心者，其惟子美乎。

凡文章之有音韵者，如铭、箴、颂、赞、辞、赋，皆古诗之流。体制虽不同，而理则一也。唐虞之际，有《赓载》歌，夏有《五子之歌》。殷之亡，周之兴也，有《麦秀》《采薇》之歌。

《赓载》之歌著于经，《麦秀》《采薇》见于史。孔悝之鼎铭，正考父之鼎铭，三缄其口铜人铭，亦皆纪录于方策。学诗者苟能触类而推，一以贯之，则古今之诗道毕矣。

李太白才气高迈，故其诗多是乘兴而成，清丽痛快，洒落有余，而沉郁顿挫处却不足。杜子美工夫缜密，故其诗多是苦思锻炼而成，穷达悲欢，各尽其趣，庄重典雅，山野富丽，浓厚纤巧，随其所遇，各造其极。后之人学杜不成，犹在法度之内。所谓刻鹄不成，尚类鹜者也。学李不成，出外规矩之外，所谓画虎不成，反类狗也。

韦应物诗，得渊明之冲淡，而情思自然。柳子厚诗，得渊明之句法，而志趣抑郁。盖其心忧愁实多，而强排遣之也。惟其所遇有不同，故其诗亦有不同也。陶、韦、柳，虽是三家，其实只是一体。学之者，舍其异，而会其同，则可以得三子之妙处。

凡作长律，如作大文字之法，句虽排比，意实圆转。虽要先立冒头，钳尽一篇之意，中间抑扬开合，节节有序，后而结尾，超出意外，须要盛水不漏，方是好诗。若句排，意亦排，如画甲乙帐，正成何等模样耶？

陶渊明诗云："日暮天无云，春风扇微和。佳人美清夜，达曙酣且歌。歌竟长叹息，持此感人多。皎皎云间月，灼灼叶中花。岂无一时好？不久当如何。"此诗是拟曹子建诗也。感时运之易失，叹青春之不再，其自悼之意，为何如哉！子建诗云："南国有佳人，荣华若桃李。朝浮江北岸，夕宿潇湘沚。时俗薄朱颜，谁为发皓齿？俯仰岁将暮，荣曜难久恃。"词语无一字蹈袭，其意度绝相似，善于拟古者也。

郭泰机《杂诗》云："迢迢牵牛星，皎皎河汉女。纤纤擢素手，札札弄机杼。终日不成章，泣涕零如雨。"盖心有所思，而不得见，故不能成章而悲也。此与"采采卷耳，不盈倾筐。嗟我怀人，真彼周行"之意同，其孤臣怀君之心乎。又曰："河汉清且浅，相去复几许？盈盈一水间，脉脉不得语。"夫河汉清浅而易涉，可以与之语矣。乃脉脉不得语焉，发乎情，止乎礼义也。此又与《河广》之旨相似。此则比也，《河广》则兴尔。

古诗《伤歌行》云："昭昭素明月，辉光烛我床。忧人不能寐，耿耿夜何长！微风吹闺闼，罗帷自飘扬。揽衣曳长带，屣履下高堂。东西安所之？徘徊以彷徨。春鸟翻南飞，翩翩独翱翔。悲声命俦匹，哀鸣伤我肠。感物怀所思，泣涕忽沾裳。伫立吐高吟，舒愤诉穹苍。"而不著作者姓名，自今观之，性情柔弱，音节凄恻，感春鸟之命俦，悼中宵之独寐，似是班婕妤之诗也。班婕妤《怨歌行》云："新裂齐纨素，鲜洁如霜雪。裁成合欢扇，团团似明月。出入君怀袖，动摇微风发。常恐秋节至，凉飙夺炎热。弃捐箧笥中，恩情中道绝。"以美材而成美器，既得御于君所矣，复恐过时而弃捐也。盖婕妤有宠于成帝，时又有赵飞燕及昭仪姊妹，二人新幸，婕妤恐其失宠，故作是诗也。其后果以衰，供养长信宫，则知《怨歌行》作于未失宠之前，《伤歌行》作于既失宠之后。二诗实相表里，非婕妤之诗而何？《怨歌行》得六义之比体，《伤歌行》则赋也。姑存是说，以俟识者监之。

李太白《拟古诗》云："涉江玩秋水，爱此红蕖鲜。攀荷弄其珠，荡漾不成圆。佳人彩云里，欲赠南远天。相思无由见，怅望凉风前。"此诗是拟《古诗十九首》也。古诗云："涉江采芙蓉，兰泽多芳草。采之欲遗谁？所思在远道。还顾望故乡，长路漫浩浩。同心而离居，忧伤以终老。"然古诗沉著，而意味深远。太白痛快，而俊气烨然。又如谢玄晖《玉阶怨》云："夕殿下朱帘，流萤飞复息。长夜缝罗衣，思君此何极。"太白《玉阶怨》云："玉阶生白露，夜久浸罗袜。却下水晶帘，玲珑望秋月。"玄晖何尝如是俊巧来？然玄晖虽质，而意却深远。太白虽巧，而意却浅近矣。今之学诗者，徒尚其华，而不求其实，此所以愈不若古也。

诗本音律之文，古乐府音律，世远莫传，学者按解题而拟其意，至于音律则非矣。然余有一说焉。昔荆轲歌易水为变徵之声，士皆垂泪涕泣。复为羽声慷慨，士皆瞋目，发尽上指冠，然则可以为徵，亦可以为羽，岂有一定之律哉？顾歌之者如何耳。论其大要，不失乎浮声切响而已。唐诗人拟古名家者，陈子昂、李太白为称首。子昂之《感寓》，太白之《古风》，皆自《文选》中来，往往有逼真处。惟杜子美熟精《文选》理，熔会变化，自成一家，虽出《文选》，然无一字蹈袭，此子美所以为高欤？是知不以摸拟为难，而以变化为难。如蜂之酿蜜，百花无不采焉者。及其蜜之成也，人但知味之为甘，而不知何花之所为也。虞伯生学士论作文以煮肉为喻，取汁而弃肉，亦是此意。此可与知者道，难与俗人言也。程以文尝评余文，琢句已到，但意义短促，不敢放开，恐久则局束而不得伸也。杨大中曰："汝文患气不扩充，宜熟读《孟子》。"揭伯防曰："汝文气充意足，但琢句欠精耳。"余以三说质之于危太樸，太樸曰："三子之说，皆非也。作文特患入门路头不正，汝入门处，路头已正，但有生熟之分耳。久久成熟，自然知变。不拘拘于规矩，而自不外于规矩矣。"凡为文，博学而约取之，正本之于经史，傍参之于子集，慎言其所当言，勿言其所不当言也。学之至，则可以追迹于圣贤。未至，亦不失为君子儒矣。孔子曰："有德者，必有言。"诚以此语为主，则其立言不朽，而必可以传于世。不然，夸多而斗靡，亦何益于世道哉！

学诗之体有六：一曰命意，二曰体制，三曰气魄，四曰情思，五曰字句，六曰音节。命意要有理，合乎风雅之旨趣。体制要成一家之言，如学《古诗十九首》，一篇首尾不杂别样句法。气魄要浑厚，而不至于浮薄浅露。情思要七情所发，出于至诚，婉转含蓄，有余不尽。字句要锻炼精切，浑然天成。音节要转换铿锵，如浮声切响，双声叠韵之类。六法一有不备，则非作者之诗矣。学诗要得《三百篇》、六义体制，汉、魏、西晋，宛然有此意度。东晋以后，渐趣于巧。如三谢诗，造语益工，而古意益失矣。学诗之法有七字："真情实景生成句"也。汉魏西晋之诗，如空山道人，草衣木食，而服气导引，外面无可观者，而其中神气极盛。江左以后之诗，如病妇艳妆，外固可以悦人，其中之气则馁然矣。汉高祖、楚霸王，皆不文之主，然亦能作《大风》《鸿鹄》《垓下》《帐中》之歌。苏武、李陵，皆将家子，然亦能作五言之诗。其在当时，孰称其为诗人乎？但后世学之而不能及，遂宗之以为法也。古人之诗，事切情真，出于至诚。如喜而笑，怒而叫，哀而哭泣，痛而呻吟，皆非勉强为之，故其诗自好，苏武、李陵之诗是也。后人为诗者，往往为人题卷，事情不切于己，旋立意思，旋琢语句，如不喜而强笑，不痛而呻吟，皆非至诚，皆非自然，神气皆不浑全，所以不好。古诗意远，每恨其句之不工；律诗句工，每恨其意之不远。意远，甚宜潜玩；句工，止可咏歌。学诗者，其才各有偏长，故亦各有一偏之好焉。苟能兼取而并用之，不亦彬彬之君子乎？昔人有言曰："学诗如学仙，时至骨自换。"以用功所至而言也。

又曰："学诗如学禅，要自悟其理。"以识见所得而言也。用功所至，或可必。识见所得，不可必也。待其神会而心得之，然后可与言诗矣。故学之非难，悟之为难也。凡作诗叙情，则真情。叙景，则真景。触于目，而感于心，则景与情合，神与事会，自然有趣、有态、有气、有神，流动充满，随遇而得，无拘无阂，浑然天成，自然得到古人佳处。其视区区斗钉牵合而成者，天渊不侔矣。凡作诗，先将情景涵泳于胸中，使其兴趣、神气，充足有余，然后发之于诗，自然一气浑成，而非思索锻炼之所可及也。诚如是，则神会心得之妙，有非浅近之所能知者矣。吾于四时，最喜秋，尤喜秋之夜。每风清月明，星稀河淡，秋声在树，蛩吟在宇，莫不神气冷然，毛骨辣竖，揽衣徘徊，达旦无寐，至为歌诗累月，不能措一辞者，一夕尽得之。如是者，盖有年矣。至正九年春，吾在燕京北城，得倪仲恺之旧馆于教忠里，乃卜居焉。其中门之外，一室尤清，架曲薄以承尘，而四壁饰以素楮，莹然可爱也。遂因之而不革。朝则与宾友周旋揖让，暮则偃息其中。一窗南出尤明，至秋之夜，纤云不兴，天宇空碧，明月在庭，流光满室，四壁尽白，诗兴清发，吾乃抱膝长吟，神游意适，恍如乘云御风，翱翔乎白玉之京，而周览乎八极之外，盖无爽于昔之所得者焉。呜呼！人之精神，与天地通，故其神交气感，妙合至道，而况于诗乎！昔人所谓文章得江山之助，信不虚矣。是用纪其所得于天者，以与一二同志共乐焉。或曰：“宋人诗虽不及唐，尚与唐人为宾主。今人诗句句学唐，何异唐人之臣仆。”吾应之曰：“以唐人之诗法，形容自己之性情，譬犹使之将命耳，吾但见以唐人为仆，未见臣仆于唐人也。今人作诗有三病：才高者好生新意，往往琢奇句，押险韵，而不可读。学博者好用隐僻故事，往往艰深晦滞而不可晓，甚至不祖古人规矩，而欲自成一家，往往撰为不经之语，以眩惑后生。而与古人吟咏性情之旨，于是乎失之远矣。凡作诗须慎写题，古诗题不可吟律诗，律诗题不可吟古诗。押韵须平易，不可艰险。愈艰险愈不自然，而反伤其意趣矣。凡作诗不可多用故事，多用故事，则客意胜主意矣。用故事，须要隐然不可显。然须要我去使他，不可教他使我。知此，则无拘滞牵合之病矣。”

古诗“青青河畔草”，以兴“绵绵思远道”，乃兴体也。盖曰河畔之草，则青青矣。远道之思，则绵绵矣。然远道之人，不可得而思，徒有夙昔梦见而已。适梦见在我之傍，忽然梦觉时，则在他乡矣。他乡又各异县焉，是以展转不可见也。此句此意多少曲折？又曰：“枯桑知天风”矣。“海水知天寒”矣。令入门之人乃各自取媚于其君，而征人之苦，谁肯相为言哉？感物兴怀，其责同朝之人也深矣。盖物本无情，人自有心，言无情之物尚知时，而有情之人反不我顾，不如枯桑海水之有知也。《唐书新语》：苏味道使岭南，闻崔、马二侍御入省，因寄诗曰：“振鹭齐飞日，迁莺远听闻。明光共待漏，清鉴各披云。喜得廊庙举，嗟为台阁分。故林怀柏悦，新崛阻兰荪。冠去神羊影，车连瑞雉群。独怜南斗外，空仰列星文。”味道富才华，代以文章著称，累迁凤阁侍郎知政事。与张锡俱坐法，系于司刑寺，所司以二相之贵，所坐事轻，供待甚备。味道终不敢当，不乘马，步至系所，席地而卧，蔬食而已。锡乘马至寺，舍三品院，气色自若，帷屏饮膳，无忝平居。则天闻之，原味道，而放锡于岭南。

吕太一，拜监察御史，里行自负才华，而不即真，因咏院中丛竹以寄意焉，其诗曰：“濯濯当轩竹，青青重岁寒。心贞徒见赏，箨小未成竿。”同列张沈和之曰：“闻君庭竹咏，幽意岁寒多。叹息为冠小，良工将奈何。”后迁户部员外，与吏部邻司。吏部移牒户部，令墙宇悉竖棘，以防令史交通，太一牒报曰：“眷彼吏部，铨综之司，当须简要清通，何必竖篱插棘？”省中赏其俊拔。

陆余庆孙海，工于五言，甚为时人所重。性峻，不附权要，出牧潮州，但以诗酒自适，不以远谪介意。《题奉国寺》诗曰：“新秋夜何爽，露下风转凄。一磬竹林里，千灯花塔西。”《题龙门寺》诗曰：“窗灯林霭里，闻磬水声中，更筹中有会，炉烟蒲夕风”。时人推其警策。

郑繇，少工五言。开元初，岐山范为岐州刺史，繇为长史。范失白鹰，深所爱惜，因为《失白鹰诗》以致意焉，其诗曰：“白锦文章乱，丹霄羽翮齐。云间呼暂下，雪里放还迷。梁苑惊池鹜，陈仓拂野鸡。不知辽郭外，何处别依栖。”甚为时所讽咏，于审亦以文章知名。

张宣明有胆气，富词翰，尝山行见孤松，赏习久之，及赋诗曰：“孤松郁山椒，肃爽凌半霄。既挺千丈干，亦生百尺条。青青恒一色，落落非一朝。大厦今已构，惜哉无人招。寒

霜十二月，枝叶独不凋。"凤阁舍人梁载言赏之曰："文之气质，不减于长松也。"宣明为郭振判官，使至三姓咽面国赋诗曰："昔闻班家子，笔砚忽然投。一朝抚长剑，万里入荒陬。岂不厌艰险？只思清国雠。山川去何岁？霜露几逢秋？玉塞已遐廓，铁关方阻修。东都日窅窅，西海此悠悠。卒使功名建，长封万里侯。"时人称为绝唱。

玄宗朝张说，为丽正殿学士，常献诗曰："东壁图书府，西垣翰墨林。讽《诗》闻国体，讲《易》见天心。"玄宗深佳赏之，优诏答曰："得所进诗，甚为佳妙，风雅之道，斯焉可观。并据才能，略为赞述，具如别纸，宜各领之。"玄宗自于彩笺上，八分书说赞曰："德重和鼎，功逾济川。词林秀发，翰苑光鲜。"其徐坚己下，并有赞述，文多不尽载。

神龙之际，京城正月望日，盛饰灯影之会，金吾弛禁，特许夜行，贵臣戚属，及下俚工贾，无不夜游。车马骈阗，人不得顾，王主之家，马上作乐以相夸赞，文士皆赋诗一章以纪其事。作者数百人，唯中书侍郎苏味道、吏部员外郭利贞、殿中侍御史崔液三人为绝唱。味道诗曰："火树银花合，星桥铁锁开。暗尘随马去，明月逐人来。游骑皆秾李，行歌尽落梅。金吾不禁夜，玉漏莫相催。"利贞曰："九陌连灯影，千门度月华。倾城出宝骑，匝路转香车。烂漫唯愁晓，周旋不问家。更逢清管发，处处落梅花。"液曰："今年春色胜常年，此夜风光正可怜。鹊鹊楼前新月满，凤凰台上宝灯燃。"多不尽载。《姑苏笔记》：唐人闺怨绝句二首，王昌龄云："闺中少妇不曾愁，春日凝妆上翠楼。为见陌头杨柳绿，悔教夫婿觅封侯。"李频云："红妆女儿窗下羞，画眉夫婿陇西头。自怨愁容长照镜，悔教征戍觅封侯。"频《梨山集》五十七言有佳句，此诗视昌龄，不无钝贼之愧。

余客汴，有蒲城人申子宁，诵绝句云："寒食清明忆去年，典衣沽酒醉花前。今年花酒浑如旧，憔悴春衫不直钱。"以为徐明之者所赋，颇似唐人。庚子岁九月无锡同虚观壁间，见一道题绝句云："万壑千岩归去路，七闽二浙倦游身。朝来点检行装看，除却乌藤剩得贫。"予方倦游，怃然有感于吾心。

韦文公《题楚昭王庙》云："丘园满目衣冠尽，城阙连云草树荒。犹有国人怀旧德，一间茅屋祭昭王。"罗涧谷作《汉庙》诗，可谓善用退之者："秋到咸阳天亦愁，五陵无叶寄寒飔。人心毕竟江南好，夜夜篝灯入汉祠。"

尝爱陆放翁一联云："正欲清言闻客至，忽逢美酒报花开。"偶见司空表圣"客来当意惬，花发遇歌成"之句，方知古今诗人妙趣一也，但琢句不同耳。

薛昂《赋蔡京君臣庆会阁》诗云："逢时可谓真千载，拜赐应须更万回。"时人谓之薛万回。

柳子厚《觉衰》一首，起语云："久知老会至，不谓便见侵。"陈简斋房州避难，起语云："久谓事当尔，岂意身及之。"事不同而情同，有吻合如此。

刘方平《赋铜雀台妓》，前四句云："遗令奉君王，翠蛾强一妆。岁移陵树色，恩在舞衣香。"刘后村绝句云："先帝宫人总道妆，遥瞻陵柏泪成行。君恩恰似蔷薇水，滴在罗衣到死香。"后村《南岳集》诗全学唐，此可谓青于蓝矣。《朝野遗事》：工部在京山，又有寒食日，《经秀上人房》诗云："花时懒看花，来访野僧家。劳师击新火，劝我雨前茶。"其诗篆书，刻石在县多宝寺中。甘棠魏野亦有诗曰："城里争看城外花，独来城里访僧家。辛勤旋觅新钻火，为我亲烹岳麓茶。"盖诗人寓兴多同。仁宗嘉祐末，宴群臣赋赏花钓鱼诗，群臣奉和，丞相韩魏公诗曰："轻阴阁雨迎天仗，寒色留春送寿杯。"唐罗邺诗曰："春排北极迎仙驭，日捧南山入寿杯。"

郑武仲侍郎尝从刘宾学，宾有父尤善于诗，尝云："人从别浦经年去，天向平芜尽眼低。"郑诗有:"江横塞外悠悠去,天落秋边处处低。"语句惊人,盖出于蓝矣。

庆历间,宋景文诸公在馆,尝评唐人之诗云:太白仙才,长吉鬼才,其余不尽记也。然长吉才力奔放,不惊众绝俗不下笔,有《雁门太守》诗曰:"黑云压城城欲摧,甲光向日金鳞开。"王安石曰:"是儿言不相副也,方黑云如此,安得向日之甲光乎?"

王安石作《桃源行》云:"望夷宫中鹿为马,秦人半死长城下。避世不独商山翁,亦有桃源种桃者。"词意清拔,高出古人议者。谓二世致斋望夷宫,在鹿马之后,又长城之役,在始皇时似未尽善,或曰:"概言秦乱而已,不以辞害意也。"

王安石集四家诗,不取韩公《符读书城南》,何也?予曰:是诗教子以取富贵,宜荆公之不取也。有子贤与愚,何其挂怀抱?渊明独不免子美之讥,况示以取富贵哉。乐道以为然。

闽中鲜食,最珍者,所谓子鱼者也。长七八寸,阔二三寸许,剖之子满腹,冬月正其佳。时莆田迎仙镇,乃其出处,予按部过之,驿左有祠,谓之通应祠,下有水,曰通应溪,潮汐上下,土人以咸淡水不相入处,鱼最美。比见士人诗多曰通印,安石送元厚之知福州诗曰:"长鱼俎上通三印,新茗斋中试一旗。"闽人谓茶芽未展为枪,展则为旗,至二旗,则老矣。

王铚性之,尝为予言曰:"王荆公尝集四家诗,蔡天启尝问何为下太白?安石曰:'才高而识卑,其中言酒色,盖什八九。'"

鼎州武陵县北二十里,有甘泉寺,行人多谒焉。寇莱公往雷州,凡题三十字曰:"庚申年秋九月,平仲南行至甘泉院,僧以诗板视予,征途不暇吟咏,代记年月。"后丁晋公谪朱崖过寺题云:"翠影疏疏渡,波光瑟瑟凝。帝家金掌露,仙府玉壶冰。晓钵侵星汲,霄厨向月澄。岂惟蠲肺渴,灌顶助三乘。"因而至寺者,多所赋咏。如殿中丞范讽诗云:"平仲酌泉曾顿辔,谓之礼佛向南行。山堂下瞰炎蒸路,转使高僧薄宠荣。"又刑部郎中崔峄诗云:"二相南行至道初,记名留咏在精庐。甘泉不洗天涯恨,留与行人鉴覆车。"可谓言婉而意达。

慈圣光献皇后以元丰庚申十月二十日上仙,是夕永裕召执政近臣入视圣容。其年春,上幸西池,慈圣以珠盘覆马鞍遗上,上自池乘以归。慈圣好植花,多乘小辇游苑,上常扶侍之,所居殿曰庆寿,在福宁之东,是夜毁香阁垣为门,百官入听遗告。庭中有二小亭,金书牌曰"赏蟠桃","赏大椿"。明年三月,将奉山陵,诏百官各进挽词二首。故相王珪曰:"谁知老臣泪,曾泣见珠襦。"王存时为从官,曰:"珠鞯锡御恩犹在,玉辇亲扶事已非。"子亦例进曰:"春风三月暮,寂寞大椿庭。"百官有云,东朝盖斥庆寿也。

永叔《早朝》诗曰:"月在苍龙阙角西",甚美。然予按汉之四阙,南曰朱雀,北曰玄武,东曰苍龙,西曰白虎。今永叔诗意,盖以当前门阙状苍龙,故云月在西也。盖不用汉阙耳。

南丰曾阜子山,尝宰蕲之黄梅,数十里有乌牙山甚高,而上有僧舍,堂宇宏壮,梁间见小诗曰李太白也。"夜宿乌牙寺,举手扪星辰。不敢高声语,恐惊天上人。布衣李白。"但不知其字太白所书耶?取其牌归于丞相吴正宪公,李集中无之。如安陆《石岩寺》诗亦不载。

权文公,多用州县日辰之类为诗,近见人亦为药名诗者。如诃子、缩纱等语,不唯真致,兼是假借,太不工耳。里人史思远善诗,用药名则析而用之,如《夜坐》句曰:"坐来夜半天河转,挑尽寒灯心自知。"此乃鲁望离合格也。思远幼孤,从先生学诗,有唐人风格,

赠惠秀云："坐禅猿鸟看,谈《易》鬼神听。"又题朱氏园云："花分先后留春久,地带东南见月多。"故寿阳朱炎节判尝赠诗曰："古人不到处,吾子独留心。"

吾友顿隆师尝言颜延年《五君咏》,至阮始平曰："屡荐不入官,一麾乃出守。"麾,去也。咸为山涛麾,出杜牧之首"把一麾江上去",即旄也。盖误矣。余以为麾,即毛也。子美亦曰将旌麾之句。杜牧不合用一麾耳。

朱元瑜长官好为诗,予少时闻人诵"嚼梅香袭齿,攀柳绿藏巾。"予欲纂乡人诗,恨无朱诗,廖献卿大夫谓予曰："某少尝同笔砚,得其诗二百余篇,当录以奉寄献卿。"别未几,不幸且卒,自予还里,屡访诸廖所谓朱令诗者,莫得之。

世言七言诗,肇于《柏梁》,而盛于建安,考之岂独《柏梁》哉!《鄘风》曰："送我乎淇之上矣。"《王风》曰："知我者谓我心忧。"《郑风》曰："还予授子之粲兮。"《齐风》曰："遭我乎猇之间兮。"又曰："尚之以琼华乎而。"《魏风》曰："胡取禾三百廛兮。"《豳风》曰："二之日凿冰冲冲,三之日纳于凌阴。"《小雅》曰。

王升之善诗,极精致。喜宾客,酝法高妙。刘跂斯立,字曰玉友,且书小写:"几日愁围未解纷,一杯聊以鼓吾军。酒坛久设无人将,玉友于今始策勋。"又作《悲愁引》,有"昔时携手两少年,君死我衰俱可怜。"及"波间罗机今无有,梦里行云果是非"之句。余赴甘陵,升之以长诗见送,闻余作鉴堂,又作"落月满屋梁,犹疑照颜色"十章尤奇。丹杨遇寇,失之可惜。刘斯立哀其不达,为诔哭之妙甚,其略云:"伟君高门,一世楷模。遗烈言言,休声吴吴。逢辰清明,建斾礼舆。畴或柅旃,罔所适徂。名列士版,身佚里间。毓草艺木,畦畹踌躇。良朋萃止,殽设醴斝。退察其私,盖不宿储。"又云:"休文革带,计日有余。幼安絮巾,当暑不除。乳石断下,糜粥充虚。长为散人,庶以全躯,云何远行,旅舍偪拘。东野后事,孝权遗书。岂无他人,顾以属予?呜呼哀哉!"文多不能尽忆。观斯立之言,可以知其人也。升之年四十,终奉议郎,汝阴丞,客死京师,二子孟博、孟公,皆沦落。彦祖之后遂微,可念哉。

黄鲁直,元祐间与宣城院诸公往来甚欢,一日雪中过七叔祖静之,题诗酒库云:"北风吹雪满都诚,晓踏骅骝访玉京。相引糟头看春酒,正流三峡夜泉声。"宣和间,其书壁犹存。老杜诗"天棘梦青丝",说者不一。余在靖康见李衡州舍人璆,言往任陈州教授,文潜出东坡杂书,内一帖云天棘,胡梵语,柳也。又古歌"湖上春风舞天棘",信知柳无疑矣。独不晓梦字,疑是弄字,而或以谓蔓字也。更当博求之。

李少师端愿,嘉□丁酉暮春,作新堂会,翰林赵叔平、欧阳永叔、王禹玉、侍读王原叔、舍人韩子华,永叔命名来燕堂,原叔八分题榜,因联句赋之,刻于石:"贤侯谢郡归,从游乐吾堂。林泉富余地,卜筑疏林莽。是时春正中,来燕音下上。若贺大厦成,喜留众宾赏。概得名因笑谈,挥墨粲题榜。所夸贤豪盛,岂止池榭广。人心乐且闲,鸟意颉而颃。吟尊敞花轩,醉枕卷风幌。修轻云薄藻栋,初日丽珠网。红袂生暗香,清弦泛余响。林深隐飞盖,岸曲迟去桨。波光栏槛明,竹气衣巾爽。珪虚容凉樾入,影与文涟荡。晨飙转绿蕙,夕雨滋膏壤。嘉辰喜盍朋,命驾期屡往。觞咏陶淑真,世俗岂吾仿。沐得以为胜游,萧然散烦想。公子固好士,世德复可象。今此大基成,不图专奉养。美哉风流存,来叶足师仰。"绛可以想见文物之盛,太平无象,端在于此。

《宰相令复痴聋》:陆游务观云,王性之谓苏子瞻作王莽诗,讥介甫云"入手功名事事新",又咏董卓云"公业平时劝用儒,诸公何事起相图。只言世上无健者,岂信车中有布乎"。盖讥介甫党争市易事,自相叛也。车有布,借吕布以指惠卿,姓曾布名,其亲切如

此。又云曾吉甫侍郎，藏子瞻和钱穆父诗真本，所谓"大笔推君西汉手，一言实我二刘间"者，其自注云："穆父尝草某答诏，以歆、向见喻，故有此句。"而广川董彦远待制，乃讥子瞻不当用高光事，过矣。

与务观同作刘信叔大尉挽词，子诵鲁直哭宗室公寿诗云："昔在熙宁日，葭莩接贵游。题诗奉先寺，横苗宝津楼。天网恢中夏，宾筵禁列侯。但闻刘子政，头白更清修"。意深语到，可想见宗室前肆后拘气象。务观云："韩子苍尝见鲁直真迹，第三联改云：'属举左官律，不通宗室侯。'以此为胜。"而曾吉甫独取前作。

刘贡父《诗话录》云：皇甫湜诗无闻，韩退之有《读公安》诗，讥其掎摭粪壤间。又韩集虽有《次韵湜陆浑山火》之篇，而湜诗俱不传。予尝得湜永州祁阳元次山唐亭诗碑题云：侍御史内供奉皇甫湜。其诗云："次山有文章，可惋只在碎。然长于指叙，约絜多余态。心语适相应，出句多分外。于诸作者间，拔戟成一队中行。苏预虽富剧，粹美君可盖。子昂《感遇》佳，未若君雅裁。退之全而神，上与千年对。李杜才海翻，高下非可概。文于一气间，为物莫与大。先王路不荒，岂不仰吾辈。石屏立衙衙，溪口啼素濑。我思何人知，徙倚如有赖。"后见洪迈《容斋随笔》亦载此诗。谓风格无可采，非也。

苏文忠公诗，文少重复者，惟"人生如寄耳"十数处用，虽和陶诗，亦及之，盖有感于斯言。此句本起魏文帝乐府，厥后《高僧传》载王羲之与支道林书祖其语尔，朱翌新仲猗《觉寮杂志》，乃引《高僧传》及南齐刘善明，似未记魏乐府，予为大和萧人杰秀才作，如寄斋说，引文忠公诗甚详。

四方声音不同，形于诗歌往往多碍，其来久矣。如北方以行为刑，故《列子》直以太行山为太形，又如居姬与以高俄等音，古今文士皆作协韵，虽《释文》亦然。《礼记》何居注云："居，音姬。"《列子》"何姬"，却注云"音居"。其它诗文与以吕累之类尤多。近世士大夫颇笑闽人作赋协韵云。天道如何，仰之弥高。殊不知苏子由，蜀人也。文集第一卷严颜碑长韵，磨、讹、高、豪、何、曹、河、戈，亦相间而用云。

《诸儒鸣道集》：古人作诗，所以吟咏性情，如三百篇是也。后之作者，往往务为艰深之辞，若出于不得已而为之者，非古人吟咏之意也。

《文选》谢宣远《戏马台》诗造语虽工，然已不及建安七子有正气矣。如"轻霞冠秋日，迅商薄清穹。"岂曰不工？何如子建云："明月澄清景，列宿正参差。"

宣远咏张子房诗，有"息肩缠民思，灵鉴集未光。伊人感代工，聿来扶兴王。"又曰"爵仇建萧宰，定都护储皇。"又曰"鉴旂历颓寝，饬象荐嘉尝。"又曰"飧和忘微远，延首咏大康。"此等诗句皆刻画，殊无三百篇风致。

颜延年诗最平易，至应诏诗乃作梗涩语，略无风雅，岂以谓应诏当如此耶？如《北湖田收》诗云："帝晖膺顺动，青跸巡广廛。"又云"开冬眷徂物，残粹盈化先。"又云"自饗报嘉岁，周急戒无年。"此何等语也？迄至于今，此体犹在。

谢元晖《游东田诗》曰："鱼戏新荷动，鸟散余花落。"情辞闲暇，佳句也。

王仲宣赠蔡笃，有"瞻望遐路，允企伊伫。"又有"虽则追慕，予思罔宣。瞻望东路，惨怆增叹"之语。又有"中心孔悼，涕泗涟洏。嗟尔君子，如何勿思"之语。大有变《风》之思。杂之《卫诗》中，何有不可？

刘公干《赠从弟》二诗，兴寄幽雅，有《国风》余法。

嵇叔夜《送秀才入军诗》，闲雅俊豫，有古诗人之风，如"良马既闲，丽照有晖"，又如"习习谷风，吹我素琴。胶胶黄鸟，顾畴弄音"，又如"思我良朋，如渴如饥。愿言不获，怆矣其悲"之句。想见其风致。

沈休文《咏湖中雁》云："涣流牵弱藻，剑翮带余霜。群动浮轻浪，单泛逐孤光。悬飞竟不下，乱起未成行。刷羽同摇漾，一举还故乡。"其形容物态如此，亦巧妙矣。

文字雕琢，则伤正气，作诗亦然。如陶靖节云："采菊东篱下，悠然见南山。山气日夕佳，飞鸟相与还。此中有真意，欲辨已忘言。"此真得三百篇之遗意。

予友施彦轨读杜诗，至"风吹客衣日杲杲，树搅离思花冥冥"而有得。予读《毛诗》，至"絺兮綌兮，凄其以风"而有得。

《广川书跋》

酆都宫阴真人祠，刻诗三章，唐贞元中刺史李贻孙书，元丰四年转运判官许安世，即其祠下尽阅其石，谓此三诗，真阴氏作，如还丹等，皆后人记之。乃属知夔州吴师益书既成送观中，于是尽破砎，其余石故今世不得传。余尝得旧本，然独存此也。真人名长生，新野阴氏，本儒生，有才思，善著书，其学类左元放。尝授太清神丹，故世传其丹经赞文甚古雅。异亦东汉时人，不知尝为此诗也。此诗虽然与汉人异，不知安世何据而知？余益知前所毁弃，未必皆非长生所述。葛洪曰：长生服金液半齐，其止世间几千年然后仙去。殆古强所谓，洪亦不省也。

李卫公武昌诗，其间谓"牛羊具特俎"，则指牛僧孺、羊嗣复，叹夫朋党之怨，至于如此。虽一话言间且不能忘，必求其诋訾以逞其憾，安得公平天下而无私好憎之心哉！德裕学优而材胜，其操术近正。但悁忿少容，以及于祸。昔牛崇为陇西主簿，羊喜为郡功曹，马文渊为太守凉州，云三特备具。德裕尝编牛羊日历，皆取于此。

李邦彦出会稽宝林寺诗，黄庭坚书其后曰："法士多坏能，乃是僧为鳌尔。孤岫龟形在，谓山有穴而特，不可谓山。"余评曰：此诗未有工处，特以书贵。季海书名唐世，而此石乃公平生书，不得不尚，如高阁无恢炱，乃诗人会意误处。黄子抉而警之，是一快事。谓瑰能孤岫，不害于诗，黄子求人已细。张子曰因进拒衰，表贤选能，冯相观祲，禳禳攘灾。"古人已如此音，况能有所合谓之能，自有据耶？《尔雅》曰："山有穴岫，不必谓如神瀵。凡山有穷可穿者，皆是。故谢康乐言'窗间列远岫'"，玄晖言"云表吴岫彻"，杜甫言"自多穷岫雨"，韩愈言"默默露数岫"，岂尽失也。若白居易言"岫合云初吐"，则不可谓山耸而出者。世人多托人见闻以为己是，黄子说尝胜人亦未深考，余不得不辨。政和元年四月十三日。

诗 宋诗四

宋孙觌《鸿庆居士集》

读季远诗卷，次泗州南山诗韵

跳波乱清淮，一叶寄真赏。南山如高人，标格自矜爽。胡尘暗楚甸，绝境堕渺漭。空城草木春，户外屦谁两？怅望壶公龙，乘云自来往。小诗若图画，仿佛见飞桨。从今淮上山，不落梦中想。

诵邹次魏诗，有"读山谷文一篇，特奇丽。"诗云：远继杜参谋，近追苏玉局。此宝录也。

歌终白玉烂，梦觉黄粮熟。斯人已寂寥，皎皎在空谷。谁令黔首愚，竟坐城旦读。光芒丰城剑，恸哭荆山玉。邹郎乃其徒，阅世何烛局。高风渺不嗣，句法此遗烛。火攻真下策，吊古悼秦俗。骊山一炬燔，鸡林万金赎。

张守《毗陵集》

次韵张辉惠诗三首

诗邻可卜拟诛茅，好句人间见一毫。吟就钵声应未绝，流传纸价颇能高。谬成燕雀追黄鹄，已作蜻蜓避百劳。清夜月窗哦警句，霜梧风竹助萧骚。

投老须营一把茅，晚亲珠玉看挥毫。赋牛绝敏惊曹植，刻鹄无成愧伯高。已放闲身栖寂寞，时凭佳句洗尘劳。喜逢载酒经过客，老去无心作反骚。

老依背郭阴堂茅，寒夜微吟自削毫。羡子笔回霜气劲，惊人句与月魂高。极知蹇足追随苦，便觉长须走送劳。因识卢郎是佳器，定能痛饮诵《离骚》。

张子华作诗误用事,有诗讼其过,因次元韵。

咳唾成诗未许攀,腹中应着绮千端。画蛇思巧因饶足,倚马才高肯驻鞍。割肉固非方朔社,蒸壶曾入老卢盘。小瑕不拚千金璧,能事宁容俗眼看。子美以东方朔割肉为社日。东坡以郑余庆蒸壶为卢怀慎。

《刘屏山集》

杂韵四首

积雨生秋意,浮云放晚晴。锻声寒野迥,桥影小溪清。

残霞铺暝色,新月长圆辉。黄落树滋本,夜眠人息机。

檐溜停清泻,林声息怒号。水浮秋色远,山带夕阳高。

宿鹰犹惊渚,昏鸦已着林。野平云散乱,江动月浮沉。

绝句五首

目送孤鸿独倚楼,晚风吹泪更横流。蕉花落处蛮烟碧,六十三程是白州。

双鱼来自瘴江滨,一读家书一怆神。见说炎荒风土恶,可无神物护忠臣?

干戈扰扰恨何穷,南北东西任转蓬。世事不堪长龃龉,胸中顿有气如虹。

喜闻归骑已扬镳,载酒相迎不惮遥。我是武夷东道主,使同蜡履上焦峣。

竹绕茅檐水绕阶,东风渐欲放春回。丁宁红紫休争发,待取山南刺史来。

读曾吉甫横碧斋诗

携锄引荒泉,偶步松岗北。泠然毛骨清,楚尾见秋色。稻气馥初凉,柽阴澹微日。缅怀小斋居,楶棁增岑寂。旷度灭知闻,微吟数峰碧。若人端好修,珍驾动无迹。深穷伊水源,峻陟衡山极。终焉憩孔林,所乐惟自得。延和数酌醨,侢静一编《易》。向来辱倾输,洞见胸中白。思亲道匪俘,既远情不怿。矧余质冥顽,固未易刻画。尊生有遄心,克己无全力。以兹畏所知,负负常夕阳。余波傥时渐,玉汝天其或。

偶书

风急胡尘暗九州,岸巾长啸一登楼。故园却忆桐孙在,薄宦端为荔子留。湖海以南兵尚斗,犬戎不死祸难休。似门推毂皆飞将,盍有清谈谢傅流。

读韩子苍吕舍人近诗

诗人零落叹才难，二妙风流压建安。已见词锋推晋楚，定应臭味等芝兰。鸿轩意气惭交吕，凤跃声华敢望韩。咫尺烟尘不相见，它时惆怅隔金銮。

陆放翁《渭南集》

读王摩诘诗，爱其"散发晚未簪，道书行尚把"之句，因用为韵，赋古风十首，亦皆物外事也。

我生本江湖，岁月不可算。采药游名山，所历颇萧散。一逢巢居翁，见谓于我馆。酌泉啖松柏，每得造膝疑。行道不自力，残发日已短。海上故不远，谪限何时满。

仕宦五十年，所至不黔突。取鱼固拾熊，挟兔那恨鹘。退归息狉狉，谁敢书咄咄。屋穿每茨草，驴瘦可数骨。秋风忽已厉，落叶衬残月。脱巾坐中庭，清冷入毛发。

我爱古竹枝，每歌必三反。孤舟上荆巫，天末未觉远。最奇扇子峡，恨不遂高远。

□栋蜀故宫，烟水楚废苑。至今清夜梦，百丈困牵挽。人生如寄尔，勿叹流年晚。

往岁著朝衫，晨起事如汇。告归卧孤村，枯淡有余味。闭门绝外慕，自谓真富贵。萧然毕吾生，地下一增气。里翁恋儿女，小疾辄忧畏。惟穷可赊死，我在君亦未。

万金筑华堂，千金教新音。不知忧患肠，著脚日愈深。今人喜议古，后亦将议今。使汝有子孙，闻之亦何心？邓通擅铜山，死日无一簪。未死汝勿喜，吾溪多毒淫。

往者游青城，犹及二三老。稽首出世师，数语穷至道。妻子真弊屣，弃去恨不早。俯仰能几时？残骸日衰槁。吾儿有奇骨，亦复至幽讨。金丹倘可成，白发何足扫。

陆放翁

稚川师郑君，才及一卷书。书大仅如箸，度世盖有余。想其所论说，妙极轩昊初。内篇今虽存，亦复饱蠹鱼。我欲探其原，蹇步空趑趄。安得插两翅，从公游太虚。

隐书有三景，字字当力行。寸地与尺宅，可以久汝生。沂流归昆虚，坚守临长城。一

且告成功，河塞黄金城。笙鹤适缑山，貂蝉朝玉京。即今修行地，千古名还婴。子道室以还婴名之。

行年过八十，形悴神则旺。往来江湖间，垂老犹疏放。沧波浩无津，天遣遂微尚。剡溪挂风帆，渔浦理烟榜。奇云出深谷，新月生叠嶂。兴怀晋诸贤，谁能续遗唱。

二十游名场，最号才智下。蹭蹬六十年，亦有茅一把。典衣租黄犊，乘雨耕绿野。西成得一饱，敢计泥没踝。住久邻好深，百事通乞假。秋高小瓮香，相唤注老瓦。

绝句

惰游不能耕，心愧新春白。献傲茅三间，主人终胜客。

朝士腰下黄，山僧鼻端白。放翁俱笑汝，饱饭作闲客。

温温地炉红，皎皎纸窗白。忽闻啄木声，疑是敲门客。

雪晴蓼甲红，雨足韭头白。虽无万钱具，野饭可留客。

小儿勿大勤，使汝发早白。长为南亩民，殊胜东阁客。

四日夜鸡未鸣起作

放翁病过秋，忽起作醉墨。正如久蛰龙，青天飞霹雳。虽云堕怪奇，要胜常悯默。一朝此翁死，千金求不得。

读苏叔党汝州北山杂诗次其韵十首

暑耘日炙背，寒耕泥没脚。众人占膏腴，我独治硗确。力尽功未见，厥土但如昨。岂惟窘糠籺，直恐转沟壑。今年雨阳时，天如相耕获。屋倾未暇扶，且复补篱落。

旧絮补破襦，生薪续微火。茕孤有冻死，自视亦已过。邻翁冒风雪，斗酒持饮我。尖圆擘霜蟹，丹添钉山果。欣然共笑语，何止宽寒饿。布被拥更闲，招魂不须些。

三山镜湖上，出郭无十里。结庐非所择，但取便薪水。间亦出从宦，安能慕园、绮。地主卜林塘，亦复异子美。蓬蕀方丈室，仅足容卧起。吾意本扁舟，陆居聊尔耳。

祠官粟一囊，不瞻躯七赤。前年蒙宽恩，例许乞骸骨。联翩三儿子，俱作鹖雀碧。赋禄虽上远，亦足慰衰白。幅巾茅檐下，称病谢来客。从今门前路，永扫车马迹。

舍北有渔矶，下临清溪流。柳阴出朱桥，莲浦横兰舟。莼丝二三亩，采掇供晨羞。鱼虾虽琐细，亦足赡吾州。人生常如此，安用万户侯？绿蓑幸可买，金印非所求。

寓形百年中，如臂屈伸顷。少壮几何时？已复堕衰境。老人喜自洁，临涧漱绿净。佛龛香事已，僧钵供煮饼。山茶试芳嫩，野果荐甘冷。不学万钱厨，长渔取淮颍。

岩石著幼舆，风月思玄度。老子放浪心，常恐迫迟暮。安得世外人，握手相与语。吾宗甫里公，奇辞赋渔具。高风邈不嗣，徒有吟讽苦。霜风吹短衣，何山不堪住。

久病卧江村，发白面黧黑。艰难念温饱，日夜积涓滴。聚壤粪园桑，荷锄耘垅麦。苟失一日勤，农事深可惜。小儿念乃翁，卒岁共欣戚。跂望明年春，社雨泥一赤。

德孙秀眉宇，慨然脩初服。枯肠贮诗书，十饭九不肉。成童将觅举，想见袍立鹄。先泽倘未衰，岂无五秉粟？汝能记吾言，并以告阿福。闭门勿杂交，一经万事足。

吾幼从父师，所患经不明。何尝效侯喜，欲负能诗声？亦岂刘堕州，五字矜长城。秋雨短檠夜，掉头费经营。区区宇宙间，舍重取所轻。此身倘未死，仁义尚力行。

读杜诗偶成

一念宁容事物侵，天魔元自是知音。拾遗大欠修行力，小吏相轻尚动心。

千载诗亡不复删，少陵谈笑即追还。常憎晚辈言诗史，《清庙》《生民》伯仲间。

城南杜五少不羁，意轻造物呼作儿。一门酣法到孙子，熟视严武名挺之。看渠胸次隘宇宙，惜哉千万不一施。空回英概入笔墨，《生民》《清庙》非唐诗。向今天开太宗业，马周遇合非公谁？后世但作诗人看，使我抚几空嗟咨。

读李杜诗

濯锦沧浪客，青莲澹荡人。才名塞天地，身世老风尘。士固难推挽，人谁不贱贫？明窗数编在，长与物华新。

读乐天诗

放姬鬻骆初何有？常笑香山恨不摅。输与此翁容易死，一身之外更无余。

读许浑诗

裴相功名冠四朝，许浑身世落渔樵。若论风月江山主，丁卯桥应胜午桥。

读王季夷旧所寄诗

灯前忽见季夷诗，泪洒行间不自知。醉别西津如昨日，露晞沤灭已多时。子在京口，与李夷别，遂不复相见。

读林逋、魏野二处士诗

君复、仲先真隐沦，笔端亦自斡千钧。闲中一句终难道，何况市朝名利人。

读宛陵先生诗

李杜不复作,梅公真壮哉。岂惟几骨换,要是顶门开。锻炼无遗力,渊源有自来。平生解牛手,余刃独恢恢。

欧尹追还六籍醇,先生诗律擅雄浑。导河积石源流正,维岳嵩高气象尊。玉磬鏐鏐非俗好,霜松郁郁有春温。向来不道无评讥,敢保诸人未及门。

读陈秀才诗

程子晚相得,居然一坐倾。心诗欲飞动,病眼为开明。英妙非凡质,衰迟畏后生。吾徒可相贺,吾字有长成。

夜读巩仲至闽中诗,有怀其人

诗思寻常有,偏于客路新。能追无尽景,始见不凡人。细读公奇作,都忘我病身。兰亭尽名士,逸少独清真。

读豳诗

我读《豳风·七月篇》,圣贤事事在陈篇。岂惟王业方兴日,要是淳风未散前。屈、宋遗音今尚绝,咸、韶古奏更谁传?吾曹所学非章句,白发青灯一泫然。

读后汉诗二首

赁春老子吾所慕,垂世文章宁在多?诗不删来二千载,世间惟有《五忆歌》。

季英行年七十八,犹灌园蔬授六经。我欲图之置斋壁,世无顾、陆善丹青。

读唐人愁诗,戏作五绝句

少时唤愁作底物?老境方知世有愁。忘尽世间愁故在,和身忘却始应休。

清愁自是诗中料,向使无愁可得诗。不属僧窗孤宿夜,即还山驿旅游时。

天恐文人未尽才,常教零落在蒿莱。不为千载《离骚》计,屈子何由泽畔来?

我辈情钟不自由,等闲白却九分头。此怀岂独骚人事?三百篇中半是愁。

飞雪安能住酒中?闲愁见酒亦消融。山家有力参天地,不放清樽一日空。

读近人诗

琢雕自是文章病,奇险尤伤气骨多。君看大美元酒味,蟹螯蛤柱岂同科?

杂题绝句六首

少谈王霸谋身拙,晚好《诗》《骚》学道疏。还有一筹差自慰,闭门不作公子书。

莫笑花前白发新,宣和人醉庆元春。何时道路平如砥,却就清伊整幅巾。

三生元是出家人,一念差来堕荐绅。二寸楮冠双草履,天公还我水云身。

《黄庭》两卷伴身闲,盘篆香残日未残。泛泛孤身似萍叶,始知天地不胜宽。

年华偃蹇留不住,鬓雪纵横耘更多。乐天不生梦得死,恨无人续《竹枝歌》。

年来世念扫除尽,犹有闲吟颇自奇。安得陟釐九万个,为君尽写暮春诗。

杂题

松肪酿酒石根醉,槲叶作衣云外行。指点人间独长叹,秋风又到洛阳城。

山家贫甚亦支撑,时抚桐孙一再行。朝甑米空烹芋粥,夜缸油尽点松明。

羊裘老人只念归,安用星辰动紫微。洛阳城中市儿眼,情知不识钓鱼矶。

黍醅新压野鸡肥,茅店酺歌送落晖。人道山僧最无事,怜渠犹趁暮钟归。

钓鱼吹笛本闲身,正坐微官白发新。著屦此生犹几緉,可令复踏九衢尘。

山光染黛朝如泾,川气熔银暮不收。诗料满前谁领略?时时来倚水边楼。

杂诗绝句

世味渐阑如嚼蜡,惟诗直恐死方休。四时风月元无尽,万里江山更拟游。

一身顶踵无非病,两饭齑盐亦阙供。正可清言学夷甫,不须豪气似元龙。

枳篱莎径入荆扉,中有村翁百结衣。谁识新年欢喜事,一鸡一犬伴东归。鸡犬皆实事。

身似匡庐老病僧,闭门一衲坐腾腾。雨声惊觉长安梦,惆怅西窗夜半灯。

戏题

莫轻凡骨未飞腾,要胜人间粥饭僧。山路近行犹百里,酒杯一举必三升。

戏书触目

狸奴闲占熏笼卧,燕子横穿翠径飞。我亦人间好事者,凭栏小立试单衣。

古风

牺象荐清庙,余才弃沟中。二者虽甚远,残生其实同。人当贵其身,岂复论穷通?宁为原上草,一寸摇春风。

木生虽拱把,鲜不困斧斤。枯朽或可全,又以乡故焚。嘉禾终铚艾,岂独草见耘。此理讲已熟,要当尊所闻。

拟古

牛迹可使圆,羊角可使直。惟使刚者柔,造物不可得。世方贵软熟,刚实不可为。为刚死道傍,已矣何所悲。

君看一钓丝,能得几日络?君思几州铁,打此一大错?目前岂不快?后悔将奈何!我非通神明,比汝更事多。

宁忍十日饥,野葛不可烹。宁枉百里途,捷径不可行。自古风俗坏,善士亦沦胥。橘柚禹包贡,后世称木奴。

坐卧北窗下,百事废不治。脱粟与大布,衣食裁自支。温饱岂不欲?违道予心悲。地不见先人,所冀向有辞。

古意

千金募战士,万里筑长城。何时青冢月,却照汉家营。

夜泊武昌城,江流千丈清。宁为雁奴远,不作鹤谋生。

戏作绝句以唐人句终之

雨细穿梅坞,风和上柳桥。山居无历日,今日是何朝?

回头问童子,今夕是何年?静对煎茶灶,闲疏洗药泉。

客从城中来

客从城中来,相视惨不悦。引杯抚长剑,慨叹故未灭。我亦为悲愤,共论到明发。向来酣斗时,人情愿少歇。及今数十秋,复谓须岁月。诸将尔何心?安坐望旄节。

谢徐志父帐干惠诗编

平生闻若人,笔墨极奇峭。相望二千里,安得接谈笑?一朝获其诗,惊喜逾素料。夜窗取吟讽,寒灯耿相照。春容《清庙》歌,缥缈苏门啸。蹴天浙江涛,照野楚山烧。每篇十过读,玩味头屡掉。正如啜名酒,虽爱不忍醮。看君亦华发,气压万年少。予昔从茶山,辱赏三语妙。文章老不进,憔悴今可吊。谁知牛车铎,黄钟乃同调。愿君时来过,勿恤俗子诮。

谢王子林判院惠诗编

文章有定价,议论有至公。我不如诚斋,此评天下同。王子江西秀,诗有诚斋风。今年入修门,轩轩若飞鸿。人言诚斋诗,浩然与俱东。字字若长城,梯冲何由攻。我望已畏之,谨避不欲逢。一日来叩门,锦囊出几空。我欲与驰逐,未交力已穷。太息谓王子,诸人无此功。骑驴上灞桥,买酒醉新丰。知子定有人,讵必老钝翁。

观渡江诸人诗

中朝文有汉唐风,南渡诗人尚数公。正使词源有深浅,病怀羁思亦相同。

杂诗

半年不读书,顾影疑非我。乃知百年中,如此过亦可。书能作汝崇,识字果非福。明年倘未死,乐哉驾黄犊。

伐性无蛾眉,腐肠无旨酒。斋居亦得疾,果无第一手。才不如嵇康,疏懒则过之。虽有《绝交书》,不作《幽愤》诗。

偶观旧诗书叹

吾道运无积,何至堕畦畛。醯鸡舞瓮天,乃复自拘窘。外物岂移人?子顾不少忍。鹤井与狐妖,正可付一哂。繁华梦境闹,零乱空花賫。可怜憨书生,尚学居易积。我昔亦未免,吟哦啄肝肾。落笔过白雨,聚稿森束笋。幸能悟差早,念念常自悯。安得从硕儒,稽首谢不敏。

四月二十八日作

四月欲尽五月初,九十未及八十余。开口何曾谈世事,收身且复爱吾庐。

行遍人间病不禁,鬓毛饱受雪霜侵。茅檐一夜萧萧雨,洗尽平生幻妄心。

出游归卧得杂诗

江天缺月西南落,村路寒鸡一再鸣。自笑此身羁旅惯,野桥孤店每关情。

江村何处小茅茨,红杏青蒲雨过时。半幅生绢大年尽,一联新句少游诗。

眼明未了观山债,力在犹能涉水行。莫笑轩然夸老健,身存终胜得浮名。

壮岁经春在醉乡,老来数酌不禁当。正须独倚蒲团坐,领略明窗半篆香。

儿扶行饭出柴扉,伛偻方嗟气力微。道侧偶逢耘麦叟,倚锄闲话两忘归。

久读仙经学养形,未容便应少微星。一枝新锻金鸦觜,更向名山劚茯苓。

荠花如雪满中庭,乍出芭蕉一寸青。老子掩关常谢客,短蓑锄莱伴园丁。

晚交数子多才杰,谁肯频来寂寞乡?但寄好诗三四幅,绝胜共笑亿千场。

醉吟绝句

少日沉迷汗简青,如今毁誉两冥冥。书生弄笔如何信,只合花前醉不醒。

驱使难凭赤丁子,传呼底用苍头儿。世间如梦身如寄,春去花空欲沉谁。

牵经司礼人谁听?是古非今世共憎。何似对花倾绿酒,自歌一曲醉腾腾。

山遮水隔重重堠,雨练风柔处处花。一病半年能不死,又将此恨醉天涯。

杂赋绝句

地炉夜爇麻黏暖,瓦釜晨烹豆粥香。不是有心轻富贵,从来吾亦爱吾乡。

病起胸中一物无,梦游信脚到华胥。觉来忽见天窗白,短发萧萧起自梳。

终日才堪米一升,生涯略似草庵僧。湿薪不管晨炊晚,留得松肪代夜灯。

出门信步作闲游,野庙村坊到处留。每伴樵夫尝半舍,更随牧竖采沿沟。半舍、沿沟,皆野果名。

体不佳时看《周易》,酒痛饮后读《离骚》。骑驴太华三峰雪,鼓枻钱塘八月涛。

昔人莽莽荒丘里,陈迹纷纷朽简中。毕竟是非谁辨得?举杯吾欲问虚空。

百亿须弥理固有,八九云梦何足吞。天下广居君识否?一间茅屋寄孤村。

梦里曾作南柯守,少时元是东陵侯。今朝半醉归草市,指点青帘上酒楼。

七十八十古来稀,行年九十固应衰。已兴工部耳聋叹,更和文公齿落诗。

中年畏病杯行浅,晚岁修真食禁多。谢客杜门殊省事,一盂香饭养天和。

齐民让畔不争桑,和气横流岁自穰。君看三山百家聚,更无一垅有遗蝗。今年蝗蕈,独三山过而不下遂不为灾。

得雨郊原已遍耕,东家西舍多逢迎。前山云起树无影,别浦潮生船有声。

一身只付鸡栖上,万卷真藏椰子中。嘉定三年正月后,不知更醉几春风。

谢张廷老司理录示山居诗

憔悴经年客瘴乡,把君诗卷意差强。古人三语犹嗟赏,况是珠玑满锦囊。

老觉人间万事非,但思茅屋映疏篱。秋衾已是饶归梦,更读山居二十诗。

梦海山壁间诗不能尽记,以其意追补

碧海无风镜面平,潮来忽作雪山倾。金桥化出三千丈,闲把松枝引鹤行。

海上乘云满袖风,醉扪星斗蹑虚空。要知壮观非尘世,半夜鲸波浴日红。

一剑能清万里尘,谤波深处偶全身。那知九转丹成后,却插金貂侍帝宸。

春残枕藉落花眠,正是周家定鼎年。睡起不知秦汉事,一樽闲醉华阳川。

曾仲躬见过,适遇予出,留小诗云。次韵。

地僻元无俗客来,蓬门只欲为君开。山横翠黛供诗本,麦卷黄云足酒材。

数树山花草舍东,想公系马落残红。那知老子耶溪上,正泛朝南暮北风。

杂题绝句

贺公在朝雅吴语,庄舄仕楚犹越吟。我幸归休在闾巷,灯前感概不须深。

茅屋三间已太奢,干柴白米喜无涯。非贤敢窃优贤禄,愿拆莼丝与蕨芽。半俸自春初不复敢请。

野花红碧自争春,村酒酸甜也醉人。解放舡头便千里,不愁无处著闲身。

湖堤疏瘦水杨柳,村舍殷红山石榴。推户本来随意入,乞将因得片时留。

癸丑正月二日绝句

朱颜不老画中人,绿酒追欢梦里身。堪笑三山衰病叟,闭门寂寂过新春。

菊丛抽绿满枯核,绕舍梅花已遍开。须信今春春事早,江乡开岁有奔雷。

太息

太息贫家似破船,不容一夕得安眠。春忧水潦秋防旱,左右枝捂且过年。

祷庙祈神望岁穰,今年中熟更堪伤。百钱斗米无人要,贯朽何时发积藏。

北陌东阡有故墟,辛勤见汝昔营居。豪吞暗蚀皆逃去,窥户无人草满庐。

无题

碧玉当年未破瓜,学成歌舞入侯家。如今憔悴蓬窗里,飞上青天妒落花。

半醉凌风过月旁,水精宫殿桂花香。素娥定赴瑶池宴,侍女皆骑白凤凰。

出茧修眉淡薄妆,丁东环佩立西厢。人间浪作新秋感,银阙琼楼夜夜凉。

数日不作诗

吾诗郁不发,孤寂奈愁何。偶尔得一语。快如疏九河。黄流舞浩荡,白雨助滂沱。门外无来客,花前自浩歌。

得赵昌府寄予及子通诗

去国双蓬鬓,还山一鹿车。壮惭稽古浅,老悔养生疏。俗态慵开眼,高吟独起予。青灯对徐子,并为问何如。

闲咏

身似地行仙,心非欲界天。舆竿声轧轧,巾角影翩翩。买菊穿苔种,怀茶就井煎。归来书绕坐,随处一欣然。

久入春农社,新腰老衲包。纸栽微放矮,砚断正须颐。髯簿能为祟,方兄任绝交。吾诗无好句,聊复当诙嘲。

病中杂诗

久病身犹困,闲游性已成。未停汤熨事,即理水云程。投宿忘街陌,论交失姓名。最怜花坞好,恐是牡丹坪。

自我居湖曲,渔樵日往来。只知年屡改,不觉老相催。小浦潮痕长,长堤草色回。逢春心事在,莫道已成灰。

天远不可问,将如此老何?老惊诗思退,贫欠药钱多。剡县寻僧宿,桐江买酒歌。市桥新柳色,又是一年过。

七月二十四日作

闲拂青铜一惘然,此生应老海云边,凉飔入袂诗初就,幽鸟呼人梦不全。天上鹊归星渚冷,月中桂长露华鲜。射胡羽箭凋零尽,坐负心期四十年。

先少师宣和初,有赠晁公以道诗云:"奴爱才如萧颖士,婢知诗似郑康成。"晁公大爱赏。今逸全篇。偶读晁公文集,泣而足之。

仕不逢时勇退耕,闭门自号景迂生。远闻佳士辄心许,老见异书犹眼明。奴爱才如萧颖士,婢知诗似郑康成,早孤遇事偏多感,欲续残章涕已倾。

无题

画阁无人昼漏稀,离惊病思两依依。钗梁双燕春光到,笋柱羁鸿暖不归。迎得紫姑占近信,裁成白纻寄征衣。晚来更就邻姬问,梦到辽阳果是非?

珠鞴玉指擘筝箦,谁记山南秉烛游?结绮诗成江令醉,囊泉梦断沈郎愁。天涯落日孤鸿没,镜里流年两鬓秋。不用更求驱豆术,人生离合判悠悠。

轺辀毡车赴密期,追欢最数牡丹时。新春欲近犹贪喜,旧爱潜移不自知。宝镜尘生鸾怅望,钿筝弦绝雁参差。玉壶莫贮胭脂泪,从湿泥金带上诗。

金鞭朱弹忆春游,万里桥东庵画楼。梦倩晓风吹不去,书凭春雁寄无由。镜中颜鬓今如此,幕下朋俦好在不?箧有吴笺三万个,拟将细字写新愁。

笥中偶得去年二月都下数诗有作。

昨佩鱼符出凤城,春风处处听莺声。欲寻旧友半为鬼,重到西湖疑隔生。浮世正如投六簿,野人何意慕三旌。严州戍满真当老,犹幸为民死太平。

蜀僧宗杰来乞诗,三日不去,作长句送之。

看遍东南数十州,寄船却沂蜀江秋。孤云两角山亡恙,斗米三钱路不忧。今年所在皆大稔万里得诗长揖去,它年挈笠再来不?放翁烂醉寻常事,莫笑黄花插满头。

旧识姜邦杰于亡友韩无咎、许近屡寄诗来,且以无咎平日倡和见示,读之怅然,作此诗附卷末。

故人王骨已生苔,邂逅逢君亦乐哉。湖寺系舟无梦去,京尘驰骑有诗来。醉中不敢教儿诵,看处常须盥手开。久矣世间无健笔,相期力斡万钧回。

检旧诗,偶见在蜀日江渎池醉归之篇,怅然有感。

江渎池头烂醉归,青旗日晚插城扉。正驰玉勒冲红雨,又挟金丸伺翠衣。老境渐侵欢意尽,旧游欲说故人稀。凭高三叹君知否?倦鹢无风亦退飞。

吕氏子夔郎求诗。

乃祖身兼将相崇,诸孙玉立有家风。此郎已复尘埃外,他日相期气类中。行己勤勤须自省,读书亹亹要新功。果能哮吼如狮子,一瓣香应嗣放翁。

六言绝句

满帽秋风入剡,半帆寒日游吴。问子行装何在?带间笑指葫芦。

不慕生为柱国,何须死向扬州。但愿此身无病,天台剡县闲游。

爱马能成一癖,结髦可忘百忧。我亦时时自笑,开编万事俱休。

遇舍生封万户,厄穷不直一钱。此是由来事尔,正须到处欣然。

豪士以妾换马,耕农卖剑买牛。我看浮名似梦,却贪山水闲游。

风细飞花相逐,林深啼鸟移时。客至旋开新茗,僧归未拾残棋。

觅饱如筹大事,拥书似堕重围。误喜敲门客至,出看啄木惊飞。

香烟触帘不散,灯焰无风自摇。独倚蒲团寂寂,忽闻山雨萧萧。

欧阳彻《飘然集》和韵,戏索建中和诗

功名未许冠凌烟,琢句投囊学阆仙。韫玉要今神物护,探珠岂待老龙眠。宾王颇欠新诗债,子美回偿旧酒钱。自古逸才多涤器,醉来宜洒夺袍篇。

世弼读白乐天《放言》诗,放其体,依前韵,作数首见寄,因和答之,亦放乐天之体。

如簧巧语何须听,似海侯门岂足游?太华崇高无弃玉,沧浪合并纳纤流。未要季子荣亲印,已买陶朱佚老舟。藏器待时须大用,耻事蜗角与蝇头。

驷马华轩终得志,箪瓢捽茹且潜身。隋珠莫弹排空雀,和璧休投按剑人。画史解衣须遇鉴,齐门鼓瑟信难亲。索瘢洗垢从教谤,澡雪襟怀与道邻。

抟鹏休笑蓬蒿适,燕雀岂知鸿鹄游。颜跖贤愚终异域,渭泾清浊自殊流。绠长方可探深井,水浅安能泛大舟。独爱乐天吟著句,输赢终待局终头。

言行枢机宜慎发,利名缰锁苦萦身。无非入市攫金客,谁似临畦抱缶人。鸿雁弟兄犹列序,虎狼父子尚相亲。刀锥不用争蜗角,请学当时阙党邻。

古诗寄游良臣，兼简陈国镇。

廞盐兴浅知无策，谢绝归来事清白。乱丝心绪尚纷如，时对风檐独扪虱。会须稽古补前愆，赤水遗珠不难索。仰公学问又日新，唐砻幸偶谪仙人。遥知议论到佳处，眉间喜气常津津。我惭踪迹浪萍梗，欲亲莫几嗟因循。飞双寥落绝问幅，渴心依约生埃尘。以胶投漆贵耐久，回光借烛期知贫。情均骨肉非有素，白玉琢成心始固。莫学纷纷轻薄儿，世情翻覆成云雨。登云依旧高嵯峨，指掌江山胜概多。佳眠风物未入梦，疑泛灵槎游绛河。揭来乘兴须一往，飞舸烂醉横秋波。膺门况有金闺彦，笔驱丽景森吟哦。悠悠此志遂何日，款段相期踏雪过。

洪文安公《小隐集》

王世英秀才出示曾卿诗求和

投笔文章壮志休，鸟经鹤训漫心留。若为一见开青眼，解使三公出黑头。望陇自应知可否，折潮须信妙源流。夜光明月无虚售，可忍庸人按剑求。

葛胜仲《丹阳集》

同子充游尧祠，见交代李行正诗，追用李太白旧韵，因亦次韵呈子充。

俗物败人意，作吏七不堪。揭来东蒙遇欢友，角立杰出推江南。英材百汰挥利刃，夷量万顷澄寒潭。弱龄文采照金殿，茬苒立镜衣犹蓝。铜章来踏瑕丘鼓，邑屋欢康无疾苦。春风郊外正酣酣，笑指丛祠雨骖舞。猛抛簿领乱回回，戏看油碧声如雷。不遣韶光浪湮灭，桃已蒸霞柳飞雪。超然危立俯河干，抱城清泗鸣惊湍。谪仙秀句但碑板，无复真迹龙蛇蟠。君不见，聪明文思抚寰海，四表上下腾光彩。破橡欺魄炉无烟，豪气英风亦何在？荒郊遗趾望中来，遐想千古令人哀。祖龙巡幸亦琐琐，从臣徒向苍旻开。豪华岂复灵光殿，峻峭谁知季武台。耿耿星河挂窗牖，未跨归鞍犹捧手。同门早岁气横秋，年大饥寒依秩酒。俗儒醒醉尚不分，金马玉麟名远闻。小县鸣弦烦卓令，冷阁问字疲子云。五斗不归俱委琐，邂逅为僚天赞我。金兰缟纻未足夸，嵇吕命驾何其赊。官寺相望无百步，洋林正对河阳花。坐令庄舄吟忘越，亦复无心存魏阙。蒲酒相从未有涯，祭灶请邻才一月。

山谷以寒岩子诗十二首作橐，书词笔俱绝，裴继之出示求跋，因题绝句。

百篇诗已露玄关；欲免惊愚理亦难。招得使君来帐下，不应饶舌坐丰干。

曾梦良传惠然见存，出阙字诗十有七篇，偶撅所遗，成三篇纪谢。

未有归资可买山，一封程奏便求闲。睢睢去后容争席，碌碌羞来肯抱关。幻界已知

都是梦，真心自要识无还。尊前衮衮听名理，坐遣穷愁一破颜。

清明时节访溪山，消尽机心大智闲。元亮孤舟聊自棹，尚平家事不相关。叩门虽幸千金顾，恋德翻嗟半日还。并水幽亭同历览，应怜瓢饮政晞颜。

居然埋照向穷山，谁识龙媒伏帝闲。意气虽吞云梦泽，功名未羡玉门关。身常静退缘知止，心不倾邪畏好还。但恐缙绅公论在，招延行见觐威颜。

葛立方《归愚集》

卫卿叔自青旸寄诗一卷，以饮酒、果核、榖味、烹茶、斋戒、清修、伤时等
为题，皆纪一时之事，凡十七首为报。

自叹杖头无孔方，头上貂蝉乏金黄。醉乡遥遥道路长，傲窗新酿汲新凉。指点银瓶难索尝，空教金缕唱秋娘。遥想玳席行觞忙，绣段装帘筛妙香。梦熟有时归故乡，赐我屈卮浇客肠。

不堪羁寓天一方，无心佩紫兼怀黄。侍酒无田道路长，如意至今质西凉。箬溪竹叶倘许尝，艺色何须留窈娘。缅怀星郎抛令忙，席上微闻鸡舌香。支颐腾腾之醉乡，惟有麴生可娱肠。

席中珍核来异方，乌椑正绿金梿黄。大谷消梨紫蒂长，蒲萄马乳堆西凉。深秋杨梅有何尝，罗浮定逢何二娘。洞庭霜橘苞苴忙，吴姬手擘三日香。可怜犹子留他乡，终日忍饥如龟肠。

阔展食前一丈方，羔儿酿酒鹅儿黄。千里莼羹紫丝长，乳肫丰贮琉璃凉。萍齑豆粥得并尝，尊前何用绿珠娘。貂炙羌煮庖厨忙，碗面浓封龙脑香。鲁卫勾吴莫夸乡，南北两烹慰中肠。

《归愚集》书影

客居贫病医无方，忍饥面作瞿昙黄。枫叶萧萧风阵长，东厢曝背资沧凉。邻家有酒难偷尝，草书正藉公孙娘。家家刈熟畦丁忙，有口不识云子香。令我驰神青旸乡，杯粟有时来实肠。

金杯制宅初奠方，夏木阴阴啭鹂黄。紫丝步阵百里长，鱼轩象服池阁凉。笙歌嘈杂闻未尝，何止一曲杜韦娘。珠履玳簪迎送忙，罗帏绣幕围风香。须臾料理龙阳乡，木奴千头可充肠。

灵芽胯底棋局方，茗碗班班金粟黄。食罢煮香消日长，莫遣姜盐资胃凉。廪君所嫉裴不尝，谁是纤纤捧碗娘。识取真腴那得忙，不是沙溪不入香。可须臾醉无何乡，甘脆肥浓能腐肠。

纸窗蒲团竹几方，清晓聊翻经卷黄。禅心无累须眉长，坐回热恼生清凉。月六腥膻口不尝，眼静不觑登伽娘。名利从渠朝市忙，象口轻飘柏子香。菰莼大嚼蜻蛙乡，不教藜苋徒集肠。

淮南空说枕中方，鬼物岂解为金黄。虎龙自卫策最长，身阅寒暑无炎凉。王母蟠桃端可尝，何必更值扈王娘。日月跳凡那觉忙，口中自有芝术香。云装羽帔入仙乡，为公洗髓兼浣肠。

玉软华芝今省方，西风索索吹伞黄。汴京宫阙秋草长，望风屑涕心凄凉。袭粲用命嗟何尝，义军谁是竹园娘。黠羌何事追奔忙，大似浓熏返魂香。清跸何时还都乡，中兴慰我九回肠。

《王汉宾先生集》

杂诗四首

有忧乌啼门，有喜鹊噪庐。主人闻啼噪，喜鹊唾老乌。吉凶实由人，乌鹊何与乎？但知预相报，其智各有余。人智不如鸟，贪喜忌忧虞。遂于乌鹊间，憎爱乃尔殊。福至自福至，祸来贵先图。二鸟孰有益？嗟哉主人愚。

春蚕口吐丝，生人皆仰供。蜘蛛丝满腹，只能打飞虫。衣服与网罗，利害岂可同。蚕生旬月老，蜘蛛无春冬。蚕食惟草木，蜘蛛肉食丰。蚕以茧自缚，蜘蛛挂青空。蜘蛛有余毒，春蚕有余功。受报乃如此，天理不可穷。

龟肉不可食，蟹螯不中卜。龟以壳自戕，蟹以味见戮。所养殊毅豹，所亡等臧谷。一足致患害，内外皆鸩毒。嵇康坐才死，霍禹以势族。乐哉蟹螯中，贮此老龟肉。

江发岷山阳，河出昆仑趾。渊源既洪深，浩浩并众水。东流至渤海，曲折万余里。经山无重数，过郡不知几。海边有小溪，近出海山里。未能数里间，已接潮波起。到海虽则同，难与江河比。

《董霜杰先生集》

书伯修兄诗尾

觅句尤长五字中,只今惟有富清翁。解言泉捣空山练,不减澄江谢脁工。

戏书简逸诗后

君诗颇似天韶女,淡抹浓妆总入时。翻笑岷峨老词伯,西湖信口比西施。

偶成

满酌东坡桂醑,更尝张翰莼羹。谁羡封侯蚁冗,醉乡中寄余生。

堕甑了忘万事,枝筇聊伴闲身。乞取五湖风月,搜归吟句清新。

偶书再用江字韵

莫厌简编舒卷,借君棐几明窗。世路休休着脚,溺贤平地涛江。

戏书

客鬓先于蒲柳衰,秋风吹梦到茅茨。难亡情话团栾处,生怕权门嘈沓时。知马问牛类相准,弃人用犬猛何为。纷纷传舍曾非泰,况觅槟榔欲讳饥。

借东湖先生寄养直韵书渊明苏估诗后

元亮东坡百世师,人间梦事付痴儿。闻风遥酹一樽酒,击节频歌五字诗。清矣敛裳彭泽夜,悠然饱饭惠州时。谁言出处非同道,丘壑胸中两崛奇。

书少鼎秣陵诗卷

胜处由来富秣陵,眼中领略句中新。孤桐朗玉有天律,明月清风无俗尘。

今代主盟真戏我,平生作语岂惊人。碧云暮合关心事,傥复登然寂寞滨。

《邓梓桐先生集》

无题

风行水上偶成文,暖入园林自在春。换国虽工非我有,呕心得句为谁珍。三生戒老诗堪画,千古长庚笔有神。不可临风叹奔逸,箪瓢一笑舜何人。

曹勋《松隐集》

杂诗

方塘倒影青天净，幽径苔生绿荫浓。春去得闲观物化，吹凉醒睡喜支筇。

孤山不复访林逋，杖策东风踏碧芜。九里苍云行晓径，四围碧玉照晴湖。

云际翻风断雁斜，城阴日暮噪栖鸦。春容落景寒犹嫩，望尽遥天数缕霞。

远水兼天冷暮云，惊风脱叶静逾闻。蒲团宴坐都无事，只有山炉供夕熏。

幽栖真在赤城隈，桂月萝云冷斗台。猿鹤定能知我意，移文未怨晚归来。

景阳未下水云乡，梅影摇寒月一窗。歌枕梦能归故隐，满帆烟雨渡涛江。

春事匆匆只可惊，暄和喜试晓衣轻。梅花烂熳浑如雪，只恐风生堕玉英。

欣欣花木递香红，云散天容静碧空。恰是韶华浓似酒，柳丝澹荡杏花风。

从来甚爱水云居，投老安闲且自如。沦茗焚香方外友，白灰红火养丹炉。

腊后暄和若夏初，梅花催暖不容疏。从来准拟连旬赏，数月能忙雪不如。

晓天梅润喜追凉，湖上夷悠兴自长。清耳要闻蒲稗雨，拏舟深入水云乡。

清暑堂深日景迟，床头书策梦回时。小栏闲倚薰风晚。一点红榴绿万枝。

连旬梅雨暗人家，甚阻支筇一径斜。待得晴明荫新绿，追凉风帽倒乌纱。

此生扰扰事无穷，脱得闲身石火中。聊种柴桑三径菊，未输严濑一丝风。

危亭栏槛倚江干，饭了登临得暂闲。林木巧随高下路，山容都在有无间。

西窗忽见弄微明，甚喜江湖作晚情。不惮云霄遗暑湿，且无聒耳泻坐声。

绿暗红稀迷处所，梅黄雨细半阴晴。小轩坐夕无余事，喜听黄鹂一两声。

飞去莺儿黄一点，压低梅子绿团枝。钓窗卷箔凉生坐，但觉新阴转影迟。

柳浪收时水拍天,湖边宫殿影相连。悠扬笛韵惟秋彻,款乃渔歌何处船。

柑花开密玉嶙殉,香转薰风满坐闻。摘得一枝参鼻观,不妨终日醒余醺。

佛头山下雨随风,倒海翻江一饷中。徙倚栏干便晴霁,湖光渺渺夕阳红。

一山孤秀隐溪云,溪影涵光隔世纷。松竹径深凉意透,衣巾不觉午风薰。

道人身在水云乡,诵罢《楞伽》日正长。满坐好风驱热恼,一庭浓绿作清凉。

轻雷隐隐初惊梦,小雨疏疏巧润花。正是暄和好春色,常将诗酒赏年华。

款段扬鞭过雨村,沙平步稳转山根。好花一簇墙头见,深院谁家尚掩门?

淅淅西风入小楼,楼中听彻玉笙秋。不妨青竹摇残梦,甚怯新凉搅客愁。

澹烟疏雨耿寒林,一水涓涓净不深。照影自怜逼摇落,归涂未就更关心。

《吕忠穆公集》

偶成

金风萧瑟动疏帘,细雨霏微拂画檐。篱菊半开家酿熟,自惭生理胜陶潜。_{古诗云:山僧须不饮,沽酒引陶潜。}

谢刘仲忱宠惠诗编

久钦文采动簪绅,晚见佳篇妙入神。金自鸡林酬去贵,珠从骊颔探来珍。越罗蜀锦工谁拟?阵马风樯勇莫伦。四十年来无此作,_{自罢词赋,迄今四十年。}睢阳今继少陵人。

李壁《雁湖集》

六月十八日作

三伏已过二,九夏欲宾秋。月林疏梧响,露圃幽花稠。故人有晁子,高喧今前修。胜地能馆我,衰疾于焉瘳。山寂便午憩,并列共晨滫。坟素共偃蹇,几杖亦夷犹。嗟哉作田苦,斛水车轮抽。暮歌宛如笑,达旦不肯休。新谷幸稍登,惧贻晚禾忧。安得汤尘埃,倒

卷天河流。生意浃万物,仁风扇九州。老余亦苏醒,修然脱笼囚。眷言南山曲,仙袂追浮丘。

六月十四日

山色朝尤爽,溪声夏亦寒。蹇予资固陋,所得是平宽。庭日荒苔藓,林风老蕙兰。石床聊可借,白月在松端。

为问微园、绮,何如唤孔宾。好山时步屧,幽涧或垂纶。尘远知仙近,人疏觉道亲。晚来微雨过,翠色媚松筠。

严泰伯出示诚斋五诗,属予继声,奉呈一首。

为爱比邻好,诛茅试结庐。地临平楚回,堂枕一峰孤。乞子青霞佩,斟吾白玉腴。行行对金马,谨莫戏侏儒。

戏题

深院锁蛾眉,黄花一两枝。晚来天气好,浑似早春时。

又口占小诗五首

归传匆匆一过家,驿亭回首见梅花。绝知天汉朝宗近,去去方乘犯斗槎。

蝉连夜语不胜清,歌枕僧窗蜡炬明。早是宋公怀抱恶,更禁庭树作离声。

岁月翩翩比掷梭,从公能几别离多。梁州此去千山阻,病鹤无因借一柯。

四海同心阁贰卿,两公相对眼长青。从今太史灵台夜,定奏梁州聚德星。

少年缪许忧时策,万里空怀报主心。毕竟穷通吾有命,鸥盟未冷且重寻。

《朱晦庵集》

古意

兔丝附朴樕,佳木生高冈。弱蔓失所依,佳木徒苍苍。两美不同根,高下永相望。相望无穷期,相思谅徒为。同车在梦想,忽觉泪沾衣。不恨岁月遒,但惜芳华姿。严霜萎百草,坐恐及兹时。盛年无再至,已矣不复疑。

刘得《明彦集》

祝弟以"夏云多奇峰"为韵,赋诗戏成五绝。

出山几何时,归来便长夏。端居心不怡,散策长林下。

为蜀客城市,还家辞世纷。朝昏何所见?但有四山云。

闭门事幽讨,岁月忽已多。客来无可问,与君共弦歌。

千时本已懒,胸次况亡奇。若问中林趣,婆娑只自知。

炎蒸不可奈,云气满前峰。向夕风吹尽,微闻远寺钟。

偶题三首

门外青山翠紫堆,幅巾终日面崔嵬。只看云断成飞雨,不道云从底处来。

擘开苍峡吼奔雷,万斛飞泉涌出来。断梗枯槎无泊处,一川寒碧自萦回。

步随流水觅溪源,行到源头却惘然。始悟真源行不到,倚筇随处弄潺湲。

过高台携信老诗集,夜读上封方丈,次敬夫韵。

十年闻说信无言,草草相逢又黯然。借得新诗连夜读,要从苦淡识清妍。

伯谏和诗云:"邪色哇声方漫漫,是中正气愈骎骎。"予谓此乃圣人从心之妙,三叹成诗,重以问彼二首

任从耳畔妍声过,特地胸中顺气萌。个里讵容思勉得,美君一跃了平生。

阙里当年语从心,至今踪迹尚难寻。况君直至无心处,肯向人前话浅深。

公济和诗见闵眈书,勉以教外之乐,以诗请问二首。

至理无言绝浅深,尘尘刹刹不相侵。如云教外传直的,却是瞿昙有两心。

未必瞿昙有两心,莫将此意搅儒林。欲知陋巷忧时乐,只向韦编绝处寻。

福严读张湖南旧诗。

楼上低回掺别袖,山中磊落见英姿。白云未属分符客,已有经行到处诗。

抄二《南》寄平父，因题此诗

阙里言诗得赐商，子贡，子夏。千秋谁复与相望。邹汾孟子、文中子断简光前载，关洛张子、程子新书袭旧芳。析句分章功自小，吟风弄月兴何长。纵容咏叹无今古，此乐从兹乐未央。

读机仲、景仁别后诗语，因及《诗传》纲目，复用前韵

道有默识无言传，向来误矣空谈天。只今断简规蠹蚀，似向追蠡看虫旋。始之古人有妙处，未遽秦谷随飞烟。终然世累苦妨夺，下帷发愤那容专。一心正尔思鹄至，两手欲救惊头然。书空且复罢呫呫，屡舞岂暇陪仙仙。两年罢诗止酒，故云。功名况乃身外事，我马碎兀日回鞭。解颐果值得水井谓《诗传》，鉴古亦会朝宗川谓《纲目》。两公知我不罪我，便可筑室分林泉。十年灯下一夜语，闲日共赋春容篇。

《吕居仁集》

杂诗

烹葵去王畿，剥枣在海角。岁序忽已周，月亦频告朔。向来手中扇，今此已倦捉。尚嫌簿领繁，不厌朋友数。尘埃向奔走，文字费雕琢。途人有前知，子乃独未觉。出门见大路，夫子焉不学。

结发在简编，俗事方刺促。往来三十年，未见可栖宿。微官不能去，尚恐遭逼逐。归栖则在念，所望一枝足。频蒙故人娱，岂有邻可卜？出门虽无车，径自骑黄鹄。重寻置锥地，青灯一盂粥。

饥蚊青而化，怒目虬两须。黄昏于我遇，且复少踟蹰。肌肤恣啜喋，熟视不可驱。中宵盛徒党，意气若有余。伤哉陷阱虎，有时被囚拘。求食至摇尾，曾此蚊不如。云龙困蝼蚁，此语不可诬。

京师新郑与诸晁兄弟往还前后数诗。

夜雨不嫌久，凛然天欲秋。客灯吹屡灭，细雨落还休。未许金张并，虚为鄗杜游。江湖少归梦，知为故人留。

我发白已短，公愁安得长。墙根春荠老，瓶水腊梅香。侍立无天女，相随有漫郎。平生湖海兴，今夜宿连床。

发短各已白，眼昏谁复明。残春断花柳，晚日闭柴荆。潦倒书常废，驱驰梦或惊。尚于团聚乐，虽老未忘情。

令弟穷颜蠋，书生老仲舒。相招得共处，何往更安居。岁月尘埃外，桑麻雨露余。送行无别物，圮上一编书。

苦语相留极，虚床会宿频。山东今出相，海内不无人。妇女能尊客，儿童不厌贫。长途有如遇，今日倍情亲。

无题

德盛不狎悔，玄谈多类俳。居然少壮语，无乃近齐谐。恨此达者趣，犹乖壮士怀。故当先复礼，方得尽梯阶。

圣学邈难继，斯文当望谁。还能养志气，且务摄威仪。曾子但三省，子长徒爱奇。从来要公处，本不在多知。

心广体故胖，意肃气自屏。颓然万物表，乐此一室静。念君久安坐，转觉此味胜。疏篱过野马，破牖行日景。但令此意真，不必费讥评。想当溪山横，更有松竹映。隐几得昼眠，此固可补病。

我病无能到处穷，子才安得尚漂蓬。如何共饮重阳酒，相对无聊似乃翁。

重阳共采东篱菊，却似乃翁年少时。顾我无能甘老病，相寻唯有向来诗。

闻钟即起待天明，客舍无聊坐五更。何日长风破巨浪，看渠万里出门行。

平生随我饭脱粟，静夜不眠寻细书。可见乌衣诸子弟，从来志业不如渠。

学诗渐老转销声，末路蒙公此日情。尚有文章能起疾，岂惟田里解蚩甿。

近郊粳稻成秋熟，绕郭溪山入晚晴。剩绕长廊和新句，不知庭下薄寒生。

一任衡门可雀罗，时容歌枕听悬河。因君小试屠龙手，要与午窗降睡魔。

衾裯尚冷知春深，意绪无聊觉病侵。夜半改诗缘底事？向采余习立关心。

胡虏安知鼎重轻？祸胎元是汉公卿。襄阳耆旧唯庞老，受禅碑中无姓名。祸昭作指

柴门罗雀懒频开，喜有新诗到眼来。闻道系舟城脚底，莫乘溪涨便轻回。

入秋多病浑无酒，学道无成却读书。莫谓穷居便寂寞，天凉犹枉故人车。

疾病侵凌我亦衰，后王谁复更相知。可怜日落长安路，不见骅骝整辔时。

夜凉早起寻李贻季陆庆长所惠诗有作

夜长忘阴晴,忽听檐雨滴。空房闭重门,凉气通枕席。欣然欲揽被,如觅旧相识。那知庚伏内,得此睡通夕。起寻两君诗,令我生气力。成蹊长桃李,已自除荆棘。远游得数士,舍此百无益。挑灯视皮肤,不顾蚊咬赤。因之不复寐,为子增叹息。

追成旧作

满江风月一船霜,无计留君只自狂。灯火隔帘香隔坐,无人知是竹枝娘。

绝句

云海冥冥日向西,春风着意力犹微。无端一棹归舟疾,惊起鸳鸯相背飞。

过尽层城渡石梁,乱山千叠转羊肠。草堂居士风流在,与种寒香满古堂。

江城春色涨晴空,樱杏漫山泼眼红。溪转路回人不见,蓝舆十里度松风。

雨湿平林松桂香,断云荏苒拂疏篁。江山故自可人意,从此归休策最长。

佛日纵步,相寻索归甚苦,戏成绝句

相逢不可苦相催,只一作直到更深月上回。莫怪室空无侍者,夜窗相对有寒梅。

戏成二绝句

老读文书两不前,亦无余地可逃禅。闭门省事群嚣远,唯有狸奴附日眠。

病犬呢喁唯附日,懒猫藏缩尚逃寒。宁知两马霜风下,更有长途不道难。

口占二首

城北城南柳絮飞,街东街西鹁鸪啼。海陵三月与春别,一夜雨成三尺泥。

风雨属连春事休,十日九日转城头。虽无俗物败人意,可使澄江消客愁。

偶作

去年芳草又萋萋,休叹王孙犹未归。更见春深送春雁,三三两两傍云飞。

偶作二绝

不嫌羸病守绳床,世念纷纷久已降。一夜月明如白日,骤闻急雨打天窗。

膏火从来只自焚,何曾野鹤驻鸡群。如何死亦无公论,地下犹存卫府勋。

鄙夫养病苦不足,诸公觅官常有余。自是闲人不更事,可随云鸟更深居。

拟古

寒鸡不能晨,苦雨自朝夕。上为云雷巢,下乃龙窟宅。坐看阴外天,缺月桂残魄。少来可喜人,牖户陈玉帛。平生千万年,略有二三策。牛山所种木,日在斤斧厄。念君十年心,使我双鬓白。

拟古

西邻有佳人,开户纳明月。月照衣上缨,同心为谁结?此结今几时?未解心已折。隔林闻捣练,起坐更鸣噎。情人在万里,我独音问缺。不闻行路难,但见思归切。年来契阔久,烈士或丧节。如何空床居,初未见短阙。胡马与越鸟,本自无离别。草摇新霜白,秋送池水竭。君心有断绝。妾恨无盈歇。

题焦寺丞诗册三绝

一世奔波在别离,君家孝友独天知。已令好梦传消息,更有宾鸿效羽仪。

路旁来报定何人,物理潜通自有神。想得三衢相见地,至今草木亦长春。

河朔家人堕渺茫,江南风日正舒长。已知原上管领处,更入云间鸿雁行。

丁未二月上旬四首

丞相忧宗及,编氓恐祸延。乾坤正翻覆,河洛倍腥膻。报主悲无术,伤时只自怜。遥知汉社稷,别有中兴年。

厄运虽云极,群公莫自疑。民心空有望,天道本无知。野帐留黄屋,青城插宅旗。燕云旧耆老,宁识汉官仪?

羽檄从天下,于今久未回。如何半年内,不见一人来。周室仍遭变,宣王且遇灾。犹存九庙在,咫尺得祈哀。

主辱臣当死,时危命亦轻。谁吞豫让炭,肯结仲由缨?洒血瞻行殿,伤心望虏营。尚留仪卫否?早晚复神京。

喜才仲兄弟至偶成四十字

落日下乔木,好风来暮船。径思投辖饮,复作对床眠。寂寂驱愁外,纷纷着酒边。平生五经笥,不直一囊钱。

申端应时

避乱久去国,远游将抱孙。氛埃到湖峤,愁难满乾坤。气力吾先老,风流子独存。相逢能少驻,重为倒余尊。

谢人送诗

坚坐少愉乐,欲行还滞淫。时蒙七字句,可慰十年心。岁晚日暮短,天寒霜雪侵。主人不厌客,敢辞酒杯深。

读东坡诗

命代风骚第一功,斯文到底为谁雄?太山北斗攀韩愈,琨玉秋霜敌孔融。不见陆机归洛下,只闻张翰过江东。《广陵》雅操无人继,六十余年一梦中。

《楼攻愧光生集》

戏作

二子为丞分越邑,女儿随婿过江南。莫言屋里成岑寂,匹似当初只住庵。

经筵讲《诗》,彻章进诗

圣主承丕祚,于今岁几迁。昭回光饰物,刚健位乘乾。善治新更化,当阳独揽权。诛锄及共鲧,擢任列闲颠。曩日方谋始,宸心最急先。未遑亲政理,首务辟经筵。恭俭甘卑室,尊严拱细旒。昼居勤已甚,坐侍礼无前。讲彻《诗》三百,时逢运半千。诸儒深诵说,六义极摩研。俯阅毛公《传》,旁参郑氏《笺》。慨寻中古意,重是素王编。旧本三千首,终存十二篇。虽遭煨烬厄,所赖咏歌全。开迹因农事,安民在井田。成功《时迈》《酌》,兴业《大明》《绵》。东国思平赋,南山乐得贤。艰难由后稷,劳来美周宣。起自绍熙载,迨兹嘉定年。《关雎》从肇彼,《殷武》遂终焉。宠数传中旨,恩光被尔联。神文期继踵,元□信齐肩。内厩颁云骑,雕鞍绚锦鞯。茗分龙焙品,香拂御炉烟。众俊咸宣力,孤生亦备员。少时曾学仕,老去未忘筌。纳禄诚休矣,归耕久晏然。锋车俄促召,梓里谓登仙。词禁容挥翰,天官命典铨。岂知侵暮境,重得侍甘泉。朽质何能报?孱躯殆欲捐。尚思求谲谏,海岳效尘涓。

谢刺中、沈元龙惠诗

东阳何事到东州,百语曾无一语酬。深羡松筠无改叶,自言蒲柳已先秋。千金既觉成虚掷,双璧还惊又暗投。别后未知何日见,但将吾道付沧洲。

诗 宋诗五

袁起岩《东唐集》

临安邸中即事,且谢诚斋惠诗

犹得十篇慰族思,坐吟行咏只相随。岂无一个闲宾客,便有谁来得似诗。

东风一夜转西南,分外羁愁分外寒。秋里酒肠浑不放,一杯全似十杯宽。

老来无复梦清都,到得清都却守株。些子行期犹自拙,个中能巧定应无。

一去重来发已星,八年归老卧漳滨。似曾相识满天下,不信怜渠未有人。

闷杀楼居隘似囚,一楼四壁障双眸。趁晴下得楼来看,又被西风赶上楼。

有愁无睡眠青青,鼠啮虫吟到五更。不分小黠同作祟,呼牌也作百般声。

世事全无只恁闲,光阴闲里故相关。欲将睡去消磨日,睡得醒时日未阑。

只作离家一月程,如今一月正飘零。定非官禄星临命,想见流年是客星。

急雨斜风一夜狂,客衾愁枕五更长。问君个里情怀恶,不听鹃啼也断肠。

挑灯拭眼聚诗材,捻断须时句欲裁。判却三更犹不寐,待渠明月过楼来。

万瓦丛中客里身,可怜虚度一番春。日长寻得宽心术,唤取门前卖卜人。

男儿孤矢四方居,何以家为莫念渠。打扑精神希一遇,书来不必问何如。

范石湖《大全集》

程助教求诗

残山剩水带离亭,送客烦君远作程。真欲明年击吴楫,白沙翠竹是柴荆。

藻佸比课五言诗,已有意趣,老怀甚喜,因吟病中十二首示之,可率昆季赓和,胜终日饱闲也。

旧岁连新岁,凉床又暖床。山川屏里昼,时刻篆中香。畏垒安吾土,支离饱太仓。若教身便健,鹤背入继杨。

牣鹿纷纭梦,亡羊散乱心。眵昏遮眼读,愁苦捻髭吟。幸觉行迷远,其如卧病深。通身都放下,何用觅砭针。

日暖衣犹袭,宵长被有棱。朝晡三搏饭,昏晓一缸灯。伴坐跧如几,扶行瘦比藤。生缘堪入画,寂寞憩松僧。

范成大

绳倚扶枵骨,蒲团阁悴肤。事疑偿业债,形类窘囚拘。空劫真常体,浮生幻化躯。个中元不二,无语对文殊。

软熟羞盘馔,芳辛实枕帏。候晴先晒席,占湿预烘衣。易粟鸡皮皱,难培鹤骨肥。头颅虽若此,虚白自生辉。

数息憎晨清,伸眉惬晚晴。隙尘浮日影,窗穴啸风声。扪虱天机动,驱蚊我相生。偶然成一笑,栩栩暂身轻。

贵仕龟钻笑,闲居马脱靮。冠尘昏旧制,带眼剩新围。堆案书邮少,登门刺字稀。掩关灰木坐,休示季咸机。

目眚浮珠佩,声尘籁玉箫。秋怀潘鬓秃,午梦楚魂销。注水饼花醒,听薪鼎药潮。南柯何处是?斜日上廊腰。

静里秋先到,闲中昼自长。门阑疑泄柳,尸祝漫庚桑。腹已枵经笥,身犹试药方。强名今日愈,勃窣负东墙。

汗渍筇枝赤，苔封屐齿青。有医延上坐，无客伉分庭。霁月钻窗看，鸣禽侧枕听，莫嗔猿鹤怨，岫幌两年扃。

偶然

偶然寸木压岑楼，且放渠伊出一头。鲸漫横江无奈蚁，鹏虽运海不如鸠。躬当自厚人何责？世已相违我莫求。石火光中争底事，宾亲收拾付东流。

再题白傅诗

香山岁晚惜芳辰，索酒寻花一笑欣。列子御风犹有待，邹生吹律强回春。若将外物关舒惨，直恐中途混主宾。此老故应深解此，逢场聊戏眼前人。

周孚《铅刀编》

崔仲才问诗于予，作此赠之。

曰吾未此居，时已闻子名。堕地骥骤俊，破谷陵伽鸣。过我不惮劳，琳琅照柴荆。图史佩商榷，辞章叹纵横。寅绿托契末，岁月令峥嵘。相望百里远，尚记十载情。袖中河梁句，规摹汉西京。赏子圭璧姿，愧我蛳蛮声。城隩反见迫，欲语还自惊。斯文煨烬余，作者夷跖并。苦苣不奈秀，泾流自为清。差池百年内，望子为长城。已知蓄积富，更在淘汰精。君看上岁田，宁可卤莽耕？石罅久则穿，誓勿塞此盟。床头有浊酒，会与子同倾。

读吕居仁诗，有味其言，因录致德裕隐轩中，且次其韵。余赏苍烟穷
谷之约于德裕，故末章及之。

瓠落不解器，骯脏髒无缘官。朱郎抱此恨，终岁常鲜欢。家书破万卷，生计才一箪。积忧苦薰心，独以诗自宽。清于虫鸣秋，淡若云出山。老眼久无人，一见为解颜。菰蒲葭苇中，英才得任安。向来三日疑，共此一室闲。人事喜乘悟，比复会面难。骎骎争夺徒，临渊谷黄间。日月老须鬓，百挽不一还。那知箕颍波，可以濯肺肝。我形已支离，乃学仍平漫。会营南山庐，与子同岁寒。

次韵朱德裕《读豫章》诗。

黔安老居士，平日漫为官。梁坏哀何补，《韶》亡续更难。真为汉玄叹，宁知楚累看。会买皋比去，蕲无负此冠。事见集中。

秦七史庆臣好诗，而喜侠。饮之酒，而赠以是诗。

踏遍荆吴鬓欲华，梦中烟雨暗三巴。白盐赤米犹能饭，碧嶕清流便当家。子党昔谁怜范叔，吾门今始识刘叉。鹠斯贼食虽堪笑，相祝无劳置齿牙。

偶成六言

筇筇歌眠露夜，蒲团趺坐花时。莫叹老骥千里，且喜鹪鹩一枝。

《叶水心集》

读叶子元诗题其后

心闲误比游丝转，境胜空疑渴焰流。我已输君闻早觉，醉吟都与日中收。

薛景石兄弟问诗于徐道晖，请使行质以子钱畀之。

弹丸旧是吟边物，珠走钱流义自通。认得徐家生活句，新来栏典讳诗穷。

题孙季蕃诗

子美太白常住世，佳人栩栩梦魂通。泻落天河浇汝舌，移来不周荡汝胸。

千家锦机一手织，万古战场两峰直。孰《南》孰《雅》唤莫前，虚箫浪管吹寒烟。

龙谦孺《白苹集》

古诗

处身乾坤中，适意乃其常。贫贱亦天然，尤怨徒自伤。平生赋命薄，守己岂不良！量分稍过差，神理翻百殃。苟无济世具，希进未免枉。鄙哉绵上人，远迹空潜藏。市朝车马喧，不碍松菊芳。何妨著衣冠，用舍姑逢场。倘无侥幸心，世亦不见戕。十旬五旬病，三日两日饿。闭门本求安，岁月不可过。秋成尚百日，急迫如星火。西风吹楸林，木叶朝来堕。夕阳下城头，蟋蟀鸣户左。褰裳临溪水，照影非昔我。悲歌动邻里，惨惨风满座。怀深声愈凄，辞绝意难和。人生一世间，太半逢坎坷。为乐须及时，倏忽伤老大。

西风正浩荡，出门无所寻。强起理菊花，聊以慰我心。傍篱见南山，经旬阻秋霖。岂不欲傲游，虑此泥泞深。凉飙带寒烟，暝色著高林。归鸟未遑栖，摵摵风叶吟。游子悲故乡，感叹岁月深。一室蔽蓬蒿，空壶绝孤斟。徘徊东墙下，仰视林端参。耿耿夜何长，白露湿衣襟。

初日照池底，游鱼戏涟漪。落日延西林，蜻蜓弄斜晖。忘情体自适，不但禽鸟微。以兹慰心胸，富贵如何违。舍策看清溪，步履临荆扉。青天委长流，孤云无所依。居然忘物我，身世忽若遗。

凡人种园花，但取红紫丽。今我种园花，所乐在生意。侵晨草露湿，园林有清气。寝兴不裹首，散策绕花次。次第除繁枝，分明去浪蕊。客至旋结襟，舍柯惜余味。新稍才过

屋,弱干渐拂地。是中有深趣,欣然心自慰。

送客出河门,返手闭篱关。归来悬午窗,坐看屋上山。众雏困未觉,捣药声已残。倦乌止不飞,鸡犬亦在栏。高林静白日,时觉鸟声闲。寂寂穷巷中,翳翳桑柘间。不妨麻稻香,无时来鼻端。

古诗四首呈刘行简给事丈

人生寄寒暑,销铄如然薪。但见烈火炎,倏忽糜灰尘。不过数十改,即已无此身。岂不甚哀哉,言之为酸辛。达士易与足,一饱即自伸。遇者运多途,贪婪丧其真。如此不饮酒,徒为世上人。

一室守丘壑,四海无遐想。乐此邻里欢,坐阅草木长。燕寝北窗下,枕几遂俯仰。清风动柴荆,白日照穷巷。接目有佳色,到耳无惊响。乐哉心迹安,庶保神气养。百年茅檐下,邈矣千载上。

少年负豪气,乃心在有为。天下非我能,胡为久栖栖。圣贤既在上,治具皆设施。一塵为天氓,岂不乐在兹。但愿禾黍肥,富贵从此辞。雨露被东皋,草木含华滋。一物遂生成,仰荷皇天私。努力且加餐,已矣复何期。

人无百年期,乃为千岁根。蓄积为众雏,此意古所敦。悯余贫贱士,窘束未易论。今岁夏潦至,信宿水浸门。旧粟已告竭,新稼无一存。朝分糠粃食,暮掇藜藿吞。一身未保活,况敢念子孙。虽云伤我怀,赋命不可奔。未死尚为氓,一息犹天恩。

绝句

小雨收溪北,微云没舍西。地暄鹦鹉斗,日暖鹧鸪啼。

无题二首

春风桃李容,能得几时好。谁怜涧底花,自对春风老。

可惜花无主,分明枉过春。谁怜桃李艳,却属路行人。

绝句三首

楚天落日暮云浮,痛饮狂歌不觉愁。醉眼山光似乡曲,怎知身在汉江头。

汉口风光恼杀人,绿杨无数绕江津。草堂日日来新燕,钓艇时时得锦鳞。

大别寺前春草深,凤栖山下汉江清。空材野陇谁为主?赖有流移旅客耕。

表侄赵文鼎监税传老拙所定《九品杜诗说》正宗,作诗告之。

平生竭力参诗句,久矣冥搜见机杼。岂惟蕴蓄彻遮栏,要使幽深尽呈露。君今学诗

叩妙理,颇已具眼识精粗。他年陶冶融心神,好与造化开门户。读之便感谁使然,若见其事在其处。会须体物夺天机,便可分庭抗李杜。风骚乐府久寂寞,但见坡、谷正驰骛。君才妙龄中科选,第恐此道非先务。诗分九品吾所创,妄与正宗辟行路。君今持此欲谁论,勿使群言生谤怒。

唐仲友《说斋集》

代家君答闻老诗三首巳下奉祠侍亲归乡后作

流水高山举似谁?我惭善听匪钟期。三诗历历皆可语,仿佛当时病可师。

附热衔泥不足言,尔来杖锡亦纷然。不趋炉炭趋寒谷,青白于中觉汝贤。

江山天借使诗昌,太守风流似沈郎。莫作推敲冲导其,好携佳句过黄堂。

读章嘉甫诗

句法亡来久,诗坛忽有人。看君哦字苦,胜我食芝新。国史空遗恨,竿门未识真。尚须樽酒细,非效捧心颦。

次季弼索杨继甫诗

诗来得得巧搜寻,清似壶水洗我心。《白雪》《阳春》皆绝唱,《高山》《流水》欠知音。秦淮森森涵秋影。楚岸迢迢起夕阴。此际须君速相就,寒鸦趁侣欲投林。

再用韵。

爱山欲作杪秋寻,薄宦迟回倦壮心。排遣牢愁须鲁酒,激扬逸气和春音。归与物色荒山径,晚矣功名惜寸阴。寂寞孤芳聊自守,不殊兰芷在深林。

《张南轩集》

张子困求予诗为赋此

穷冬沂荆江,风急波涛怒。张君一叶舟,追逐任掀舞。时从古岸傍,颇得班荆语。君家岷山下,须眉挟风雨。万里垂囊归,问君何自苦。两儿才过膝,秀色隐眉宇。昨者试省中,旁观正如堵。诵书声琅琅,亦复记训诂。呼前与酬答,进止良应短。我为三咨嗟,每见必摩拊。祝君须爱惜,事业贵有序。美质在陶冶,如器无苦窳。道远方愁予,速成戒自古。可使利欲风,居然熏肺腑?良心人所同,爱敬发端绪。岷江本一勺,东流贯吴楚。但当养其源,日进自莫御。君归闭门思,予言或可取。

马上口占

向来一雪压霾昏,晓跨征鞍傍水村。七十二峰俱玉立,巍然更觉祝融尊。

偶作

世情易变如云叶,官事无穷类海潮。退食北窗凉意满,卧听急雨打芭蕉。

偶成

公庭过午无余事,退食归来默坐时。暗日半窗香一缕,阳来消息只心知。

谢用樣惠诗

一见知心事,旋观慰目评。慈祥汉循吏,儒雅鲁诸生。莫作周南汉,终期冀北程。新诗连夜读,梅影伴孤清。

《杨诚斋集》

读渊明诗

少年喜读书,晚悔昔草草。迨今得书味,又恨身已老。渊明非生面,稚岁识已早。极知人更贤,未契诗独好。尘中谈久暌,暇处日偶到。故交了无改,乃似未见宝。貌同觉神异,旧玩出新妙。雕空那有痕,灭迹不须扫。腹腴入珍初,天得万象表。向来心独苦,肤见破幽讨。寄谢颍滨翁,何谓淡且槁。

读唐人于濆、刘驾诗

刘驾及于濆,死爱作愁语。未必真许愁,说得乃尔苦。一字入人目,蜇出两睫雨。莫教雨入心,一滴一痛楚。坐令无事人,吞刃割肺腑。我不识二子,偶览二子句。儿曹劝莫读,读著生愁去。我云宁有是,试读亦未遽。一篇读未竟,永慨声已屡。忽觉二子愁,并来遮不住。何物与解围,伯雅烦尽护。

偶成

珍禽饮盆池,将扇扑窗户。一声惊得飞,再声惊不去。

绝句

枫老颜方少,山晴气反昏。旧贫今更甚,已冷幸犹暄。

书王右丞诗后

晚因子厚识渊明,早学苏州得右丞。忽梦少陵谈句法,劝参庾信谒阴铿。

诗情

只要雕诗不要名，老来也复减诗情。虚名满世真何用，更把虚名赚后生。

读唐人及半山诗

不分唐人与半山，无端横欲割诗坛。半山便遣能参透，犹有唐人是一关。

跋黄文若诗卷

五字长成壁不如，鼠肝虫臂得关渠。竹坡集里曾相识，惊见兰亭茧纸书。

无题

坐看胡孙上树头，旁人只恐堕深沟。渠侬狡狯何须教，说与旁人莫浪愁。

和韩子云惠诗

幸自同裘好，谁令异巷居。恭承五个字，不但百车渠。句法端何样？先生肯乞去声余。只容弹剑铗，敢道出无车。

和济翁弟惠诗

竟岁不得回，移书焉用频。我方得吾弟，今岂有斯人。海内友非少，谈间子独亲。醉余无浪语，尤见醉中真。

相思何所似？饥者食人频。此客非常客，诗人太逼人。黄初那足过，子建巧能亲。台阁俱知己，谁为荐子真。

语妙浑忘夜，杯行未厌频。平生憎俗子，胜处要吾人。已结诗中社，仍居族里亲。酒边不着句，何许见天真。

跋张功父通判直阁所惠约斋诗乙薰。

句里勤分似，灯前得细尝。孤芳后山中，一瓣放翁香。若处霜争涩，瘿来鹤校强。不应穷活计，公子也奔忙。

拟汲古得修绠诗

学子研终古，难将短浅求。汲深欣得得，操绠要修修。远酌源千载，长缲思万周。初如泉眼隔，忽若井花浮。意到言前达，词于笔下流。昌黎感秋句，圣处极宜搜。

拟玉水记方流诗

观水那无术，曾于往记求。是问还韫玉，其外必方流。缜栗渊潜久，英华气上浮。清波皆中矩，宝浸直横秋。金海芒相贯，璇源折以幽。端如君子德，不病暗中投。

拟归院柳边迷诗

玉殿朝初退,金门马不嘶。院深归有处,柳暗迹都迷。紫陌春无际,青丝舞正齐。风烟忘近远,楼阁问高低。残雪莺声外,斜阳凤掖西。小陵花底路,物物献诗题。

拟上舍寒江动碧虚诗

江远澄无底,秋深分外寒。太虚元碧净,倒影动清湍。浪雪翻空碎,天蓝落镜看。光摇枫叶泠,声战蓼花乾。画手雕心苦,诗脾觅句难。人间那有许,我欲把渔竿。

题徐衡仲西窗诗编

江东诗老有徐郎,语带江西句子香。秋月春花入牙颊,松风涧水出肝肠。居仁衣钵亲分似,吉甫波澜并取将。岭表旧游君记否?荔枝林里折桄榔。

为王监簿先生求近诗

林下诗中第一仙,西风吹到日轮边。杜陵野客还惊市,国子先生小着鞭。拈出老谋开宇宙,本来清向只云泉。新篇未许儿童诵,但得真传敢浪传。

张功父索余近诗,余以《南海》《朝天》二集示之,蒙题七言。

作者于今星样稀,凄其望古驷难追。空桑孤竹陶元亮,玉佩琼琚杜拾遗。自笑吟秋如嫩妇,蟋蟀也。见《古今注》可能击鼓和冯夷。报章不作南金直,惭愧君家丙藁诗。

读樊川诗

江妃瑟里芰荷风,净扫痴云展碧穹。嫩热便嗔疏小扇,斜阳酷爱弄飞虫。九千刻里春长雨,万点江边花又空。不是樊川珠玉句,日长淡杀个衰翁。

与长孺子共读东坡诗,前用唐律后用进退格。

急性平生不少徐,读书不喜喜观书。十行俱下心未醒,两日俱昏还月余。偶与儿曹翻故纸,共看诗句煮春蔬。问来却是东坡集,久别相逢味胜初。

枉看平生多少书,分明便是蠹书鱼。万签过眼还体去,一字经心却似无。急读何如徐读妙,共看更胜独看渠。曲生冷笑仍相劝,惜取残零觅句须。

与长孺共读杜诗

病身兀兀脑岑岑,偶到儿曹文字林。一卷杜诗揉欲烂,两人齐读味初深。断肝枉却期十载,漏眼谁曾更再寻。笔底奸雄死犹毒,莫将饶舌泄渠心。

谢邵德称示淳熙圣孝诗

古人浪语笔如椽,何人解把笔题天。昆仑为笔点海水,青天借作一张纸。作商《猗那》周《皇矣》,廷尉簿正邵夫子。淳熙圣孝贯三光,题大如天谁敢当。夫子一洒金玉章,银河吹笙间琳琅。吉甫奚斯鸿雁行，彼何人哉唐漫郎。夜采玉虫杂金粟，老夫春寒眠不足。起来拾得圣孝诗，灯花阿那圣得知。

跋吴子箕秀才诸卷

君家子华翰林老，解吟芳草夕阳愁。开红落翠天为泣，覆手作春翻作秋。晚唐异味今谁嗜，耳孙下笔参差是。一径芙蓉十万枝，唤作春风二月时。旁人笑渠眼花恐落井，渠方掉头得句呼不醒。老大向来守荆溪，郡有诗人元不知。赠我连城杂照乘，一夜空斋横白。

芙蓉春风之句，乃吴之警句也。唐吴融云："不劳芳草色，更惹夕阳愁。"

周益公《大全集》

刘仙才仲俊示其父《醉庵诗集》索鄙句。

蹇步盘跚到作溪，病眸眩瞀刮金篦。清风满座无尘事，遗墨盈编有旧题。久羡山人居水北，今知诗社续江西。醉吟跌岩谁能写，仿佛琳琅识介珪。

沈继祖《栀林集》

次韵答李孟达通判索鄙诗。

删后无诗亦可忧，人言赋者古诗流。欲闻正始今安在？须向先秦以上求。元酒大美存至味，子虚亡是谩相酬。万人丛里谁人晓，独有夫君暗点头。

项安世《丙辰悔藁》

陈信民求诗。

子合陈平甫，吾当项信民。食兵吾不愧，门辙子方贫。老眼观斯世，多情尚若人。相过无远近，元不计冬春。

次韵郑捡法与胡教授论诗。

古诗亡狗曲，新样入桑间。论稍经坡谷，人方敬杜、颜。诗至子美、字至鲁公、皆集大成。坡、谷云然。
天机传杼轴，僧衲忌栏班。妙处无多泄，从来造物悭。

谢张尧臣秀才惠诗

诗人张武子之弟，字以道。□□□□古，不要世人怜。碧甃千寻绠，朱缅五十弦。鼎来三影句，印脱一灯传。依约云门路，寒驴兀瘦肩。予与张武子游云门今十年矣。

偶得二首

水边杨柳秃籭沙，路上寒梅噤未花。欲识乾坤生物意，桑根麦子已含芽。
雪中春到梅花觉，水底冰行人未知。珍重天公好消息，通今通古更何疑。

绝句

日日长沙岸，看云只念家。如何永州梦，偏爱在长沙。

次韵黔阳王令论诗五绝句

洞庭五百里巨浸，衡岳七十二高峰。不是公家椽样笔，个中施手若为容。

旧日辋川图上翁，而今孙子尚家风。如何寂寞黔阳去，五两青纶一亩宫。

骊珠一百二十六，落纸匀圆字字同。怪得春来全少雨，烟云都在锦囊中。
见说吟哦三十载，从来此字一生功。劝君莫用雕镌得，只恐令人晚更穷。
我亦童年学露蛩，老来留眼送归鸿。自从谢绝曹刘后，浩荡春光满太空。

得句

平生为斯文，思极心欲破。得句如得官，欢喜不能柰。绕床行百匝，如觉此身大。昔我得官时，悠然但高卧。

次韵谢姜自明秀才示卷诗

高人贵寡和，不顾世俗非。君歌《阳春》曲，调与众耳违。朱弦古时瑟，素积前朝衣。享我泰羹馔，枯肠饮晨饥。赠我和氏璧，茆栏发霄晖。平生织流黄，忽受苦锦机。愧非钟子鉴，空枉伯牙徽。

谢姜夔秀才示诗卷，从千岩萧东甫学诗。

千岩一脉落都城，承露金盘尔许清。古体黄陈家格律，短章温李氏才情。等闲又得诗人处，咫尺相过故将营。想见红尘乌帽底，几多怀玉未知名。

监利许知县见示诗卷锡

哦君五十四篇诗，燃尽青藜杖一枝。长韵屈平经里思，短章介甫集中辞。只因云梦曾游耳，便把江山尽得之。割我锦机君已甚，不须更遣世人知。

谢王草场示诗卷说

王郎老句合超群，曾是东莱语夜分。多向断崖生绝景，或于晴野度轻云。旧吟古意

无人解,新住荒园免世纷。特地蓝舆穿北郭,已闻藜杖过前村。借韵

　　陈樱宁既刊周左司《太仓稊米集》于集阳,赵使君复刊樱宁诗于荆门,
　　　诗家皆美其师徒传授之懿,余亦次韵美之。

　　乡人长幼班以年,戚烟远近合以连。未知骨肉金石坚,祖孙父子其属天。诗人一炷仓梯烟,玉州拜后樱宁前。如念尔祖思厥先,非真有闻胡得焉?汉余师法忌袭沿,谱系散落观者眩。玉州摇首吾不然,持此薄命将谁妍。向来得法双膝穿,老矣重任犹承肩。有能一镟直我弦,两手付汝君不见。大书深刻开重玄,遍四大海求其传。

章甫《自鸣集》

张德恭以诗当谒次韵

　　新诗俄拜辱,午醉未全醒。如入图书府,宜游著作庭。文章先体制,耆旧有仪刑。愧我空迟莫,穷居昼掩扃。

　　故里犹牵梦,他乡且定居。老于经卷熟,病与酒杯疏。耕稼少丰岁,交朋多素书。飘零常自笑,潦倒更如谁。

无题

　　棋局机心在,诗篇习气余。去来旋磨蚁,生死蠹书鱼。阅世双蓬鬓,还山一草庐。苦无食衣计,不是故踟蹰。

谩成

　　时事何年定,吾生半时休。僧居才解夏,边垒又防秋。远水朝沧海,斜阳傍小楼。西风吹画角,归思满扁舟。

六言

　　刺绣何如倚市,力耕须要逢年。留醉堂中老子,日长沽酒无钱。

　　饥肠有句欲吐,陋巷无人肯来,薄晚飘风骤雨,终年枯木寒灰。

　　从来钟鼎无梦,是处林泉可家。料事颇知风雨,逢人且说桑麻。

　　一丘一壑粗足,老圃老农可师。鸡唱不逾风雨,蛙鸣何择官私。

　　旧书终日懒读,小斧有时独携。取醉旋_酣白酒,护生不杀黄鸡。

　　儿女逼人咄咄,交朋笑我悠悠。幸逢边塞无事,但愿山田有秋。

陈造《江湖长翁集》

偶题

雾红烟白忽横陈,雨后风光圣得新。说似游人须著便,阴寒已破一分春。

无题

多誉庸非蠲忿草,一谦良是辟兵符。先生謦欬忘鸡口,俗子过逢动虎须。

酒鸥车后无何饮,《易》卷床头脱复看。岂谓浮生须此具,世纷方解不相干。

才不时宜懒治生,学专信已一官轻。只今尚友须千载,独惜时无尚子平。

居为耕叟出为官,出处人将二致看。朝市山林俱一道,却须神武挂衣冠。

薄宦受风梗,还家归岫云。行人与乔木,老色竟平分。末路惭周朴,穷交有墨君。看渠缓若若,千骑诧乡粉。

浪出嗟何补,归来乐有余。山川付不借,天地托蘧庐。酒熟聊呼客,钩垂不在渔。平生栖遁意,政用盖迂疏。

卧病十四五,秋来身自轻。已拌不籍在,宁复可怜生。每笑隐者传,尚存身后名。灌阁聊日力,分药且交情。

题五柳先生诗编年后二首

渊明英杰气,不减运甓翁。漫仕径拂衣,高枕北窗风。平生经世意,萧然诗卷中。卯金纳大麓,正自窃铁雄。妖雏自取死,遽敢贪天功。斯文未断丧,吾道聊污隆。把菊得沉醉,直气敛长虹。区区记隐德,史笔殊未公。

邸报议麟经,卜书目羲易。曲学暂雰曀,日月岂终蚀。陶翁诗百篇,优造《雅》《颂》域。九原不容作,妙意渠能测。今君语折尘,指示了皂白。定知泚笔人,斜川旧仙伯。壹厘无余蕴,领览饱新得。言下悟永师,吟边识圆泽。

送诗陈惠伯,惠伯求所居三诗既为赋,作此以送。

危楼深室桂为堂,题品端宜虎豹章。历数诸公皆大手,尚须此老索枯肠。驰神几夜层虚上,血指如今妙断傍。聊复送君供覆瓿,未须传到郑公乡。

闲题

自笑冠裳裹沐猴，只今江海信虚舟。断无具阙珠宫梦，信有黄鸡紫蟹秋。诗外尽为闲日月，人间分占素公侯。政须鸥鹭供青眼，未厌山林映白头。

再次韵谢惠诗仍叙不敏。

百镒嬴金数仞堂，何如盥手颂佳章。夺胎信自非凡剂，献佛当知便放光。斤运向来车合辙，影斜还惜雁分行。衰年离绪谁禁得？镜里新丝莫计长。

小家茨竹即为堂，暇访深林索豫章。平日床头但《周易》，看人笔落便灵光。庳隆赋质嗟多样，良楮论材要当行。莫向黔娄问奇货，长沙舞袖可能长。

净居主人索诗急笔赋

净君栋宇犀辟尘，山居不乏尘外人。我来肯作厌客想，老语一一刊翠珉。频年愧烦香积供，醉后狂言亦安用？诗成每博覆瓿讥，更向丛林系轻重。皎公启公后进师，好事继今谁似之？他年落事须妙质，政自两公劳梦思。

韩守松卿索近诗

录数纸寄、以并诗道意。

昔人技成叹屠龙，似我五字耽雕虫。镌肝掏肾探恼恍，半世不辞诗得穷。诗成颇讶神与力，畴昔梦中分五色。援毫动作万钧干，应俗何曾一钱直。豪韩有句当千年，取世所遗政自贤。数篇蜇向青眼边，可复把玩盘中圆。君家十顷围翠密，近榭远亭如尽出。时须唤我一樽同，笑对风烟挥此笔。

戏作

饮食少过，不佳。赵师招饮，淡食止酒，因成古诗。

书生禀赋纸样薄，平日扶衰惟粥药。一日饮湿小啗肥，河鱼数日烦医治。佳辰府公约把酒，严斥厨丁预节口。借问主宾酬酢余，还许公荣袖手无？厚味腊毒古不予，如作病何仍古语。生世例非金石坚，支离如我更可怜。鑱噇动使诸病入，冷坐亦复百忧集。彭殇瘠肥李自齐，此理只许蒙庄知。箸下万钱无足取，厨荐三韭徒自苦。法士语饮应且憎，何如卧客怀中醉。不应嫠醋任人嗤谷伯，何如辟谷高人师。黄石陈遵张竦柟鉴夫，何为彼此未可相是非。七十老翁谁能促戚缚此戒，辞死病殂吾命在。

张栻《拙轩集》

先公守汝阴，尝以诗送，都曹路君桂冠东归，载乖崖公留其录语，
今传播世间三十年矣。过寓居颖昌，一日，有都曹公之季子字文老者，
来自京师，出其家所藏二帖，纸墨如新，因道存没之旧，感慨于怀。乃
追继先公诗韵以遗文老，时方就试春官待报也。

谁闻韠蒇言，执手为改容。此道久寂寥，世态日方浓。昔翁守颖尾，轩裳心已慵。感怀督邮老，独蹑二疏踪。脱屣太仓粟，归谋田舍春。浮云悟此理，可必禄万钟。已矣衡门下，哀哉马鬣封。箕裘付诸子，介胄轻边峰。坐看一战霸，此言天心从。翁诗墨犹新，我涕交顺胸。重寻笔砚盟，愧乏好语供。子非终穷者，时节会自逢。

客有诵唐诗者，又有诵江西诗者，
因再用斜川九日韵。

泛观今人诗，机巧由心生。镂冰与铸木，未免求虚名。岂知制作妙，浑然同水清。尘埃数张纸，亦足传佳声。群趋不知守，辛勤到莫龄。奈何口耳间，一见意已倾。投身入诗社，被褐生光荣。党同伐异说，初非出本情。我愿剖藩篱，学力随所成。

戏题

雨路露华白，生风岚气清。秋心愁不展，垂月睡难成。

偶得

客舍墙根草未生，市桥官柳已欣荣。洪钧造物元无意，只是东风有世情。

偶成

竹奴角簟颇相宜，正是书斋寂静时。白鸟忽穿林影去，自携纨扇细题诗。

又

前朝晴暖昨朝寒，细雨催花声不闲。处处闭门扫蚕蚁，家家垂柳隐绵蛮。东湾泛艇看人渡，北埭扶筇向晚还。惟有群山怕陈迹，轻烟苒苒薄螺鬟。

偶书二绝

静观万物各随缘，天亦何心付自然。鸲鹆不村鹦鹉贵，岂知鹦鹉得天年。
久知凫短鹤长语，谁赋花荣竹脆诗。物理无穷难测识，且倾美酒乐天时。

偶题

夜深水冷无香饵，若个黄鳞肯上钩，我欲钓鳌安尔用，一竿风月好回舟。

题司马才叔诗后

司马才名世所贤,银钩珠唾尚依然。尘埃试看蛛丝壁,倒指于今六十年。

六言

梅长官深有味,越人以杨梅为梅长官。木居士喜清游。未用三熏三沐,且占一壑一丘。

色惟有用支子,翠亦堪餐此君。未须歌南浦雨,终是望渭北云。

《冯太师集》

有作

名尘愧屡拂,世垢思一浣。急索胫已肿,虚惊背独汗。窘步裁免跌,高谈卒成谩。辰去将奈何,磨头髻如弹。

偶成

长歌咏《考槃》,洒落似休官。爱竹临溪倚,携书坐石看。足烦犹着屦,发秃自忘冠。顾为无多欲,持身到处安。

《辛稼轩集》

书渊明诗后

渊明避俗未闻道,此是东坡居士云。身似枯株心似水,此非闻道更谁闻。

读邵尧夫诗

饮酒已输陶靖节,作诗犹爱邵尧夫。若论老子胸中事,除却溪山一事无。

再用韵

欲把身心入太虚,要须勤着净工夫。古人有句须参取,穷到今年锥也无。

偶题

逢花眼倦开,见酒手频推。不恨吾年老,恨他将病来。

人生忧患始于名,且喜无闻过此生。却得少年耽酒力,读书学剑两无成。

人言大道本强名,毕竟名从有处生。昭氏鼓瑟谁解听,亦无亏处亦无成。

闲花浪蕊不知名,又是一番春草生。病起小园无一事,杖藜看得绿阴成。

偶作

至性由来禀太和,善人何少恶人多。君看泻水着平地,正作方圆有几何。

又

儿曹谈笑觅封侯,自喜婆娑老此丘。棋斗机关嫌狡狯,鹤贪吞啖损风流。强留客饮浑忘倦,已办官租百不忧。我识箪瓢真乐处,《诗》《书》执《礼》《易》《春秋》。

一气同生天地人,不知何者是吾身。欲依佛老心难住,却对渔樵语益真。静处时呼酒贤圣,病来稍识药君臣。由来不乐金朱事,且喜长同垅亩民。

老去都无宠辱惊,静中时见古今情。大凡物必有终始,岂有人能脱死生。日月相催飞似箭,阴阳为寇惨于兵。此身果欲参天地,且读《中庸》尽至诚。

姚成一《雪坡集》

杜甫吟诗

平生忠义心,一饭不少忘。臣甫宁饿死,愿君尧舜唐。

题梅谷诗薹

不与春风落世间,万山明月雪漫漫。谷中更有人如玉,招隐不来清梦寒。

魏鹤山《大全集》

建士施霆,亨自夔以诗相迓

三峡云连白帝城,风波九死得余生。虎头狼尾乱流济,猫面马肝缘壁行。中衍何妨需在险,心亨但见坎常平。况逢诗友殷勤问,宁复穷途哭步兵。

口占

秋风已飒梧犹碧,宿雨才收稗亦花。天着工夫供醉眼,东邻有酒不堪赊。

偶成

有口即饮酒,有眼只看书。看书知古今,治乱能愁予。不如一味饮,醉眼昏蓬蓬。

沂水春风弄夕晖,舞雩意得咏而归。为何与点狂曾皙,个里须参最上机。

《刘漫塘集》

读韩诗和其韵诗有二句云:
"力去陈言夸末俗,可怜无补费精神。"

韩子文同孟氏醇,陈言去尽只天真。君诗费却雕镌力,笔下应夸自有神。

和王克家所寄草堂诗二首

弦歌流化记琴堂,雅鲁难言愧互乡。正对薇花挥翰墨,犹能春草梦池塘。

身在金华与玉堂,寄声时到祝鸡乡。为言旧访卢处士,柳压平堤水满塘。

偶成

日下浮舟去,云边曳杖行。物华随节换,人意与秋清。小圃蔬逾润,荒丛菊向荣。幽寻元自好,底用绊浮名。地旷晚逾静,山空月倍明。银河横灏气,石涧伴吟声。飒飒迎风叶,飞飞湿露萤。岁华行晚矣,为尔一凝情。

木落山呈骨,泉空水反源。知时秋燕去,负日午风喧。玉粒炊晨甑,金英卧晚园。岁华今已暮,身世两忘言。

乐岁饶嘉泽,荒山遍有秋。断云犹过雨,平陆自交流。香饭炊红软,嘉蔬荐绿柔。蝇营竟何事,老我即菟裘。

曹彦约《昌谷集》

水北民家窗间有题"夜深短檠灯,
功名平生心"者,戏成平侧诗二首。

诗书穷年灯,功名平生心。辛勤莺迁乔,哀鸣猿投林。兰膏谁为容?朱弦无知音。安能如蜉蝣,随时安其阴。

竹外两县境,水北一草舍。蔀屋日见斗,韫匮玉待价。祸福自倚伏,得失忽昼夜。子盍去墨守,我亦入远社。

知县次韵来复寄二诗

亭亭青琅玕，冰霜摧鬼心。虽无桃梅姿，知非柴荆林。凉风西南来，清圆弹空音。其谁齐彭殇？相从山之阴。

得志鸟择木，失喜鹏入舍。但协孔氏性，忍索少室价。小草有远志，积李欲缟衣。所觊匠伯顾，不复弃栎社。

知县再次韵，不作平侧体，
复次韵二首。

步出山前坂，遥望徒惊心。下无百尺流，上无千岁林。至人有遗言，三叹金玉音。莫饮盗泉水，莫息恶木阴。

和氏得荆璞，眩走数百舍。谓足奉至尊，过眼不售价。有时置篚筥，光彩忽惊夜。持归弄儿女，足以照里社。

伯量同二弟欲见访湖庄，以诗告，
至褒拂过情，辄次其韵。

清江一曲分间关，倚作琴书上下滩。琴曲《清江引》有上滩下滩声。鹊报主人知有喜，惠然金玉总称难。笑杀商山绮与园，几年烦使护风寒。只今勋业才如此，孤负衰颜镜里看。
年来夺锦马群空，而况君家有八龙。传与乡人经济策，问焉何惜少春容。

子敬作诗已久，不以见示。忽出
一卷，其中有四十字，乃相陪避
暑三峡桥之作，戏次其韵。

乃有诗如此，清新思涌泉。黂缘尘外景，发露性中天。旧事惊陈迹，新功喜盛年。常流歌枕处，醒得困时眠。

章泉言语妙天下，知仆无诗能，
且未识面，乃时以佳篇见饷，何也？
不敢再戏盛意，勉次韵二篇以谢。

珍重章泉辱寄书，应疑不复梦康庐。本无学术安时论，误入班行拱帝居。老矣应招宁为禄，时乎归钓亦非渔。宦情山色常如此，欲去迟行愧二疏。

吟罢新诗却看书，先生必自爱吾庐。天开上寿供椽笔，地出佳泉相广居。自古莘耕怀道义，只今舜德起陶渔。直须大老归来好，莫道高情与世疏。

况子沿槎来归舟过淮右，绣衣左国录
赠行以诗，因及衰朽，辄韵奉训三首

况也来从班马傍，泛舟千里尚醲香。庭虽过鲤元无立，桴偶秉由得问强。亲见治民

如治眼,归谈擒贼定擒王。翻思父子寒如此,孤负珠玑富墨庄。

金石为心锦作肠,案前合侍玉皇香。只因淮蔡须裴度,不为并州戏葛强。绣斧迄来新遣使,毡裘从此尽输王。功成远勒燕然石,闲却江西左氏庄。

忆作相逢疑豫章,笑谈亲接齿牙香。如今但有心期在,不似当初脚力强。投老颇能安晚境,祝釐聊以报明王。简编未了平生债,冷淡犹能读老庄。

史君见示鹿鸣诗,走笔奉和。

眼明及见决科文,发策当书第一勋。八句催行歌白雪,一言合意定青云。君今去亦朝天上,主圣还须对夜分。遥想朱华传敕处,九重春色醉朝曛。

四明赵添监连日惠诗,不能尽
继匠手,次唐律韵以谢。

马口为衔不自宁,辙环唯笔可深耕。门迎沧海襟期阔,地逼天潢句法清。吾道本无青白眼,世情休叹短长檠。珠玑肯袖来昌谷,不道陈人畏后生。

陈倅寄惠四诗,用昌黎和裴相韵,
愧不能当也,走笔赋二章以谢。

两岁驱驰马首东,曾微一战可论功。因人偶尔成擒蔡,无计降之愧伐崇。万灶炊烟归塞下,十分农事到湟中。酸寒伎俩才如此,孤负新诗托至公。

近来人物眇江东,况也书生责勇功。痛定却思三策谬,归来犹想万山崇。谁从荀伯官寮里,赋入昌黎句法中。戎事尚多心事少,苦无佳语可酬公。

偶成

春入园林种种奇,化工施巧太精微。山禽说我胸中事,烟柳藏他物外机。既遣杏桃呈似了,又合蜂蝶近前飞。如何有眼无人见,只解四郊看落晖。

脚踏和风步步春,石鱼楼上等闲人。兴来冲口都成句,眼去游山不动尘。李白谁知他意思,桃红漏泄我精神。忽逢借问难酬对,只恐流莺说得真。

桃红柳绿蔟春华,燕语莺啼尽日佳。谁信声声沂水咏,又知处处杏坛家。

可惜有生都衮衮,如何终日只纷纷。满前妙景无人识,到处清音独我闻。

我吟诗处莺啼处,我起行时蝶舞时。踏著此机何所似,陶然如醉又如痴。

偶作

此道元来即是心,人人抛却去求深。不知求却翻成外,若是吾心底用寻。

谁省吾心即是仁，荷他先哲为人深。分明说了犹疑在，更问如何是本心。

若问如何是此心，能思能索又能寻。汝心底用他人说，只是寻常用底心。

此心用处没踪由，拟待思量是讨愁。但只事亲兼事长，只如此去莫回头。

可笑禅流错用心，或思或罢两追寻。穷年费煞精神后，陷入泥涂转转深。

心里虚明着太空，乾坤日月总包笼。从来个片闲田地，难定西南与北东。

莫将爱敬复雕镂，一片真纯得自全。待得将心去钩索，旋栽荆棘向芝田。

忽认胸中一团气，一团气里空无地。既空无地更何义，此无广狭无一二。

恶习起时能自讼，谁知此是天然勇。多少禅流妄诋诃，不知此勇不元动。

回心三月不违仁，已后元曾小失真。一片云花轻着水，冥冥不复省漓醇。

有心切勿去钩玄，钩得玄来在外边。何似罢休依本分，孝慈忠信乃天然。

此天然处不亦妙，费尽思量却不到。有时父召急趋前，不觉不知造渊奥。此时合勒承认状，从古痴顽何不晓。

曩疑先贤啬于言，何不明明细细传。今醒从前都错认，更加详后即纷然。

夫子文章不用为，从心口到没参差。咄哉韩子休污我，却道诗葩与易奇。

雪月风花总不知，雕奇镂巧学支离。四时多少闲光景，无个闲人领略伊。

勿学唐人李杜痴，作诗须作古人诗。世传李杜文章伯，问着《关雎》恐不知。

诗痴正自不烦攻，只为英才辄堕中。今日已成风俗后，后生个个入樊笼。

儒风一变至于道，此是尧夫未识儒。除却儒风如更有，将驴骑了复骑驴。

道心非动静，学者何难易。痴云欲扫除，迅霆无拟议。无妄而微疾，勿药斯有喜。一轮秋月明，云为岂思虑。

太极奚河图？河图非太极。剡复赘无极，哀哉何太息。何不观古圣，一一已默识。缺湖为作图,交扰而曲屈。是孰知五行,五行皆妙质。不可离合论,浑浑体自一。安得孔子生,邪说俱荡涤。哀哉复哀哉,太息复太息。

当敬不敬谓之悖,当正不正谓之谀。是中适莫俱难着,意态微生已觉疏。

《刘后村集》

古意二十韵

自从混沌死,万象困穿凿。淳风谁挽还,古意日漓薄。余幼瞻轮囷,泛滥通流略。短篇堪制鲸,片文可驱鳄。吾尝观窍妙,渠敢讥杂驳。北未陟松岱,南仅览衡霍。菊破评三隽,崔公以陈抑斋方孚若,及余为之三隽。竹隐表一鹗。余受传公十科自代及贤能才识之荐虽为世流传,未经圣删削。岁晚历九州,导从惟一鹤。飘然乘刚风,腾而上廖廓。金色大千界,水涡几万落。荒哉汉陵阙,蕞尔辽城郭。遂窥子宗庙,尽见佛楼阁。叫开阊阖云,耳闻钧天乐。吾持此安归?喜极还惊愕,恍疑缘崖坠,又恐行路错。诗魔暂辞去,来如隔日疟。易展随天翼,难踏实地脚。万病皆有方,惟狂不可药。拙吟示儿曹,聊记武公誓。

刘克庄雕像

古意

吾夫子喜称遗逸,太史公曾传滑稽。尧帝杯曾逊巢许,邵云:"唐虞揖逊三杯酒。"武王粟不饱夷齐。拾来穗即万钟禄,采下薇堪百瓮齑。不是狂言大无当,闻之啮缺与王倪。

无题

死以子托友,病将身付医。友今多市道,医或似屠儿。

怒汉唾师德,酒徒拳伯伦。吾评此二士,颜子后无人。

季世雠相复,先贤量有余。潞还子方谪,坡答致平书。

主圣如天忍弃遗,臣愚何地着孤危。白虹贯日殆虚语,中野履霜无怨辞。宝□已随尸血浸,铁鞭未必鬼臀知。暮年一寸丹心在,却怪湘累有许悲。

江北尘高战鼓酣,惜无赤壁顺风帆。城池险固为楼百,郡邑萧条有户三。明主依然劳圣虑,诸君岂得尚清谈。乌乎颇、牧不复作,谁与儿郎共苦甘。

夕烽一夕彻甘泉,铸印分弓玉座前。天狗如雷防急变,佛狸死卯意讹传。汉家岂可无三策?胡运何曾有百年。渐觉风寒逼堂奥,寄声诸老急筹边。

一挥万字思如泉,曾映金莲读奏篇。藜杖方燃芸阁上,叶舟忽傍钓台边。诗成渭北空相忆,谋寝淮南恐未然。君去吾当从此逝,未知握手定何年。

鲸海外多仙境界,蚁窠中有小乾坤。不愁北谷愚公老,自觉南柯太守尊。

郭郎线断事都休,缺了衣冠返沐猴。棚上偃师何处去,误他棚下几人愁。

棚空众散足凄凉,昨日人趋似堵墙。儿女不知时事变,相呼入市看新场。

游公念旧才三月,郑傅怜才恰半年。老去独当千箭镞,向来不踏两船舷。

顶垂翅短立㈱㈱,孤唳谁听只自悲。宁瘗焦山山下土,不将身托上林枝。

放言

丹剂乾铅永,红尘扫粃糠。只消一只鹤,安用万头羊。

恋阙子牟远,还乡贺鉴狂。老人忘节序,有菊即重阳。

镜悲鸾独舞,射感雉双飞。早认色空是,晚知婚宦非。

万里先行脚,三家晚闭关。曾求诗入海,又作史藏山。有酒聊排闷,无书可订顽。君看鸾铩羽,似若早知还。

杂记五言九首

洞达开堂奥,荒唐说刹尘。儒醇明告子,释点热瞒人。不必栲栳性,安能桎梏身?谁知千载下,有个葛天民。

青牛先已去,白鹤久方归。若欲分优劣,老儋贤令威。

东行值伯伦,西去逢无功。不知何国土,疑是醉乡中。

履霜行于野,绝粮厄于陈。伯奇父逐子,仲尼天戮民。逐日忍渴走,喝月使倒行。夸父骨已朽,秦皇冢亦平。

先传传后学,自觉觉天民。鲁儒述甚者,何以捄迷人。

荒哉穆天子，辙迹遍九垓。已为偃师弄，更引化人来。

愚哲皆根性，巫医各有传。参禅才一宿，学幻费三年。

题坡公赠郑介夫诗

玉座见图叹，累累菜色民。如何崔白辈，只写蔡奴真。

向来与相国，投分自钟山。不入翘材馆，甘为老抱关。

下吏语尤硬，投荒身转轻。不然玉局老，肯唤作先生。

杂诗

幅裂常包割地羞，扫平忽雪载天雠。穹庐已蹀元颜血，露布新函守绪头。

闻说关河唾掌收，拟为跛子看花游。可怜逸少兴公辈，说看中原得许愁。

由北图南有混并，自南收北费经营。从今束起书生论，啖饭看人致太平。

不及生前见虏亡，放翁易箦愤堂堂。遥知小陆羞时荐，定告王师入洛阳。放翁绝笔诗云：王师北定中原日，家祭无忘告乃翁。"

少年意气慕横行，不觉蹉跎过一生。便脱深衣笼窄袖，去参留守看东京。

巩洛山川几过兵，汉家初遣使修陵。可无神物呵豺虎，直让香烟到柏城。

丧尤杰黠于坚者，勒固奸雄奈虎何？剩制赭袍添曲盖，中原假帝不胜多。

鞠躬解作华人语，辫发来持虏帐书。只合索绹牵畜狗，不烦伐鼓享鹓鹐。

傛僺将军约早回，楚村相国更频催。江东将相真如虎，去执胡雏莫过来。

全众回军未可非，反旗鸣鼓亦兵机。不知三帅扬鞭际，谁为君王殿后归？

势穷斯变变斯通，局面初更便不同。西北怕他小老子，东南有个太平翁。绍兴间宫中，呼秦太师为太平翁。

一番旗鼓建行台，勇者投躯富辇财。边将不消横草战，国王只要撒花回。

不妨割肉喂豺狼，和约依然堕渺茫。未必与吾盟夹谷，且须防彼劫平凉。

蠲除一倍台符下，权借三分督檄传。赖已夺麾耕垄上，不然伏锧徇军前。

说向丁男与小姑，各勤耕织了军需。莫教塞北同文轨，却为江南减赋输。

胡来如鬼去如风，哨骑何曾待枣红。岘首一春无使至，兴元六月在围中。

拥旄佩印各荣华，已贵无官可复加。若不扫门丞相府，必曾养马侍中家。

苏卫灭胡同拜爵，裴韩平蔡亦联镳。只今光范门前客，太半河阳幕下寮。

元子置人防壁后，穰侯搜客到车中。鸩杯定不疑半传，匕首何曾害魏公。

秬侯世世袭蝉冠，庚氏人人筑将坛。但见门中俱贵盛，谁怜阶下最孤寒。

口占

陌上秋千索渐收，金鞭懒逐少年游。晚风细落梨花点，飞上春山总是愁。

时有吟哦搔鬓发，别无主掌系冰衔。宁归南亩称三老，怕守东华趁六参。跌荡已将经束阁，跔趹聊与佛同龛。向来尘柄高悬起，旧事何人可共谈。

绝句

定本兰亭传赝久，党公姜字发蒙初。儿童若问何人写，向道樗翁八十余。

愁肠一饮辄无算，病眼四时常有花。旧日读书垂钓处，重寻如到别人家。

潘郎鬓岂春能绿，东野肩非雪亦寒。世上那无仙可学，人间惟有老难瞒。

杂韵七言

元老墟墓中得贬，诸贤烟瘴里招魂。无尽自夸佛口眼，子厚先弃鬼骨臀。

党碑

雪萧大传几罹祸，讼石中书又纳忠。岂可朝无宗室老，不知家有国师公。《刘向传》

回仙轻举乘黄鹤，太白大醉骑鲸鱼。绝湖飞过人不识，入海问信今何如？

宁草两都卿云赋，不作六朝徐、庚诗。胜馥沾李翱张籍，残锦分江淹丘迟。

文公左目晚羞明，犹抱遗经细考评。今汝畏书如畏虎，天公折罚使偏肓。

聪明不及前时久，惟鼻犹能嗅臭香。老去无端都塞了，不分鲍肆与兰房。

造物将如此老何？悬车以后藁尤多。晋刘伶醉戏为颂，楚接舆狂偶作歌。

周旋王、庾二公际，传授并、汾诸子间。岁晚更无人共语，牛栏西畔荷锄还。

老怜几个小孙儿，不减添丁与阿宜。渐有墨鸦扫窗兴，绝胜竹马走廊嬉。

读书十行目俱下，上树百回心尚孩。君看大年与文叔，当日皆从童子来。

敖茂才论诗

诗道不胜玄，难于问性天。莫求邻媪诵，姑付后儒笺。至质翻如俚，尤癯始似仙。吾非肝肺异，老得子同然。

读竹溪诗一首

不敢匆匆看，晴窗几绝编。参他少休髓，饶得弈秋先。有愿低头拜，师曾枕膝传。已将牌印子，牒过竹溪边。

次韵王元度二诗衰倅之子

留落而今两鬓秋，暮年出处愧前修。敢云余补韩公处，极喜君来谢客州。奇甚宝镡腾紫气，清于玉瓒荐黄流。后生不作先贤远，使合相推出一头。

向来绮语祸机深，几效灵均欲自沉。周庙人曾铭在背，管城子已秃无心。今惟伯乐能训价，后有钟期必赏音。老矣尚须君警策，昔人一字答千金。

宫教惠诗次韵。

忘机鸥鸟日相亲，鼻祖曾言畏四邻。幸有山林容此老，不将篱落寄他人。谁能交结今韩吕，犹记周旋昔郑陈。晞发中庭跷足卧，绝胜雅拜望车尘。

又用前韵

既生未老各情亲，谁道先生不觊邻。莫管弹丸惊鸭者，岂无携网与鱼人。何曾膝上推文度，亦许车中载小陈。陈太丘访荀淑，长文尚小，载著车中。赐第京师即山铸，得如跳出软红尘。

即今身在水云间，不著斯人玉笋班。子美步归犹恋阙，浩然肩耸径还山。人情薄似平原酒，世路危于滟滪滩。华栋把茅皆幻假，祝君黄发映朱颜。

读太白诗一首

翰林万里出峨嵋，曾受开元帝异知。只道高奢能毁离，无端环子亦嗔痴。空传飞燕当时句，难觅骑鲸以后诗。的是长庚星现世，秕糠伯友与王师。李华为白墓志云："下为伯友，上为王师。"

览西斋弟手抄诸家诗一首

小窗几载共吟披,重见残编拊事悲。早日才高《鹦鹉赋》,暮年泪尽鹡领诗。神交梦尚通康乐,手择书堪付阿宜。若是孔怀因未断,安知来世不吹篪。

偶赋

自巳深藏畏俗知,客来邻曲善为辞。偶弹冠起成何事?径拂衣归自一奇。村饮妇常留烛待,山行童亦挟书随。明时性学尤通显,却悔从初业小诗。

自题长短句诗后

春端帖子让渠侬,别有诗余继变《风》。压尽晚唐人以下,托诸小石调之中。蜀公喜柳歌人庙,洛叟讥秦媒上穹。可惜今无同好者,樽前忆杀老花翁。

唐诗

瀛州学士风流远,中叶君惭贞观唐。灵武拾遗晚羁旅,开元供奉老伴狂。戏苕翡翠非伦拟,撼树蚍蜉不揣量。赖有元和韩十八,骑麟被发共翱翔。

题林文之诗卷二首

叔李词人杂雅哇,喜君诗卷美无瑕。朋侪却走避三舍,句律斩新成一家。肯学小儿烹虿胫,要看大手拔鲸牙。村翁岂敢持衡尺,直为痴年两倍加。

君豪自盍相推巽,吾老犹堪共切磋。有许奇奇并怪怪,直将少少胜多多。风人所作葩而正,治世之音乐以和。他日薰弦要赓载,勿为处士《五噫歌》。

黄源岭客舍题黄瀛父近诗

不但行吟又卧披,掩编因有感于斯。竞为蛙蚓号鸣态,乌睹龙鸾天矫姿。损抑嫌人称大好,琢磨客我指微疵。自惭学识非康鼎,安敢陪君共说诗。

题黄景文诗

晤叟懒亲灯久矣,得君赟卷阖还开。专心致意刻成鹄,有胆通身占断梅。中的孟云非尔力,钻坚颜叹竭吾才。旧时奇字今忘却,不是无人载酒来。

蚤穿草履行求友,晚闭柴荆病绝交。古德皆曾经捧喝,今人不肯事推敲。吟千万首等蛩响,续三百篇无凤胶。霍地鬓毛如雪色,少年岁月莫轻抛。

六言二首答林天骥长短句

天孙机上刀尺,雪儿口里宫商。愧我元非郢客,恨君不识秦郎。
书裙曾累逐客,坠钗能谤醉翁。宁作经学博士,勿为曲子相公。

六言三首

表贺赤乌白兔,韦布披襟巨题。定价堪提鳌岭,逢辰不让龙溪。

锦机组织尤巧,纸田收获甚微。即今束阁藏起,多时扫阁载归。

南塘登极数衰,平围册后尾联。已矣诸老绝笔,勉哉吾子着鞭。

《三先生文集》

读李翰林诗

杜陵樽酒罕相逢,举世谁堪入此公。莫怪篇篇吟妇女,别无人物与形容。

云庵觅诗

百级危阶上翠峦,四边山色自低环。海乡无限萧条景,收到楼前是美观。

郁孤台上唱和,诗成示成季诸子辈

落日寒江断句诗,千吹万骊竟何为。不知老去还成癖,到了封题更一吹。

书生诲所寄诗后

摇膝支颐体渐康,入门已作白家香。从今休傍官人俗,但向林泉呼二郎。

谢王尔瞻尔中惠诗

兄弟初年事网山,髭须未出正童颜。我方盛壮今羸老,多谢新诗叙旧欢。

诵少陵诗集

麻鞋奔走杜陵翁,卧尽风帆雨驿中。久也不愁穷饿杀,年年催促要诗工。

谢余子京骧惠诗

昼同学历夜观星,壮日情亲忽老成,莫恨异乡相见少,一来人物一番更。

远来无物示拳拳,到老生涯尚阙然。坐久但贪情话好,又勤鸡黍费囊钱。

谢丘子中惠诗

高叟生来五十年,方知弄笔学诗篇。此郎甲子才奇一,吟咏看看到适边。

听吴毕闻讲杜诗《今夕行》，因效释子偈体成一绝

春秋皆贬事无襃，庄子思之意若何。下笔便为《齐物论》，大家命酒且高歌。

同行归急，困倦不能诗

行李放迟迟，周遭好拾诗。归程催我急，脚力与神疲。来往成虚费，科名未有期。流传堪脍炙，造物不相亏。

陈叔盥两惠诗，以一首谢

休要逢人诵六经，红泉往事已凋零。向来未坏共王壁，到处闲摇普化铃。几岁寒窗头也白，两篇新什眼空青。还乡旧识多农贾，那得柴门自掩扃。

子畏惠诗，用韵酬之

老慵只合在鸡群，变化那能慕海鹍。壮岁亲朋多死别，穷途造化与生存。欲寻衣食愁无路，却被妻孥怨少恩。健笔期君今落第，相赒未得剩空论

谢余荐鹑听易惠诗一首

向得追随父祖间，此来重结子孙欢。自嗟三世须臾见，不有余生会遇难。诗杜已收风月美，举场只用秕糠残。百钱聊买时文看，容易如君直换官。

次韵林君则惠诗

湖水当门四面山，旁罗书史坐中间。他人共我何曾有？造物于君本不悭。况是早教缘累少，便知晚与岁时闲，余粮换得鲜鱼煮，大胜箪瓢陋巷颜。

《方秋崖集》

读白诗

我贫良亦蘦，未老生白须。策名奉常第，年已三十余。半生苦无几，宁不欲疾驱。山麋野而僻，所至皆崎岖。一登督是府，两驾太守车。意见有不合，索去不待炊。所以二十载，同一优侏儒。岂如云水身，自适瓜芋区。夕吾酒一瓢，朝吾饭一盂。贫贱与富贵，本自无差殊。寄语刘伯龙，毋烦鬼揶揄。

人生有穷达，不系才不才。造物所付与，圣贤不能回。君看孔孟氏，遇世何如哉！岂其有不如，王欢与桓魋。以兹自忖度，所遭已逾涯。前瞻固不反，后顾又可咍。同时第进士，或未离蒿莱。归来亦云幸，萧散目不杯。山池芰荷过，野岸芙蓉开。幅巾一筇竹，适可眠秋崖。

左耳听北邻，哀哀哭其夫。家破肉未寒，欲与死者俱。右耳听婺妇，呱呱哭其雏。夫亡仅一女，不自禁毒痛。揽衣夜向晨，饶鼓何喧呼。谁何过丧车，送骨荒山隅。中年自多感，人世何所娱？闻见又如此，生叹岁月徂。明朝计安出，痛饮真良图。

以嗜酒爱风竹，卜居此林泉，
为韵，作十小诗。

居千卿者三，至九卿者四。不博牛背眠，咸酸信殊嗜。

玉虹横吾腰，金貂直吾首。宁知千载名，不如一杯酒。

事有俄顷间，遗臭及百代。吾观于斯人，不过一字爱。

东坡真天人，落笔蓬莱宫。何如赤壁笛，一鹤横秋风。

周有说爱莲，陶有诗爱菊。吾居则谁与，其诸子猷竹。

朝吾一箸箸，夕吾一榖觫。诗肠其殷雷，此事底须卜。

秋云七尺藤，夜雨一卷书。寂寞空山人，微此谁与居。

吾心如铁石，命则薄于纸。藉口见古人，则亦赖有此。

彭殇同此躯，颜跖同此心。哀哉宇宙间，群生政林林。

吾犹金在冶，惟冶者所甄。谨毋出光怪，夜半号龙泉。

三绝句

掀蓬仰看玉峥嵘，借得渔船一日晴。九曲水穷山雨急，老仙于我得无情。

鹤怨空山久勒文，买舟重访武夷君。一声铁笛不知处，但觉满身生白云。

莫问神仙定有无，地灵端不著凡夫。我来舄履浑轻健，飞上前山不用扶。

寻诗

蹇驴踏雪灞桥春，画出茆茨野水滨。才见梅花诗便好，梅花前世定诗人。

胡得唯索写近诗

生涯未办阔疏酒，书册相携检点梅。过眼事真如堕甑，向人口合且衔枚。昨窥古镜十分瘦，病起情窗一砚埃。举世好竽吾鼓瑟，故人犹索写诗来。

次韵张录携诗见过。

家在屏山东复东,高轩肯过白云中。石桥自是神仙处,竹屋相传句律工。日暮春江愁李白,山寒秋菊老龟蒙。时平莫神挥毫手,此论于予却未公。

《蔡定斋集》

读龚实之参政诗

耆旧频凋丧,怀人念里闾。哦诗三叹息,废卷一嗟嘘。造膝言犹在,谋身计亦疏。功名今已矣,英爽竟何如。

偶作

老僧真是百无能,有口何尝话葛藤。入定参禅良自苦,超凡入圣又谁曾。东西路别徒劳泣,南北宗分自取憎。个里无禅亦无佛,常行粥饭在家僧。

欧阳守道《巽斋集》

索胡学圣诗

为候君诗十日留,无诗何以别交游。自缘《白雪》难于和,莫把明殊暗处投。往施固惭三不报,此鸣倘许两相酬。今番但挈空囊去,湘水湘山段段愁。

《陈杰集》

和彭教谕论诗

平生于二《南》,百过在《苤莒》。不知孰舞蹈,但觉乌可已。煌煌古人心,岂与不传死。天和本发中,世味或食耳。全明凋靡后,末造放荡始。折杨纷皇荂,败素正堪紫。斯文吾衰久,安得力任鄙。天河倘可挽,举俗快一洗。不且尊杜黄,卿言尚予起。

诵诗

盛气劖骚垒,长歌历杜藩。二《南》四字始,万古一辞难。

无题

大地生灵惜暵乾,纸田不饱腐儒餐。闲将博士薗盐味,试上先生首蓿盘。

口语甘时心犹异,中边甜处味方宜。诗情合荐东坡老,惭愧当年密荔枝。

闻说江边起柁楼,欲将吾道付沧洲。三年恶瞰庐全屋,一日轻装范蠡舟。蹈海高怀欣独往,济川好手蹇难留。樯阴舸下能容我,雨笠烟簑傲白鸥。

至日拜赐诗

千官万岁讲朝仪,黄伞高张簇仗齐。清晓山窗频扣首,虬须隆准伴宸奎。_{玉堂碑轴旁有二像。}

程簿能静袖诗来访次韵。

高吟鼎商屡经尝,群噪纷纷子贡墙。雪曲我应惭郢下,笛声公自感山阳。堪嗟绛老呢涂役,孤负春宫桃李场。斗大康山盛儒者,凭谁推此叩循良。

诗 宋诗八　元诗一

《滕元秀诗集》

上郑广文诗

瓦注非真巧，昌歜非众嗜。我诗本不工，好之弗肯置。胡能致温饱，颇复作灾祟。无盐不自知，刻画要研媚。先生六艺学，已得圣贤秘。三绝笑郑虔，诗律乃游戏。伊予亦何幸，兹获巾屦侍。岂惟怯大巫，正自惭小技。却嗟贾长江，哦诗尹不避。文公倘见容，愿教推敲字。

先君和云

吾侪不解事，刚欲羊枣嗜。居然藜苋肠，原味非天置。甘此腐儒餐，庶几不为祟，竭来钓濑滨，溪山相妩媚。况复有诗人，深悟作者秘。诸公竞推挽，其奈造物戏。青衫晚从事，着以供燕侍。文章可华国，谁云只小技？堂堂陈无敌，敢不三舍避。载酒践前盟，时当问奇字。

"鼓腹无所思，朝起暮归眠。"
渊明诗也。以诗定韵为十诗。

郊墟远人烟，栖迹在衡宇。年龄迫衰谢，渐觉有病苦。眼如隔罗縠，耳仅闻钟鼓。手中一枝筇，藉以扶伛偻。

少习举子业，不能中科目。暮竟为尉丞，州县甘碌碌。四任奉真祠，一家仰寸禄。勿云腹负予，予亦负此腹。

居闲阅往史，掩卷忽长吁。儿闻翁吁声，取酒满注盂。悠然尽三酌，杂虑散如驱。乃知此神物，不可一日无。

我居西山下，距城半里所。门前有雀罗，户内无阿堵。小园桃李空，数畦独苦苣。同

心相过时，小摘为烹煮。

我前有万古，昨梦那无追。我后有万世，未梦安可期。欲知今现在，正似昨梦时。梦中无实事，徒自劳心思。

立夏少半月，谷雨是今朝。梅子酸着齿，麦穗长半腰。天运不暂停，又将转斗杓。无复冬裘御，重取夏扇摇。

芳菲去无迹，人家绿阴里。有园屋西偏，足以纵步履。酴醾香绝奇，橘花香更美。日烘香自发，不待微风起。

万籁止不作，寂寂山居夜。鼓声起神祠，磬声来佛舍。幽人启楼窗，片月光相射。此景不可孤，呼儿具杯斝。

神龙固难挛，天马岂易羁？渊明肯折腰，为此五斗微？我本田野人，初不慕轻肥。食未从人乞，隐不待赋归。

我读渊明诗，或至忘食眠。人物葛天民，度越羲皇前。胸中抱真淳，笔下杂言诠。妄讥闲情赋，讵识其超然！

三月十二日晚雨，因取渊明诗"微雨洗高林，清飙矫云翮"之句，定韵赋十诗。望日雨未已，侄坦师来相招，时方赋六首，暮雨暗还舍，遂足十韵。

元本阙第十首

中年知学道，所得不造微。老来衰拙甚，动与世俗违。《诗》《书》束高阁，蓬藋掩坏扉。自应车马绝，不待门墙挥。

蚕妇正望晴，耕夫又须雨。蚕既恶湿叶，牛惟便润土。我不事农桑，薄禄仰官府。衣食有不足，何敢怨贫窭。

自得林下趣，穷处甘如荠。白云为朋友，青山是昆弟。幽池萍未生，闲来弄清沚。照影不能悟，徒自尘缨洗。

风吹飞絮乱，日照游丝高。晴景方可爱，暮雨忽潇潇。老人早睡眠，梦觉鸡戒朝。檐声鸣阶除，云气冒山椒。

去岁所种竹，今岁望成林。竹萌犹未见，时节春已深。逮兹一雨润，犊角庶可寻。切勿轻剪截，长养令萧森。

久雨爱晴色，久晴欣雨声。下人自分别，上天了无情。人喜春色丽，又悲秋气清。是皆妄心耳，四序奚亏成。

远寺有缁徒，殷勤久见招。是日篮舆出，轻雨飒晨飙。稽首谒佛像，焚香坐僧寮。岂惟饭满钵，兼有酒盈瓢。

静观一世人，忙多闲者少。须发已剥除，应接亦纷扰。何术生羽翼，物外得轻矫。难求九转丹，且尽一尊醥。

老人见桃花，悟者有灵云。我见亦有悟，花前饮玉醽。可怜南北家，论说事纷纭。为问参老禅，何如参麹曲君。

闲题

漏云残日凄欲阴，占巢归鹭纷投林。风吹旷野暮色白，山近小窗秋意深。已将梦事了得丧，更凭杯酒寄浮沉。书生习气难料理，有底苦吟劳此心。

秋山萧寺图

李彭日《涉园集》

拟古

彼美如花人，如花复如玉。嫁作征人妻，别长欢日促。拂掠可怜妆，翠袖抱幽独。飞狐驿使断，交河无寸牍。春著巩梅繁，风吹秦树绿。草生森苯䔉，谁能辨荠绿？啼里花成子，愁间笋为竹。雨滴翡翠帷，月上寒蚕褥。稍知狭邪游，能忘窈窕淑。新人工参差，故人勤杼轴。滔堙为病媒，经纬有边幅。若言饷夫君，夫君当熟复。告君君不知，我自艺兰菊。

题洪驹父徐师川诗后

籍甚洪崖县，高寒欲无敌。徐郎骋君后，挺挺百夫特。堂堂无双公，户外满屦迹。虎豹雄牙须，侪流甘辟易。徐诗到平澹，反自穷艰极。周鼎无款识，赏音略岑寂。阴、何不支梧，少陵颇前席。洪语自奇险，余子伤剽贼。大似焚绍述，文字各识职。二子办钉饾，鄙夫与下客。粢食荐铏羹，熊蹯杂象白。殿最付公议，吾言可以默。

醉书

春风吹草木，苯䔉换衰朽。亦复吹我颜，只解成老丑。速呼醒酒冰，来祛扫愁帚。遣

客我欲眠,深怜柴桑叟。

　　酴醾夺目来春余,闲雅雍容亦甚都。睥睨园林众芳歇,持觞耐久作欢娱。

　　稚子满林春笋生,残花老境尚多情。潇洒封侯真有自,奇姿未让惑阳城。

　　湛湛胸中万顷陂,翻疑浅器是牛医。从来未许愁知处,顾肯因愁福一作移面皮。

以形模妇女笑,度量儿童,
轻为韵赋十诗。

　　孟夏树扶疏,绕屋郁青青。了无俗事驾,啸歌颇忘形。泄云阘前峰,写雨自神屏。蔬盂有妙理,未减五侯鲭。

　　清晨澹无营,按行瓜芋区。二雏能拜起,婴儿千里驹。抗颜捋髭须,酤酒提胡卢。幸非李元礼,何劳为楷模。

　　潜筠穿屋头,幽草围舍后。手携东皋书,竟熟俱上口。诗无拟澄江,文不夸幼妇。婆娑丘壑底,藏此牛马走。

　　丈夫志四海,抟风类鹏举。方其未遇时,索身闺中女。昼伏夜动者,贪冒如仓鼠。炯炯抱名谊,所慎在出处。

　　我有百衲琴,巴渝不同调。三叠太古音,那免世惊笑。彼哉遇嗾徒,睥睨追风骠。幼舆虽折齿,初不妨吟啸。

　　谢公东山时,彻侯等尘雾。一朝畏桓温,摄衣忘雅素。怨著进贤冠,顿失沧州趣。勇退真难忘,天末横云度。

　　昔者温简舆,王屋颇清旷。建封礼为罗,非复无度量。落胆劾权臣,笼街速官谤。恋嫪胡不归?猿鹤俨惆怅。

　　少室拾遗公,许身颖与箕。韩侯为作牙,俯交轩冕儿。献策汤淮寇,犯颜立丹墀。未免诱松桂,应遭北山移。

　　寻壑逐飞鸟,持觞送归鸿。不解世俗书,稽古何所蒙。久矣川效珍,矧兹山不童。应容陶隐居,佳眠听松风。

　　举世市道交,谁能保荣名?譬之多财贾,恶嚣安得赢。一身拱璧重,万事秋毫轻。向来冥寂士,飘然逐遐征。

豫章董瞿老求诗

珍重胶西相,风流后叶孙。退藏羞射策,旷远颇窥园。韵绝五峰秀,句奇三峡喧。羌山多胜践,周礼鲁俱存。

谩书

欧峰秋色外,一上一回高。践华谁云险,扪参未觉劳。云扉留野客,雾牖卧方袍。挂颜非吾事,何须似马曹。

钱盱眙赴上因乞诗

君自金张侣,从予嵇远游。祇园分客袂,星渚系归舟。楚国烟霞晚,隋河榆柳秋。中州多汲引,行矣亦封侯。

演上人以权诗示余,归其卷,
演氏系以长句。

花县潘郎未白头,下从玉局仙翁游。平生四海饶次守,脱冠坏衲藏深幽。死生俱在天一角,句法不复阴梁州。眼明得此道人演,更遣权诗遮世眼。唤起蕲春十年梦,恍如神明还旧观。黑柏苍鹰饱欲飞,天马衔刍方来汉。演翁自是尘外客,笔端秀句应无敌。禅余轧轧弄鸣机,紫凤天吴乱红碧。会堂载月漾舟来,尽出公家金粟尺。

观吕居仁诗

西风鏖暑功夫深,老火由来欺稚金。蛮花缺月午梦短,伐翳正尔开遥岑。忽看僧珍五字句,妙想实与神明聚。清如明月东涧泉,壮如玄豹南山雾。抑扬顿挫百态随,鸷鸟欲举风迫之。莫言持此黄初诗,直恐竟亦不能奇。老怀凛凛受霜气,想见此郎水霰姿。鄙夫好诗如好色,嫣然一笑可倾国。击节歌之侑欢伯,杯中安得着此客。此客不肯绁尘羁,况复世往如蛛丝。秋空横河雕鹗上,不许蜂蝶同所归。汉家太尉死宗社,大鸟泣坟天所借。谢傅未吐活国谋,赉恨怀奇赴泉下。僧珍向来期此人,颓波砥柱妙入神。要当叠些湘水滨,唤起犹足张吾军。

王子张数以诗见过

午梦蛮花湿,晚凉衣带秋。愁来倚柱啸,诗到击盘讴。律熟无谁敌,词悭不拟酬。苏州语犹在,五字为君休。

戏书

虐雪饕风春事晚,轻红未放入夭桃。即看倚杖花经眼,便许堆盘黍雪毛。

晴檐已复听提壶,浊酒聊堪释荷锄。短短长长爱园柳,三三两两数溪鱼。

溧井寒泉彻底清,不容私地有蛙鸣。修除何独充庖易,要看筹龙将雨行。

止酒废诗春昼长,颇知易戒复难忘。戏于窗下还诗债,便欲花前唤索郎。

用师川题驹甫诗卷后韵

梦中逐客幻中归,荆楚瓯闽好赋诗。谁谓涪翁呼不起,细看宅相力能追。太冲文价经皇甫,籍也辞源怯退之。丘壑同盟从已定,莫令鬼祟作愁眉。

二绝

过尽柳花无复绵,几畦麦浪涨晴川。幽禽唤起醉乡梦,疑在故园茅屋边。

生绡他日写荒寒,咫尺浑如万里宽。我据笋舆烟雾里,有人应作画图看。

苏洞《冷然斋集》

口占

士生弊于文,其实乃无用。今年州县间,朋友多不贡。桔槔旱而工,已得轻抱瓮。大舜与皋陶,乃曰选于众。

寓言二首

精神遍八方,一散或为风。堂堂世之人,奈何总虚空。我无腾化术,正尔不能忘。回视恍兮惚,老子其犹龙。

函关度青牛,生在空桑中。虀砧未刀头,妾身变山峰。三年化为碧,是血本来红。古来埋直气,曾见吐长虹。

夜读杜诗四十韵

夜读老杜诗,如对老杜面。此翁历艰险,往往诗中见。曩吾游川蜀,所恨年数浅。草堂_则无人,正在成都县。断碑蚀苔藓,扪读知几遍。寻思隐其下,终日弄书卷。庶几平生心,所得未应缅。亲庭宦行在,归计乖初愿。言瞻浣花里,厄水乃缺献。人间画图样,皮骨怪丰腆。京华四十载,褐短更驴骞。至今彼堂上,唇绽齿微现。独余双眸子,利若秋江剪。因何太瘦生,贫贱恐不免。耒阳一脔炙,饮食知味鲜。后人美肴膳,出语秒虾蚬。那知独角龙,妙用天行健。至其得意处,力斡造物转。神雷破潜穴,霹雳飞两片。武夫荷戈战,飒沓旃鼓偃。蛟龟咕波浪,宗庙罗黻冕。鞭车甫平陆,梯磴忽绝巘。又如虚空内,一气互游衍。有足恣驰驱,不行渠自远。苍忙鬼神会,惨惨颜状变。春荣与秋悴,时节随晦显。凤鸣朝阳桐,诸鸟从巧啭。《关雎》乐不淫,《小弁》亲不怨。此身付天地,宁作青紫楦。低头向严武,陵辱非所便。百年禀忠孝,句法老益练。君看夔州作,大冶金百炼。麟经示褒贬,此物足惩劝。蜀山上摩天,蜀水下如线。山川蕴精异,翁句丽而典。荒郊夜徂半,隔巷闻惊犬。分明梦见翁,握手一笑倩。殷勤得软语,意若深子眷。文章致隆贵,嗤

点到群彦。何当同宗文,相与携笔研。

拟古

曾城上岩嶤,楼观切晨星。其下视九州,我行屡秋春。道逢兮美人,遗我芳兰荪。兰荪不可佩,饮水代朝餐。仰看双飞燕,起势何翩翩。颜渊称贤者,乐在箪瓢间。美人舍我去,此去何时还？怵怵思徒抽,恻恻声熟闻。

夜读杜老星月诗二十首

肺胃清如洗,翛然二十诗。月星连北斗,冰雪绕南枝。煮壑充茶碗,烹龙送酒卮。杜陵天上语,举世几人知。

偶题

少壮忧藜藿,堆盘齿豁疏。平生空布褐,垂老剩金珠。世有伯劳燕,人谁熊掌鱼。痴年将半百,抚事已嗟吁。

偶作

盘薄意无穷,藏修一亩宫。竹鸣知过雨,花动觉微风。闲作诗如画,长思色是空。人言类摩诘,虽病有神通。

重忆旧句

太饱伤清气,微寒最好诗。白鸥没浩荡,天马谢羁维。矫矫真无敌,飘飘信所之。百年龙变化,万事燕差池。

予顷时有一联云:"太饱伤清气,微寒最好诗。"葛天民极爱之,偶再续成。

太饱伤清气,微寒最好诗。轻鸥怜野性,垂柳让风恣。智巧从天赋,疏狂听我为。极知贫者病,未许药能医。

无题

爱酒陶彭泽,能诗陈后山。浮沉将底用,长大若为颜。镜面舟一叶,梅边屋数间。饶君双鬓白,还我半生闲。

绿云无据玉楼空,回首悲欢一梦中。为忆当时裙样色,隔墙嫌见石榴红。

月样梳横鬓脚倾,弄箫骑鹤上青冥。归来自滴金茎露,手写《黄庭》一卷经。

梦到巫山起较迟,花梢日在不多时。关心自对空梁语,一个飞来燕子知。

树端浮绿涨连云,青草池亭不见人。犹有蔷薇数枝在,虽然是夏亦如春。

张镃《湖南集》

戏效乐天体

去日不可再,来日焉岂虚?直待百事足,漫把四大拘。黄河几曾清,白发暮旋乌。全福贵安然,真乐难强图。朴直自许我,才能不如渠。已盟方寸心,免苦六尺躯。登台值明时,击壤容匹夫。轻车历野寺,小船泛晴湖。金鲫池内观,白猿洞前呼。孤山未学林,长堤且怀苏。珍实不满器,醇醪只携壶。更带两耳铛,旋煮四腮鱼。意均饱暖适,亦或升沉殊。达人旷大观,万象归一途。丹鼎鸡变化,佛性狗有无。快答此话头,拟议计即疏。

集古今山林闲适诗,以林泉啸咏名之

夜窗涉尘编,山林诗辄取。悠然忘世故,正味若醇酒。渠能道我言,不必出吾口。抄成长自随,真为岁寒友。

偶成

出门苦喧阗,归舍喜清逸。新篁解重箨,尚带溪粉湿。投镊坐无语,风来动书帙。留客不须归,今夕月方出。

乐天闲适文章累,陶令归来儿子忧。两事吾今浑放下,看山临水更何愁。

茆舍丝瓜弱蔓堆,漫陂鹅鸭去仍回。开帘正恨诗情少,风卷野香迎面来。

觅句

觅句先须莫苦心,从来瓦注胜如金。见成若不拈来使,箭已离弦作么寻。

吟诗

一日吟成九首诗,旁人都爱少瑕疵。直须作到无人爱,始是吾诗长进时。

诗本

诗本无心作,君看蚀本虫。旁人无鼻孔,我辈岂神通。风雅难齐驾,心胸未发蒙。吾虽知此理,恐堕见闻中。

读乐天诗

诗到香山老,方无斧凿痕。目前能转物,笔下尽逢源。学博才兼裕,心平气自温。随人称白俗,真是小儿言。

觅放翁《剑南诗集》

见说诗并赋,严陵已尽刊。未能亲去觅,犹喜借来看。纸上春云涌,灯前夜雨阑。莫

先朝路送,政好遗闲官。

戏题

人前一语撞翻墙,直气西秦本故乡。雪野射麇轻队马,杏园移象矮交床。诗忙渴砚酒磨墨,睡足起廓花夺香。矫揉尽归官样去,有时闲笑错商量。

改旧诗戏成

不作新诗只改诗,当家功用亦几稀。全牛迎刃未能解,六鹢遇风先退飞。欲脱规模还似旧,枉教躯干不曾肥。何如尽付红炉火,免使群公说是非。

叔祖阁学座间请观诗编因赋

出门何许会初心,家有师儒是学林。画古更因金印伟,书丛方称锦堂深。朱橙荐酒随冬蟹,翠蔓披墙引暮禽。每幸酸咸得同嗜,可今倾耳阕韶音。

王逢原《广陵集》

杂诗

方春不种兰,终岁无自佩。良田弗加荑,徒种亦无岁。空令雨露恩,日夕被蒿艾。安坐饥怨天,此理果谁在。

一日不为田,百草已有根。况复闲三时,其秽何待论。岂不有钱镈,徒羞慵借勤。岁晚忧不耕,何独议耕耘。

毿毿晚春树,上下聚百虫。不有口似虿,则生尾似蜂。设不二者然,亦徒生无庸。清阴不可居,晚岁还秋风。

《关雎》后之淑,《棫朴》君之明。《兔罝》尚好德,况乃公与卿。所以彼一本作被《行苇》,敦然遂其生。谁能弦此歌,为我发古声。

召公方伯尊,材亦圣人亚。农时惮烦民,听讼小棠下。嗟今千室长,已耻向耕稼。弹琴高堂上,欲以无为化。

鱼虾无所能,动辄困人得。蛟鲸能则乖,覆舟取人食。龟鳖虽谓殊,刳剥同一剧。龙不入网罗,亦不为人识。

犬羊养于人,壮则人食之。猛虎嗜人肉,一本作能食人终一本作亦昧猎者机。豺狼与狗同,为害岂必威。封一本作丰狐能为人,还作行子妻。

古人重非道，饥不苟豆羹。有为非其心，或不脱冕行。如何后世人，以官业其生。鄙哉乐欺人，犹以学自名。

还东野诗

吾于古人少所同，惟识韩家十八翁。其辞浩大无涯岸，有似碧海吞浸秋。晴空此老颇自负，把人常常看，平时未尝有夸诧，只说东野口不乾。我生最迟暮，不识东野身。能得韩老低头拜，料得亦是无量文章人。前日杜子长，借我孟子诗。三日三夜读不倦，坐得脊折臀生胝。傍人笑我苦若是，何为竟此故字纸。童子请我愿去烧此诗，苦涩读不喜。吾闻傍人笑，叹之殊不已。又畏童子言，藏之不敢示。奈何天下俱若然，吾与东野安得不泯焉。

朱翌《潜山集》

读杜诗至"减米散同舟，路难思
共济。"舟人偶来告饥，似诗谶也。

老翁起布衣，诗史天下选。眼中无全牛，万象转紧窦。曹刘知几辈，波澜付一卷。凄其忧世心，妙若医国扁。惜哉无孔子，不得并坟典。豹露管中班，吾犹及浅浅。岁月走江淮，冷淡空盘盏。诸子不见味，咀嚼必禁脔。遗编过三复，奥义见百遍。长言起清风，竦立侍冠冕。减米散同舟，读已事在眼。吾岂监河侯，不救在陈患。生尘甑屡空，戞釜声不免。迢迢千里程，与汝共艰险。虽无百丈牵，顾有众力挽。愿学平原公，试草乞米简。更问偕来人，恐有蔡明远。

辋归自五羊，得承可旧
诗一编，书其后。

君不见，香山居士居洛阳，远借五寺收文章。又不见，巢父诗卷何所藏，留之天地同久长。铸金琢石非不强，金流石泐不可防。以人传人策甚良，世人顾未知其方。我昔宦游凌大江，年少从君璧一双。胜时一咏同一觞，颇亦自愧枪榆枋。劫火不肯留青囊，日往月来心不忘。大儿南归自五羊，袖中乃有万丈光。伏而读之喜莫量，重到虎踞龙盘乡。今年贡舶早放洋，明珠大贝光溢箱。答赐不敢烦吾皇，愿得君诗归献王。

《蔡九峰集》

读江西诗，呈游光化料院

江西多秀士，卓跞相后先。其中最翘楚，无出黄、陈前。森然插天干，琢削草舍椽。羌童扣金石，越女调管弦。非无要妙音，难与《韶》《濩》传。《王风》惜云远，屈、宋美独专。沉浓元晖诗，典雅渊明篇。少陵备众体，太白真谪仙。微情寄风月，肺腑皆天然。自从句中眼，一字千金钱。于今百余载，诵说如河悬。人惟屋下屋，何以千万间。正声日微茫，寂感空无边。

古意

古人不可见，末习徒纷然。精微固难知，论议胡尔偏。郢曲听者谁？巴唱和乃千。世道既若兹，淳风何当还。矫矫且自强，天运终来旋。

种木必培根，清流必澄源。根源得其理，流末乃可言。圣贤本始务，条达盖自然。时俗枝委求，持操空尔烦。存存此成性，道义斯其门。

偶题

作书与蜀客，止为求知音。不料缘素丝，却与多黄金。今情既已异，古意何由寻。一笑陶靖节，雅趣无弦琴。

偶题

暮年无杂虑，何事更关情。入市非求利，居山岂为名。诚存心自逸，足健步常轻。却是行游处，春风日日生。

寂寞园林迥，栖迟念虑寡。雨声连砌响，风色入帘寒。义理无新得，交游少旧欢。梅花自畴昔，岁晚独相看。

日日门前路，春风与物期。早梅纷白雪，垂柳散青丝。把酒怀情久，吟诗遣兴迟。闲来复闲往，携策谩透迤。

夜读苏州诗

夜读苏州诗，襟怀尽冰雪。飘飘关塞云，微微河汉月。秋兰南窗前，清香静中发。怀我千载心，岁晚更幽绝。

归自城中，承介卿宠顾惠诗次韵。

幽雅从君志，驱驰愧我人。无忘岁时旧，因得笑言亲。心赏知非故，诗成语自新。一

川风景会,樽酒且频频。

绝句

积雨添泉脉,寒来送两山。南风北窗下,午梦听潺湲。

和伯氏用介卿韵惠诗

信笔题诗学行余,功名聊且付樵渔。心闲独玩三秋干,足健时看数亩蔬。渺渺橘园联草阁,疏疏竹径傍田庐。是间日有无穷趣,月淡风清静读书。

悄悄园林世味长,碧云疏散暮天光。且宽礼乐兴江左,厌听干戈暗洛阳。梨叶尽时无伏暑,竹阴深处有余凉。从容领会精微旨,何用区区底事忙。

次刘子融言诗之韵

试将风月共君哦,识处应须出旧科。吟咏性情当自得,敷张华藻第差讹。入神致用何思虑,告往知来谩切磋。欲达古诗三百义,一言而蔽不须多。

刘子野携诸名公诗轴见过,为书其后

畏暑懒出户,息心聊罢诗。诸公旧有作,其意已无遗。岭表经行处,贤关扣见时。悠然皆往事,勉务日新期。

谢人惠诗

岁事已无几,相过常少宾。扣门来剥啄,握手见情亲。月窟文章客,花岩老病身。从兹襟义合,有约待新春。

双林壁间,有人写董仲达希字韵诗,和者纷纷,因用韵。

寺古苍松老,僧高俗客希。我来游竟日,不用笋舆归。

曾景山犹子觅诗

勿谓参也鲁,孔门最少年。能于一唯间,烦悟冠三千。

薛季宣《浪语集》

读东坡和靖节诗

我读渊明诗,颇识诗外意。坡公继逸响,个中有佳思。取友百世上,古来独二士。陶固泉石人,苏则廊庙器。出处了无同,声名都自异。往者不可作,矧复通姓字。神交定忘形,饮食尚知味。蕤宾中声律,片铁犹应类。兹文在尼父,为复昌旦事。今时道古语,莫

作今世视。以我思惟心,光彼刚大气。芥子纳须弥,谁信略相似。

又读陶靖节诗,命次前韵,效其体

浊酒自倾尽,陶然忘古今。横翠既逸响,聊以写我心。矫矫两白鹄,盘旋下曾林。此情谁与传? 无弦有遗音。万籁夕已息,宁知身是今。浮云翳青空,油然起无心。寄傲北窗下,骤雨落疏林。游子为三叹,寥寥希大音。

读靖节诗

渊明鸣素琴,无弦有余音。善听非子期,寥然赏知心。声满天地间,清越穷幽深。游鱼漾澄澜,宿鸟投故林。忘肉为闻《韶》,羲皇到于今。

读鬼诗拟作二首

坐对悲风啸晚山,征鸿不记几回还。青铜蚀破菱花面,慵掠乌云绾髻环。

王乐纷华苦未真,至游无朕亦无身。细看浮世多尘坌,如我得归能几人。

公叔次开窗诗漫答

不谈夷甫坐谈空,烂醉凫鹥灭没中。闻说诗豪君是否? 好磨长剑倚崆峒。

无题

朦胧夜色暗浮云,咫尺氛埃怯战尘。深夜鸣榔到庭户,江湖知有钓鱼人。

赵忠正《德文集》

泊舟盐桥,儿子洙辄于市买历尾,题云:客里其如日费多。因取笔足成一诗。

蹭蹬生涯一钓簑,东西淮海信涛波。乱来益觉人情薄,客里其如日费多。麟阁壮图今老矣,菟裘归计奈贫何。越吟楚奏那能已,时倚哀弹拍棹歌。

彦文携玉友见过,出示致道小诗,因次其韵。

一壶春色玉生光,最爱霏霏绕鼻香。浅醉不禁衣袖冷,幽林风露夜苍凉。

仙官新拜旧词臣,林下相逢又一人。勿谓沧浪清可濯,此心元自绝纤尘。

于世无功懒据鞍,诛茅种竹老空山。不应天与静中趣,自是人容拙者闲。

无题

胶胶身世竟何穷，急电飞花过眼空。惟有离愁推不去，五更孤枕角声中。

再书一绝

吴九何如黄四娘，能令诗老醉颠狂。可怜去岁花前客，戎马尘埃两鬓霜。

郭祥正《青山集》

谢泾川宋宰惠近诗

不到泾上邑，倏忽二十载。环山敞楼阁，金碧想未改。长溪托翠玉，洗月发光彩。秋声咽松杉，夜气馥兰茝。白鸟自成群，黄猿行作队。仙人控鲤去，岩下遗踪在。犹疑深云中，弹琴尚相待。唐儒工翰墨，石壁露璨璀。意有神明怜，尘薜不得浼。地胜来俊哲，宋子今出宰。公余缀吟笔，烂爁排珠琲。又如崆峒兵，百万森甲铠。寄我数十篇，悠然起沉痗。胸中强搜扶，旧学久荒馁。行追天马踪，骞蹶竟难逮。抚卷怀远游，魂魄飞䲔奭。何当裂云笺，看君吐江海。

和姜伯辉见赠醉吟书诗

苍崖一万丈，中泻白玉泉。飞鸟度不得，而我长攀缘。洗尽心地垢，吟成元化篇。更复有何物，一尊当我前。忽逢姜伯辉，爽量涵水渊。开谈了无迹，所得全于天。便欲脱青衫，泛我江东船。结交要终始，相忘复颓然。径呼妙手画，秋江霜景全。冰轮正卓午，照影无颇偏。谁能骑蹇驴，世路空留连。咄哉可以往，挥手泛飞仙。

览进醇老诗卷

羁栖海上州，岁晚得师游。句泻碧潭月，篇成清夜秋。云根龙洞镴，花气蜜房收。此理何人达，营营枉白头。

元舆近诗加妙，用寄四韵。

谁识子昂孙，新诗霭暮云。体兼诸谢备，名与少陵分。今去知无敌，从来自出群。南山能射虎，只许李将军。

与元舆论诗

一作城头饮，重论别后诗。倏然云雨至，应有鬼神悲。叙事公偏富，求声我最知。赓酬三百首，余韵付咸池。

四月一日作

有瘴从今始，斯须雨复晴。草蒸蛇肆毒，榛密鹏尝鸣。晚食宜防饱，村醪可强倾。何时击归镫，高视叹浮生。俗传晚食不可令饱，饱即中瘴，数饮以御之

全师惠诗

十里湖山紫翠秋，师居独占一岩幽。谈经已许分吾座，更有新诗索献酬。

答省师诗卷

手携诗卷屡相过，要把青铜垢尽磨。言说从来无实效，更寻佳句欲如何。

《邓绅伯集》

六言四首次韵月湖控巴台落成

三峡上游烟水，四川极险关山。满市笙歌昼永，漫山桃李春闲。

处处赏心宜主，公来诗眼偏明。扫千军有笔阵，可一日无酒兵。

百千年阵碛在，六七月雪流来。文笔手巾南向，白盐赤甲东回。

嗟此地得何晚，见孤芳陋群妍。小试凤楼工巧，终图麟阁风烟。

绝句次韵还徐广文诗卷

兀坐长吟五十诗，怪来几案夜生辉。胸中锦段明如许，羞得吴娃懒上机。

桑里相闻路一程，无从款接笑谈清。那知邂逅论诗处，秋满潇湘雁送声。

绝句月湖在朝，惠笔二十枝，墨二笏。笔达，墨不至。

毛颖诸孙二十辈，千里相看谁与同。有两客卿变名姓，乌有先生亡是公。

漫成

饮罢浮蛆聊隐几，醒来扪虱漫看书。风清襟袖凉无限，云晚溪山画不如。

周美成《清真集》

谩成

举头万籁号，弹指万籁寂。欲寻所归方，变灭了无迹。古今何足云，浩劫同一息。曾闻不迁义，贞定非木石。至乐谅难名，所恨罗縠隔。

河声连底卷黄沙,回首方惊去国赊。唯有客情无尽处,暗随春水涨桃花。

无题

石濑光洄洄,沙步平侲侲。枫林名一社,春汲共寒影。藩篱曲相通,窈窕花竹静。兹焉自足乐,未觉丘园迥。令尹虽无恩,黠吏幸先屏。唯当谨时候,田庐日三省。骄儿休马足,高廪付牛领。无人横催租,烹鲜会同井。

谩书

窗影蝇飞见,帘花日照成。汗余胡粉薄,香度越罗轻。书叶蚕头密,调笙凤味鸣。情来愁不语,极目雁南征。

旧识回文谱,新谐远调讴。望归朝对镜,合饮夜藏钩。融蜡粘花蒂,烧檀暖麝油。双眉谁与画?张敞自风流。

丽日烘帘幔影斜,酒余春思托韶华。高楼不隔东南望,苦雾游云莫谩遮。

偶成

窗风猎猎举绡衣,睡美唯应枕簟知。忽有黄鹂深树语,宛如春尽绿阴时。

徐恢《月台集》

登舟客有诵杜诗"春水船如天上坐"
之句,因成一绝。

暖风收拾乍晴烟,春水西湖并半船。若使杜陵轻着眼,应言直下是青天。

读刘宾客诗再赋

山泉何地发轻雷,直使烟云对面开。可惜隐侯无妙语,却数诗自雍州来。

余夜坐,必看东湖诗,心悟神会,
非它人所与知也。比来老态并见,
殊觉少味,感而成诗。

清绝东湖旧看诗,夜窗风味许谁知。眼花头白今憔悴,不似向来灯下时。

蒙刘元中沔数示东坡诗

无邪公文天所赞,汩汩词源倒河汉。一篇新出纸为贵,万国争传金可换。晚节投荒无芥蒂,毕景著书自娱玩。天之所宝雷电取,渠不爱惜风雨散。两河漕僚真好事,五莞遗文尽堆案。似闻倾盖剧推许,亲以削牍定真赝。分传饷我枉银钩,贫室骤惊满珠贯。无

砧共推玉界尺,争求当置铁门限。世人不识蔡伯喈,欲问图书觅王粲。

《宛陵群英集》

首夏读谢康乐诗

首夏属佳月,景静澹无营。独此焚香坐,何以写我情。慕谢方婉娈,临文乃纵横。甘如酌玉醴,馥若佩兰英。山水信可赏,符竹亦非轻。无闷未云悟,惜哉称达生。

古诗

晨选期门士,大猎南山阳。白日照旌旗,咫尺临清光。之子才且武,结发在戎行。控拳拉黑虎,余勇殊未央。回车宴五柞,举烽令行觞。禾黍被中野,松柏生高冈。借问何所思?所思在冀方。彼美冀方士,安得同翱翔。

峨峨切云冠,奕奕夫容剑。扬扬徒旅繁,济济驾紫燕。行行向双阙,去上未央殿。君明臣亦良,四海皆清晏。斋房多灵芝,郊薮凤凰见。群臣亦何为?称功劝封禅。

中夜整冠带,览彼明月光。屏营不能寐,忧心独怦怦。危坐待明发,牵牛直南荣。盈庭树兰蕙,芬馨日凋零。客行随所适,感物怀故乡。朝发雁门道,夕入兰台宫。佳宾会若云,列鼎吹笙簧。终岁极燕乐,保已有余庆。

仙人降瑶序,风露清坛场。郎咏玉书文,遥上绿云章。阊阖启中夜,五色垂景光。霓旌导绛节,授以长生方。湛然守中局,不迎亦不将。琼浆酌天和,玉芝茹春香。手种蟠桃花,坐待三千霜。相从广成子,鸾鹄参翱翔。

六朝宫阙锁黄埃,王谢诸贤唤不回。半世江湖成老去,满天风雨挟愁来。倚门梦寐家千里,逆旅情怀酒一杯。终有林塘归旧隐,寄言鸥鹭莫相猜。

周文璞《方泉诗集》

偶题

海气江声相与浮,今时帝里旧杭州。西湖寺里多金碧,自厌秾华不肯游。

绝句

巾车初扣槿花篱,物物来前总要诗。一句坐来摸写了,两鸠飞下老梅枝。

纱笼解散坐门畿,生怕逢人索接篱。朝雨洒来山更静,春锄恰好到方池。

解呼威羽归丹穴,可缚单于献汉宫。四面八方笼不住,许来分坐此山中。

隔林八十庬庞眉叟,理竹疏泉过一生。见说石林身健日,把书只在石中行。

皋伯通家琐夕晖,八年寒食数归期。江乡橘柚花如雪,不许离人戴一枝。

入春便与僧为友,紫蕚黄英见坐禅。昨日邻翁催入社,谢他只是说无钱。

吴可《藏海居士集》

题马上元所藏赵墨隐渊明四诗。

我不识赵子,见此便得之。谈笑出丘壑,灿然备四时。似闻月旦评,气压渊明诗。马卿宰白下,惯作烟云嬉。归来九衢尘,旧好不少移。殷勤着怀袖,亦足慰梦思。我本家北阜,一官老京师。颇怀月下松,披图觅幽姿。正恐林间鹤,怨我归无期。那知此心在,衡宇终栖迟。谁怜阿堵中,几有一斛泥。愿分溪上山,供我笂柱颐。

吴秀才出示孙尚书诗,求鄙作。

往时家分宁,风俗喜追随。挽留杯酒间,往往醉如泥。比年舍临汝,闭关无相知。牢落三周星,淹泊一水湄。人事即渐熟,邻曲不复疑。闻有长者客,清谈颇忘疲。宗盟晚相遇,佳此野鹤姿。过我忽长鸣,倾倒胸中奇。借问所从来,半世游京师。群贤共文字,声名冠当时。自得固有余,足能攀桂枝。上以荣北堂,下以光衰迟。故山未暇往,旧游不足思。墙东或可隐,便拟营茆茨。奇怀傲南窗,幽花撷东篱。是亦差可乐,去此将何为。恨未识胥邓,论交尚羞池。不妨气类求,相与慰渴饥。同姓纷在眼,邈然弃如遗。此道已浇薄,君乃敦笃之。何当美盛德,老矣徒嗟咨,黄你厄兵火,荒唐废文辞。毛子素偃蹇,岂复能发挥。谁为国士重,自有尚书诗。

赵周臣《淦水集》

古诗杂拟

朱明变气候,大火回西流。六龙整征辔,倏忽夏已秋。阊阖来悲风,霜棱被九州。岂不念时节,岁律聿其周。精卫填溟海,木石安所投。独携羡门子,高步登昆丘。千秋长不老,永谢区中囚。

朔风厉严气,玄云结层阴。霜雪被原野,行李寒騤騤。踯躅兽狂顾,惊鸟辞故林。路滑蹄峻坂,缘云上嵚崟。挽藤断人迹,反畏蜇然音。藜藿不充肠,况乃饥鼯侵。开门望晴

霁,白日肯照临。不忧冻馁逼,所怀四海心。聊兴添室叹,不待雍门琴。

白日沦西汜,沧海无回波。四时更代谢,奈此迟暮何。我欲制颓光,惜无鲁阳戈。凭高望八荒,晴昚迷山河。惊风振江海,山林无静柯。兽狂走四顾,旷野弥絓罗。西望广武山,北顾望三河。蓬蒿蔽极目,人少虎狼多。喟然发长叹,抚剑徒悲歌。

猗猗南山竹,并生凡卉丛。岁晏多霜雪,见别萧艾中。我欲食鸑鷟,千岁不一逢。留之和律吕,截作嶰谷筒。一变为清商,日暮来悲风。清泉溉石根,上有白云封。虚心抱静节,知音为难容。不如归去来,一竿钓清澧。

猗猗竹与桐,并生江之浔。朝日照孙枝,夕风振瑶林。凤凰天外来,飞下玉山峰。栖枝食其实,气类无幽深。夔伦不世出,斤斧倘见寻。一截解谷管,一制薰风琴。偶蒙识者赏,无穷出清音。九龄起韶州,姜子家海南。又如帝室宝,海底珊瑚金。人生有南北,此道无古今。迢迢龙江上,鸿雁万里心。

晚菊有正性,托根寒水津。不随黄叶秋,况争紫兰春。依依抱晚节,冷艳排霜晨。日暮碧云滋,折花思远人。鸿雁不我待,霜落日夜新。愿言垂采摘,岁晏委荆榛。

空斋日无事,起坐横鸣琴。明月入我牖,照见万古心。古风不复还,中有太古音。置琴挂壁上,吾道无古今。

戚戚去故里,辛苦从军行。黄沙翳白骨,麟阁谁功名。西北秋风至,日暮愁云生。火烧白草冈,水断黄河声。天寒马毛缩,仰天为悲鸣。男儿贵死难,义重鸿毛轻。南登雕阴坡,北望骠骑营。注马千丈坡,射雕万里城。

西北有高城,来往交河道。古来征战地,白骨埋秋草。人寿非金石,生男不待老。不敢上谯楼,忽恐愁绝倒。

《王滹南先生集》

山谷于诗,每与东坡相抗,门人亲
党,遂谓过之。而今之作者,亦多
以为然。予尝戏作四绝云。

骏步由来不可追,汗流余子费奔驰。谁言直待南迁后,始是江西不幸时。

信手拈来世已惊,三江滚滚笔头倾。莫将险语夸勍敌,公自无劳与若争。

戏论谁知是至公,蜻蜓信美恐生风。夺胎换骨何多样,都在先生一笑中。

文章自得方为贵，衣钵相传岂是真。已觉祖师低一着，纷纷法嗣复何人。

王子端云："近来陡觉无佳思，
纵有诗成似乐天。"其小乐天甚矣，
予亦尝和为四绝。

功夫费尽谩穷年，病入膏肓不可镌。寄语雪溪王处士，恐君犹是管窥天。

东涂西抹斗新妍，时世梳妆亦可怜。人物世衰如鼠尾，后生未可议前贤。

妙理宜人入肺肝，麻姑搔手岂胜便。世间笔墨成何事，此老胸中具一天。

百斛明珠一一圆，丝毫无恨彻中天。从渠屡受群儿谤，不害三光万古悬。

《崔德符诗》

绝句

我如秋蝶未忘情，对此寒花叹此生。常愧老来亲拄杖，看花不似蝶身轻。

芙蓉堂下水溟溟，老去难禁此段清。唤取王郎吹玉笛，愁来要听水龙声。

荒蒲乱苇簇人烟，指点江州一望间。惜取看人闲目力，琵琶亭上看庐山。

屯云塞望蔚青林，刻雪停空立皓禽。南渡长淮才一水，令人便起五湖心。

残月迷新晓，桃花陨夜寒。何人未妆洗，先傍玉阑干。

《李公明诗》

偶作

石火光中寄此身，谁论北富与南贫。眼前正爱溪梅瘦，冰雪亭亭笑伴人。

天涯地角古来传，今在天涯地角边。日日江头望江水，蛮风瘴雨又凄然。

漫作

测测日西去，去来无尽时。百年无半在，一事更何为。草屋倚寒木，疏梅横短篱。直能捐世虑，何处不忘归。

烟冷风寒处,芙蓉三两枝。愁怀方换酒,秋意更催诗。不遇元白友,宁寻沈宋师。谁知苦吟处,发落一丝丝。

《蒙隐诗集》

读少陵诗

建安七子文,《骚》《雅》生赘疣。除苛起膏肓,公为第一流。满朝竞飞翔,惟公独淹留。平生一严武,几成鞭虎头。定知诗穷人,到骨未肯休。势友自青云,蹭蹬老沧洲。破除世万事,麯生聊可谋。危言竟何补?软语只自羞。成此一段奇,政坐多牢愁。收拾万丈光,千古射斗牛。开卷想清标,凛如对霜秋。闭户味膏馥,妄言希骅骝。

偶成

直面溪山照眼明,息肩簿领暂身轻。蜗巢得失真余事,燕羽差池已半生。老境到门颜有甲,愁城坚壁酒无兵。何时蜕迹嚣尘外,莫问人间无用名。

无题

斥鷃蒿蓬足,鲲鹏谩北溟。余生薰白业,内景练黄庭。大白蚁浮绿,短檠灯闪青。欲知陶令趣,应向醉中醒。

韩维《南阳集》

览杨乐道洛下诸诗

昔驱羸马望嵩云,正值嵩阳蹢躅春。千古废兴都邑地,百年劳苦宦游身。曾耽胜事留连久,忽见新诗叹息频。君欲买山能遂否?它时愿作社中人。

读杜子美诗

寒灯熠熠宵漏长,颠倒图史形劳伤。取观杜诗尽累纸,坐觉神气来洋洋。高言大议轻比重,往往变化安能常。壮哉起我不暇寐,满座叹息喧中堂。唐之诗人以百数,罗列众制何煌煌。太阳垂光烛万物,星宿安得舒其芒。读之踊跃精胆张,径欲追蹑忘愚狂。徘徊览笔不得下,元气混浩神无方。

《文天祥集》

题《毛霆甫诗集》云涧美，
毛霆甫诗也。

英英白云，在涧之渍，彼美人兮，其德孔纯。英英白云，在涧之阿，彼美人兮，其思孔多。白云英英，涧水泱泱，彼美人兮，硕大且昌。

陶潜避俗翁，《遣兴》庞公竟独往。《雨》明明君臣契，《牵牛织女》牢落吾安放。《郑公虔》

吴楚东南坼，《登岳阳楼》风云地一隅。《地隔》蹉跎暮容色，《重过何氏》不敢恨危途。《北风》风烟渺吴蜀，《柴门》云帆转辽海。《后出塞》丧乱纷嗷嗷，《遣寓》尚愧微躯在。《严二奉礼别》

惊风翻河汉，《有怀》鹑首丽泥涂。《将适江陵》吾衰将焉托，《遣怀》愁绝付摧枯。《北征》

阴风千里来，《吴侍御江上宅》惊浪满吴楚。两世事两茫茫，《赠卫处士》飘泊欲谁诉。《又雨》平生方寸心《舟中苦热》誓开玄冥北。《后出塞》岁暮日月疾，《为怀》我叹黑头白。《酌薛判官》

今吾抱何恨，《赠别》恨无匡复姿。《送樊侍御》含笑看吴钩，《后出塞》回首蛟龙池。《咏怀》

天长眺东南，《郑公虔》衰谢多酸辛。《汝阳王璡》丈夫誓许国，《前出塞》直笔在史臣。《李公光弼》

文天祥

天衢阴峥嵘，《赴奉先县》岁寒心匪他。《送严使君》平生独往愿，《立秋后题》零落首阳阿。《过宋之问旧庄》

济时肯杀身，《寄唐使君》惨淡苦士志。《送李大夫》百年能几何，《别唐戒》终古立忠义。《陈拾遗故宅》

绝域三冬暮，《送十七舅》垂老见飘零。《送李大夫》林气森喷薄，《遇郭代公故宅》意钟老柏青。《送程录事还乡》。

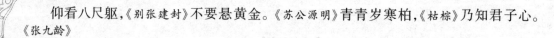

仰看八尺躯,《别张建封》不要悬黄金。《苏公源明》青青岁寒柏,《枯棕》乃知君子心。《张九龄》

小人困驰骤,《九日》后生血气豪。《遣怀》世事固堪论,《园官送菜》我何随尔曹。《飞仙阁》

天地日蛙黾,《张九龄》劳生苦奈何。《钱嘉州程都督》聊欲从此逝,《送樊侍御》人少豺虎多。《别唐诚》

男儿生世间,《后出塞》居然成濩落。《赴奉先县》鸾凤有铩翮,《寄唐使君》虹蜺就掌握。《杨旗》

鸾皇不相待,《暇日小园》白鱼困密网。《遇津口》但讶鹿皮翁,《遣兴》冥冥任所往。《苏少保》

威凤高其翔,《寻崔戢》老鹤万里心。《遣兴》脱略谁能驯,《薛少保》兀兀遂至今。《赴奉先县》

天寒霜雪繁。《赤谷》萧萧北风劲。《羌村》高鸟黄云暮,《送殷参年》斗上捩孤影。《义鹘》

乾坤沸嗷嗷。《送王砅》名系朱鸟影。《张九龄》寥落寸心违。《送何侍御》斯文亦吾病。《早发》

儒冠多误身。《赠韦右丞》识字用心苦。《阮隐居》斯文忧患余。《宿凿石浦》郁郁流年度。《雨》名贤慎出处。《自施州归》志士怀感伤。《赠李四丈》犹残数行泪。《登牛头山》引古惜兴亡。《壮游》

读书破万卷。《赠韦右丞》许身亦何愚。《赴奉先县》赤骥顿长缨。《述古》健儿胜腐儒。《草堂》

萧条四海内,《别唐诚》慷慨有余悲。《水槛》路逢相识人。《前出塞》开怀无愧辞。《咏怀》

高歌激宇宙。《衡山县》岁晚寸心违。《赠韦赞善》忠贞负冤恨。《李公邕》奸雄多是非。《咏怀》

丈夫四方志。《前出塞》丧乱饱经过。《寓日》清心听鸣镝。《听许十诵诗》衰老强高歌。《别唐诚》

茫然阮籍途。《早发射洪》益叹身世拙。《北征》零落蛟龙匣。《李公光弼》开视化为血。《客从》

天地有逆顺。《崔少府》惘然难久留。《发泰州》当歌欲一放。《寻崔戢》河汉声西流。《登慈恩塔》

万古一死生。《咏怀》谁是长年者。《玉华宫》我何良叹嗟。《盐井》短褐即长夜。《遣兴》

高官何足论，《佳人》寂寞身后事。《梦李白》物理固自然，《盐井》愿闻第一义。《调文公上房》

清江河汉英，再见于空同。
读欧阳先生诗，感慨为赋

采芝云满山，采蘖瀑垂涧。当年有清徽，为寄来南来雁。雁去人已逝，岁月劖云晏。流水失声音，西河老忧患。往日志士悲，穷途行子贯。音惯。君为梁宋游，我复江汉宦。十年耿相逢，千里欠一盼。玄酒寄糟粕，美祓堕刍豢。赠子归东方，聊荐吴兴苋。

李洪《芸庵类藁》

偶成律句十四韵

白雪人谁和？朱弦世所轻。薄才惭吐凤，豪气欲骑鲸。岂有江山助？应无风雨惊。雕龙宁可学，刻鹄叹无成。韵险元非絮，词新敢效颦。何如一杯水，难比五言城。七步才空敏，千言敌必勍。固羞鹤膝病，莫继凤雏清。徒溢牛腰轴，谁题雁塔名。清新希庾信，巧律漫阴铿。鸟过言难补，鱼劳尾自赪。只忧生白发，有志抚青萍。伯乐方知骏，钟期善听声。敢将呕心作，试就屑谈评。

偶作

不种松陵二顷田，却来江浦按戈船。乘风破浪非吾事，暂借僧窗永日眠。

十日王程未许归，登山临水此心违。夜阑佛屋龛灯暗，时有飞萤点客衣。

小雨纤纤未肯晴，归程犹起欲宵征。潮来江浦绿如染，云抹山腰练许横。

漫成

能安寂寞兴何长，自觉无机称坐忘。一溉成功心尚在，五禽为戏学无方。病来乍惬衣裳袄，秋至新尝橘柚香。欲识道人真静处，南华一卷是医王。

许纶《涉斋集》

读王文公诗

文章与世为师范，经术于时起世仇。少读公诗头已白，只应无奈句风流。

用山谷韵题洪子恂所藏山谷六言诗

逢原妙处何如？水到自然成渠。信手拈来都是，弹圆颂印泥书。

《胡文恭公集》

读僧长吉诗

生民类能言，兹文特渊邈。精韫在希微，幽通资写托。状物无遁形，舒情有至乐。自非妙解机，谁抽神奥籥？大士栖绿岩，门前即台岳。翠屏何峨峨，千仞拂寥廓。艺术被诸峰，烟霞兴众壑。中安仁智居，旁研华竺学。观法识非空，了心无少着。人境既相于，神明信超若。作诗三百篇，平淡犹古乐。于言虽未忘，在理已能觉。天质自然美，亦如和氏璞。贮之古锦囊，访我杼山郭。杼山空崔嵬，然公久寂寞。中间三百年，寂寞无人作。何意正始音，绪余在清角。山旁夏欲休，林英春稍落。吟登苍卞余，归梦华顶数。驾言整巾瓶，仍前侣猿鹤。谁言云无心，还依故山泊。王君玉送归，有"春风吹孤云"之句。顾予禽鹿姿，缪此縻人爵。居常眩《韶》音，几骇顿金络。比将亲椒兰，端欲甘藜藿。缅怀净名庵，终寻香火约。

子庄见求近诗以一阕为介

半纶祗役谢英游，牒诉装怀思若抽。铜钵任敲何所得？铁盂虽缺岂销忧。楚囚操乐宁忘本？蜀客摛辞只傍愁。强抉巴音还首鼠，知君诗户敌千侯。

谩成

日醉风酣百卉开，锦鞯争跃大堤来。城东有客歌盆久，不敢将春上老台。

谢惠诗

君诗来贶我难当，语带诚斋句妙香。鲛室垂垂新下泣，蜇珠颗颗烂生光。魂飞锦里花争巧，梦到池塘草又芳。早晚交游逢大手，急将名姓为传扬。

谢叔子阳文惠诗。

老子诗名久废闲，喜君步骤少陵坛。句敲金玉声名远，韵险车斜心胆寒。倾出囊中和月露,皎如盘底走珠丸。苦藏难没诗家事,会看尘冠早一弹。

又和前人

作者傍边好见闻,速来就汝作比邻。诗中活法无多子,眼里知音有几人。尔许精奇花粲笔,岂容尘俗海翻银。老夫幸有千机锦,尚欠江头一浣新。

曾丰《樽斋集》

赠豫章来子仪言诗

少年气宇要自恢,见人赋诗谓为才。出入常将笔装怀,中年心地要自息。见人哦诗谓为癖,起居常把口挂壁。子仪昌诵得意诗,句中勾我已懒机。多年抱渴满意沃,半世称雄望风雌。诗源始自葛天氏,三人投足歌牛尾。万象包罗八曲间,《国风》《雅》《颂》其流尔。八曲不幸世不传,传世仅余三百篇。汉唐代者代角立,庶几老杜气浑全。本朝诗数江西派,黄公太史为之最。大成未集夷惠行,具体犹微颜孟辈。泒流到今嗣者谁?青出于蓝吾子仪。挂杖初担教门出,便敢喝佛骂祖师。我当拗折君挂杖,大家俱以背为向。能出二十四人前,更超三百五篇上。

徐汉英学诗二十年余矣,挟近作
来示,赏叹次俾更印可诸公间。

三厄五穷能养诗,养之成熟气浑夷。不知胸次是三代,可与笔端为四时。收拾性情归大朴,发挥风月出多仪。勘符容有一未合,更把大通相转移。

郡斋与龚济叔刘薰卿谈诗

其奈鱼虫草木何,诗之机械也无多。气犹动志平心养,声可成文泛口哦。元酒大羹君子淡,黄荸土鼓圣人和。鬼神天地与吾一,相感相通岂在他。

《文路公集》

运使兵部,见采拙诗四沐继和,唱者
已竭,而答者无穷。内省小巫,敢当
大敌,既难收合余烬,愿为城下之盟。

引玉才三唱,投珠已四吟。出荒拙者三,蒙属和者四一钧皆协律,并蒙次韵见和六义尽同心。巨浸倾无竭,洪钟扣有音。鼓行军正勇,怯者愿闻金。

无题

西陵何限柏,——胜瑶华。几纵青丝骑,多逢油璧车。香囊犹未致,春带已成赊。莫作云间月,愿亲梁上霞。

子山朝奉倅汝阴过洛,
访别求诗。陈安寿

邺下才名同七子,六年开幕得嘉宾。子山前佐大名使幕六年,老拙所赖。屈从颍水投余刃,合去甘泉作从臣。素以潘阳敦信睦,仍于洛孟卜仁邻。士元骥足难羁绊,即见康衢势绝尘。

初泛舟新池,观子弟辈作诗,
因为此示之

旧池疏引透新池,便觉澄澜势渺弥。得志鱼虾争跳跃,无根萍梗任推移。船头欲过冲桥脚,柳眼初开映水湄。借问阿连春草句,何人先把紫毫摛。

《陈允平诗集》

无题

鲛绡帘卷锦屏开,弱柳丝丝拂吹台。闲品琵琶不成调,落花飞趁晓风来。

千树琅玕碧玉稍,秋声半夜浙江潮。小庭寂寞无人到,谁与同吹月下箫。

林亦之《纲山集》

答稚春所寄诗卷

不见几多日,诗篇句句新。沉吟堪脍炙,涂抹更精神。世俗难知己,文章却解贫。竹窗休苦思,思苦转愁人。

陈藻《乐轩集》

同行归急,困倦不能诗

行李放迟迟,周遭好拾诗。归程催我急,脚力与神疲。来往成虚费,科名未有期。流传堪脍炙,造物不相亏。

云庵觅诗

百级危阶上翠峦,四边山色自低环。海乡无限萧条景,收到楼前是美观。

读李翰林诗

杜陵樽酒罕相逢,举世谁堪入此公。莫怪篇篇吟妇女,别无人物与形容。

《葛元承集》

总题

车马不来山意朴,市廛都远土风淳。又无僧寺闲钟鼓,流水声中自有春。

塘曲椒和桑共老,山头松与麦齐青。人家岁计村南北,似识《豳风》旧典刑。

《槐庭济美集》

五言二首

一雨日夜零,阶前草更青。西风忽萧飒,残月照空庭。

钟鼎山林事,都卢一梦中。观音门里去,叶叶响悲风。

《江端本诗》

次韵子我兄,和沈侍御
吴兴酬唱诗三首

茗雪忆初泛,星霜今几周。芳莲霞比色,晚水月同游。未尽烟波赏,先惊岁月遒。风尘今满眼,遥想芰荷秋。

宇宙烟尘日,谁何风马牛,掀天怒翼倦,卷地骇奔流。黩武非天意,穷凶与鬼谋。风波方浩渺,何处可维舟。

四野传烽急,中原杀气浮。游鱼惊过艇,风叶乱鸣鹙。宿雾藏文豹,寒浮露远洲。无心谋出处,知命复何忧。

《洞霄诗集》

有何不可四首

园林桃李争妍,我有兰花数朵。杯盘笋蕨鲜肥,恁地有何不可。

炎炎火伞张空,避暑林亭趺坐。有时解带披襟,恁地有何不可。

桂花香满修廊,皓月当空照我。徐徐三弄瑶琴,恁地有何不可。

竹坞雪封云锁,地炉温酒添火。醉来拥被高眠,恁地有何不可。

途间偶成

拂晓挑藤去路忙,倦投野店午炊香。闲看昔日题诗处,依旧榴花出短墙。

王君实《腥轩集》

读林去华居厚主簿省题

病夫夜不眠,五鼓始交睫。懒起比吴蚕,情梦飞庄蝶。恭承高轩过,不及倒屐接。惠我百篇诗,珠玑何炜烨。五言比长城,一望皆危堞。壮如《广陵散》,悲似阳关叠。音韵最清圆,格律尤妥帖。登坛裨将降,咒水小巫怯。永嘉富人物,往躅足追躡。经术止齐陈,文章水心叶。林君游其门,早负贤关筴。乡校设皋比,户外纷屦屧。科目苦无凭,取舍如渔猎。入网多弱翰,上钩希巨鬣。西廊上奏篇,甲第仅书捷。低头矮屋中,壮气不萎苶。研朱点《周易》,修此清净业。焚香读《楚词》,时作真行帖。台府岁举员,求者例有挟。孤士乏梯媒,刚肠羞妇妾。诸公纵怜才,或被权势劫。谁能推挽之,士论得欣惬。

二月朔日,得诗二十六韵。

二月方书朔,新晴景物饶。今春添一闰,是月始元朝。一枕初回梦,千官想正朝。横鱼金系带,鸣骑玉为镳。归第无余事,流风竞贵骄。歌翻羯羊鼓,舞衬凤凰箫。烂醉东西玉,争妍大小乔。湖山行处乐,日月暗中消。轩冕吾何羡,巾车隐者招。林泉供啸傲,杖屦足逍遥。砌笋和泥掘,盆花引水浇。酒炉衣可准,茶灶火频烧。冷眼蛾投烛,灰心鹿覆蕉。惯分田父席,懒折督邮腰。翻阅书连架,赓酬诗满瓢。只知贫亦好,未觉兴无聊。所恨黄巾炽,能为邻境袄。四郊群啸聚,十室九焚焦。旧膰月亏蚀,新年地震摇。台占频告异,涂说洊兴妖。带甲多沦没,抽丁困役徭。备防家买剑,巡逻境鸣刁。恶少锋尤烈,渠魁首未枭。豺狼行逐逐,鸿雁羽翛翛。欲诉阎闾苦,其如魏阙辽。太平何日见,读报恼孙樵。

题王双岩诗集后

自是先生标致高,诵诗恍见万人豪。清如金掌双茎露,壮似钱塘八月涛。胸次无尘春拍拍,道腴有味乐陶陶。辎轩刻枣传衡岳,留得芬芳伴楚骚。

白首忧时意更长,明言六籍药皆良。先生不竟身前用,有子亲传肘后方。时论无人传药石,上医着眼识膏肓。归歟活国工夫办,要续双岩百世香。

山中读诚斋诗

四海诚斋老,千年百卷诗。不亲门下炙,却恨我生迟。嚼句有何味,班荆坐许时。大羹元淡泊,妙处少人知。

万首七言千绝句,九州四海一诚斋。肝肠定不餐烟火,翰墨何曾着点埃。锦瑟月中弹不彻,云涛天上泻将来。巴西社里陈黄远,直下推渠作社魁。

和林养正龟符惠诗

殿阶程文被十行,要搜鲠论献朝堂。点头只欠饶三好,强项须教受一章。耿耿古心增骫骳,茫茫俗眼笑荒唐。太官羊肉非吾羡,一箸藜羹劣可尝。

夜读杜诗,契心嘻成

夜永如年眠较迟,寒声□卿薄书帏。静看香篆萦茶碗,细嚼槟榔当酒卮。诗卷一开明病眼,骚人千载契心期。偶逢会处点头笑,早被灯花圣得知。

读坡诗

先生诗笔觑天巧,国中往往无曹鲍。一读快如橄愈头,抓痒底用麻姑爪。千古词林有若人,谁复庸中夸佼佼。当年流落见丹心,悬知世道终难拗。玉堂岂不愿公留?群吠其如龙也狡。出入风波千万重,葛巾野服混蛮獠。饥来只字不堪煮,豆粥一盂粗可饱。跋前疐后竟何成?赢得苦名占箕昴。与公同时富贵人,名字磨灭随蚍蚤。丈夫当为不朽计,方寸莫被饥寒扰。

《李易安集》

偶成

十五年前花月底,相从曾赋赏花诗。今看花月浑相似,安得情怀似往时。

《高僧诗集》

子瞻席上令歌舞者求诗,戏以此赠

底事东山窈窕娘,不将幽梦属襄王。禅心已作沾泥絮,肯逐东风上下狂?

偶成

去岁春风上国行,烂窥红紫厌平生。而今眼底无姚魏,浪蕊浮花懒问名。

《程伯淳诗》

偶成

云淡风轻近午天,傍花随柳过前川。时人不识予心乐,将谓偷闲乐少年。

《曹橘林集》

漫成

学书须学颜真卿,作诗须作陶渊明。其它泚笔半骫骳,使有风骨非天成。

林子仁诗

无题

琵琶起舞换新声,总是关山旧客情。撩乱边愁弹不尽,高高秋月照长城。

胡少汲诗

绝句

风园吹雪柳飞花,睡起钩帘日未斜。四海知心双燕子,相逢处处作生涯。

僧景淳诗

绝句

后夜客来稀，幽斋独掩扉。月中无事立，草际一萤飞。

僧正平诗

绝句

琴到无弦听者稀，古今唯有一钟期。几回欲鼓阳春曲，月满虚堂下指迟。

僧敬之诗

绝句

黄鹤楼前月满川，一声横笛雁排天。史君遣吏来相报，风起芦花落钓船。

僧显忠诗

绝句

竹里编芽倚石根，竹茎疏处见前村。闲眠尽日无人到，自有清风为扫门。

宋子京诗

读巷伯诗

孤节区区是爱君，危言未达已危身。豺牙虎爪铦于剑，不为诗人食谮人。

刘因诗

无题

赠好诗千首,临岐泪一襟。寄书书不尽,凭梦梦难寻。

去事有时既,此情何日忘?朝云宁复见,江月永相望。

杂诗

尧山唐故国,淳朴带遗踪。种果收奴力,开田享素封。采收多上药,景仰近神峰。梦寐驱黄犊,岩居一老农。

闻昔蜚狐口,奇兵入祷虚。人才九州外,天道百年余。草木皆成骑,衣冠尽化鱼。遗民心胆破,讳说战生初。

冀北高寒境,英灵海岳全。斯文若程邵,家世亦幽燕。祀典今谁举?遗经会有传。吾乡此盛事,瞻仰在他年。

关岭通山后,风谣采路傍。地寒人好寿,草浅畜宜羊。用水如奴婢,从川贮米粮。西风如有约,乘兴即吾乡。

何事招提好,山深马可驱。松巢低映帽,竹溜细通厨。霜叶千封户,云屏四画图。冠巾如用我,白鹿旧规模。

岩居访高道,少日在风尘。回首话前事,低眉厌此身。江山资寇盗,畎亩化荆榛。领取天伦重,无君愁煞人。

水绕千山合,云藏数亩荒。初寻香有阵,渐入翠成行。豚阱依危石,牛蹊带小塘。围茅奄有画,可惜是逃亡。

进诗一首

十年陪顾问,一旦决安危。自合成功去,应惭见事迟。长城何自坏,孤注莫相疑。辟谷求仙者,高明百世师。

谈长真《水云集》

七言绝句

心凉肾热得修持,悟此方知达妙机。十二时辰无作用,马猿放荡损灵芝。

毛吞大海谁人解,芥纳须弥几个知?日用居常知损益,功圆行满见菩提。

酒色财气一大关,意情灭尽出尘寰。丝毫莫向灵渊挂,如挂灵源不结丹。

六年练尽无明火,十载修成换骨丹。湛湛虚堂无罣碍,已知跳出死生关。

恰十年来学得痴,腾腾兀兀任东西。欲询风子修行事,垢面蓬头火灭时。

五言绝

学道假除假,修真空练空。本源归一处,明月与清风。

酒色气财尽,忧愁思虑忘。攀缘爱念绝,五叶玉莲芳。

大道常清净,无为守自然。自心不回转,何处觅言传。

独坐若环庵,孤清味最甘。悠然无一事,默默守三三。

采得波罗药,制成般若茶。汤浇清净水,啜罢见黄芽。

常观欲为苦,瓦砾变黄金。睹身如粪土,明月照瑶岑。

心生清爽少,语默气神和。清净消诸孽,无为解众魔。

无题

如今识破恋灯蛾,爱饵迷鱼戏黑波。本是一团腥秽物,涂搽模样巧成魔。

绝句二首

断桥横落浅沙边,沙岸疏梅卧晓烟。新雨涨溪三尺水,渔翁来觅渡船钱。

柳着轻黄欲染衣,汀沙漠漠草菲菲。晚风吹断寒烟碧,无数鸳鸯溪上飞。

偶成

越罗与蜀锦,被体何其华。豹胎与猩唇,适口良自佳。佳美未必得,饱暖不可赊。明通纸胜雪,乐昌墨如鸦。更招南浦石,四友相宠加。漫薰新宁香,时烹固陵茶。萧然文字间,亦足为生涯。

横笛佳人用意深,数声高起海湖阴。梅花落尽还堪惜,留取残英伴醉吟。

香炉

睢阳道中

竹溪噎绝雨才通,无数深红间浅红。山店落英春寂寂,青旗吹尽柳花风。

向来松桧喜无恙,坐久复闻南涧钟。隐隐修廊人语绝,四山滴沥雪鸣风。

两绝

志念平生早着鞭,不知江海付推迁。眼看岁月消磨尽,剩买黄牛学种田。

此意翻成一笑休,园林真乐可消忧。萧萧白发秋风里,曳杖闲看水牯牛。

与滕翱员外评诗

骚雅因君话,于余敢庶几。易教添发白,难是掩人非。趣极堪无味,理深还有机。真风今已矣,谁复苦知微。

颐庵口占

健即观书困即眠,饭余香灺湿茶烟。客来莫说人间话,我是清贫无事仙。

《阳信祖集》

无题

置居城西阴,剧翠行短垣。艺木老风雨,委怀谢卑喧。情随云岫远,色与松菊温。所托虽云幽,亦足当华轩。门外车马尘,蹴踏白日昏。谁能赤吾族,且以朱其门。尚捐千金躯,肯顾五亩园。所以向荆柴,殷勤理墙藩。我初念此老,君已行其言。俗士苦难了,相与聊心存。

春风距晓催林莽,裂石如雷土如雨。长年飞舸白浪中,惯见羊猯当虎怒。吾衰去国今几时,绝险未省风涛危。独倚柁楼聊一啸,借问如许将何之。

钱塘《韦骏集》

谢吴令惠诗

闻君宰县山水中,狱讼衰止门庭空。沛然才智收余锋,日以文史为从容。新诗贶我手自封,昏鄙得之犹见攻。险语突兀森戈钑,婉辞诘曲盘蛟龙。书之堂上辉光浓,来者仰读头颙颙。自缘局事拘疏慵,咫尺会合嗟无从。安得六翮来大庬,与君慷慨论心胸。六月暑气烈若熔,溪谷正好寻幽踪。纱巾短发垂蓬松,旋搋佳句相撞椿。一饮须百琉璃钟,薄视贵富犹飘蓬。

《古今诗统》

赠彭丙翁胡复初采诗

山中五色芝,正为何人饥。朱门酒肉厌,樵者实得之。携持易斗粟,乃以毒见疑。转而得一售,污以肉与脂。堂堂仙上药,为此臭腐遗。藏深有不遇,遇亦未可知。不如取自食,何以其粟为。

藁本为蘪芜,昌阳即昌蒲。黄精与钩吻,本是根种殊。向来家生葛,弃野不可茹。采之有不辨,不如堇与荼。蒙茸适相似,一误非所图。世人不识察,以我为储胥。老农八十死,何如且樵蔬。

已无千载事,乃且长短吟。长吟塞天地,短吟系人心。人心有不察,千载哀歌沉。士家得无用,无用奄且喑。何如高山高,谓在流水深。弃去复弃去,何必扬云今。吾言本不藏,而亦不可寻。

小绝

一夜睡不着,小窗天忽明。林塘寒鸟聚,听得最初声。

绝句

我如秋蝶未忘情,对此寒花叹此生。常愧老来亲拄杖,看花不似蝶身轻。

读坡公次子由诗有感。

每听他乡风雨声,绝如老子在彭城。当年犹是人间别,况此茫茫别死生。

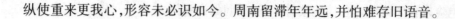

纵使重来更我心,形容未必识如今。周南留滞年年远,并怕难存旧语音。

张子野诗

酬周开祖示长调,见索诗集

辩玉当看破石诗,泥沙有宝即山辉。都厘往往无真璞,误使人评鼠腊归。

《陈长方集》

书杨舜韶诗后

吴城磊落见长身,屈指文章第几人。岁月消磨百年后,音容间绝九泉新。惭无健笔作佳传,空对遗编独惨神。符也克家端的否?会须收拾寄苍珉。

郑獬《郧溪集》

偶题

寸心不着一尘飞,坐见孤云冉冉归。万境去来无不可,白鸥争得见忘机。

许棐《梅屋诗》

谢施云溪寄诗

折得桂花三数枝,云溪又寄几篇诗。诗香入在花香里,韵似龙涎火暖时。

史浩《郧峰真隐漫录》

诗社得神字

今宵文会友,作句擅清新。始也诗言志,终焉笔有神。既无折角者,宁有面墙人。只待逢真主,艰难《七月》陈。

王之道《相山集》

国清化人示寒山诗

师从天台来，示我一集诗。开编未及读，涕泪已交颐。纷纷世间人，迷忘觉者谁？浮况苦海中，欲出无端涯。寒山与拾得，旁观为兴悲。作诗三百篇，劝戒仍嘲嗤。觉此未觉者，当下成牟尼。此意亦良厚，奈何人罕知。师持国清钵，欲救云堂饥。赠言亦安用，聊以报所赍。

读韦苏州诗，因用陪王郎中
寻孔征君韵

我才伤朴樕，吾道属艰难。未遂三豪遇，那知一笑欢。湖山晨溢翠，风雨夜沾寒。归棹秋无几，游吴意未阑。

灯下读魏彦成诸公诗，次韵呈曾子修

距春尚旬月，春信已回柳。时来芝与菌，往往出粪朽。流俗不自重，困穷变操守。贵贱等人耳，未易遽薄厚。桃李何敢轻，所报必瑶玖。一笑置勿论，旨有君子酒。

赵叔灵《南阳集》

自题

独居颜子巷，还自种忘忧。偶病闲辜月，因吟瘦过秋。泣多曾忆阮，贫极尚师丘。散拙兼成癖，如何称俗流。

晁冲之《具茨集》

戏成

长夏轩窗倚碧岑，人间尘土莫相侵。榴花不得春风力，颜色何如桃杏深。

袁蒙斋诗

读朱冠之诗有作三首

孔孟宗师心中的,回由评品手持衡。至刚大勇本来有,由义居仁熟处行。说到孤忠推自孝,辄拼一死肯偷生。此篇此语令人醒,夜半青灯看到明。

浮云擘破月华明,怎得浮云不再生。几度月明云几擘,全无云翳月全清。后生欲解凭谁问,先觉虽知肯尽鸣?苦硬工夫须彻底,秋云漠漠一轮横。

多言外好中何有?有德之言春意融。惟一性天真洞彻,许多事理尽流通。句新悦耳源先涸,思苦雕肝味易穷。自古才人皆患此,就中崛强是扬雄。

林敏修《无思居士集》

金陵冯仲宣诗语极妙,而未之识也,
因张牧之以诗寄子仁,仆亦用韵。

远游平日叹摧辀,老矣仙庐有旧丘。对酒独怜心尚壮,挥毫那复兴如流。寄诗千里已相识,倾盖他年敢自谋。梦想秦淮江口路,一篙春水进船头。

《赵时韶集》

予出留远曾先生门墙,因侍留
耕。先生座间出示有怀楼居仓
使救荒之诗,僭越用韵。

乾坤秀气孕三奇,勋业人间有口碑。台近棠阴遗泽在,楼辉秋尊起人思。后先玉季金昆政,多少丹山碧水诗。世事荡来尚胶辖,赖君一手理纷丝。

李觏《皇祐续藁》

《韩偓集》有"自抚州往南城县，
舟行见拂水蔷薇"之诗，南城
吾乡也，因题八句。

韩偓当年越七闽，舟行过此倍凝神。江边石上知谁处，绿战红酣别是春。往事几多书不记，仙源依旧地无尘。花光柳色今何恨，更有才人胜古人。

李恕斋《扣缶初藁》

鹿湖袖诗见访次韵

屏星照我有光华，闾巷群观笑语哗。闽楚几年分月色，江湖今日不天涯。襟无俗韵真前辈，帜立诗坛老作家。别乘重来慰萧索，李生何惮手煎茶。坡茶歌："李生好客手煎茶。"

洪朋《清非集》

杂诗

陆沉翰墨场，春事忽云暮。文字森在眼，回首不长顾。弃置在北门，以写忧思虑。春水泱莽浮，上有桃李树。安得酒如江，毕竟醉烟雾。

五绝

支径雨浓草色，短墙风动筇稍。黄鹂犹啭夏木，紫燕才出春巢。

千里烟波渺渺，四时啼鸟匆匆。堤柳日浓旧色，庭花月换新红。

江柳风吹袅袅，池荷雨洗田田。吟鸟千声夏啭，薰炉万字晨烟。

南窗棐几净隐，北园藤杖闲携。在野秋风蟋蟀，界天暮雨虹蜺。

窣堵坡临南户，给孤园映北窗。未能掌擎千界，会须口吸西江。

《西昆酬唱集》

溥兹者,伏蒙判府宣机中大先生,颁示劝士文诗,风厉五色。一乡士
子,铭心篆脊,感激思奋,溥晚进不才,备数学职,仰承奖励之意,
讵敢自默,辄忘肤浅,辄成古诗五十韵,缮写拜献,以谢万分之一。
傥蒙台览,仍赐斤削,不胜幸甚。

三楚蕴秀异,郧城雄上流。衣冠世不乏,文物多中州。人材亘古推,无双称汉刘。郝
许擅李唐,忠孝摩千秋。真人造皇宋,开国魁龙头。宋郑继高躅,声华振遐陬。父子兄弟
间,联名英俊游。杞梓茂长材,兰荪艺芳洲。三岁科诏下,功名等闲收。汉运厄阳九,六
飞偶南浮。翠凤翔淮海,郡戍筹边楼。儒流短衣后,吾道嗟穷愁。《子衿》咏成阙,学校废
不修。乡党罢里选,它郡副旁求。中间得良牧,洋水延枚邹。丐请复秋闱,缝掖皆来游。
命乡治论秀,取颖仍拔尤。侯邦兴劝驾,《鹿鸣》咏呦呦。荐士仅才半,旧额未云周。天地
忽开泰,喜色倾朋俦。斯文其在兹,真儒领邦侯。教化为己任,甘棠无讼留。领斋富吟
咏,文彩珊瑚钩。手笔大燕许,道统传旦丘。朝廷抚西师,元老将貔貅。机幕赖关决,玉
帐谈兵筹。归来上方略,片言悟宸旒。天子劳小试,分符宽顾忧。下车未云几,五袴宣歌
讴。曰旸而曰雨,诚感通灵湫。视民若爱子,疾奸甚仇雠。利器易盘错,铸顽成仁柔。政
成甫一载,作为慕前修。士曰得贤守,夜光非暗投。功业在此举,誓当焚秦舟。公曰谘尔
士,山川今昔侔。自古有若兹,在今宁尔休。大书训此邦,父兄无谬悠。勉尔子弟辈,淬
励膺冥搜。毋使师帅贤,徒贻古人羞。刺史秩满去,富贵尔其谋。青紫可俯拾,胡宁甘惰
偷。士皆感斯语,再拜谢绸缪。此德何以报?斯言无以酬。我有难老颂,旨酒觥其献。
燕喜多寿祉,五福歌是遒。明廷簉鸳鹭,夷路腾骅骝。愿公归朝去,玉佩鸣清球。论思献
纳地,雍容展嘉猷。坐令天下士,广厦皆庇庥。

《李忠愍公集》

杂诗六首

风流李东山,磊落孔北海。身逐烟云飞,名与日月在。彼哉世上儿,平生抱惭悔。虽
云官爵高,当以羊豕待。

门前谁剥啄?云有故人至。殷勤具鸡黍,莫辞今日醉。人生若飙驰,世事等鳞次。
区区百无益,杯酒差可贵。故人首肯之,爱吾言有味。

一饱百念休,挈席坐朝阳。陶然四肢春,兴与饮酒长。梦蝶鼻声小,扪虱衣缝光。虽
非北窗下,亦足傲羲皇。

相如贫立壁,渊明老经丘。文字照千祀,何人与之俦。我生造化间,一萍寄洪流。收心短檠底,要陪古人游。

明月如幽人,邀有出世姿。吾欲从之游,开门曳藤枝。得酒袖自举,赏此一段奇。人生要行乐,戚戚竟何为。君看李太白,高风谢尘羁。

御戎如御寇,爱民如爱子。岂不有公卿? 脆弱非所倚。吾君倘择贤,何病不可理?

《艺文类聚》

杂诗

世俗有险易,时运有盛衰。老氏和其光,邃瑗贵可怀。

细微可不慎? 堤溃曰蚁隙。媵理早从事,安复劳针石。哲人睹未形,愚夫暗明白。曲突不见宾,焦烂为上客。思愿献良规,江海倘不逆。狂言虽寡善,犹有如鸡跖。鸡跖食不已,齐王为肥泽。

偶成

人不识春风,竞看枝上红。春风有妙理,都在绿阴中。

古意

莫结荡子心,恩情信难保。杨花纵可爱,奈是浮萍草。

周濂溪集

乙巳岁除日,收周茂叔虞、曹武昌
惠书,知已赴官零陵,丙午正月内
成十诗,奉寄阆中蒲宗孟。

岁除三十日,收得武昌书。一纸方寄远,十二月中,尝附书入永州。数篇来起予。武昌递中得新诗一轴。潇湘流水阔,巫峡暮云疏。不得相从去,春风正月初。

想到零陵日,高歌足解颜。乡闾接营、道,风物近庐山。万石今兴废,三亭谁往还。不知零与永,二郡孰安闲?

三月春才过,君当始到官。朱袍烂红日,白发未盈冠。喜静心长在,耽诗性最欢。应

从下车始，便起作题端。

始被南康责，谁知睿泽宽。还为半刺史，不失古虞官。别乘今谁厚？朱幡旧最欢。遥怜春色好，并盖纵游鞍。茂叔书言与永宁陈郎中有旧。

地与江淮近，乡人慰久睽。重看斑竹泪，还听鹧鸪啼。湘水晴波远，苍梧霁色低。不知春日静，何似在濂溪。

二子君家宝，知渠神骨清。初生俱巍巍，学语便铿铿。凤老雏方秀，珠圆蚌转明。吾甥真宅相，可得不翘英？

山水平生好，尝来说退居。无家归绂冕，有子侍蓝舆。溢浦方营业，濂溪旋结庐。零陵官俸剩，应得更添书。茂叔濂溪有书堂。

周敦颐

八郡湖南使，稜稜尽有名。刑台本乡旧，提刑程公，乡丈人也。漕府忝门生。运使薛丈，尝出门下。吾戚饶风力，伊人最直清。预知相见日，倾盖便投城。

宗邑祅灾并，无如旧岁多乙巳岁。凶霖浸宫阙，涌水注江河秋大雨。鬼盛天为疫夏大疫，阴强雪荐瘥冬大雪。知君忧国甚，搔首只吟哦。茂叔寄示诗中有对雪寄延之之作

诗社久零落，所传毛郑余。先生守章句，后辈老虫鱼。大义谁窥觑，微言尚阔疏。烦君来就索，但恨未成书。

永嘉薛师董同兄箎从友刘仁愿同来。

丙寅孟春。
缚屋匡庐老不归，晨云夜月手能挥。两山夹值春风布，一水涓回鼓瑟希。翠柏偶成庭下荫，游禽何有夕阳晖。洗空天地销余滴，独怪门前多鲁衣。

怀古四首，为知己魏卒元长赋，
兼呈王永叔、宗丞戴少望。

言理不可求，吾将讯苍苍。草木被春华，随风散芳香。才高未为福，名大或不祥。煌煌太史公，逸气横八方。瑞麟出非时，《巷伯》终见戕。晏婴不可作，鲍叔遥相望。发愤著《春秋》，掩夺日月光。文章诚可传，毁辱庸何伤。

高高黄金台，燕赵争趋风。后来得荆卿，恩礼尽鞠躬。丈夫易感激，况在穷厄中。缟衣登素车，函谷眼已空。吕政当野死，燕丹无奇功。侠骨化为铁，血变海水红。英愤气不

磨,今为亘天虹。

天地有大经,圣贤实先觉。一身万世则,激厉为忠朴。周勃真少文,汲黯信无学。岿然社稷臣,汉脉终有托。微臣有扬雄,百拜美新作。男儿无英标,焉用读书博。

嗣宗党司马,徒尔哺其糟。叔夜屹玉山,落落昆仑高。神仙之可求,此人不可招。汤武非圣人,况识卿与昭。一死继结缨,孤竹争清标。荡阴一杯血,彩凤无凡毛。鸱鸢嗜腐鼠,竟绝终身交

东阳吕英父诗,为思刘改之作也

襄阳刘子谪仙俦,挥斥尘寰却寓游。醉眼芒羊天地窄,吟魂凄荡鬼神愁。生来不带封侯骨,老去徒深活国谋。旦暮风尘起河朔,未容埋没委山丘。

竹隐先生徐侍郎诗五首,
即为刘改之作也

江西诗社久沦落,晚得一人刘改之。不向岭头拈取去,此衣此钵付他谁。

谪仙昔者号无敌,侯喜中间还有声。后五百年无继者,得渠一句便堪听。

一生能着几两屐,万户何如千首诗。竹隐在傍须径造,醉乡有路莫他之。

风吹客袂游甘露,雪打人头入半山。无故被他林鸟觉,竟传新句落人间。

闭门长安十日雨,车马不来蛙黾多。若往澹然应子是,作商声者必君歌。

古诗

凉生几砚窗未糊,秋风射入如相呼。床头吴钓作龙吼,便欲乘此等穿庐。丈夫诗胆如斗大,摩娑笑与歌楚些。平生柔肠作铁坚,挑尽寒灯拥襟坐。撞钟打鼓天欲明,雅未知晓鸡先惊。夜来有雨不须问,听取窗前蕉叶声。老僧惯闲定较可,山色朦胧半烟锁。玉簪委地怕禁持,消息雨中弹指过。前回十日得一晴,远山松桧如泼青。痴云冉冉自辟易,半江滚滚金龙生。桂花毕竟终躁薄,强出婵娟懒梳掠。正缘久不见云生,事半功倍扫萧索。人言快意难得时,世间乐事须生悲。转头泼墨天地黑,依然雨脚如丝垂。山翁岂识神龙志,特地霖霪阻游意。不知金鸭香篆长,拥鼻犹可看文戏。重重叠叠添青苍,谁谓浓翠绕丛篁。草木过湿有香意,衣笼笃褥篝笼汤。峻岩万丈苔班驳,日固甚佳雨不恶。晴明晦冥俱可观,刍豢有时荐藜藿。爱山之痴如爱诗,或日或雨皆足奇。君不见,若把西湖比西子,淡妆浓抹总相宜。

西爽

小湖程正同作堂西人以挹爽气,暇日约予同登,未遂所请,寄以五十六字。
客子东南不着家,主人北里恣豪奢。夜深常倩月移竹,春老不烦风扫花。暮雨送凉

归枕簟,夕阳留客赋烟霞。何时执手阑干外,同把功名誓镆铘。

和

剖破藩篱作大家,一区非俭亦非奢。小园翠拂竿竿竹,别馆香传径径花。独酌满船撑皓月,归樵半岭拾残霞。英雄不是耽忧戚,时利锥刀钝镆铘。

偶成

一别京华近十年,此心无日不悠然。嗅梅得句天然巧,把酒开怀地自偏。铁砚不须兵十万,铜盘何用客三千。功名自有风云会,不遇风云毋自煎。

和

已觉清欢减少年,诗狂酒兴独依然。荣华有梦应难到,禀受知吾仅得偏。莫羡暮三朝得四,休论人百己能千。枕肱饮水随吾分,不管饥寒儿女煎。

刘庆寿会于齐安,归索诗

放目族间间,人岁多满百。争光远游赋,一语省未得。翻迁二十年,惝惝带城墨。尔时淮西酒,只应连举白。所视得气概,况复临赤壁。相缪故在捷,长公此遗迹。试窥矶石上,犹带秋月色。独行州西路,空有泪频滴。鸣然不入耳,子政来为客。不特月怜子,我负愧尤剧。大江日南风,吹笋尽成获。极思穿六鳞,更羡师五策。如何万里帆,将舞宫亭汐。县知要如愿,抵掌归故国。颓乎稷下老,若此麻中直。相辉未两眉,欲跋已孤蹠。长亭抚短柳,唯重三大息。怀心何处安,遇有飞南北。

小绝

解貂换美酒,半与美人醉。留半伴山翁,夜深谈世事。

《陆象山语录》

陆子寿诗

提孩之爱长知钦,古圣相传只此心。大抵有基方筑室,未闻无址忽成岑。留情传注翻榛塞,着意精微转陆沉。珍重友朋相切琢,须知至乐在于今。

陆子静和云

墟墓兴哀宗庙钦,斯人千古不磨心。涓流滴到沧溟水,拳石崇成太华岑。易简工夫终久大,支离事业竟浮沉。欲知自下升高处,真伪先须辨只今。

赵广可《山台吟藁》

偶题

鹤骨难销负郭田,移家飞鹜落霞边。黄陈六斗庖无肉,白堕三杯杖有钱。梦里好山元历历,徽边流水自涓涓。来时曾共黄花约,客路相逢又一年。

徐安国《西窗集》

偶成

啼号交口事纷纭,掩耳含羞不忍闻。自笑年来情况恶,任渠般作癫将军。

绝句

舜子汤孙萃一门,万家和气拥祥云。却烦北使归时说,此事先秦所不闻。

乡关杳隔万重山,水路何如陆路难。卧听舟师报平善,目今已过十三滩。

观吕氏外孙祖谦诗

昔别溪南寺,奇厖总角儿。传闻不好弄,剩喜更能诗。经术真吾道,躬行是汝师。披垣家法在,何以遍参为。

王仲信、仲言昆季袖诗见过,不可无语。仲信,性之子曾宏父甥也。

吴宗择婿得羲之,令子传家又绝奇。甥舅从来多酷似,弟兄如此信难为。误蒙锦绣重重赠,静听埙篪一一吹。勿以穷寒便憔悴,寒如东野始工诗。

无题

玉屏无复护歌云,散作东风陌上尘。酒冷篆空香信远,一帘花月梦残春。

《江湖诗集》

吟诗难

从昔吟诗第一难,诗成莫做等闲看。因哦一个敲爻字,倚遍春风十二栏。

任希夷《斯庵集》

读壬子以前诗

壬子以前诗，大抵皆少作。一览欲销忧，万感纷如昨。兰萱新去丛，棠棣无留萼。哀哉谁与言，泪雨九河落。

谢和崇阳旧诗

若效飞凫客，多惭击剑仙。闲吟五字句，近得故人编。方愧雷门鼓，俄挥草圣烟。侍郎诗思敏，百斛似泉渊。

游陶仙观林公辨诗。

偶来殊恨酒尊空，只有青山对秃翁。细把故人诗卷读，却疑谈笑在闽中。

木落风高八月天，山荒屋老意萧然。道人香火但灰冷，何处如今更有仙。

毛诗

三百诗删麟笔前，周家积累胤绵绵。须知正始基王化，只在《关雎》第一篇。

观连江林宰诗卷，有怀赵紫芝。

小小吟哦不足云，更怜蛙蚓漫纷纷。紫芝一去斋房后，谁忆青山空白云。

《能改斋漫录》

南园柳色野塘春水

南园柳色动，野塘春水生。屡游烦将吏，独此守山城。

孙妙仲绝句

林亭长夏爱浓阴，未引茶瓯一散襟。忽去却来蜂个个，自啼还住鸟深深。

山家一尺潇湘石，扫尽云腴齿颊清。惊破午窗箕颖梦，转为风外小松声。

谏议宋文渊齐愈宫词云。

禁城春水碧溶溶，洗出桃花万片红。叶上细看无一字，始知无女怨春风。

李西台诗

龙门双阙涌云烟,雪未飞花雁下前。彻底清流照车马,分台御史过伊川。

郭祥正《青山藁》

邻壁诗至恶,而终夜甚苦。

丑女不知丑,终朝事涂抹。恶鸟不知恶,彻夜鸣聒聒。有客示我诗,一读冠缨绝。不知夜吟苦,肝肺亦辘轳。呕心良可怜,妨睡未忍喝。慎勿轻恶诗,恶诗非易得。

廖刚《高峰集》

偶书

射获元非虎,图看未识龙。古来除梦卜,真得几英雄。

汪藻《浮溪集》

偶成

幽卧一禅榻,无人共白云。山泉与溪水,偏遣夜深闻。

杂诗

古屋清寒雪未消,小窗晴日展芭蕉。酸甘荔子尝春酒,更展青芽荐菊苗。

碧窗凉簟唯便睡,露井无尘荫绿槐。梦入醉乡犹病渴,辘轳声到枕边来。

相士如相马,灭没深天机。区区铜马法,徒识牝与骊。人言当涂公,恶人知其微。如何许邵语,受之不复疑。知人固不易,人亦未易知。媸妍在水镜,铅粉徒自欺。孰为仁义人,未假已不归。伯乐不可作,思与曹瞒期。

世事如大弩,人若材官然。乘势易发机,非时劳控弦。又如大水中,置彼万斛船。虽有帆与樯,亦须风动天。不见周公瑾,弱龄已飞骞。不见师尚父,鹰扬在华颠。彼非生而材,此岂晚乃贤?磁基喻智慧,要必有待焉。叹息狂驰子,尝为愚者怜。

昆山有璞玉,外质而内美。唯其不自衒,故与顽石齿。和也速于售,再献甘灭趾。在

玉庸何伤,惜君两足耳。

堂堂明堂柱,根节几岁寒。使与蒲柳同,扶厦良亦难。我衣敝□袍,我饭苜稽盘。天公方试我,剑铗勿妄弹。

《元遗山集》

杂诗

鼠肝虫臂复何辞,坎止流行亦有时。已被吴中唤伧父,却来河朔作炎儿。

隆州兵骑往来冲,客路灰郊更向东。大似天教浣尘土,数程都在水声中。

悬崖飞瀑骇初经,白玉双飞击迅霆。却恨暑天行过速,不曾赤脚踏清泠。

黄华北下马陵南,佛屋烧残有石龛。想是故乡行欲近,粥糜浑觉水泉甘。

庄休通蔽不相妨,乡社情亲岂易忘。司命果能还旧观,髑髅端合羡侯王。

乡关白日照青天,徒步归来亦可怜。袖里新诗一千首,不愁锦绣裹山川。

应接纷纷又浃旬,枉教虚负杏园春。寻芳自分无闲日,载酒宁知有故人。花柳得时俱作态,州原经雨更无尘。凭居莫惜尊前醉,看即青梅入座新。

溅溅猩红闹晓晴,攒头真侣与春争。舒开杨柳聊相映,瘦杀寒梅枉自清。粉艳低回工作态,绛唇寂寞独含情。画图只爱残妆好,未信徐郎解写生。

密雾轻尘细洒匀,绿云红雪一番新。风光烂熳供欢席。酒味清醇似主人。落落湖山如有喜,欣欣鱼鸟亦相亲。新诗写入奚奴锦,从此他乡不算春。

百年乔木郁苍苍,耆老风流赵与杨。为向榆关使君道,郡中合有二贤堂。杨吏部之美皋洛人闲闲,曾守此郡。

神仙官府在瀛州,何意闲闲得此留。莫笑山城小于斗,他州谁有涌云楼?楼,闲闲所建。

一沟流水几桥横,岸上人家种柳成。来岁春风一千树,绿烟和雨暗重城。

新堂缥缈接飞楼,云锦周遭霜树秋。若道使君燕妙思,冠山移得近城头。

故乡飞鸟亦徘徊,更觅何乡养不才。见说阳泉好春色,野夫乘兴欲东来。

论诗三十首

汉谣魏什久纷纭,正体无人与细论。谁是诗中疏凿手,暂教泾渭各清浑。

曹刘坐啸虎生风,四海无人角两雄。可惜并州刘越石,不教横槊建安中。

邺下风流在晋多,壮怀犹见缺壶歌。风云若恨张华少,温李新声奈尔何。钟嵘评张华诗:"恨其儿女情多,风云气少。"

一语天然万古新,豪华落尽见真淳。南窗白日羲皇上,未害渊明是晋人。晋之谢灵运、陶渊明,唐之白乐天、柳子厚。

纵横诗笔见高情,何物能浇块磊平。老阮不狂谁会得?出门一笑大江横。

心画心声总失真,文章宁复见为人。高情千古闲居赋,争信安仁拜路尘。

慷慨歌谣绝不传,穹庐一曲本天然。中州万古英雄气,也到阴山敕勒川。

沈宋横驰翰墨场,风流初不废齐梁。论功若准平吴例,合着黄金铸子昂。

斗靡夸多费览观,陆文犹恨冗于潘。心声只要传心了,布谷澜翻可是难。陆芜而潘静,语见《世说》。

排比铺张特一途,藩篱如此亦区区。少陵自有连城璧,争奈徽之识碔砆。事见元稹《子美墓志》。

眼处心生句自神,暗中模索总非真。画图临出秦川景,亲到长安有几人?

望帝春心托杜鹃,佳人锦瑟怨华年。诗家总爱西昆好,独恨无人作郑笺。

万古文章有坦途,纵横谁似玉川卢。真书不入今人眼,儿辈从教鬼画符。

出处殊途听所安,山林何得贱衣冠。华歆一掷金随重,大是渠侬被眼谩。

笔底银河落九天,何曾憔悴饭山前。世间东抹西涂手,枉着书生待鲁连。

切切秋虫万古情,灯前山鬼泪纵横。鉴湖春好无人赋,岸夹桃花锦浪生。

切响浮声发巧深,研磨虽苦果何心。浪翁水乐无宫徵,自是云山《韶》《濩》音。水乐,次山事。又其《欸乃曲》云:"停桡静听曲中意,好是云山《韶》《濩》音。"

东野穷愁死不休,高天厚地一诗囚。江山万古湖阳笔,合在元龙百尺楼。

万古幽人在涧阿,百年孤愤竟如何。无人说与天随子,春草输赢校几多。_{天随子诗:}"无多药草在南荣,合有新苗次第生。稚子不知名品上,恐随春草斗输赢。"

谢客风容映古今,发源谁似柳州深。朱弦一拂遗音在,却是当年寂寞心。

窘步相仍死不前,唱酬无复见前贤。纵横正有凌云笔,俯仰随人亦可怜。

奇外无奇更出奇,一波才动万波随。只知诗到苏黄尽,沧海横流却是谁?

曲学虚荒小说欺,俳谐怒骂岂诗宜?今人合笑古人拙,除却雅言都不知。

有情芍药含春泪,无力蔷薇卧晚枝。拈出退之山石句,始知渠是女郎诗。

乱后玄都失故基,看花诗在只堪悲。刘郎也是人间客,枉向春风怨兔葵。

金入洪炉不厌频,精真那计受纤尘。苏门果有忠臣在,肯放坡诗百态新。

百年才觉古风回,元□诸人次第来。讳学金陵犹有说,竟将何罪废欧梅。

古雅难将子美亲,精纯全失义山真。论诗宁下涪翁拜,未作江西社里人。

池塘春草谢家春,万古千秋五字新。传语闭门陈正字,可怜无补费精神。

撼树蚍蜉自觉狂,书生技痒爱论量。老来留得诗千首,却被何人校短长。

论诗三首

坎井鸣蛙自一天,江山放眼更超然。情知春草池塘句,不到柴烟粪火边。

诗肠搜苦白头生,故纸尘昏枉乞灵。不信骊珠不难得,试看金翅擘沧溟。

晕碧裁红点缀匀,一回拈出一回新。鸳鸯绣了从教看,莫把金针度与人。

杂著二十首

禀气真所谐,衣食固无端。所业在农桑,甘以辞华轩。田家岂不苦?岁功聊可观。带月荷锄归,裴回丘陇间。暖暖远人村,纷纷飞鸟还。养真衡茅下,庶无异患干。遥谢荷篠翁,躬耕非所叹。

　　守拙归田园,淹留自无成。长吟掩柴门,遂与尘事冥。素月出东岭,夜景湛虚明。挥杯劝孤影,杯尽壶自倾。遥遥望白云,千载有深情。

　　荣叟老带索,原生纳决屦。邈哉此前修,久而道弥著。人生少至百,每每多忧虑。量力守故辙,余荣何足顾。栖迟固多娱,几人得其趣。

　　桃李罗堂前,霜露荣悴之。咄咄俗中恶,人道每如兹。冬岭秀孤松,卓然见高枝。提壶拊寒柯,怀此贞秀姿。愿留就君住,终身与世辞。

　　世短意恒多,时驶不可追。感彼柏下人,泫然沾我衣。运生会归尽,彼此更共之。理也可奈何,一觞聊可挥。

　　酒中有深味,情随万化遗。西南望昆墟,灵人侍丹池。我无腾化术,帝乡不可期。且极今朝乐,千载非所知。

　　烧残刍狗不能神,一色貂裘绣帽新。可个路傍官塠子,经年端坐看行人。

　　万期流转不须臾,物物观来定有无。玉席纸衣同一尽,枉将白骨计荣枯。

　　凫短何如鹤有余,非鱼谁谓子知鱼。一枝莫作鹪鹩看,水击三千不羡渠。

　　太虚空里一游尘,造物虽工未易贫。臧获古来多鼎食,可能夷叔是饥人。

　　青盖朝来帝座新,岂知卫瓘是忠臣。洛阳荆棘千年后,愁绝铜驼陌上人。

　　六国屠王走下风,神人鞭血海波红。无端一片云亭石,杀尽苍生有底功。

　　天下河源地下流,黄金浮世等闲休。埋愁不着重泉底,尽向人间种白头。

　　泗水龙归海县空,朱三王八竟言功。围棋局上猪奴戏,可是乾坤斗两雄。

　　昨日东周今日秦,咸阳烟火洛阳尘。百年蚁穴蜂衙里,笑杀昆仑顶上人。

　　半纸虚名百战身,转头高冢卧麒麟。山间曾见渔樵说,辛苦凌烟阁上人。

　　白发刘郎老更痴,人间那有后天期。茂陵石马专相对,种下蟠桃属阿谁。

　　白发中官解道诗,殷勤仍为惜花枝。雪香亭上清明宴,记得君王去岁时。

　　六朝琼树掌中春,回首胡妆一面新。生羡石家金谷里,千年独有坠楼人。

燕语莺啼百啭新，长廊寂寂不逢人。东君去作谁家客，花柳无情各自春。

老优惯著沐猴冠，却笑傍人被眼谩。造物若留残喘在，我侬试舞你侬看。

放言

韩非死《孤愤》，虞卿着《穷愁》。长沙一湘累，郊、岛两诗囚。人生定能几，肺肝日相雠。井蛙奚足论，浑虮良足羞。正有一朝乐，不偿百年忧。古来帝王师，或从赤松游。大笑人间世，起灭真浮沤。曾是万户封，不博一掉头。有来且当避，未至吾何求。悠悠复悠悠，大川日东流。红颜不暇惜，素发忽已稠。我欲升嵩高，挥杯劝浮丘。因之两黄鹄，浩荡观齐州。

古意二首

七岁入小学，十五学时文。二十学业成，随计入咸秦。秦中多贵游，几与书生亲。年年抱关吏，空笑西来频。在昔学语初，父兄已卜邻。跛鳖不量力，强欲缘青云。四十有牧豕，五十有负薪。寂寥抱玉献，贱薄倡优陈。青衫亦区区，何时画麒麟。遇合仅一二，寒饥几何人。谁留章甫冠，万古徒悲辛。

桃李弄娇娆，梨花澹丰容。盈盈两无语，臃臃争春风。春风何许来，草木谁青红？天公亦老矣，何意夸儿童。昨朝花正开，今朝花已空。川流不肯驻，并与繁华东。梗楠千岁姿，骫骳空谷中。阳和不择地，亦复难为功。本无儿女心，安用尤天公。

存殁

行间杨赵提衡早，老去辛刘入梦频。案上酒杯聊自慰，袖中诗卷欲谁亲。两都秋色皆乔木，一代名家不数人。汲冢遗编要完补，可能虚负百年身。

追录旧诗二首

短褐单衣长路尘，十年回首一呻吟。孤居无着竟安往，宿债未偿今更新。相马自甘齐客瘦，食蛙谁顾庾郎贫。闻君话我才名在，不道儒冠已误身。

潦倒聊为陇亩民，一犁分得雨声春。功名何物堪人老，天地无心维我贫。颖上云烟随处好，洛阳桃李几番新。悠悠世事休相问，牟麦今年晚得辛。

答俊书记学诗

诗为禅客添花锦，禅是诗家切玉刀。心地待渠明白了，百篇吾不惜眉毛。

自题二首

共笑诗人太瘦生，谁从惨淡得经营。千秋万古回文锦，只许苏娘独得成。
千首新诗百首文，藜藿不糁日欣欣。镜中自照心语口，后世何须扬子云。

无题二首

七十鸳鸯五十弦,酒薰花柳动春烟。人间只道黄金贵,不问天公买少年。

春风也解惜多才,嫁与桃花不用媒。死恨天台老刘阮,人间何恋却归来。

阮户部诗

谩成三首

蓬池旧草缘茸茸,爱酒清谈隐者风。纵似步兵成底事,啸台依旧夕阳中。

心若金兰过耳余,春来还共客东都。几时却泛清河水,已约荆溪共卜居。

太白仙人白玉篇,逸才清思两难全。如今貂尾容相续,只恐巴吟不足传。

国朝《非空上人诗集》

杂诗

楚和宝荆石,自信终不疑。三献两刖足,千载为之悲。淮阴垂钓时,一饭不救饥。带剑过都市,见笑屠中儿。不遇萧相国,汉家几失之。

宋人资章甫,适越以求售。断发文其身,遍国无与贸。以直尚龃龉,枉道犹难就。纷纷世之人,辙覆方驰骤。

绝句

吉州城头画角鸣,吹转南斗六大星。将军营门上归马,折柳青青长短亭。

卷之九百　二支

诗 元诗二

元王景初《兰轩集》

李公敏

吾观李公诗,骨气何老苍。如有渥洼龙,千里思腾骧。又如南山松,独立凌风霜。不架屋下屋,不叠床上床。言志与纪实,句句出肺肠。用事无牵制,吐词多铿锵。养源自昆仑,可见东流长。六经博其趣,诸子发其光。他时再相见,吾敢轻论量。

绝句

逍遥天地内,本是一闲人。
却笑周嫠妇,怀忧浪苦辛。

我有东山约,归欤定几时。
流年不相待,添满镜中丝。

梦觉闻风雨,寒声隔纸窗。
关心无限事,起坐对残釭。

老废观书眼,空闲永夜灯。
蒲团依壁坐,何异一禅僧。

《兰轩集》书影

天理全真实,人心去吝骄。要知颜子乐,元不在箪瓢。

移得黄花菊,开时已过秋。一双何处蝶,来为晚香留。

遗羶战群蚁,腐鼠落飞鸢。仡目秋风外,孤鸿入暮烟。

雨露青宵远，风霜白屋深。有心图富贵。应不到而今。

有客谈金马，无心羡石渠。他年携野史，深入白云书。

懒废交游礼，贫疏骨肉恩。流年过半百，行止任乾坤。

位重忧方大，财多怨亦归。人生要无系，贫贱一麻衣。

锦衣思尚絅，君子亦何心。胡不观《谦》卦，山藏九地深。

天地虽云大，犹将形器拘。谁能超物表，独与道为徒。

希圣与希贤，功夫不偶然。扫除心上地，开广性中天。

炎炎燎原火，始自一星然。须信情当节，谁云怒可迁。

天地元无蔽，人心本至灵。奈何将物欲，遮塞自顽冥。

山溜能穿石，元非一日功。学无坚久力，安得圣门通。

万丈沧溟底，神珠尚可求。读书不知道，安可等闲休。

宝鉴尘昏却，重磨复旧明。人心何异此，改过善还生。

寡欲可延年，存心即事天。神丹何日就，香鼎亦虚然。

释子谈空寂，神仙竟渺茫。古今天地里，唯有一纲常。

男女无亲授，当知嫂溺援。世无邹孟氏，谁与辨经权。

木怪翻基寿，龟灵返速刿。世情机械外，吾亦爱吾愚。

嗜利和心醉，争名至死忙。谁能超此累，庄子在鱼梁。

有定乾坤理，无私造化心。当时炉冶内，枉作不祥金。

有说皆非道，无言乃是天。当知六经外，别自有真传。

世儒笺注学，愈说愈支离。道妙忘言处，几人真得知。

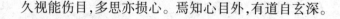

久视能伤目，多思亦损心。焉知心目外，有道自玄深。

博学资详说，当知反约功。圣传精一处，只在片言中。

乾坤唯一理，无古亦无今。不有天忠恕，于何观圣心。

澹泊忘尘虑，逍遥养道心。愿为无用瓠，羞作不祥金。

白发满青镜，功名心已休。春风吹梦觉，《周易》在床头。

杂诗

青青南山树，托根一何高。雨露虽早承，风霜亦先遭。修干拂云汉，清阴蔽猿猱。岁寒枝叶尽，樵斧将焉逃。

煌煌珊瑚树，托根万仞渊。阳光照群物，海底无青天。绝宝世所稀，幽沉多弃捐。谁能理铁网，采献君王前。

扶桑出火日，助此三伏威。水沸鱼不游，林焚鸟安归。更堪昼夜间，扰扰蚊蝇飞。风霜一朝至，岂恤身无衣。

平生雅志在山林，世事萦人未遂心。早晚随他猿鹤去，杖藜不厌白云深。

长身索米侏儒饱，飞将无功妄尉侯。世事纷纷本难料，云山招隐去来休。

贫贱身安富贵忧，生涯粗足更何求。他年杖屦红尘外，只要青山伴白头。

问津入海厌风涛，归卧云山一布袍。人爵得如天爵贵，权门争似圣门高。

世事无边白发催，坐消心火到寒灰。相知只有南窗月，肯送清光夜夜来。

永夜披衣起，离怀酒半醒。众星何历历，孤月自亭亭。露气三更白，天容万古青。何当上银汉，濯发谢尘腥。

家贫甘淡薄，地僻寡经过。日暮佳人远，春深碧草多。山川留笑傲，湖海入蹉跎。明月一樽酒，无人听浩歌。

尊酒何人在，青山落日昏。商歌聊寄意，楚些未招魂。世事频歌枕，愁怀独倚门。□□心不断，千里共啼痕。

清风生槁木，明月照空尊。郁郁歌声断，茫茫夜气昏。流年翻故纸，生理忆前村。拟买云山住，黄尘谢远奔。

　　骨肉三年别，云山一梦赊。乾坤两神物，今古几张华。岭碍横秋鹗，林啼返哺鸦。帝乡难可恋，争似早归家。

　　万虑散还集，孤怀行转幽。剑歌心事晚，灯火鬓华秋。岁月水东注，关山人北游。几时霄汉路，黄鹄谢笼囚。

　　沧浪亭下水，濯足有高人。声价乾坤大，光容日月新。骑鲸今不返，觅句欲谁亲。忽忆论文夕，伤心泪满巾。

　　沧浪亭下水，回首未忘情。无复尘缨濯，何劳波浪清。山川元气在，风雨暮愁生。得句无人和，天空孤月明。

　　碧涧寒松树，庭除未易栽。根盘元气在，花抱白云开。匠石无消息，幽人自往来。冰霜千岁节，桃李莫相猜。

　　睡起南窗下，吟诗两鬓风。惜无尊酒绿，聊发醉颜红。世事何时了，浮名到底空。故园归去晚，兰菊半蒿蓬。

　　帝里三年客，麻衣两鬓尘。运斤思郢质，度曲困巴人。薏苡宁辞苦，芙蓉不嫁春。归来当世事，已矣勿重陈。

　　藜杖晚风前，衡门落木边。伤时成短咏，引镜惜流年。宝剑曾冲斗，灵槎可上天。谁能甘碌碌，尘土没华颠。

　　不买酒浇愁，唯吟诗送秋。黄花开易了，青鬓去难留。道业知谁重，儒冠浪自囚。会当鞭彩凤，八表恣狂游。

　　长歌续短歌，歌罢意蹉跎。白屋沉风雅，青云出揣摩。蛰龙寒不起，山鬼暮还过。莫忆远游赋，途穷霜露多。

　　人海易风波，吾行知奈何。乘槎天汉远，泣玉泪痕多。故苑荒兰菊，空山老薜萝。青霞千古意，白石一声歌。

　　玉佩石兰衣，手拖明月辉。骚人不相待，薄俗竟安归。阆苑迷苍海，琼宫隔紫微。世尘三万丈，黄鹄要高飞。

　　回首东山望白云，几时归去谢红尘。三生有债穷书客，万事无心老道人。火候周时丹欲就，金精飞后气方神。从令一蹴虚空破，何必区区问大钧。

无题

西北青楼倚绛霄，汉宫春色映芳袍。佳人独织紫纹绮，寒女漫持金剪刀。欲采苹蘩供祭祀，还思歌舞事游遨。五云牢落秋风暮，梦断瑶台璧月高。

读杜诗

风雅谁堪继后尘，少陵诗笔妙通神。岱宗独立群山小，元气无私万物春。一代兴衰兼国史，百年忠义激人臣。鸾胶不续朱弦绝，北里黄花日日新。

偶成

一世匆匆万世长，中间尽有事商量。初闻冤鸟愤沧海，又见愚公从太行。天上美人无梦到，山中瑶草为谁香。两盂薄粥三间屋，了却浮生不用忙。

《陈子廉集》

杂诗

薄言采幽兰，江上秋风生。烟开林光净，露余花气清。美人如芙蓉，赠我秋菊英。为君酌玉醴，馨香贮瑶觥。佳会难久留，远望空月明。风吹阳云断，怅然以伤情。

薄游溪林暮，时闻禽鸟和。裴回拟孤咏，伫目清云多。烟光浮兰渚，香气泛绿荷。佳人将白苎，浣此芙蓉波。凉月为谁好，薰风时我过。幽怀耿无寐，良夜其如何。

古诗

游子日暮归，劳劳涉长道。凉风凄以寒，庭树日枯槁。昔为春芳花，今为暮衰草。不见桃李颜，荣华岂长好。惟有青青松，相看以终老。

世道良悠悠，天月仍皎皎。时序日以迁，秋至一何早。寒蛩鸣壁间，白露下庭草。故人远行役，好在万里道。相忆怀德音，惟仁以为宝。

孤雁长逸群，高高在云间。游子悲故乡，行路良复难。草木有荣落，松柏知岁寒。川水日夜流，岁月不复还。愿随黄鹄飞，安得双羽翰。

与君重别离，相携至河阳。悠悠复何之，驱车上太行。浮云日以暮，秋风雁南翔。瞻彼河汉流，仰见明月光。行役良可还，并州下严霜。

络纬何唧唧，孤妾终夜织。起视河汉明，遥遥见双星。星月仍皎皎，怀人在长道。汉殿秋风凉，婕妤居未央。玉食常有余，被服罗衣裳。

空房生幽兰，英英含光辉。良人行西游，西游何时归。秋风吹行云，飘飘如征衣。何当投君怀，相思长依依。宁如双冥鸿，翩翩凌风飞。

明明秋月光，照我嘉树林。林北多悲风，忧来鸣素琴。郁郁巫山长，悠悠湘水深。美人隔千里，瞻望劳我心。愿言托孤鸿，于以赠远音。

汉滨有游女，容色荷花鲜。鬒发如青云，环佩凌紫烟。兰舟采芙蓉，明月何娟娟。秋风吹芳草，所忆在远道。不见双鸳鸯，皋兰日枯槁。

凤凰离丹山，去去何所依。孤鸣世无侣，况乃梧桐希。琅玕竟不实，终岁常苦饥。浮云蔽朝阳，随风自南飞。高翔周四海，下以览德辉。

北荒有龙庭，飞雪何漫漫。汉使持节行，一去十九年。黄云落紫塞，白日回青天。茂陵哭秋风，忠义难与宣。怀人不可见，叹息空茫然。

衡阳岁云莫，翩翩雁南征。落日下湘渚，秋风生洞庭。九疑郁绵绵，苍梧云气清。不见鸾凤翔，但见鱼龙惊。引领希黄虞，悠悠伤我情。

别客如流光，并州非故乡。草木日零落，忧心以彷徨。塞上多浮云，途路宛且长。凉风从北来，塞雁复南翔。中宵不能寐，使我怀感伤。

明月在远道，天星向晨稀。客行一何早，鸡鸣一何迟。上有百丈峰，下有千仞溪。此道亦以险，皇皇欲何之。况复霜露零，愿言早还归。

暮登河阳道，北望荡阴里。河内余流民，山东复大水。不见中土人，去作异乡鬼。薄命非关天，穷途亦云已。

永夕秋风至，寥落千里雁。清霜凝塞原，明月在云汉。迟迟远行客，忽忽惊岁晏。世道有反复，鸡鸣夜将旦。

客子从北征，野宿在草间。夜闻羁旅人，戚戚相与言。戚戚何所言，为言征役烦。去年戍平城，今年度桑乾。风雪沾人衣，冽冽天色寒。天寒雁南飞，回头望长安。

从军雁门塞，日日风色寒。将军远征去，何时破楼兰。征人半不返，独取天马还。悲笳陇坂下，壮士摧心肝。白雁度寒暑，悠悠行路难。何如黄鹄飞，飞去终南山。

永夜何寂寂，征雁长役役。起视河汉流，怀人在南州。秋风碧云暮，芙蓉发江浦。我有明月珠，可以照千古。持此欲赠君，将归道无因。玩之以为宝，终当寄远人。

长云鸿雁鸣，落日秋风寒。客子常远游，自古行路难。蓟北见明月，故人在长安。一

韩性《五云漫槁》

偶成

年来游兴殊常懒,春后吟情故自超。燕子未修花外垒,牡丹初活雨中苗。

林樾萧疏曲径深,小庭秋色净无尘。一杯苦茗强留客,满地碧花殊可人。

种就蔓菁半着花,摘残枸杞未抽芽。绝怜肉食妨精进,犹掬琴高下夜茶。

偶书

绿阴庭院燕交飞,隐几抛书思欲迷。拂面微风吹梦断,半窗斜日杜鹃啼。

十二月五日

霓帜才收雨意阑,朔风吹面不成寒。园林莫问春来未,且把梅花当雪看。

偶题

苔径荒荒蕙苡愁,西风初上木绵裘。池亭入晚尤奇绝,丹桂花西月一钩。

拟古

邯郸繁华地,阁道凌云端。玲珑开户牖,绮疏粲以繁。皎皎楼上女,惨惨发清弹。得非愁芳景,促柱怀辛酸。借问弹者谁,不言再三叹。昔为双飞鹄,今为孤栖鸾。岂无登台客,罗敷非所欢。

朔风一以劲,桃李无余阴。柔荃次第萎,王鲔日夜沉。端居念时节,万感集曾襟。丹棘岂无花,之子独苦心。骏马恋长陂,凤鸟思故林。愿抱荆山璞,往宿清渭滨。

杂诗

飘飘学仙侣,保炼长生姿。遗荣等刍狗,养气如木鸡。猗软不死机,动静无盛衰。胡为受形役,流宕日坐驰。琴心妙三叠,至音谅谁挥。矫首三山云,悠然望安期。

商飚振原野,劲风入我禂。遥夜起悟叹,慨然念徂秋。北辰丽中天,河汉西南流。阴阳无停机,感此四运周。佳人天一方,何以慰我愁。岂无百尺楼,登临以销忧。

亭亭山中木,华实分蚩妍。短长各自用,谁能保贞坚。牺尊耀青黄,斧斤失其天。有如沟中断,聊以散自全。人生若膏火,销铄因世缘。喟然起长啸,从彼苏门仙。

荣荣清秋菊，含章发荒园。鲜裳耀佳色，象在六五《坤》。凝霜纤累草，始列幽芳尊。掇英泛清觞，南山清一痕。自非靖节翁，素抱孰与论。愿言保昭质，剑华固灵根。

衡门十日雨，裹饭食子桑。永怀冰玉人，卫生失其方。玉函凤所亲，金匕亦屡尝。诗声出户外，泰定神不伤。昔贤秉元化，此身本安康。聊示衡气机，何能测其乡。

昭文不鼓琴，至道无亏成。意而出黥劓，刻雕伤众形。吾闻养生主，灵芝发初荣。一为外物婴，杞梓成薪荆。世人乱名实，羽重千钧轻。珍重漆园吏，自乐心太平。

空山被褐翁，搴萝似□麇。巍然新宫铭，奇文日星荧。何人蔡少霞，取关逐玄卿。飞翰击琬琰，微言参窈冥。尘劫久沦胥，暑运不暂停。乐哉清宁劫，一念三千龄。

放勋等玄化，著此圣人篇。恭惟宇宙中，大哉精一传。仰瞻复俯察，鸢鱼在天渊。宁知进道姿，孰砭况痼痊。康庄驰圣轨，欲往无由缘。如何夸毗子，偷生幸长年。

古诗

时运有代谢，至理无推迁。壁间三坟书，不载鸿荒前。元气一呼吸，潮返星回旋。至人测其机，玄关守绵绵。晨昏运一息，流转天齐年。归来访旧乡，山川故依然。云何冢累累，愁此白鹳仙。

鸣镝发宋台，飞镞逾西霜。石梁犹饮羽，逸劲不可当。奇工积九载，弦括一何良。俯仰待成器，末路徒悲伤。

《宛陵群英集》

古诗

美人青云端，望之不得亲。赠我一端绮，珍重同南金。上有连理枝，间以双飞禽。裁衣以被服，报之绿绮琴。衣以结绸缪，琴以答知音。文采岂不贵？尚絅思自珍。虽弊不忍弃，感子同一心。

南山何崔嵬，丁丁伐嘉木。伐木将安施？饰此轮与毂。良材莫能致，弃置河水曲。党人偷且闲，不获有余粟。况无猎较功，大庖有余肉。彼美蓬庐士，薇藿弗满腹。饥渴岂不怀，徒食乃所恶。

绝句

依稀残梦水声中，落月余辉入短蓬。似听邻舟催唤起，今朝趁得上江风。

首夏读谢康乐诗有感

改序忻幽景，夏绿荫闲轩。慕谢阅篇翰，清心绝嚣烦。中有帆海作，采真遂孤骞。既感鲁连志，亦著任公言。明哲古所尚，用舍道俱存。临川乃逃逸，恻怆不可论。

敬叔谓其诗得之夜半食寒，平窗谓得之酒后耳热，不识诗之趣者，政未知二说为孰优孰劣也，戏用一笑。

对垒曹刘气益增，两家相异不相仍。春坊丽思狂呼酒，秋被寒吟清珽冰。每恨独醒空酹蚁，更怜多睡误听蝇。个中妙趣吾何有，一笑西风看纵鹰。

偶作

等闲携竹杖，随意立苍苔。山上雨初过，庭前花又开。丹经寻旧学，白酒泼新醅。莫说功名事，天边使者来。

偶成

故国百余里，新寒透薄衣。青山招客隐，黄叶送秋归。沙岸鸥偏狎，霜天蟹正肥。道人清似水，闲忆首阳薇。

锦囊久不佩奚奴，辜负花前醉一壶。酒为病魔惭量窄，诗因韵险觉肠枯。我将公干常居邺，汝望阿蒙非在吴。刻烛苦吟吟不就，谁家鼓缶听乌乌。

无题

驰道尘香逐玉珂，彤楼花暖弄云和。春风渐绿瀛洲草，细雨微生太液波。月榭管弦鸣曙早，水亭帘幕受寒多。少年易动伤春感，唤取佳人对酒歌。

《僧雪窗诗集》

至治癸亥，寓京师集诗九首。

秋天风日莫，山河尚微光。小虫鸣树根，秋声绕屋梁。岂无行路难，所苦非崇冈。良言不可及，怅望云苍茫。苍茫龙沙远，惜去不得将。卒莫不归来，秋华连径黄。

送客临清流，好踏江上船。归来两足倦，隐几就熟眠。晴原散夕晖，秋色均林田。安知白马去，消息应难传。客子早旋归，时行异往年。哀笳动星渚，明月夜临边。

囊驰鸣长风，龙马在沙地。父老出都门，从官何日至。八月风骚骚，九月出兵士。十万过渔阳，足以卫神器。皇华使者来，严诏请论事。宝剑匣中鸣，提携者无愧。

荧星出斗标，大旗扬中阙。占古微有云，王乃事征伐。于兹肘腋祸，断枢复坏轭。念昔汉室间，仓惶殆今夕。群夫既枭首，夷僇见僮发。所相天之河，吁嗟赖周勃。

鄙夫怀百虑，嫠妇泣难虞。国家有法令，尔辈何嗟吁。虎士守禁阙，宗臣攀鼎湖。龙沙两块莽，日月丽天衢。哀诏惨招魂，茄鼓动皇都。丞相沙堤在，苌弘血未枯。

高车载冠中，顾我长松下。夕阳惨风烈，执手雪横野。慨彼众文英，忠义莫暂舍。况此燕赵间，足有悲歌者。欲歌未敢言，相顾众知寡。他日东观书，箴规托风雅。

青花釉里红龙云纹象耳对瓶

会稽多隐人，豹雾南山居。衣古染苔色，松堂禅自如。崇冈长薇蕨，春雨自荷锄。夫何久隔越，一误形迹疏。天高叫飞鸿，川迥足游鱼。世事如浮云，细作行人书。

骐骥伏枥间，志在千万里。服车苦所阨，力尽垂两耳。幸逢伯乐知，金络隽朝市。未遂瑶池欢，竟复中途止。长鸣向朔风，恋恋含凄悷。遥瞻闾阖门，钦哉穆天子。

开门倚杖立，萤光草上浮。非无感物情，举世孰同谋。月明天宇静，殿影如山丘。风晴一雁过，霜落飞九州。砌下黄金花，樽前当酒筹。秋霜莫凋陨，聊以慰我忧。

《范德机集》

次韵古体

偶为淳朴语，即有熙夷风。在世能勿忤，聊以古为同。大巧三代人，所拙辨伪工。曲哉末学士，妄拟述作功。至性苟能尽，焉得推盛隆。先师予狂狷，盖愤失所中。于时得依归，敢叹吾道穷。

圣道缺已久，文不充其资。自从夏殷来，因革当从谁。中更鸣鸟闻，载叹德之衰。寥寥大师乐，复得存那猗。大音苟有托，不必稽其辞。设有盈樽酒，日夕斟酌之。乐杯当在手，自今不复疑。胡为不复疑，贤者当明知。

绝句

障拥芙蓉竞，灯随榉柳移。繁星临迥野，疏雨过高池。

江上打鱼船，有头那无尾。与卿相见时，不望如鱼水。

卿路西州是,延年那向东。片帆侬会使,只是怕随风。

水清滩自急,荡浆直须人。劝卿休恨水,多为不知津。

水如青铜镜,山色绿芙蓉。中天明月上,此处好相逢。

幽人不出户长开,看尽春风长绿苔。多谢有情双燕子,暂时飞去又飞来。

赠答杨显民四方采诗

今人论学古人诗,事皆天者非人为。文章由来贵尔雅,但顾有法何妨奇。六经固以殊缓急,乐子飞腾自兹入。国贾宁怀大宝疑,宫工肯效微绡泣。志至言从意自足,何必王风系流俗。观变时时到《黍离》,宗周思近西郊哭。十道使者明如水,间阎尽在冰壶里。观风本是使之职,太息幽人为之起。昨雨绿苔生晚阁,黄菊花前共秋酌。采采芳英不盈掬,月落树声连万壑。去去牛马汗如泉,既别无计归来年。治平之音断可传,无庸使我心烦悁。

杨弘道《小亨集》

偶作

碧草含秋意,黄云起暮容。归鸦昏且噪,去雁远无踪。杯酒因循醉,明人邂逅逢。身名犹碌碌,正望日疏慵。

谩题

都门几度见秋风,枫栝连山树树红。江海此时回首望,黄花满地酒尊空。

偶题

藏名匿迹黄尘中,日抱书案心冥濛。墙头花变两三色,又是一年看春风。

巨木埋根数百年,蔚然苍翠上参天。不归宫阙充梁栋,也作龙舟济大川。

海上云来遍地阴,波间漏日泻黄金。水车倦踏伤淫潦,无奈连天雨正深。

《蔡梦祥集》

张京叔佥事惠诗次韵

青骢缓辔入龟城,春满穷闾暗有情。山岳动摇银华重,日星辉霍绣衣明。满腔报国

丹心露,双鬓忧民白发生。神政肃然词讼简,公余时听读书声。

邑簿林雨江惠诗次韵

东风无情哭杜鹃,白杨萧萧古道边。思亲思亲心苍然,荒郊寒食空年年。嗟失怙恃何太早,茕茕呱呱苦忧挠。灵椿凋谢摧萱草,落花满地无心扫。酸风苦雨暗销魂,烟沙扑面日色昏。时思亭前酹一尊,痛心泉涌血泪痕。衔哀独立松楸下,迷目茫茫飞野马。翘首吁天恨莫舍,为我心忧知我者。我心之忧终此身,先生佳章慰我真。口泽手泽痛愈深,那敢远继考叔纯。座中多是葭莩客,不为赏心游紫陌。看君吟对青青柏,《蓼莪》可蔽诗三百。

林希元《长林藁》

浦江郑义门诗

浦阳江头郑家川,兄弟几院同一烟。人传九世如一日,问之浑以礼数缠。钟声日日齐人起,忍字房房当面悬。共饭早教儿辈后,分衣先到老人边。映门碧峰皆旧山,绕舍绿畴无客田。溪民换姓溪水改,宅前乔木长苍然。遮莫豪家满墟郭,儒素独许君家贤。生子多为越人秀,学成致之天子前。中山情性爱官少,圭组亦复相蝉联。有诏旌门照人世,江乡慕之中国传。闻道县中风俗好,长官只坐理琴弦。

《黄文献公集》

杂诗

日月东西行,群动亦不息。寄身万物中,宁独谢兹役。所以鲁中叟,遑遑走南北。圣哲谅已然,旅人能久安。

晨起步南园,旭日朗以清。葵花众草中,晔晔敷丹荣。流光非汝私,独尔心自倾。览物有深怀,伫立方含情。

璞玉与宝剑,沦落初未偶。君看被湘被,各在千年后。将身比金石,谁当独长久。悠悠百代下,相知复何有。

孤云澹无心,出山偶为雨。长风忽吹散,渺渺归无处。唯余向来山,突兀青如故。慷哉鲁仲连,功成身已去。

春风着万物,欣欣皆自私。可怜儿女花,荣悴更相持。独有涧底松,偃蹇如不知。何

疑扬执戟,草《玄》鬓若丝。

绝句

闭门索句苦无惊,扫地焚香静有功。世事不消多快意,半开窗扇受松风。

夜合红茸满意开,凌霄颓玉委苍苔。亭亭赖有墙阴竹,留得烟稍待凤来。

读罢《南华》睡思浓,自移一榻近薰风。绿阴开巷深如海,时有幽花露晚红。

一片闲云堕野塘,好风吹浪湿菰蒋。沙沤不受人间暑,长与荷华共雨凉。

萨天锡《石林集》

偶成

疏帘日午花阴直,高树风清燕语闲。独坐焚香看《周易》,软尘不到小屏山。

还大都度湾川诗,次韵一首,寄吴
宗师,并简舜咨先生一笑。

扈跸千官取次行,道人先踏雪泥晴。朔南日暖龙颜近,岭北风高鹤背轻。丞相早行霜滑马,将军夜宿火连营。一年两度经过处,惟有青山管送迎。

许有仁《至正集》

雄飞和诗未至,以二口号速之。

骚坛纪律素严明,一帜拚风到处赢。何事而今苦坚闭,有人乘夜欲登城。两厅形迹马牛风,尽日相望杳霭中。恰似蓬山三万里,怀人何处觅诗筒。

无题

去年曾约牡丹开,同向花前把一杯。今日花开人不见,对花无语却归来。

天临索录事出伯庸诗求和,
伯庸薨三年矣。

当年笔阵扫千军,要继先秦两汉文。孤冢此时多宿草,九原何处觅停云。纪功力疾犹能赋,种德诒谋不待耘。底事房精遽沦化,世间凡马未空群。

雄飞喜作诗,而例禁不得相见,作此调之。

张子能诗擅士林,无时无地辍搜寻。文场咫尺不相见,春兴几多应自吟。炼字直教成白首,知音岂待铸黄金。何时尊酒论真诀,要自康谣说到今。

雄飞有诗次其韵

句句珊瑚间木难,君才不愧郑都官。月中有桂天河近,春半无花晓尚寒。多士文章云五色,野人心事日三竿。松厅雅兴知多少,只恐毫端墨易干。

少年文战不知难,老矣常忧负县官。诗笔乱摇松月碎,席房清透柏霜寒。人间跛鳖从千里,海上连鳌待一竿。无奈春风笑吾辈,满堂佳客酒杯干。

曹伯启《汉泉集》

集句

绿针浮水稻抽秧,麦穗累累鹘眼黄。一枕黑甜谁唤觉?卖瓜棚下午风凉。

谩成

举世纷纷日夜忙,闲中无意阅兴亡。千梳理发驱烦热,百遍攻书备后忘。屋角禾麻晴浪晚,门前榆柳午风凉。人生未达须行乐,不待区区总郡章。

续沧江傅君平和善乐国王诗。

五十六字盘中珠,诵之如觌瓯与苏。巨鱼有时迷大壑,丹凤无恙栖高梧。忆昔簪盍汉阳树,至今梦绕郎官湖。雄章远寄洗俗耳,慰怀绝胜谈虚无。

何太虚《知非堂集》

绝句

芝谷山前日荷锄,柴门生事转萧疏。放翁老去真堪笑,犹向人前说读书。

无题

喜有佳期未有期,鲁阳又见下春时。春风好长江南树,长与间人惜子规。

玉雪容华翡翠衣,帽茸贴领发云飞。共郎急趁斜阳渡,不惜黄沙走马归。

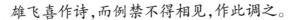

偶成

初啼山鸟篆香斜，茬苒明时玩岁华。三日雨深春在水，一林烟湿暖生花。寻盟旧卷钩帘展，开禁新醅隔竹赊。却忆去年归渐近，半蓬残雪上寒沙。

《卢疏斋集》

济南张氏昆仲年逾九十，其孙养浩求诗。

桂丛秋月照孙枝，华萼春风吹鬓丝。看取老莱堂上舞，不须重赋脊令诗。

紫阳文学吴掾颜燕室野舟自歙走书宣城丐予诗。

雨暗中天傅说星，韦郎幽草涧边生。无人说与雷州客，万古春潮尽未平。
紫阳何限舞雩春，底事扁舟托兴新。试为扣舷歌此曲，晚风吹恨满烟津。

《许鲁斋集》

绝句

关钥胸中本要安，亲疏眼底更须看。若教此处无深秘，只恐当几有至难。

谩得

克己切夫未肯加，责人机见益增多。百年扰攘荆棘里，存得初心有几何。

偶得

纷纷身事百千般，只要教君赌是看。此外更无容力处，枉将机巧自生难。

偶成

屈指年华四十三，归来憔悴百无堪。远怀未得生前遂，俗事多因病后谙。百亩桑麻负城邑，一轩花竹对烟岚。纷纷世态都休论，老作山家亦分甘。

蓝静之《蓝山集》

绝句

风雨孤村似禁烟，束柴然桂未虚传。良材巨木他山尽，樗栎如今正值钱。

山村面面网罗高，千里长空绝羽毛。独羡檐头飞燕子，不随椒藿入君庖。

移根岩壑带风烟,千丈干霄野老传。莫向长安城下种,王孙只掷卖花钱。

笼槛先判鼎俎危,江湖休恨稻粱微。沙鸥最是知机早,才近渔舟又远飞。

顾世名《梅山集》

诗债

诗债未能偿得尽,白头犹自耸吟肩。如何黑发人先死,地下修文爱少年。

题吴僧闲白云,注范石湖田园杂兴诗

一卷田园杂兴诗,世人传诵已多时。其中字字有来处,不是笺来不得知。

黄叔美诗

送采诗者

俊士雄文决大科,满家传诵积来多。老夫得句谁相忆,月落空山独啸歌。

陈深源《片云山人藁》

闲题

道人何处攀高绝,松下斫枝如斫铁。千崖万壑无人行,犹自空湫踏寒雪。

一瓢倾罢酒空时,挂在岩前老树枝。却笑许由终未悟,梦回历历任风吹。

偶书

金掌云中竟若何,离离秋草夕阳多。钱塘门外长江水,今日凄凉似汴河。

马清泉《需庵集》

偶题

小儿厖语尚可恶,世事多端可若何。幸得一廛容膝坐,敢将月旦起横戈。

偶得

坐守浑如结夏僧，儿童相对可怜生。东还西去都无计，白发新添四五茎。

同恕《榘庵集》

读姚录事送行诗

闾阎不识催科扰，犴狱无声捶楚冤。万户春风有今日，乡贤端的是知言。

偶书

两脚侯门实畏登，一人误爱十人憎。何如坚坐林间石，樵牧时时接话能。

偶成

天意人情不两歧，祸淫福善更何疑。眼前事事须量力，身外悠悠枉费思。静对诗书探道要，闲过朋友话心期。百年忧患居多半，即恐光阴得几时。

连百正诗

无题

学书学剑两茫然，空过浮生五十年。拟向烟波深处住，王租已及钓鱼船。

偶作

春风跃马看花时，肯信秋风面易衰。富贵百年皆长物，老来方悔读书迟。

少年场屋苦奔波，每对书檠读不多。三十年来书好读，可怜老眼费摩娑。

偶题

来到深山处士家，山前山后响缲车。老夫不晓人间事，行遍西园看橘花。

元明善《清河集》

偶书

薄宦归来心已降，兀然枯坐对书缸。宝刀土食闲雕室，锦瑟尘生自绣窗。莲艇斜阳

风度水，石楼清夜月沉江。一尊老我宽闲地，今日重盟白鸟双。

委世离群乞地灵，西山端合为人青。残春几点正愁绝，落月半帘初酒醒。海阔有津迷远道，天低无路怯余龄。长歌凄断知谁解，风起杨花雪满庭。

《郭昂集》

偶作

群犬安然本一家，偶因投骨便相牙。白头野叟俱无问，醉眼留教看落花。

《诗海绘章》

评诗

诗情亘万年，今日是评看。古道归唇舌，清风入肺肝。乾坤机轴动，神鬼骨毛攒。雄跨相如室，高登杜甫坛。词源倾渤澥，智刃击琅玕。裁翦文章易，根求造化难。七言宜磊落，五字要攒完。龙虎生才力，风雷起笔端。门庭张雅乐，堂奥奏清欢。价震鸡林国，名传狗监官。道长欺沈谢，功不下萧韩。手底千灵伏，胸头万象宽。莫投皮海笑，当出锦囊观。晓水浮烟媚，春花带雨寒。云中芳草阔，鸟外夕阳残。思极心源竭，吟多病雪干。不须邀驷马，何用荐金銮。愿颂皇王德，萝图万世安。

刘氏稚子索诗

之子二三岁，天然骨目奇。才生松有操，未琢玉无玼。见客羞骑竹，逢人喜念诗。方知庆门内，须出宁馨儿。

南京遇朝美丈出诗，因次韵

浮云久与故山违，茅栋如存尚可依。行客相逢初似梦，旧游重到复疑非。沧江万里悔南渡，白发几人能北归。二十年前河上月，临樽还共惜清辉。

无题

大车驷马不回首，强项老翁来见寻。向人忠信去表襮，可喜政在无机心。轻谈祸福邀重糈，所在多于竹苇林。翁言此辈无足听，见叶知根论材性。飞腾九天沉九泉，自种自收皆在行。先期出语骇传闻，事至十九中时病。轮囷离奇惜老大，成器本可千万乘。自叹轻霜白发新，又去惊动都城人。都城达官老于事，嫌翁出言不妩媚。有手莫炙权门火，有口莫辩荆山玉。吴官大起燕楚巢，当时卞和刖两足。千里辞家却入门，三春荣木会归根。我有江南黄蒌舫，与翁长入白鸥群。

青学教授史子愚贤之惠诗一卷。

青丘多胜事，一一属君诗。遇物胸怀写，挥毫气象随。溪山千古待，风月几人知。别后珠玑在，高哦慰所思。

读法芝上人诗卷。

道人信脚入钟山，却为林泉笔不闲。收得明珠盈四百，未知高价有谁还。

言诗裴说

因慕曹名句，精吟五字间。功夫贪费日，年几半抛山。尽说将诗去，皆云得句还。春官正公道，回首泪潺潺。

诸公寄题林子山南华诗

舍人诗待送南华，晓笔才终宰相麻。吟处瑞烟生禁柳，写时红日上宫花。喜看鸾鹤翔天际，敢望昆鹏化海涯。子美右军风格在，闽州光耀几千家。

读学《易》先生刘斯立诗

曩知学《易》妙通经，今喜能诗得我惊。宇宙瞻山雄岱华，庙朝编乐贵英茎。曹刘鼯鼠终穷技，郊岛秋蝇便绝声。他日北山寻马鬣，一尊红酒酹先生。

饮酒赋诗

麴生风味谁能贬，毛颖篇章此最奇。到处淋浪翻醉袖，有时搜索捻吟髭。香浮王蚁人争殢，句比铜丸世罕知。文举一尊邀座客，翰林十幅写宫词。

奉酬宣教携诗见访

句稽试吏本无长，敛衽初焚拜阙香。五斗可怜羞靖节，二毛空叹老潘郎。穷愁衮衮知何奈，俗务纷纷尔许忙。赖有高人慰岑寂，袖携诗句过茅堂。

绝句

春光冉冉归何处，更向花前把一杯。尽日问花花不语，为谁零落为谁开。

花落花开人世梦，衰荣闲事且持杯。春风若是轻摇落，何似从来不要开。

三分光景二早过，灵台一点不楷磨。贪生逐日区区去，唤不回头争奈何。

京师素号酒色海，溺者常多济者稀。吾子堂前有慈母，布衣须换锦衣归。

麦陇风来翠浪浮，霏微小雨似深秋。野亭终日卷帘坐，清樾对啼黄栗留。

漫郎无处觅归田,江北江南水拍天。斗擞十年尘土梦,秋风吹上钓鱼船。

戴表元《剡源集》

瑞上人求诗

宝叶山中源悟师,布衲百结面如痴。十年相忆忽在眼,谈笑甚似仍耽诗。

源公作诗可怜生,亦有谡谡山林声。见说丰姿委缣素,霜颏黛顶照人明。

陈秀才问诗于余,次韵赠之叔壹

秋半说诗秋又阑,觅从忘处更哦看。不妨味熟心自悟,只恐业成身转寒。窈木野风天唱和,崩溪怪石鬼镌刊。拔君更上最高顶,莫羡千金游子鞍。

《云麓文藁》

无题

世路多岐更险巇,乘桴浮海欲何之。从龙未遇攀鳞快,跨虎先惊履尾危。隔岸有山堪避世,随身无物可干时。陆沉草野吾何憾,蠖屈求伸谩尔为。

蒲道源《顺斋丛藁》

偶赋

坎井荒丛变态殊,奔奔相逐更相呼。应怜寒叟悬衣结,不似明窗看画图。

读近体诗有感

东涂西抹眩妖妍,欲趁春风事少年。安得谢家冰玉质,不将脂粉污天然。

八十怡愉鹤发亲,子能承顺一家春。斑衣堂上欢颜旧,华屋门前表额新。通国此时称孝行,清朝他日方忠臣。我知是举诚先务,薄俗从今复变淳。

与德衡弟论诗书以赠之

松姿鹤相两癯仙,阅世都过七十年。得意江山元有助,放怀风月自无边。古今膏馥奚从丐,伯仲埙篪孰使然。天与吾宗真乐在,大家心会口难传。

贺秋谷公赠崇德应奉诗韵

赵子能诗雪满簪,知言秋谷最为深。便教价重连城璧,更觉声如掷地金。味向静中时自得,境逢佳处独幽寻。晴窗展读兴三叹,不意还闻正始音。

漫题

花下提壶劝酒,桑间布谷催耕。甚欲晴天行乐,却因春雨关情。

丁复《桧亭藁》

子昂写薛能诗

前年挂席水晶宫,不见玉堂松雪翁。今日把诗双桧下,北风寒思在隆中。

偶题

一事不能方近古,六经何用更知新。唐虞时世君臣会,李杜文章宰相嗔。

绝句

南日西流近若华,倒光还映赤城霞。开窗好客高相对,烂熳黄金生酒花。

江上东华仙府春,青蜺旗挟翠车轮。好风特地从西入,吹落碧桃香趁人。

好山故爱高钩骊,置阁不遣作窗低。五色锦花杯影落,断云含雨挂秋蜺。

海气上天扶烛龙,茅君晓色动芙蓉。树间好鸟清相语,不著野人春睡浓。

沙远晴波浅漾金,鱼苗初上小如针。将船载酒江头饮,水柳千株满岸阴。

自爱江头著雨蓑,山光倒染鸭头波。蛮商即似天上下,打鼓向人帆侧过。

江离初长杜若新,紫蕙红兰洲渚春。楚天正远欲有遗,江上独行逢故人。

柳下杯盘野老过,柳间歌吹水禽和。绿波南浦伤心别,黄犬东门奈尔何。

杨柳风轻欲午凉,蘼芜沙暖足春香。水乡父老茅堂酒,不信王孙道路长。

北阙青云车马多,南山白石饭牛歌。霜清水屋酿春酒,雨足野田收晚禾。

两岸东风吹柳花,小江新水带春霞。长林日出鸟自乳,买酒上船人到家。

茅屋鸡声接近邻,短裳巾帼莫归频。江乡礼俗淳风在,烟树深深数拜人。

熟麦收空云旆旆,新秧葪遍雨沉沉。谁言卑贱闲无事,老愿太平浑有心。

《僧盘谷游山诗》

拟古

林茂众鸟集,鸟集木易催。水清孤月皎,月皎波不颓。飞鸟忽惊散,步月空徘徊。

古意

世情若暴流,伤嗟易盈涸。适与良景逢,百念灰酬酢。兀坐幽兴长,正味深淡泊。朱颜日凋颓,四时蛇赴壑。月明无古今,梅花自开落。

白鸟归青山,幽然意自闲。鸟飞忽不见,山在浮云间。

绝句

春鸟巧调舌,熟不生爱心。九皋有鸣鹤,举世无知音。

折柳送行程,交情见断金。长条无别用,只要系人心。

《傅与砺集》

杂诗

皎皎素月明,娟娟含令姿。浮云遽起灭,员景遂参差。山川莽回互,天地亦相疑。焉知冥昧中,明洁终不移。弦望有恒运,清光宁久亏。

寸隙尘所投,片言害所藏。行徒恶蹶马,岂复惜其良。荣辱俱自致,不通亦靡常。修正未蒙福,为邪欲何望。天道岂远人,抚心徒自伤。

温温匣中玉,什袭慎自持。荆和始见赏,举国竞慕之。青蝇遽言集,鱼目亦相嗤。昔为人所宝,今为人所疵。保终谅庶几,逝者已如斯。

白璧易为毁,常惧世所捐。忧心日悄悄,自好反成愆。君子远嫌疑,胡为偷自安。始

知丘山累,乃在半辞间。盗金信不疑,攫尘或子渊。故心苟不易,既往复何言。

天天园中桃,郁郁松上枝。春阳发新荣,贞脆谁能知。一朝繁霜坠,百卉各已萎。青青乃自保,不为时所移。向非厄岁寒,何以别奇姿。

植兰弥九畹,种菊被三径。幽芳固殊姿,馨德良可并。搴兰以为美,餐菊以资命。睠言理芜秽,恒使枝叶净。芜秽苦易侵,枝叶苦不盛。岂无桃与李,贵此谐野性。

穷巷有畸人,夙夜勤古道。敝衣适至骭,蔬食恒不饱。歌声若金石,颜色终岁好。岂无当世念?所趋恶佻巧。美玉不足珍,怀义以为宝。

闲夜坐中庭,素月流我怀。鸣琴发玄思,俗音难与谐。微飔经前楹,余响正徘徊。欲歌南风曲,听者良已希。愿言荐清庙,复感凤来仪。

异人言种石,可以致双璧。千金受玄秘,辛苦乃有获。温其彼君子,韫椟良爱惜。青蝇易为污,恒恐伤厥德。连城不愿售,思以置君侧。终岁无与言,持之将安适。

古意

人言道路远,直傍天涯去。头上忽见天,近于江南路。牵牛一水隔,织女经年会。咫尺缺相闻,何况千山外。

《林清源集》

杂言

太朴本淳默,结绳已多端。书契起百伪,千载不复还。大道日已降,支离竞客言。安得万喙寂,俗厚如古先。仍当废简牒,置我六藉前。

礼乐设空器,《诗》《书》无全经。仲尼已久矣,沮溺不偶耕。谁能笑庖牺,今亦无负苓。我欲观马图,黄河清未清。

东家陶苦窳,适市日十千。西家琢瑚琏,待贾三十年。材轻信易售,器重良自怜。世事每如此,古今无不然。

吾常观四时,亦复悲草木。秋风落人间,万卉不敢绿。岂无岩穴英,粲粲若松菊。但得根本坚,自然耐幽独。

杂诗

高高九天云,深深九渊水。龙行天渊回,升降若尺咫。沉潜通高明,神化有其理。吾尝静观之,万动根于址。

黄鹤飞高天,饮啄同众鸟。灵龟困沼沚,神出万物表。鹄龄不如龟,澹澹胜扰扰。养生贵全神,不必蹈高渺。

人有一寸心,万物交攻之。操持少不坚,一日九转移。吾身不自爱,物欲安有涯。存养最无劳,天理可自怡。

轮扁不读书,心与万物忘。屠悦视楚国,不如肆中羊。正夫悟至理,遂能轻侯王。子云空博古,投阁何荒唐。

人生苦经营,役物无已时。达士顺所遇,用舍俱坦夷。所以百里子,终身五羊皮。为国而国治,饭牛而牛肥。

嫫母饰珠绣,西施被恶衣。姿质不可改,外掩安能欺。举世弃中秉,汩汩事分驰。有目不可信,有心安能知。

吾尝登太行,杯勺视沧海。后来海上观,太行一纤芥。人生信耳目,但见近者大。达士贵内观,至理可融岁。

义交不苟同,一语可断金。利交信易合,对面江海深。所以子期死,伯牙焚其琴。知音不可得,况复能其心。

《萧勤斋集》

偶成

古镜彻肝胆,嫫母难为颜。桂枝苦樛结,直士不可攀。小草有远志,结根在深山。寄谢荷蓧翁,聊放斥劘闲。

四月二十五日作

一熟经冬望眼穿,民生乃尔太奇偏。烈风雷雨关何事,不分来曲作有年。

可斋为张东甫赋

治生往往迷知足,商可为心信善图。只有治心初不尔,直须圣处着工夫。

五月十七日作

片段残云鱼尾颓,夕阳持向竹间明。嗷嗷尽叹甘霖少,得似寻常爱晚晴。

读季卿诸君诗，用叔经君侯韵佳制

羡君取足不求余，神宇安闲疾自除。道可济时何必去，利如生怨只宜疏。水能随遇知行止，云自无心计疾徐。人处乾坤最灵贵，一皆实迹岂空虚。

二十四日得

四月已降何多蝇，驱去复来捷如鹰。扑缘眉目无可奈，浮沉粥药还相仍。族繁党夥困病客，宁神静虑无由能。安得霜风一快扫，九原瓠巴呼不应。

《周此山集》

信题

种粳屋东头，种麻屋西趾。轻肥乡里儿，勉我植桃李。粳可疗我饥，麻可缉我衣。虽无眼前荣，吾乐吾自知。

已识浮云似世情，岁寒老砚是心朋。平生不贷监河粟，自撷晋芹煮涧冰。

虎头食肉浑无分，闲隐白云幽桂丛。岁月催人空老大，江山遗恨几英雄。平生心事琴三叠，末路人情酒一中。挂颊西山成久坐，更无尘可污西风。

五言

大道昔凋丧，皇风日陵夷。简册飞秦灰，纲常复奚施。四海恣病毒，民命悬一丝。所以贤达人，矫矫冥鸿飞。或种青门瓜，或茹商山芝。是皆保明哲，安能履危机。我生亦何幸，仰际熙明时。文风何蔼蔼，治象何巍巍。空谷无遁驹，贲然已来思。朝阳有威凤，亦复览德辉。

偶题

东风吹绿遍天涯，野路晴烟漾柳花。鹤发老人茅店下，一尊相对话桑麻。

宋本《至治集》

作诗如蝉鸣

作诗如蝉鸣，强聒徒劳耳。不饱餐风肠，无关世忧喜。固将守静嘿，天机不容已。丹山灵凤音，闻者为兴起。效颦或有意，引吭辄颡泚。身无五色毛，声出千人指。

绝句

效刘义体

西北天无柱,东南地折轴。安得宿瘤心,生在西施腹。

绝句

文明街上千株树,尽是都人手种成。最好暮霞迎马首,参差楼阁绿分明。

绝句 至顺四年,闰三月二十九日赋,
是日太平王燕帖木儿卒。

楼头红粉哭千场,楼下仓头酹百觞。却怪满城春相杵,歌声更比夜来长。

颜回盗跖自彭殇,举世无人问彼苍。为国横身终遇贼,千年同是靖恭坊。

十年甲第合污潴,又作元勋上相居。玉碗金杯同一死,吞舟刚漏网中鱼。

弯弓射日是心期,槌碎天东若木枝。空尽朝堂亡国老,五龙行可濯咸池。

不畏中天九庙神,倒悬谁解万方民。陈平未是安刘者,凭道真成妄语人。

薰风避暑借明光,丝络传餐出上方。列第房帷半妃主,门阑部曲亦丞郎。

刑部鞭苔困凤鸾,宣徽鸡肋厌尊拳。庙堂木偶韩忠献,正笏垂绅只俨然。

南城北城千官谒,十日九日大燕开。六诏干戈非我事,四方水旱是天灾。

积金至斗不然脐,一旦星辰动紫微。日午酒炉瓶尽倒,家家扶得醉人归。

道途相目两眉攒,带剑垂绅汉百官。从此长宵背贴席,夜来鬼录载曹瞒。

明年多稼满王畿,壮士耕耘妇子嬉。更有余波沾动植,驾鹅春淀饱凫茨。

半岁无君四海忙,尚谈功业叙彝常。玺书未下桓温死,孤负中朝一字王。

五年相业自多多,擢发其如未了何。欲使文章少遗憾,南山增竹海增波。

云台勋业绝郡伦,就第封侯老此身。政事枢机付台阁,向来光武爱功臣。

王沂《伊滨集》

与刘志善谈诗

风气开时习俗移,文章千变亦如之。当时不是毛、韩辈,《雅》《颂》寥寥说向谁。

《陈景仁集》

偶作

蒲柳秋易凋,松柏冬常茂。要见岁寒心,不劳而实秀。

舒岳祥《阆风集》

古意

客从南方来,遗我薰风琴。薰风未易致,且奏易水吟。高浪忽起立,四顾变愁阴。征马立踟蹰,旁人泪沾襟。壮士不忧死,怒发竖森森。长揖辞四坐,秦关无阻深。燕客视秦王,已若罝中禽。一朝事不成,易水有悲音。请君且勿弹,此曲伤人心。

五月二十八日四绝

鸟独沉啼意,萤低照去踪。艰危吾辈老,寂寞此心同。

蜂影过窗急,雏声出树繁。经时不吐句,此日独窥园。

雨来元有路,风过本无痕。小立清溪曲,歌眠白石根。

院静泉声合,夜深虫语多。近窗移素榻,欹枕见星河。

口号

敏求善酿能好客,喜与老潘相往还。今日敏求泉下卧,老潘无酒客姜山。

无题

堕马乌云懒画眉,博山宿火翠烟微。绿窗不扫香尘护,暖日青虫化蝶飞。

江山有恨非吾土，花鸟相逢故恼翁。百岁唯余二十五，一春强半又成空。

宇宙千年更帝霸，春秋万世正乾坤。阴阳定位纲常立，于此推寻见本原。

溪草鸭头相间绿，山榴雉颊一时红。白鸥飞起无寻处，衮入梨花柳絮中。

绿树阴中春雨过，乳鸦声里晓寒生。纸衾木枕清如水，暗想山城又杀更。

清江似酒能迷客，绿酒如江不醉人。似酒似江俱莫问，伤心最是艳阳春。

寻花不问村远近，爱酒能论巷浅深。江上几家官酿户，如今南北忘追寻。

灶户炊秔香似乳，山童切饼细如丝。黄鹂衔得春愁句，玉管吹成杨柳枝。

白鸥沧海寻盟主，黄鸟乔林命友生。燕子不来人独自，东风扶我趁花行。

春风万里虞姬草，夜月千村蜀帝花。已矣莫论如许事，菜畦黄蝶绕田家。

杏花寒气退三舍，柳絮春光减二分。帘外游丝飞冉冉，窗间野马走纷纷。

欲问醉乡过睡卿，两乡相接两相忘。海棠应是此乡物，醉晕深如午睡长。

老雁移屯百万回，黄埃极目碛沙飞。春风万里梅花路，森森江南人未归。

清绝

道人清绝在中宵，清绝因何生寂寥。最爱读书窗外雨，数声残剩过芭蕉。

十二月初七日，补缀旧诗寄正仲

岁阑思饮酒，人老且捐书。春日将辉赩，阴风为扫除。花前看灯蟹，雪后坐庵鱼。有约君无负，墙根摘露蔬。

初四日作

雀饮梅心雪，鱼吞水面云。山居差有味，世事不堪闻。野烧穷狸穴，晴霄转雁群。溪寒春未著，闰月压余分。

三月之朔，邑庠请仆升讲席，说《诗泮水》，正仲前韵以纪之，遂四次韵。

春服初成冠与童，聚观王式一衰翁。圆冠方屦还吾道，续衽钩边见古风。投戈犹待汉符赤，藏壁不随秦火红。宁可短衣充博士，莫令城旦属司空。

题潘少白诗

海飓既过天沈寥,瓦檠弄焰静自摇。特山吟槁适在案,读罢不知山月高。早从唐体入圆妥,更向派家事掀簸。尽囊六卷要我删,子自得之何必我。

燕骑纷纷尘暗天,少陵诗史在眼前。我才衰退空茫然,君能于此更着力,唐体派家俱可捐。

仇远《金渊集》

偶作

元亮真止酒,昭文不鼓琴。文章成小伎,道德负初心。故友凋零尽,中年感慨深。从来麋鹿性,只是爱山林。

无题

粉围香阵画梁尘,几梦梨花漠漠云。一夜春风忽吹醒,镜中白发不须耘。

赵孟頫《松雪斋集》

杂诗

四时更代谢,物化常随之。春华曾几何,岁月忽如兹。严风动高林,百草俱已萎。人生况有役,忧患乃其宜。弃置勿复念,出入由化机。安得乔松术,邈与世相违。

绝句

庭槐风静午阴多,睡起西窗日影过。自笑老来无复梦,闲看行蚁上南柯。

古墨轻磨满几香,研池新浴照人光。北窗时有凉风至,闲写《黄庭》一两章。

绕屋扶疏竹树清,飞飞燕雀共生成。贫家自笑无金弹,数树枇杷总不生。

草长前庭不用锄,自然生意满吾庐。何须直待生书带,始信康成解著书。

橘子花香满四邻,绿阴如染静无尘。幽斋独坐鸟声乐,万虑不干心地春。

自有天地有此溪,泓澄百折净无泥。我家溪上无人到,只疑身在青玻璃。

春寒恻恻掩重门，金鸭香残火尚温。燕子不来花又落，一庭风雨自黄昏。

湘帘细织浪纹稀，白苎新裁暑气微。庭院日长宾客退，满池芳草燕交飞。

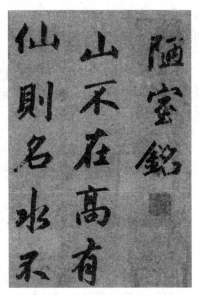

赵孟頫《陋室铭》书法（局部）

萧索山川树影稀，垅云时逐雁南飞。苦无渌酒酬佳节，犹有黄花媚夕晖。

梅花半落雪飘零，杨柳青青江水生。一夜东风吹雁过，江南江北总多情。

川源一片绿交加，深树冥冥不见花。风月有情无处着，初回光景到桑麻。

云林斋后鸣禽散，只有提壶绕屋檐。苦劝道人沽美酒，不应无意引陶潜。

画船南北水遥通，日暮幅巾篁竹中。行到月壶逢翠碧，背人飞过子城东。

午枕花前簟欲流，日催红影上帘钩。窥人鸟唤悠扬梦，隔水山供宛转愁。

《任仕林集》

偶题

屠龙空已费千金，羞向东风理故琴。万事总凭天对副，一身笑与俗浮沉。傍春栽菊图秋晚，带雨移松拟夏阴。世运已然谁易汝，白云苍狗等无心。

野泉出壑江湖意，山雨收云天地心。我亦卷舒有奇事，千金不逐世情深。

张仲举《蜕庵集》

杂诗

先人有夙训，闻在幼壮时。岂意衰暮日，乃复亲验之。茫茫上天理，讵可私臆知。百年大化中，沆浪从推移。信彼杞忧者，徒为众所嗤。

叔子邻家儿，探环记前身。次律求师后，一悟了宿因。我亦清源洞，蜕骨岩下人。误

堕声利区，驰驰丧其真。所以付樽酒，都忌贱与贫。惜无还丹术，高举遗世尘。悠悠笙鹤期，旷望三山津。

寒日迫悬车，寸阴老逾惜。晨趋理公务，暮返亲坟籍。究往发孤愤，思来抱深惕。理惬复相忘，神劬聊一息。湛然拥襟坐，栩栩鼻端白。千龄与化终，不朽在方策。圣哲有明训，学道庶有益。

寒夜何晶晶，中庭积繁霜。天风下河汉，万里沐玉光。羽衣四三人，各乘白凤皇。笙响发空际，游云高骕翔。无缘执霞佩，揽结双明珰。愿托月中桂，终古有余芳。

陇阪何崎岖，行人且复止。直上望秦川，遥遥忆乡里。流离肝肠断，悲歌不能已。一身已遐征，永念同室子。何殊转蓬科，随风四散起。虽得同根生，不得同根死。吾恐古今泪，多于陇头水。

春江采芳草，将以伸缱绻。初期拾翠洲，复道滋兰畹。美人隔花深，歌竟瑶瑟偃。临流不可见，忽恍心未稳。佳时难骤得，鹍鸱题䳌鸣已晚。只有千古思，绵绵楚波远。

黎丘之丈人，归路逢奇鬼。既为鬼所惑，又复鬼其子。夏南涓蜀梁，俯影明月里。背走谓伏鬼，而又鬼诸已。此皆非鬼者，特以疑故死。幢幢奸佞徒，情状真鬼尔。匿迹不自惭，胡为满朝市。

河淮厌兵祸，城邑多荒榛。百里无几家，但见风起尘。燕雀归巢树，豺虎饥食人。向来脂膏地，死骨今如银。流亡使复业，牛种当及春。安得百龚召，错落为抚循。征讨尚未息，奈何尔遗民。

陆厚幼壮俚语

可人期不来，未霜菊已开。湖山无改容，坐对青崔嵬。秋高景物奇，倒指重阳催。橙香蟹螯肥，堪荐登高杯。两山佳处多，在昔曾徘徊。虽今白发生，此兴那能灰。准拟瘦竹笻，日日相追陪。可人期不来，远望越王台。

又和

可人期不来，怀抱何由开。东郭路迢遥，西湖山崔嵬。秋风又乏便，不得诗重催。多应了画债，不为耽酒杯。胜游真可乐，何事久徘徊。曼倩昔饶舌，今知有劫灰。公当秉烛游，典衣愿相陪。可人期不来，云遮炼药台。

滕仲礼《东庵集》

缺题

乾坤古今一中庸，鱼跃鸢飞触处逢。不假高明废人事，黄冠聊隐郭林宗。

偶得

滔天势屈元无事,烈地灰寒自有经。独倚枯藤一长啸,乱云收尽万峰青。

学道无所得,年来万虑降。病身便暖炕,衰目喜晴窗。献课生童几,擎书稚子双。人来问奇字,载酒渺春江。

血气虽衰志愈真,年来温故觉知新。久贫多谢乡关敬,渐老惟于道义亲。日月优游三乐事,乾坤俯仰一闲人。几时卜筑唐溪上,分得尧民五亩春。

南游寓兴偶成

海天春雨正靡靡,半逐东风半作泥。明日晴溪舟楫便,看花直过画桥西。

读葛逻禄氏马易之诗

风味衔梭织锦云,世间组绣漫纷纷。冯谁呕致青霄上,五色文章达圣君。

《中原星凤集》

绝句

屋头丛竹撼苍烟,风卷飞花到枕前。南寺有僧来问俗,打门惊觉午窗眠。

高彦敬《房山集》

偶得

春色无多子,人生有底忙。青山云叶白,绿野菜花黄。笋蕨期方井,溪桥爱古塘。床头拈拄杖,易得办行装。

贡泰父《闽南集》

无题

隔楼理丝竹,切切动人情。饮酒且莫散,坐待新月生。

石抹良辅《抱膝吟》

绝句

饮罢辄高歌,空斋意如洗。世既无知音,徇俗聊尔耳。

溪边杨柳树,故故解逢迎。桃李颜何厚,春风无限情。

衣锦髯虬臂俊鹰,轻舟客与载花行。胜游可是当年梦,今向原头学耦耕。

当年八咏经行地,零落交游似曙星。为向金华仙子道,幸民无复鬓青青。

轩岐功德巍千古,余教民犹病获宁。自笑腐儒无补世,穷途空自抱遗经。东阳来往吴中路,行色萧萧仅数程。归到家山问明月,流年暗度若为情。

无言春思归桃李,说与东皇未必知。莫道山人为计左,敢将充隐累明时。

谩题

雪深雁字断,冰合鲤书迟。江左梅花发,辽阳驿使稀。

董嗣杲《英溪集》

拟古

海上采珠人,惟视夜光吐。携持以为珍,美价重合浦。异哉足照乘,殷勤献明主。远物奈不宝,弃之犹粪土。

河汉金气老,海月光陆离。蟋蟀闯我床,声声有余悲。美人天之涯,言旋杳无期。西风吹脱叶,抚时伤所思。

陈石泉送诗,走笔次韵

依刘殊乏仲宣才,方重相逢笑口开。恶况败人佳思尽,寓公贻我好诗来。夜寒归梦迷松菊,灰冷尘踪混草莱。别后莫裁驰恋意,寄梅须带雪枝苔。

《漫游集》

偶成

雪深埋屐齿，云密缠山腰。自载一壶酒，微吟过断桥。

吟了唐诗着句难，倚楼吹起玉龙寒。夜来几阵霜风恶，一树梅花不忍看。

拟古九首

猛虎卫其子，食尽樵牧儿。猎人瞰高冈，尽族取其皮。兽恶终恶毙，患生非所拟。濯濯林中鹿，三驱犹放麛。

佳人无古今，命薄同见忌。丑妻不自怜，生憎妍者异。汉宫惑画图，楚殿冤掩鼻。凄凉照蛾眉，宁因弃捐废。

寒星炯微辉，偷儿见如月。邻犬终夜鸣，回风响枯叶。物情忤疑似，世论惑所亵。出门复入门，陌上无古辙。

猕猴山野姿，谬传可驯马。跳踉窃菽粟，睢盱拈土苴。终怜性涓洁，触秽辄嗔哆。他日图骅骝，此物岂共写。

越禾岁两稔，地暖冬更毛。野人营衣食，日夕常劳劳。侨客何所事，顾瞻首一搔。岂无归欤兴，江海不容舠。

鸦栖投暝烟，雀噪起晴曙。乡来岁寒心，白发今无数。逍遥学引年，沦落恐衰暮。朝来梨栗儿，颇解诵佳句。

登高望落日，四山烟雾生。须臾暮色合，天地皆沉冥。少待众星出，隐映寒江明。感叹下石径，村巷无人声。

日高尚酣眠，红光明户牖。家人怪起迟，问有疾痛否。南行海波长，北上关塞阻。我行将何之，梦中游太古。

沽酒上山巅，独酌不成醉。遥呼山下人，谓我狂不对。但对樵牧儿，歌我平生诗。诗罢悲风起，江波动委蛇。

述古

士生闻道义，异彼农工商。动惟礼自绳，故以贫为常。春葩岂不妍，冬柏寒苍苍。独

行众所嗤,壮怀常慨慷。阿衡有圣德,鼎俎岂干汤。百里贤且智,焉用五羖羊。达人慎所托,出处唯自强。缅怀赋梅翁,真有铁石肠。当朝折佞幸,毅然卿六郎。斯人已云殁,生气凌千霜。

题字术鲁公赠叶子肃诗后

风雷未起渥洼龙,题品曾经相马翁。从此不须人识赏,骊黄牝牡世方工。

口号

霜月入窗窥梦破,筹量事已更裁诗。明朝触处违人意,不似三更枕上时。

黄尘无日不驰驱,冬暖号寒年稔饥。还有洞庭千树橘,先生何待北山移。

黄仲宝诗

古意

忆昔君去时,手种桃李花。花开令人喜,花落令人嗟。早知归期阻,胡不种桑麻。采桑供蚕蚵,一月丝上车。麻熟得纺绩,兼旬白成纱。制为裳与衣,寄君沧海涯。

元山翁诗

读东坡

檐霤滴残梦,囱飙飒烦襟。起读眉山诗,妙奇含幽深。横江蛟鳄怒,列阵戈矛森。寒泉漱石濑,白日烂锦衾。飞仙九霄上,环佩时琳琳。万里无定居,一生多苦心。遂令蛮獠耳,得闻《韶》《濩》音。回首叫阊阖,众喙骇且瘖。名高陆忠州,气压李翰林。如何弃不收,白发空满簪。至今三百载,义士空歆钦。我生恨不早,遗编敢重寻。长歌为按抑,写入薰风琴。

《大雅集》

赖善卿采诗

陈诗昔在周盛日,删诗已是衰周余。祖述孰能加四始,研穷我已后诸儒。嗟子用意亦勤厚,听音知政非迂疏。愿排闾阖献采录,坐变四海如唐虞。

无题

滦河开国世还淳,职贡梯航罔不宾。珠树木鸡炎土物,紫驼黄鼠朔方珍。雕题火老锒金珥,漆齿酋王冠玉麟。荒服年来朝觐绝,包茅责入竟何人。

百年功业自天开,化洽周南陋汉才。朱雁每从东海获,白禽还自越裳来。绣衣玉斧严丹陛,衮冕桓圭列上台。政典有余戎备略,秋风满地独兴哀。

《长流天地间集》

读文山诗

黑风夜撼天柱折,万里飞尘九冥竭。谁欲扶之两腕绝,英泪浪浪满襟血。龙庭戈铤耀如雪,孤臣生死早已决。纲常万古悬日月,百年身世轻一发。苦寒尚握苏武节,垂尽犹存杲卿舌。膝不可下头可截,白日不照吾忠切。哀鸿上诉天欲裂,一编千载虹光发。书生倚剑歌激烈,万壑松声助幽咽。世间泪洒儿女别,大丈夫心一寸铁。

绝句

春光如佳人,红紫为衣裳。脉脉甚无情,少年犹断肠。

王沂《伊滨集》

题张仲举,赠桑文饶诗后

桑也有仙骨,潜名医药中。饥吟十日雨,客梦几秋风,赖有酒堪饮,初无文送穷。好将青白眼,留着送飞鸿。

卖药韩康伯,能诗张景阳。世纷空落木,句法挟秋霜。杖屦飞烟下,声名翰墨场。往来成二老,休负菊花黄。

青灯同雨夜,貂帽共霜寒。旅思宁无恶,归书但说安。琼林劳远梦,仙鹤养修翰。圣代求才急,终期拭目观。

白石化群羊,仙家自有乡。草玄甘寂寂,作赋问苍苍。江路梅堪折,山桥酒可尝。双溪今夜月,千里定相忘。

人生逐群动,何路脱尘氛。鹦鹉新题赋,麒麟旧献文。颓垣犹拥雪,怪石自生云。鸣

鸟将春信，殷勤报客闻。

世态浮云变，心源水镜空。时时书咄咄，往往视梦梦。磊落千年上，汪洋万折东。梅花知我意，的砾露椒红。

杂诗

寂历疏花晚，盘纡小径连。寒村明白水，野寺起青烟。三北非余耻，一痴终自怜。归期何日是，山月几回圆。

岁晚难为客，地偏宜放慵。城鸦惊戍鼓，邻归闹村春。木落山排闼，篱荒竹附庸。不材甘懒散，何去复何从。

曲曲高都路，茫茫伊浐田。云低明去雁，野阔退飞鸢。故国思千里，君门隔九天。穷途莫回首，一望一凄然。

古诗一以送克烈景兖入梁，其二
以谢张子文应举，访余伊上，兼简汴中诸名胜。

山童照伊白，日瘦埋云黄。雍容车骑都，长卿薄游梁。文彩丽宫锦，邹枚敛其光。我飘山林牢，三见天雨霜。公如左右手，易亲复难忘。交深出苦语，惬于冬饮汤。夷门二三友，问我行与藏。长吟归田赋，乱以囚山章。

桴槎在江湖，行止非所期。谁云山泽间，见此鸾凤姿。人生会面难，肯惮鞍马疲。遥迎长伊湄，枯榆媚寒曦。亲友话存没，学问访阙遗。醉语杂嘲谑，曾不我瑕疵。君怜我疏懒，我爱君坦夷。而能致斯人，孰谓余数奇。倾盖即分襟，归马三振鬐。仰看孤云飞，摇摇心南驰。山寒梅未破，何以寄相思。

寒月侵山轩，朔吹鸣竹牖。梦中逢故人，谈笑共杯酒。怪我趋尘埃，短褐几露肘。相望晓天星，相思令人瘦。丈夫属有念，虚名等箕斗。曾闻子公书，出此钓竿手。平生张平子，矫矫文章叟。悬知月旦评，应忆忘年友。

宝鸡县壁见张雄飞、杜德常二御史诗

嘉陵江水净无泥，江上青山是宝鸡。古驿荒凉谁与语，故人诗向壁间题。

《澹游集》

见心禅师过余武林寓舍，出示翰林
虞欧二先生诗文，读之向慕无已，
因成口号四绝。

江城春尽柳吹花，来问东园野老家。扫石焚香坐清昼，抄罗树底论三车。

青城学士老江南,架上楞伽每共谈。来往况闻华盖近,龙门深处结云龛。

白头承旨蚤归田,健笔凌云动百篇。今日临风数开卷,虹光千丈斗牛边。

漂转东南厌乱离,锦囊惊见玉堂诗。相期只合匡山住,酒榼篮舆访远师。

古诗

青山欲赴海,临流辄踌躇。潮水不上滩,毋乃畏崎岖。劳生图富贵,勇往宁趑趄。高深不可即,顾乃忘其躯。悬雁仰飞鸟,重渊羡游鱼。寄语世上人,安分其勿逾。

艾性夫《剩语》

杂言

苍梧闷弓剑,阿阁无祥禽。鲁叟已长喟,矧敢求之今。区区莲勺人,气伯方浸淫。纪年侈嘉瑞,作物诚何心。隐显殆偶然,岂必闻《韶》音。黄河千丈浑,岁月亦已深。矫首不可俟,角里芝山阴。

勋华不并世,揖逊无余传。缅彼巢与津,佳兵岂其天。履霜一何微,坤冰一何坚。谁谓知几人,尚候观伊川。斧衮了不公,正闰杂纪年。岂拟王仲淹,而愧鲁仲连。

燕赵多佳人,珠华衔天街。郑鲁有游女,折杨弄青梅。春风趁姿媚,谐笑争徘徊。幽闺有贫丑,修洁不自媒。缝布以为裙,断荆以为钗。籉沙事机杼,蓬杏蒙烟埃。谁将好德心,为尔停渐台。

枯桐骱山骨,弦以冰蚕丝。信指发孤调,悠然造希夷。扬以寄吾欢,抑以写吾悲。悲欢生我心,无庸他人知。我若有黄金,不铸钟子期。寄语伯牙翁,绝弦良可嗤。

答释子问诗法

汝家有子兰,诗体能入选。尔后岛可辈,往往以律变。选律固无择,语意忌庸浅。大音尚和平,至味贵悠远。归欤事斯语,妙理千万变。欧称九僧今不见,退之拟过红楼院。

谢吴子与惠诗

解后西风野菊黄,别来冉冉历三霜。未偿诗债如山重,曾结交盟引梦长。老病终年亲药裹,清谈何日到书囊。闻君读罢多娱乐,萱草春深□萼芳。

冬夜抄诗作

笔债穷年老发僧,砚寒还复夜敲冰。西堂梦后无灵运,夔府归来有少陵。诸老文章

野菊秋

凡几变，千年风雅欠中兴。矮窗烛暗成惆怅，忽见梅花月一棱。

经语诗戏效唐子西

山径之蹊去去赊，毕门圭窦是谁家。其生色也草交翠，彼美人兮莲正花。

源泉混混出虚岩，桑者闲闲人已蚕。剪韭不妨千取百，种瓜且喜二生三。

偶题

窗涵山影月初斜，门傍溪桥柳半遮。独客不眠春起早，一帘香雪嗅梨花。

《风雅补遗》

古体二十四首：

残灯结成花，枯木化为菌。凋零如此物，秀气终未尽。人心最灵智，自弃独何忍。圣门本弘大，梯磴多接引。曾高愚鲁姿，直欲配颜闵。流年急如箭，发白虽再颤。及时不努力，老大徒蠢蠢。

树木生有枝，子弟教有时。七年异男女，八岁分尊卑。二五事书记，逢人多礼仪。三五学射御，四五加冠绥。今人谩不省，古道当如兹。欲成高高台，为尔宽作基。欲求深深井，为尔远为期。不闻邹鲁学，还自俎豆嬉。人才日衰替，宁为卑下儿。

儿童聚嬉戏，不离父母傍。父母顾盼之，百忧为尔忘。维此慈爱心，比同春日光。阳和透地脉，草木俱芬芳。儿身已长大，能不念往常。愉色与婉容，倾心奉高堂。嗟哉力何短，父母恩甚长。

上堂拜父母，甘旨手自供。入庙罗豆笾，祀我祖与宗。死者魂魄安，生者恩意浓。一门无二志，馨欵生春容。岂唯薰里间，上闻天九重。祥云及膏露，滋我庭下松。孰云唐虞

远,不得身遭逢。由来豪杰士,世世皆时雍。

　　荡荡桑梓树,迟迟杖屦音。未瞻父母容,已起恭敬心。树木手所植,杖屦身所任。此物犹足重,况彼钟爱深。父爱我忘父,不间兽与禽。六亲同骨肉,何以能相亲。

　　莫打屋上乌,乌有返哺情。莫烹池中雁,雁行如弟兄。流观飞走伦,转见天地情。人生处骨肉,胡不心和平。田家一聚散,草木为枯荣。我愿三春日,垂光照紫荆。同根且并蒂,荡荡共生成。

　　妻贤弭夫祸,子孝宽父心。不知何人语,相传犹至今。室家两和好,如鼓瑟与琴。二亲岂不欢,花木罗春阴。虽云一尊酒,共酌还共斟。物情动相失,安用储千金。家睽在妇听,《彖》《系》有遗音。

　　《内则》纪孝养,《檀弓》著哀思。寥寥三代英,于此犹见之。我欲绘作图,岂无丹青师。丹青状形貌,情性那可为。冬夏适温清,芳鲜在盘匜。二亲未饮食,如子渴与饥。奈何报本心,限以百岁期。飞禽失其曹,尚且鸣声悲。创巨痛必深,衰麻交涕洟。圣王为制礼,进退随天时。千人万人心,一人心可知。

　　谯人夏侯氏,有女志独高。夫家尽伤灭,节义终持掺。荣华昔共享,祸患今同遭。妾身偶生存,势已埋黄蒿。亲戚勿讶我,人类异羽毛。引刀断耳鼻,见义不见刀。至厚莫如地,桑田变波涛。精金不畏火,见此儿女曹。

　　结交须结心,取士须取德。古交金百炼,古士麟五色。如何当世人,作事多倾侧。甘言转相媚,中险不可测。青青好禾稼,生此螟与螣。堂堂美少年,化为狐与蜮。

　　人心天机在,利欲日夜深。好苗莫助长,恶木先除根。斧斤一时缓,恶木何由断。不畏根株深,须忧筋力短。

　　吉人语何少,凶人语何多。多言易反覆,简默终无他。明明白圭玷,言玷不可磨。有口号该天,有辩夸悬河。心源一已放,触物生偏颇。悠悠百年内,荣辱当如何。

　　离离园中树,花开动无数。或红如施朱,或白如縞素。今日正自佳,明晨不如故。易盛还易衰,浮华眼前度。物情何参差,天地均雨露。南山有松柏,寿如金石固。

　　驱车入东洛,策马上西京。须遇何表表,莫非公与卿。旗旄出广路,百步无人行。前驱与后拥,不绝如雷声。人生处困厄,孰不思宠荣。此途良足乐,此任苦不轻。丈夫既许国,身作万里城。永怀鼎足戒,无使公铄倾。

　　五方各异气,百物无全才。声当配匏竹,味即调盐梅。何器不适用,有根尽须培。山中多松柏,城中高第宅。孟尝千金裘,一狐难取白。

田单拜齐将,即墨乘孤危。群心效死斗,燕士不敢支。一朝宠禄盛,惜身思有持。攻敌竟不下,大冠空若箕。功名每如此,树立终陵夷。国家匪忧虞,宠尔将何为。进怀首鼠计,退与灾祸期。向非鲁连子,身死节亦亏。

鸾凤寡俦匹,玉树少枝柯。贵人在高位,骨肉苦无多。高居驾细马,妙舞随清歌。独乐不如众,中心欲如何。东家借一轴,西家求一梭。织成十丈幕,周我堂之阿。至亲隔只尺,举首如山河。

人生四海内,同作弟兄看。一夫向隅泣,满座为无欢。岂我无衣裳,念尔饥且寒。岂我无梁肉,为尔不能餐。群生本一源,有此恻隐端。无为自泪没,功利日相残。譬如同母儿,给之豆与箪。夺彼以与此,终非心所安。

饮马长城窟,窟中水无多。秋风动白草,水面亦生波。长城备外侮,室内起干戈。非关绝地脉,乃是伤人和。不见丰水上,灵台郁嵯峨。前有《大雅》诗,后有秦民歌。锸深得苦水,流毒如江河。

黄河西北来,云自昆仑丘。经行非一山,回薄半九州。上有不测源,下有无尽流。万化同此机,莫知几春秋。分明天地心,不为浅狭谋。痴人用小数,颠倒苦无休。安得申韩氏,化为古伊周。

布帛文被体,菽粟味充饥。常人昧识察,举世好珍奇。贪奇不顾菑,刻玉当无厄。大钧播万汇,琐细各有宜。得时易长养,失序徒施为。哀哉杨朱泪,滴向他路岐。正途甚坦坦,舍此将何之。

蜘蛛解布网,蛞蝓能转圆。万物各有技,何人得安然。周公贵为相,仰思夜不眠。仲尼大圣人,《易》书三绝编。谁谓我有耳,不闻古所传。一闻敢自惰,勇往如奔泉。

好龙非真龙,叶绘等儿戏。惧虎思虎伤,声容凛然异。六经岂虚文,中有无尽意。一从河出图,光景不可阙。皎皎垂日星,悠悠任天地。青编积几阁,翻阅何容易。曾参一唯诺,已往难再值。

劝尔一杯酒,君行莫匆匆。君心自欲远,道路久乃通。东能窥大壑,西能赴崆峒。不忧岁年晚,但畏筋力穷。三年刻片褚,九年成一弓。制作虽云艰,为艺则已工。小事可喻大,愿君置胸中。

偶题

蚤修隐居服,独表外史冠。无用固应尔,岂唯能自宽。树荫曲延坐,鸟语密相喧。墨卿悦性情,麹生知肺肝。求志一以遂,吹万何足论。

绝句

一径绕将泉上过,新铺石子待闲行。绝怜数个琅玡子,偏向阑干缺处生。

苍玉林中石一株,绿烟浮动似香炉。濡须厅下襄阳拜,狂客来时也著扶。

白足过桥三峡雪,苍头吹笛满林风。狂花也有凌霄意,飞上松颠烂熳红。

偶作

黄篾楼中枕书卧,双鹤长鸣惊梦破。青天堕下白云来,卷帘一队杨花过。

汪复心遣侄彦维自歙求诗

汪沦自爱桃花水,张翰只思莼菜湖。九十山翁莫相恼,题诗元没得工夫。

张仲实诗

杂诗

西州有美人,被服绮与纨。一朝失所托,短褐常不完。朝阳如有知,流光照心肝。去贫岂无策,此道非所安。

黄鹄横天翔,万里谅非远。失势鸣向人,稻粱不满眼。岂无高举意,欲去羽毛短。云飞不我顾,怅恨秋风晚。

东风吹众芳,浩荡川原春。游子莫不乐,我独回车轮。常恐明月珠,翻受凡目嗔。一时势亦屈,万世斯为伸。

旭日耀清流,鲂鲤游其涯。徘徊不忍去,滔滔信如斯。青苹一何多,鼓枻将采之。濯缨适我愿,洗耳真吾师。

骅骝困盐车,仰首时悲鸣。可以喻我怀,蹙蹙不得行。昔为空中云,今作水上萍。昜哉秉高节,舍此焉求荣。

美女处空山,容华若为比。馨香随风发,兰蕙为之死。时当青春阑,沉忧泪如水。聘者岂不多,所愿配君子。

云兴自东方,上下何所之。终朝不成雨,怅望心依依。鸢鸟铩六翮,翻为群雀欺。有怀不得展,生我将何为。

卷之九百一 　二支

诗 元诗三

元《程雪楼集》

李氏八十诗

忆昔申公八十余，故人曾为办安车。太平天子思文治，会向山中访礼书。

又题许仲仁诗卷

残雪词林退食时，小窗开卷鬓如丝。音传正始谁同调，气逼元和稍自持。文字不随前辈尽，风流却许后人知。霜清日冷梅花瘦，独对炉熏看欲痴。

胡祗《遹紫山集》

无题

此心本虚明，百欲日昏蔽。譬如镜积尘，不复加磨砺。逾远逾忘反，与马牛无异。既无贤父兄，学校久亦废。耳目所见闻，伥鬼杂魑魅。习熟为当然，宁复知惭愧。天道如循环，乱极应还治。英哉贾长沙，太息更流涕。可怜汉孝文，苟且承秦弊。兹时去古近，三代良可继。失时而不为，令人增叹喟。

气质苟不高，百为皆琐屑。趋向日污下，逐逐声利辙。年来省前非，改图当勇决。尧舜至周孔，八圣吾慕悦。立德与立言，汲汲追前烈。求心即师友，自语自磋切。必待文王兴，庸懦非英杰。松柏一出土，便与蓬蒿别。已见千尺姿，从渠岁寒雪。

五十无所闻，固为圣人弃。矧余已六旬，耳目渐昏聩。虽逢庸鄙人，谓我不足畏。壮年不可追，知悔当自励。倒行而逆施，斯言何自弃。庄敬日可强，愤悱通必邃。寿考吾不知，力进王良辔。

　　夜行固云差,失道苦不远。天明得正途,欢喜忘呀喘。我车颇坚完,我马亦强健。白日虽过年,仆御皆再饭。周道直如矢,良辰未晡晚。圣域望九关,观光得吾愿。

　　拘以形气微,与天不相似。我心即天心,人天本无二。凡天之所有,我无一不备。克去形气私,量包天地外。知化且穷神,述事而继志。弥纶复裁成,了却大人事。

　　卫青霍去病,起身自淫奴。所知勤皂隶,何者为孙吴。一朝当帝意,总节持兵符。出塞三十万,入塞三万余。无人问二子,方略果何如。李广飞将军,受制于庸愚。败死不封侯,数奇良悲夫。

　　贾谊真英才,王道乃素学。孝文好无事,欲为还龌龊。公卿尽庸愚,厌已忌超卓。鹏鸟亦知天,飞飞入帷幕。不遇庸何伤,王道惜冥漠。

　　朝诵论孟辞,暮诵六经言。临事毛发比,一一皆差愆。此病果何在,不识我之天。我天殊不远,性理即真源。真源一渊静,动止合自然。泓澄百炼镜,流行派万川。

　　去月呼使君,今月呼参卿。而我竟为谁,侧耳随呼应。贵贱不自持,甘为世枯荣。譬如画家笔,污洁几红青。又如筑夫干,从人恣沉升。人生岂物耳,终老无定称。梦寐惊宠辱,俯仰徇虚名。

　　禀受作猛虎,一饱肉百斤。脱壳为秋蝉,餍饮风露晨。二虫各有适,不知天地仁。人出万物表,反自丧其真。既羡晋楚富,复伤颜氏贫。物生本不齐,安能同一均。夺彼以与此,怨尤徒非辛。

　　颜渊问为邦,契须请学稼。同在圣门中,人品自高下。执一不知人,玉石俱同价。所以三闾翁,宁死不回驾。

　　胸中富义理,肆口能成文。区区既问学,漫费缀缉勤。余生过中年,读书颇有闻。物外不眩惑,少觉德性尊。圣域固云远,循序亦能臻。

　　瞑坐恨眼力,绝虑静灵源。四十无所闻,安用瞻空言。毋贪文字名,正坐蠹尘昏。咕咕谁汝闻,何异蚁雷喧。书生太痴绝,甘爱古语谩。坐看青云士,龙马乘高辕。秋风堕木叶,萧萧走前轩。岁序与流水,冉冉相驰奔。

　　好事得入手,急行能几多。况复堕闲散,万虑成蹉跎。惟余谁作祟,搜抉伤天和。扰扰灵府间,起落如翻波。以兹销年光,冤哉双鬓皤。

　　佐命惟勋旧,忠清三十年。赤心思报国,白发要宁边。梦破乌江月,神迷瘴海烟。忠宣拜嘉谥,未让伏波贤。

得死公无恨，思贤民自哀。方期当柱石，奚想便泉台。庙貌祭如在，铭旌哭远来。从今调鼎手，谁继作盐梅。

七十衰翁与世疏，闲心永日共安舒。却缘当路怜愚直，时有人求绍介书。

昏衰敢不慎许可，疏散竟能谁重轻。周道从来直于矢，并驱九轨尽宽平。

高下洪纤无弃物，兼收并蓄庙堂权。固知沧海能容物，昏耄胡为敢荐贤。

书判身言已失人，况将末法委沙尘。只凭胸次悬明镜，黑白妍蚩总识真。

神游八表凤鳞姿，造物无私却有私。钟秀千年犹旦暮，何妨异代不同时。

龙眠高趣惜英才，谁问先贤与后来。霁月光风同一处，写留人世洗尘埃。

每爱高风莲社图，当时果有此客无。龙眠何处曾相遇，梦破三生向日吾。

黄尘扰扰万蚍蜉，仙人几何同一沤。珍重画图联杖屦，免劳神梦觅从游。

雪压茅庐风满林，野鸦寒雁共昏阴。画师暗隐无穷意，何处渔舟不可寻。

万里清江一叶舟，月华西去水东流。伤心不见鲁连子，何物人间万户侯。

应命赵画索诗

丹青虽细艺，能者皆高人。请看宣和谱，品分能妙神。风云湖海士，庙堂名节臣。胸次同造化，惨淡入经营。天地生万物，我笔能夺真。凛凛冰雪冬，熙熙花柳春。尝观莲社图，真宰差凡尘。世无王黄华，清论不复闻。铜台赵济之，索言期世珍。笔迹我未见，诗卷何轮困。许与多名士，定如诗什新。古人家数中，当与谁等伦。鄙俚敢靳惜，酬报当殷勤。寄我数十幅，黄华我比邻。

王仲略之子持卷求诗

仲希能尚友，遗山善忘年。草圣新乐章，子孙宜世传。迩来风俗薄，情以势利迁。漠然见父执，手泽随弃捐。仲略吾世契，有子乃尔贤。迄命四十年，墨光犹炯然。秋涧题训辞，广文赠佳篇。不鄙贱衰朽，千里来乞言。乃伯辞理尽，援笔还自怜。愿言通家好，世世金石坚。

偶成

人材应时须，用舍奚在己。所以掩鼻笑，正恐不免耳。生与哙等伍，背汗增愧耻。蝼蚁既堕地，未见寒饿死。可怜奔竞徒，贱辱无不至。蹴尔而与之，乞人且不视。

隗磊胸中十万兵，故从皁枥默无声。惊回九合诸侯梦，一曲高歌获上卿。

举选科亡弃实才，纷纷诡售起蒿莱。谁知牛口寒微隶，一论齐疆万里开。

小白雄开五霸原，一时贤相炫乘轩。只知国富兵强术，不向尊周挂一言。

退食委蛇百虑新，漫夸事业在经纶。乘时偶作登龙客，无术惭为入幕宾。莫喜肥甘润枯质，曾无恩泽到斯民。马前走卒休嗔咤，八议潜归市井人。

每恨平居不我知，问渠今日竟何施。因人碌碌漫成事，举世庸庸与易谁。委顺渐如随侣雁，刚稜自笑脱囊锥。一杯饱食黄粱饭，睡足槐庭畏日迟。

命安斋主寄诗来，把玩歌吟卷复开。似厌羲皇闲日月，要同俗吏走尘埃。只知刍豆填牸腹，不识青黄是木灾。试向碧天清夜望，恶云妖雾锁三台。

牟巘《陵阳集》

戚子云袖诗见过，且笃叙先祭酒与先人同朝之雅意甚古，用韵为谢。

白发祭酒公，仪形古君子。多士所共敬，岂独桑与梓。吾翁幸同朝，辇路时并辔。治风日以邈，追慨徒倚徙。子云笃世谊，揭来自携李。念我一破庐，落落荒城址。遗以五朵云，置之五云里。我是老祠官，未忘镜湖水。握手更细论，书味渊以旨。嘉闻有青衿，十载诗千纸。

失题

篇章余事等嬉游，尚想挥毫剪烛秋。从古杀青徒自苦，只今醉墨可能求。忽传鹭立沙头句，又见鸿归天外州。濮研去来须猛省，不由自己更谁由。

王梅泉生日惠诗次韵答之

堪笑衰翁作计狂，又随笭箵到鱼梁。未秋早觉凋蒲柳，已老安能种豫章。谁似读《骚》仍饮酒，有时赞《易》自焚香。梅边有约君应记，但愧年来久覆觞。

赵石心诗

试问吴儿歌小海，何如广平赋梅花。一片心石无不死，平生不落徐庾家。赵子陈陈有胸府，云根半夜生槎牙。有时盘空吐硬语，更觉世上浮且夸。谁能为爇青藜杖，苔莓荒尽天禄与辟邪。

予与会孟同游古心先生之门,死生
契阔,今见其十年前与仲实诗,
帅初既追和,予亦继焉。

扰扰人间万事尘,旧交无奈白头新。此翁固是同门友,今日真成旷代人。千里赏音知绝识,九秋落木见横陈。也休频把遗篇看,说到铜人更怆神。

《刘静修集》

佳木交清阴,欣然动人意。况闻翁之风,能不有生气。此翁少有兄,干戈乡县异。哀鸣念羁孤,相思劳梦寐。自誓毕此生,复尔欢聚遂。千里三往还,竟扶篮舆至。夜雨一方床,春风满天地。家无十岁僮,百役一身寄。效儿浣厕牏,代妇理中馈。生忘惸独忧,死免道路弃。关河隔故丘,走送徇归志。大义今已全,初心始无愧。翁本不识书,所知惟艺事。作诗美翁贤,亦以警士类。

拟古

孤蟾皓素色,寂寂虚堂深。伤彼兰蕙花,郁郁芳幽林。美人天一方,佳禽响远音。我有一卷经,洞彻天地心。我有一寸铁,荡涤妖氛沉。心定有天游,渊乎秘中襟。所得不可说,此理神其歆。

浮云翳阳景,灵飚扇我衣。男儿志万里,谁复伤别离。我生十五年,世事犹未知。慨然慕意气,远与千古期。高风不易攀,俗纷亦已羁。所智必我拒,所期必我违。哀歌仰天问,生我亦何为。抚剑一太息,昼夜中情驰。人生天地间,太仓梯粟微。苟无金石姿,耐此日月飞。当勉玄发欢,勿取尘世嗤。一笑群忧失,三杯万事非。岂不忘功名,功名来未迟。万物各有时,时兮不再违。

忆昨初读书,人曰饥寒基。今日追斯言,诚哉不我欺。屠龙无所用,不如学履狶。镆铘非所授,不如囊中锥。多少白面郎,屈节慕身肥。奴颜与婢膝,附势同奔驰。吮痈与舐痔,百媚无不为。丈夫宁饿死,岂与需嚅期。鸿鹄凌云志,燕雀焉能知。二禽登寥廓,斥鷃笑藩篱。世能尽伥鬼,吾将谁与归。

凡物能振厉,即见生意融。慢气或少施,衰飒不自充。志至有定位,敬胜多奇功。强哉复强哉,德业将日隆。

杂著

人生岂不劳,终古谓之然。孰是都不营,早起暮归眠。过足非所钦,躬耕非所难。但使愿无违,甘以辞华轩。正尔不可得,在己何怨天。自古有黔娄,被服常不完。荣叟老带索,饥寒况当年。何以称我情,赖古多此贤。善恶苟不应,鬼神昧茫然。是非苟相形,行止千万端。世路廓悠悠,聊且凭化迁。居常待其尽,任真无所先。诗书塞坐外,弱子戏我

前。亲戚共一处,余粮宿中田。促席延故老,斗酒散襟颜。聊以永今朝,百世谁当传。

绝句

溪童出门望,鸥路满空下。江水淡无情,尽是忘机者。

今朝客为求文至,昨日邻嫌借米移。木枕质钱多旧帖,看囊不必要新诗。

出门已坐十年迟,择地宁容一物栖。弊帚万金空自许,青云平地欲谁梯。长庚只合陪残月,众楚安能立一齐。醉里商歌动寥廓,飞鸿淡淡夕阳低。

杂诗

闻昔飞狐口,奇兵入捣虚。人才九州外,天道百年余。草木皆成骑,衣冠尽化鱼。遗民心胆破,韩说战争初。

关岭通山后,风谣采路傍。地寒人好寿,草浅畜宜羊。用水如奴婢,从川贮米粮。西风如有约,乘兴即吾乡。

尧山唐故国,淳朴带遗踪。种果收奴力,开田享素封。来收多上药,景仰近神峰。梦寝驱黄犊,岩居一老农。

冀北高寒境,英灵海岳全。期文若程邵,家世亦幽燕。祀典今谁举,遗经会有传。吾乡此盛事,瞻仰在佗年。

何事招提好,山深马可驱。松巢低映帽,竹潘细通厨。霜栗千封户,云屏四画图。冠巾如我用,白鹿起规模。

岩居访高道,少日在风尘。回首话前事,低眉厌此身。江山资寇盗,田亩化荆榛。领将天伦重,无君愁杀人。

水绕千山合,云藏数亩荒。初寻香有阵,渐入翠成行。豚阱依危石,牛蹊带小塘。团茅奄如画,可惜是逃亡。

一语唤醒瑞岩老,千言不昧草庵歌。闲人为向忙人说,佛法元来本不多。

老兔雏鸡自有春,壶冰彻底照来真。驴鸣毕竟渠皆听,解识天机得几人。

水华庭草思悠然,风月濂溪有正传。二十四年程主薄,已知随柳过前川。

天教观物作闲人,不是偷闲故隐沦。要识邵家风月兴,一般花鸟华山春。

寒气尝侵一半春,诗家道体说来真。不教晓人雄鸡口,谁唤南窗打睡人。

汤鼎石坛老眼亲,阴阳谁见屈中伸。年来并识颜家乐,十月天教荠爱春。

漫记

天幕高悬两部蛙,水光山色照黄家。忘情未便真忘得,忆竹栽芦强自夸。

我自无行即是藏,更将何物要韬光。东泽幸有牛溪在,却向长安说醉乡。

百钱破釜发长叹,一局赢棋为解颜。扰扰自无安脚处,几人打透利名关。

应物何尝累我真,禅家怖死强忘身。昨朝一读雍行录,却笑当年堕甑人。

漫题

乾坤未觉化机停,世态难逃醉里醒。共见白云又苍狗,岂知蜾蠃即螟蛉。

偶作

为贪风月重登临,感慨幽怀不易禁。静里形神君与我,眼中兴废古犹今。区区此世真何物,落落平生只寸心。闻道江湖好烟水,飞鸿灭没有遗音。

偶得

血气虽衰志愈真,近来温故觉知新。久贫多得乡间敬,渐老惟于道义亲。日月消磨三乐事,乾坤俯仰一闲人。几时卜药唐溪上,分得尧民五亩春。

自觉筋骸老渐顽,曾经坚脊度危关。清霜烈日留身后,秀气春风拂坐间。自有颓波如底柱,莫教秋色避南山。云鹏税驾今无地,几点江鸥尽日闲。

耶律楚材《湛然居士集》

敏之学士,远寄新诗七十韵,
捧读之余,续貂以尾,聊资一笑。

壮年多辗轲,晚节叹行藏。故国颓纲秘,新朝明德香。雄材能预算,大量固难量。迭出神兵速,无敌我武扬。本图服叛逆,何止穷诪张。西讨穷于阗,东征过乐浪。慧侵天垒尘,光动太白铓。整整车徒盛,鳞鳞旗鼓望。天皇深责重,贤帅庙谋藏。江右将禽楚,河阳已灭商。英雄皆入彀,强御敢跳梁。采访轩车闹,司农官吏忙。轻徭常力足,薄赋不财伤。勋业超秦汉,规模迈帝王。流言无管蔡,奇计有平良。增葺新文物,耕耘古战场。蛟龙方奋迅,雕鹗得翱翔。偶遇风云会,争依日月光。永醭酬千古耻,一怒四夷攘。虎帐十

年梦,龙庭几度霜。迎风初请命,出郭远相将。久敌真宜死,宽恩何敢当。赦书民有幸,歌咏寿无疆。扶杖听黄诏,称觞进白狼。散财竭库藏,拔将出戎行。殷绝仁犹在,周倾道不亡。来招燕郡内,入觐大仓傍。戎服貂裘紫,星轺较马苍。中春辞北望,初夏遇西凉。瀚海汹而涌,阴山彷且徨。闲云迷去路,疏雨润行装。出处空兴叹,风光自断肠。典刑陈故事,利病上封章。天下援深溺,中州冀小康。风俗承丧乱,筹策要优长。痼疾如神附,游魂笑鬼伥。仁术能骨肉,灵药起膏肓。避祸宜缄口,当年肯括囊。遭谗心欲剖,涉苦胆先尝。北漠绝穷域,西隅抵大洋。诗书犹不废,忠信未能忘。毡补连腮帐,绳穿朽脚床。郊行长野兴,人静若禅房。回鹘交游熟,昆仑事迹详。风烟多黯黯,云水雨茫茫。灾变垂乾象,妖氛翳太阳。髯龙三岛去,奕叶一枝芳。明主初登极,愚臣敢进狂。九畴从帝锡,五事合天常。大乐陈金石,朝服具冕裳。降升分上下,进退有低昂。拓境时方急,郊天且未遑。应兵无血刃,降虏自壶浆。案堵无更肆,因敌不馈粮。宸心尊德义,圣政济柔刚。恩泽涵诸夏,威棱震八荒。势连西域重,天助北方强。举我陪三省,求贤守四方。锦衣捐鼍褐,肉食弃糟糠。隐逸求新仕,流亡集故乡。百官欣戴舜,万国愿归唐。耕钓咸生遂,工商乐未央。会将封秦岳,行看建明堂。每叹才雕篆,长惭学面墙。君恩予久负,贤路我深妨。履怵恒忧惧,持盈是恐惶。故山松径碧,旧隐菊花黄。大守方遗舄,初平政牧羊。厚颜居此位,若已纳于隍。吟啸须归去,香山老侍郎。

耶律楚材

云汉远寄新诗四十韵,因和而谢之。

兑爻符大一,天相恋文昌。泛海难追蠡,封留欲学良。秽形伴珠玉,朽木厕松樟。直节心虽赤,衰年鬓已苍。伴食居相府,无德报君王。草甲濡春雨,葵心倾太阳。大权归禁阙,成算出岩廊。自北王师发,平南上策长。皇朝将革命,亡国自颓纲。汉水偏师渡,长河一苇航。股肱无敢隋,元首载歌康。号令传诸域,英雄守四方。大勋虽已集,遗命未尝忘。万国来驰币,诸侯敬奉璋。兆民汲舜德,百郡仰天光。《大有》威如吉,重《乾》体自强。硕贤起编户,良将出戎行。太庙陈笾豆,明堂服冕裳。宋朝微浸灭,皇嫡久成戕。政乱人思变,君愚自底亡。右师潜入剑,元子直临襄。杀气侵南斗,长庚壮玉堂。弓犹藏宝玉,剑未识干将。皇业超千古,天威耸八荒。元戎施虎略,勇士展鹰扬。武继元封迹,文联贞观芳。宫庭敢谏鼓,帷幄集书囊。仁待卿云见,行观丹凤翔。武文能迭用,威德是相当。多士思登用,遗贤肯退藏。《诗》《书》搜鸟篆,功业仰龙骧。国用恒无阙,民财苦不伤。八音歌《颂》《雅》,百戏屏优倡。圣泽傅朝露,明刑肃暮霜。永垂尘劫祚,一混九州疆。重任司钧石,微材匪栋梁。思归心似醉,感愧泪如滂。严子终辞汉,黄公合隐商。穷通真有数,忧乐实难量。虽受千钟禄,何如归故乡。

与贾仲论诗

论诗夜夜费膏灯,与夺玄机似衲僧。示我鹏南圆觉海,欲乘桴去未之能。

和彦长老绝句

生死与涅盘,都如昨梦耳。觉后笑呵呵,无彼亦无此。

只识瓶盘不识金,瓶盘钗钏本真金。一从打破疑团后,物物头头总是心。

高庭英索诗,强为一绝

一川秋色满东篱,雁字行行自写悲。试问省庵何所省,黄花红叶总堪诗。

录寄新诗呈冲霄

冲霄酷爱玉泉诗,愧我年来无好辞。录寄新诗三十首,莫教俗子等闲知。

松月老人寄诗,因用元韵

谈禅讲教不知家,芳草漫漫去路差。杓卜虚声禾老鼓,盘星错认洞山麻。全无去就论空色,谁有心情说照遮。松月野僧须荐取,钓鱼人是老玄沙。

《刘文贞公集》

古诗泛言一百二十一首

天地合二五,苍苍皆所生。人为最灵物,乘彝初混成。嗜欲既开凿,昏杂难自明。圣人设教化,同复纯粹精。

乾坤六合中,道义皎如日。人心动静间,应对二而一。为善有高明,为恶无暗室。小人悖之凶,君子修之吉。

圣人所定正,《易》《书》《诗》《春秋》,如天有四时,不息长周流。集义充浩气,贤哲知当修。拳拳略无怠,岁久同交游。

是谷得土生,农夫奈劳苦。时或偏雨□,功须旋添补。不耘苗不兴,助长大莽卤。邻翁庆有年,心休生蠹蛊。

天地有昼夜,日月或升沉。圣贤平道义,体古还明今。穷通无损益,一贯存中心。贫贱既不滥,富贵胡能淫。

放心宜早收,无令恣驰逐。安宅宽有余,正路直无曲。雨露昼夜间,滋息牛山木。血气易致衰,嗜欲何时足。

人生天地里，心腹居人中。万事贵中立，中立无不通。偏倚过不及，其道非由公。公心普明明，白日悬苍穹。

有身须有心，有心须有事。有事须有诚，有诚须有至。至者无不通，通者无不遂。遂者存于公，公者合乎义。

圣人立人极，法象师乾坤。乾坤周四德，万物生春温。生生复化化，至善荣心根。文艺属游泳，道义长推尊。

天地运四时，四时行万事。人居天地间，一理贯无二。用事体其时，上下自合志。合志义在中，中在正可示。

至道体无朕，一理长分明。广大备天地，二五合生成。惟人号灵物，乃有纯粹精。立极定中正，乾元亨利贞。

人欲蔽天理，不明同暴弃。复来还复来，复至无复地。乾坤动静间，浩然充集义。存神过化时，昭然见诚意。

人生一百岁，世事千万端。今日有明日，取次凋朱颜。《诗》《书》同造化，移物胜还丹。少壮当势力，寸晷休虚闲。

遇恶改所同，见善迁未及。三人必有师，存心莫偏执。寡过体时中，性成如素习。圣门永不关，肯来皆得入。

道义略无间，时命或有穷。无间必当敬，有穷莫俟通。在此不谋彼，行处惟宜从。云雷遂经济，枯草生华风。

富贵非永持，人皆有天爵。可求不可求，趣舍无交错。幸得启私怀，才术展穿凿。须知君子心，义外都无托。

为教首孝弟，为治先农桑。大纲若能举，众目还自张。天下本无事，庸人何太忙。春风动黄阁，万物生辉光。

三献两遭刖，克诚终不恶。良玉苟蔽藏，足在将何若。纷纭薄子心，尽道古人错。愿学古人错，莫学今人薄。

斜月挂楼角，秋色夜还多。闲云自岩壑，林鸟思旧柯。青山岂迢递，白日空蹉跎。春风几时来，一一吹菁莪。

梧高凤不来，一叶凋金井。幽人想凤仪，依梧屡延颈。雁宿芦花滩，鸟飞明月影。白

云不觉秋,西风江水冷。

南山有佳气,北岭遥相望。归禽噪高树,烟水明夕阳。云霞淡无色,草木翻青黄。渊明不饮酒,篱菊为谁香。

闲云不肯飞,恋着西山住。长风不惜情,吹散无寻处。山下有幽人,携筇日成趣。向晚独归来,茅斋乐贫素。

大贤守易简,一物曾不差。庸人骋私智,展转事如麻。千虑苟一得,后世争相夸。源迷流不返,何处寻归槎。

清泉日夜流,知尔有凭据。盈科还又行,一息不停住。碧云出山来,不想还山去。佳人望眼花,鸦乱天将暮。

高明若有畏,下愚安敢欺。凡生在穹壤,有性宁无知。悖出必悖入,相还如刻期。孟子既不妄,反身奚复疑。

絜矩譬良匠,忠恕道不远。横逆忽来加,平心宜自反。既直径可前,稍屈便当挽。君子之德风,何草不能偃。

三十至四十,又觉十年非。后事不能虑,今日当知归。春风吹好梦,疏牖明朝晖。北山存蕙帐,猿鹤久忘机。

一水东北流,悠悠入沧海。一山西南横,青青色不改。中有读书人,书中见真宰。如收明月珠,暗室生光彩。

李白淡荡士,高明四海闻。为爱一杯酒,辞却万乘君。还山酌明月,明月埋阴氛。长风尔有力,为我披浮云。

可爱王右丞,幽情因尽托。写出无声诗,胸中几丘壑。岩树绿婆娑,秋风也吹着。日月曾几何,密叶不凋落。

三老烟霞病,沈郎风月愁。各自有佳趣,未肯同追游。黄尘满行路,路远生白头。长江鼓高浪,回舟不自由。

峨峨太行山,清清磐谷水。山色共见佳,水味谁知美。去问李先生,万事果如此。先生一点头,无言有微旨。

南风差有力,吹散浮云阴。佳人慕君子,策杖同幽寻。岂无一尊酒,慰此方寸心。明月来相照,归鸦集暮林。

群水为谁流,孤山能自立。宠辱不惊心,到此要熟习。玉井有清泉,百热除一吸。渴者莫号呼,绠短苦难汲。

驷马相如贵,六印苏秦还。渔父不识字,长伴凫鸥闲。汩没是非里,奔走尘埃间。十年不改旧,青眼望青山。

风云惨淡中,干戈横五季。希夷隐华山,昭昭见天意。百川自东流,孤蟾亦西坠。扶桑日出来,鼾鼾犹鼾睡。

纨绮仕宦内,布衣稠人中。不谒万金富,甘受十年穷。诗吐清明气,酒浇块磊胸。百尺高楼上,几个陈元龙。

海东有蓬莱,神仙居绛阙。闲人一草庐,无才罢干谒。万籁寂不闻,孤云亦知歇。虚室生清光,高山吐明月。

木落不怨秋,花开那谢春。荣谢自然道,谁是道中人。道人不可识,满目飞黄尘。荆山虽有玉,水浅石磷磷。

落花不着枝,啼莺不缄口。东风未肯闲,溪边弄杨柳。幽士一茅庐,尘路厌奔走。枕上看青山,薰风入南牖。

小池流水细,皓月秋风清。风水一琴响,月池双镜明。天晴夜寥廓,斗转参斜横。吾家树枝稳,乌鹊缘何惊。

孤心应有怜,万事但无奈。归云入好山,砥柱谢颓濑。清泉灌稻畦,生涯非分外。冥鸿任往来,天宇自宽大。

孔子有美玉,韫匮而藏诸。善贾是贪利,有求无不沽。中牟亦云往,九夷皆可居。我不孤天下,天下宁我孤。

寡言养精神,多虑困心力。忘情不及情,鲜有中庸德。守六知地贞,用九见天则。自反既能缩,所向无宽窄。

献书自可荐,选士果谁贤。宰相调九鼎,将军安四边。北溟有鹏化,南山无豹眠,子孙千千世,乾坤万万年。

地库藏宝刀,天机织云锦。锦成刀所截,段段称绝品。制为天子服,用人要详审。万一得其人,九重可安枕。

圣人揭日月,小子囊萤光。照照不能远,飞飞空自忙。谁启圣人道,能止小子狂。来此日月下，置彼收萤囊。

凤凰食琅玕，乌鹊啄糠粃。试与琅玕食，掉头终不唯。欲问何所为，只知糠粃美。傥有食之者，必是凤凰子。

贤人辅九五，天下歌升平。一朝开正道，万古垂鸿名。名为世所尚，道乃人当行。道行名自行，苟取失天成。

名器慎所守，非人覆公𫗧。有功然可封，无德岂宜禄。勿矜才有余，当忧道不足。能用心休休，天下皆受福。

为爱山中境，长见山中人。山人解服炼，体健心无尘。流泉既清耳，孤云还伴身。相邀坐孤石，语默而情真。

潺潺何处来，沥沥清人耳。寻声到山腰，有泉漱石齿。兀坐听不休，天地皆同水。日暮下山来，山上白云起。

间阔林中鸟，优游波上鱼。不知有弋钓，缘近道人居。道人日萧散，鱼鸟长自如。飞花飘户来，乱点读残书。

枝头载好音，黄鹂初弄舌。春工物色华，处士生谋拙。囊空无一钱，吟啸当佳节。杨花不肯飞，堆作阶前雪。

江海绕关塞，车马冲尘埃。功名果何处，万里劳英才。梅逐雪飞去，柳传春到来。若无一樽酒，怀抱赖谁开。

白石不可飡，青山未能遂。富贵吾有天，贾灶岂当媚。秋风自西来，禾黍摇黄穗。东家酒熟时，为我留一醉。

幽林通一径，中有野人家。不知尧舜道，耕垦为生涯。父祖有遗训，农事勤桑麻。为问何时节，桃李始开花。

车去马还来，充塞长安道。一自鬓生华，五湖归岂早。行客雨晴时，共爱青山好。却恐住山人，不肯山间老。

草舍清溪上，车马少经过。江山丽春日，凫鸥戏晴波。东风弄杨柳，好鸟来吟哦。归舟没烟霭，隔岸听渔歌。

何物比君子，窗前几竿竹。梦断落雪声，清风满茅屋。箪瓢生有涯，颜子自知足。春来桃李花，纷纷动人欲。

　　晓月当窗白，薰风到枕清。惊破幽人梦，树头闻鸟声。起来催盥漱，案上书纵横。开卷得余意，惟自知幽情。

　　冰泮百川流，春来万花发。清风动黄阁，丽日明丹阙。不饮贪泉水，谁怜首阳蕨。远客几时归，子规啼晓月。

　　秋霜彻夜飞，肯恤山前草。孤松倚北岩，千年不枯槁。至诚久自通，天地有常道，悠悠世上儿，只见眼前好。

　　宿鸟落高树，夕阳下弊庐。乱峰云覆尽，道者静看书。得意首频点，无言心亦虚。世情难混杂，不是与人疏。

　　叶落林自疏，林中见来往。岂知林外人，天地更高广。羲和行四时，万物有消长。青云照碧溪，古今同俯仰。

　　眉头但舒展，生涯颇有些。十年何所积，文书载五车。富贵眼前花，开卷自能遮。出门见新月，一曲玉横斜。

　　天地设如机，日月忙于织。白发换青丝，生谋太相逼。蜗牛两角间，抗敌触蛮国。红白桃李花，随分有春色。

　　青女侍白帝，夜作秋霜飞。草木尽黄落，松柏独何依。地白江山老，月明星斗稀。凭谁把邹管，为我唤春归。

　　东园胜可游，长携一壶酒。天地岂无情，春风尽花柳。将寻桃李蹊，幽禽唤回首。午醉乍醒来，城楼横北斗。

　　毡帐靠林水，清胜读书堂。白云自来往，六合包混茫。人皆惜春色，我亦怜时光。千金买不住，老却富家郎。

　　曾遇终年饥，菽粟亦知贵。若受三冬寒，细絮肯轻费。淡淡圣贤言，省来真有味。临事能不差，天地入经纬。

　　行云不行雨，长绕阳台飞。高唐梦已断，巫山空翠微。宋玉谩为赋，仙娥何处归。此事果非诞，淫风礼所讥。

　　织女连夜忙，衣裳未遮赤。田夫带月耕，朝夕无米吃。私家亦云赡，官中输敛急。都城买笑郎，千金不爱惜。

　　君子有佳会，由礼相追陪。时当置肴核，要与春风期。酒欢不在醉，莫讶杯行迟。桃

李待明月，人生多别离。

事冗贵闲人，心孤慕良友。松泉暑夜凉，宽襟一杯酒。薰风卷薄阴，明月入我牖。谁似陶渊明，彭泽谢官守。

羲和挽六辔，舒此夏日长。薰风何处来，惠我南窗凉。诗书在前几，开卷心生光。富贵是何物，世路争奔忙。

策杖过前村，黄云看禾稼。行行重行行，行到西山下。都城人事多，饮食曾不暇。念此百年身，合得几时假。

礼一分有殊，尊卑盖天命。万世错乱门，立名皆自正。治国如养生，饮食要温清。元气若能调，五脏安得病。

宽猛政事和，赏罚善人进。苍生际海隅，十室有忠信。知可便当行，见弊岂宜顺。万事不刚生，到头无悔吝。

开国赖王师，经邦在良弼。君择将相二，民归法令一。皋陶格有苗，周公戒《无逸》。茫茫天壤间，得人诸事毕。

井田既不分，谁肯各安分。一无儋石储，一有万斛运。穴蚁已知归，冥鸿更求进。一日利源开，千年塞不尽。

先行言后从，言行本无二。当用忽差池，却是两件事。海棠花无香，玫瑰条有刺。君子慎枢机，下流多谤议。

服顺自劳谦，攘夺生不让。长峡倾瀑流，沧海有容量。百司笾豆间，三公庙堂上。岩岩南山石，赫赫万夫望。

阳春足舒畅，严冬苦凄惨。东风傥有回，万物有深感。天君子自为，日月代周览。高明既听卑，谁非露肝胆。

礼义不自持，机防为谁险。善小尚人称，恶大定难掩。言行君子枢，颠沛要拘检。一出难再追，所生安可忝。

语默非不诚，寸心惟自得。人情利害间，万牛空费力。昨日园中花，今朝路傍棘。四海皆兄弟，谁是真相识。

金石亦要穿，忠义果如此。忘身遗道行，虚名半张纸。谁云生可轻，事盖有当死。嫂溺不为援，斯岂人情耳。

藉地用白茅，君子过于厚。疾恶矜不能，仁心人固有。浮生都百年，损益在三友。客从远方来，木李报琼玖。

天地总生成，羲和调四运。邪正忽交差，阴阳有逆顺。暑气千春温，牛喘恐行近。苍生喘更多，邠公胡不问。

赤子将入井，游丝命悬死。客从何处来，趋救如有使。余情岂暇生，恻隐自及此。乃知人心仁，不独子其子。

老黄拜后将，关公耻同列。使以亲旧谕，能变怒为悦。一语开人心，万事自明彻。千里未同风，连床无话说。

今人有声诗，古者无瑕璧。诗传璧可怀，两物俱当惜。东西十五年，只作尘中客。诗不堪璧论，路人多眼白。

青女行云秋，篱菊开金饼。姮娥在月宫，盛比人间泠。诗客未忘情，得句忽如省。惊鸟不肯眠，庭梧转疏影。

以杀若止杀，雠雠愈难雪。四海斗兵威，草木沾腥血。愿天生貘兽，食尽人间铁。无以铸兵器，战争应自绝。

游鱼乐水深，归鸟忘林迥。飞潜固不同，所适情无等。达人无已事，山林在钟鼎。纷纷嗜欲间，恬淡定谁肯。

太山肤寸云，须臾遍天下。中有行雨龙，祈祈济枯稼。如何稂莠姿，越垅敢相跨。孔明荷锄归，茅庐自闲暇。

虎狼亦有仁，同类不相食。人生天地间，往来几能息。大路偶遭逢，何暇栽荆棘。行程大家忙，转首各南北。

乾坤处处宽，万物自促逼。蜗牛两角间，戈戟未曾息。古往今又来，到底谁为得。青山尔何能，束手攦群力。

本是山中人，长作山外客。几年不还山，头发半斑白。鸿去又鸿来，寒暑太相迫。鹏飞不到边，谁谓乾坤窄。

白璧本无瑕，相如元妄作。连城既不还，夺与有何错。后世少穷源，沿流漫穿凿。私智得纵横，丹心总难托。

春从何处来，杨柳黄金色。堂前燕子飞，恰似曾相识。碧云望眼中，佳人没消息。青山一片石，目断情无极。

明河天上流，还向地中落。地神不能收，放出一杯杓。源源成江湖，漫漫通海漠。蒸气化云腾，结为雷雨作。

忠义万世推，豪放不足法。晋人疏礼度，谦恭为褊狭。如意击珊瑚，稜稜气相压。迷途不知反，衽席动戈甲。

秋霜着菊枝，夜雨打梧叶。幽士一檠灯，文书苦涉猎。青云惜蹉跎，白发叹勋业。怜儿不识字，梦断双飞蝶。

明月不可攀，去地八万里。姮娥住月宫，孤清更谁比。幽人步闲庭，夜色凉似水。足下玉尘生，薰风吹不起。

闲情与时适，野兴临溪多。斜阳在高树，鸳鹭浮清波。春光辉花柳，好风来自和。孤舟没烟霭，隔岩闻渔歌。

为善盖本分，成功皆偶然。脚下自有地，头上谁无天。万事莫勉强，一诚须精专。尽其在我者，鸡虫非所偏。

天地两仪间，君子有容德。诚厚发中情，诗人辞不逼。干将与莫邪，触物岂常克。上善非善事，袖手摧锋力。

侵晨一杯酒，暖气如还丹。霜风飘沙漠，不觉衣裳单。欻欻面上热，绰绰心头宽。若得海为酤，应回天下寒。

今古混茫中，谁能穷鄙美。孤愤与独醒，入我宽怀里。一日醉一场，百年都有几。秋霜上鬓来，春风吹不起。

既往莫能挽，将来还许思。只除打见在，一日十二时。遇酒醉于酒，得诗联作诗。物情各自适，天意元无私。

神壶容宇宙，槐蚁梦公侯。说破不为怪，一笑长江流。高峰有明月，桂寒风露秋，携筇步庭际，听远啼猿幽。

骐骥困驽骀，兰蕙蔽蒿草。怀才遁世者，岂爱林间老。善道不容行，浩养乐天保。傥有乘时为，佩玉心如槁。

山泽先龙蛇，窟穴聚鼯鼠。不肖与仁贤，岂可同时语。寒鸦集暮林，孤云去无侣。德辎一鸿毛，鲜有人能举。

尺蠖屈求信，龙蛇蛰存身。胡为不前进，贤者恐伤仁。颜渊惟乐道，原宪不忧贫。优游任时运，未见德无邻。

百年驹影过，一衲野情幽。顺友开三径，从尘飞九州。有山横眼外，无事寄心头。勿道闲人贵，闲人只自由。

朝阳山色丽，秋吹水声清。欲上云峰去，还登石路行。揩筇林下憩，听鸟树头鸣。无人知此意，一笑自为情。

烟霞缄昼梦，一觉睡何甘。忽被风吹破，清人月满庵。出户看天色，斗柄已回南。蓦见松摇影，只疑龙出潭。

高望四无树，虚虚心地宽。无声风里鸟，飞上白云端。孤山枕林水，细路之盘桓，夕阳添暮景，更与好生看。

山蹊雪更覆，岩室云犹封。不是樵夫惯，几人能得通。焚香坐白昼，飞鸟盘高空。细闻无调曲，涧下有松风。

欲道却不道，匪痴常似痴，尽教人话笑，自是我心知。补袖既遮体，粗食又解饥。固能贫且乐，安敢强施为。

元刘秉忠

读李杜诗集因作适时歌，以呈诸友。

读杜诗增人愁，诵李诗销我忧。李杜文章一元气，回旋万古开冥搜。文经武纬粲天地，辅赞化育犹公侯。愁复愁何有愁，忧不忧何无忧。主上蒙尘盗贼横，父子隔绝烽烟稠。壮士空家苦战役，老弱十九生难求。杜老当此际，意远身悠悠。云翮缩骨绊，风蹄局淹留。致君不能到尧舜，为臣未得同伊周。名列朝官事难济，谁能一笑伸眉头。翰林本是骑鲸客，谪仙下落尘寰囚。醉巾斜岸见天子，援笔挥洒江河流。白璧不受青蝇点，脱羁啸傲吴山秋。玄霜清夜洗余滓，世俗扰扰真嚣啾。瑶池玉府旧行处，安期为友卢鸿俦。黄尘际海飞不到，十二阑干明月楼。凤凰麒麟类鸡犬，岂有豺狼当路游。赢得半生开口笑，葡萄酒酌玻璃瓯。人间遭旱禾欲槁，未愿坐视沉良筹。直鞭赤龙禀上帝，倒吸天汉喷神州。岁寒松柏转青翠，又看新月横银钩。时乎时

刘秉忠

乎各有适,且须落魄昆仑丘。

读杜老上韦文诗

六合风云惨淡间,丈夫多笑误儒冠。戏排赵璧韩为易,笑却秦军鲁岂难。轩镜上天昏霭破,隋珠投地夜光寒。死酬知己方无憾,宁惜千金报一餐。

读工部诗

工部文章万汇全,焕如星斗罗青天。差居三百五篇后,杰出数千余句前。良金美玉有定价,残膏胜馥无穷年。当时驱驾谁能并,只除太白骑鲸仙。

少日曾师杜审言,青逾蓝处得非难。清雄骚雅随情赋,远近洪纤着意看。但讽数篇真可老,凡亡一字莫能安。漫漫一似沧溟水,无限鲲鲸吸不干。

再读杜诗

规矩方圆称物施,运斤风度见工师。干霄气象动高兴,际海波澜生远思。三月闻韶忘肉味,几年疑郢和巴词。骚人尽在清光里,恰似中秋月满时。

再录杜诗

深造入龙颌,初观见海波。阙遗前辈少,沾溉后人多。地藏琳琅窟,天机锦绮梭。元非梦含彩,文思自悬河。

诗律严军律,纵横出没齐。包荒一天大,望岳众山低。句骤无淹韵,才闲尽着题。数篇真可老,白璧满幽栖。

贼盗起如草,戈矛森似林。窜身常迫难,感物不忘吟。关塞思君泪,乾坤许国心。敬传金石语,万古比《虞箴》。

读百一诗

家中陈谷换新丝,肥马轻裘富贵时。寒女何曾秉机杼,饥夫元不辍耕耔。田文闲养三千客,应琏徒吟百一诗。欲款帝关阍者怒,茫茫下土是谁司。

读招隐诗

山谷委蛇绝世尘,风来兰蕙发清芬。垂丝舞柳啼幽鸟,漱玉鸣泉跃细鳞。岳顶臣观沧海日,苏门啸遏太行云。岩前松柏长青翠,不觉人间秋复春。

读东坡诗

翰林工部俱云没,天上诗仙更有谁。无滞胸怀长洒落,多才言语自新奇。南游大得江山助,北望逾惊牛斗卑。万斛冷泉随地有,决来应手作陂池。

又读东坡诗

言有条章动有仪,风流人物古今稀。自传苏氏文星耀,便觉眉山秀气微。春树满园堆锦绣,冷泉万斛泻珠玑。眼看鸿鹄摩霄去,鸥鹭无田共奋飞。

读山谷诗

清奇淡雅总功夫,句句冰霜字字珠。并举鸿方上霄汉,相忘鱼已得江湖。笔端应有神灵助,言外全无翰墨拘。酒醒梦回秋气爽,似看明月在蓬壶。

读遗山诗

情发声调节作文,温柔敦厚见诗真。《离骚》九变能堪尚,屈宋前头更有人。

两岸桃花夹醉乡,春江渺渺月茫茫。谪仙诗思难笼罩,仰羡云霄孤凤凰。

秋风夜雨布衣单,破屋犹忧天下寒。不料世人多莽卤,久教吾道属艰难。

云霞闪烁动霓旌,轰磕征鼙震地声。千里折冲归指画,将坛孙子独论兵。

剑气从教犯斗牛,百川横放海难收。九天直上无凝滞,更看银河一派流。

鹤扬清唳过华亭,银汉无声转玉绳。梦断一轩明月在,令人心似玉壶冰。

编排一字有高卑,就里功夫作者知。自古文章贵辞达,苏黄意不在新奇。

公论元无擅否臧,过情声闻可承当。杜诗韩笔颜书字,不待人言自发扬。

北里笙歌劝酒杯,南邻门巷冷如灰。秋风万里方摇落,叫杀孤鸿春不回。

再读遗山诗

人没诗存重与看,芳馨不死比芝兰。生前富贵虽平淡,身后文章已渺漫。蜀锦丝头从此细,盖遗山《见愚狂作》尝语世昌曰他日自留去,既而赐到锦机,故此及之也。巴歌韵脚自来宽。未言雪曲无人和,传者几希作者难。

细读遗山诗

句法纵横得自由,清新俊逸出常流。天机云锦三千段,月字星名四百州。未得深源传正派,谩将鄙语入冥搜。文章五彩生肝肺,转问江淹乞笔头。

一集新诗动九州,宫中才子谢冥搜。文章皆曰有司命,江汉自来无断流。锦绣堆前难措手,琳琅窟里懒回眸。方营草舍遮风雨,谁敢添修五凤楼。

集诸家诗

好诗不在眼,俗语难留心。璞内可分玉,矿中还得金。山尊春岳大,水会沧溟深。妙曲含琴瑟,发扬期赏音。

读唐人诗

风云飘逸意何速,金玉铿锵声自清。蜀锦正惊裁剪碎,温针还解贯穿成。苦吟应有秋虫和,好句定随春草生。六义班班风雅变,赖斯陶写古今情。

为觉大中言诗

李杜苏黄韩与柳,六家诗体混中殊。篇篇得在功夫外,字字成于锻炼余。便许后人翻格律,须将前辈作规模。拟心要到纵横地,下手先开万卷书。

烈火炉中匠手横,真金百炼益精明。如君好事有几个,似我为人空半生。语不贵奇惟在当,事休涉诞只宜情。春花秋草疏条罢,造化无穷看混成。

《舜典》后为三代接,《关雎》首向《二南》开。变《风》自卫渐如此,《大雅》至秦安在哉。盖世雄文韩子学,惊人佳句杜陵才。诗家体面儒家法,岂曰无师讨论来。

愚有真诚告觉庵,诗家论句类禅参。妆涂必赖青黄赤,垒垛元从一二三。独立未能竿莫上,空行不解板须檐。它年若契环虚处,别为迷人作指南。

近诗

诗如杂剧要铺陈,远自生疏近自亲。本欲出场无好诨,等闲章句笑翻人。

听魏仲平诵诗

五云宫阙隔三韩,尘世何人得往还。劲鹤岂辞天路远,长鲸曾吸海涛干。尽期王子登山顶,谁想麻姑在坐间。细嚼一言堪换骨,仙家壶内有灵丹。

口号

眼大心雄志有余,功名富贵不劳图。痴痴休学小儿女,挺挺须为烈丈夫。天地五常元一理,庙堂三老岂多谟。闲来试把《诗》《书》看,道义分明见也无。

自得共有诗

诗书味美淡功名,血气方刚爱慎轻。知所当然惟自得,勇于不敢复谁争。海棠月上倾壶饮,杨柳风还策杖行。春色无私人共有,闲吟闲醉遣闲情。

吟诗

七情荒泆难追《雅》,六义沦纷始变《骚》。句稳先须辩长短,字工端要定推敲。言非

精当功应少,意不包含气谩高。脱手若能圆似弹,千回万转任吟嘲。

帷里吟情含蓄厚,胸中造物混茫开。拈时轻快功夫到,得处平常磨炼来。《骚》《雅》清雄随事赋,纵横长短可题裁。癖成未有惊人句,马上窗前愧不才。

杂咏诗

漫与东风作主人,栽培花草伴闲身。不辞接竹成高架,收拾蔷薇一片春。

洛川春色几时归,漾漾清流照翠微。日暖雪消沙岸软,鸳鸯相对不惊飞。

楼上鸣钟报五更,蒙蒙深殿佛灯明。更无幽梦随寒枕,听彻松风到晓声。

杂咏

五更残梦一声钟,尽在胶胶扰扰中。世事倒流三峡水,人心横隔九疑峰。一时富贵求何晚,几册文书读未终。尽日掩关尘垢里,尽教奔走笑疏慵。

寄友空劳尺素书,投人多骇夜光珠。巫山摇落难藏鹿,渭水澄清易见鱼。未卧烟霞归海岛,欲栽桃李傍江湖。年来生计如何耳,留得床头几册书。

毡帐萧条静看书,万机那识此心虚。无才把事相料理,有酒将愁总破除。岩下优游输四皓,江边憔悴笑三闾。从来渭水清如镜,垂杀直钩得几鱼。

山崦孤城背夕阳,戍楼寒角送悲凉。严陵不预风云会,李白那为翰墨场。投树栖鸦千万点,书空征雁两三行。兴来赖有床头酒,一曲高歌入醉乡。

秋水澄澄照影孤,百年逆旅转蓬庐。聊生莫问鸠为计,忆远须凭雁寄书。北海鲸鱼钩已重,中州麟凤网犹疏。清愁万丈干云月,着酒浇来自破除。

万家砧杵动长安,应念征人塞上寒。映月芦花堆作雪,经霜梨叶炼成丹。五株色败门前柳,九畹香存院后兰。秋思偏来搅胸次,醒时长窄醉时宽。

玉京争上最高楼,佳节重逢九日秋。一别龙山风落帽,几逢雁塞雪飞裘。今朝白酒人宜醉,明日黄花蝶也愁。独对一壶醅饮后,余杯留着再扶头。

地雄西北帝王州,一月登高那未休。红叶黄花空应节,苍山白草不胜秋。寒风无谓频吹面,破帽多情却恋头。恰遇乡人来送酒,渊明不醉复何愁。

织锦文章学不成,更堪断句觅诗名。黄华陡觉泣秋思,白酒良能解宿酲。月底关河家正远,楼头鼓角梦初惊。尺书写下还慵寄,初动风前雁一声。

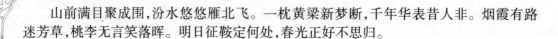

山前满目聚成围,汾水悠悠雁北飞。一枕黄梁新梦断,千年华表昔人非。烟霞有路迷芳草,桃李无言笑落晖。明日征鞍定何处,春光正好不思归。

郝经《陵川集》

杂诗

纵横十万里,悠悠总世尘。劳生为物役,往往失此身。对面皆九疑,惟有酒相亲。花开社瓮熟,春风满比邻。痛饮有高瞩,暮夜达旦晨。君看鸡窠中,岂有百年人。

种豆南山归,放目陟高岭。杂田似蔬畦,绣错成野景。日夕卧柴荆,破屋风露冷。床头有余酎,渴饮兴味永。月出流清辉,起舞动孤影。呼儿读《离骚》,载酌幽怀骋。醉眼踏晓日,独乐静中静。

天命端可乐,物情孰能量。开轩受西风,明月照我房。悠然中圣人,载酌夜未央。哀鸿忽遗音,底事昔随阳。遂令不饮人,反侧断中肠。

三代只周孔,汉末有佛老。汩真复翔伪,彝性遂不保。泾渭混浊清,原隰易湿燥。世多丧心人,死病不辨早。涓滴成江河,毫末遽合抱。六合一榛荒,浪走无正道。

丹山九采凤,有道即游豫。阿阁与岐山,和鸣复高翥。一从休德衰,转翮遽扬去。高贤亦违乱,好遁有深虑。冒出犯难行,宵人肯尔恕。幼安辽海居,庞公鹿门住。翛然远世尘,岂复有忧惧。展禽黜不去,子文无愠喜。争如卧云窗,远弃人间事。渊明偶束带,初无仕宦意。酒熟遽告归,佳期恐难值。散发山月清,濯足溪流驶。把菊见南山,物我有废置。

大道初坦平,奈此世路迫。劫灰到重泉,兵尘满阡陌。乾坤一战场,血尽骨更白。何处著此身,重觉天宇窄。独立万物表,只有云门客。弋人忘冥鸿,此中是安宅。

道人守化根,静境深苞桑。单衣不掩骭,一食恒糟糠。何心到文绣,更不愿膏梁。真风出樊笼,太和蕴元阳。中襟既忘几,外物奚能伤。矫矫离群伦,宛在天一方。尊中有奇乐,一咏复一觞。

西北有佳人,飘飘碧云端。悠悠与神俱,冉冉从化迁。偶来住人境,结庐青山颠。更不烟火食,只把晨露餐。我欲从之游,路远蒙尘缘。逌然歌紫芝,重寄归来篇。

圣作尚简易,古道皆若稽。叔季私烦苛,平地生岩崖。生民入罟护,惨惨伤予怀。孰能与蠲除,变乱益盈弥。神农设教益,庖牺初取离。靡不漏吞舟,岂能强冒羁。谋利因管商,遂使天质亏。

夷则弛炎律,廓廓高天凉。我作清夜游,步月上河梁。蛮吟烟露根,雁翔风水乡。商

声激孤衷,银汉零飞霜。向不酌酒樽,奈此秋兴长。

溪风吹竹花,石壁堕松子。山气清入骨,云峤时犹倚。奕奕静中趣,超超物外理。

赵孟頫《松雪斋集》

杂诗

四时更代谢,物化常随之。春华曾几何,岁月忽如兹。严风动高树,百草俱已衰。人生况有役,忧患乃其宜。弃捐勿复念,出入由化机。安得松乔术,邈焉世相违。

绝句

春寒恻恻掩重门,金鸭香残火尚温。燕子不来花又落,一庭风雨自黄昏。

湘帘细织浪纹稀,白苎新裁暑气微。庭院日长宾客退,满池芳草燕交飞。

摇落山川草树稀,白云时逐雁南飞。苦无绿酒酬佳日,犹有黄花媚夕晖。

梅花半落雪飘零,杨柳青青江水生。一夜东风吹雁过,江南江北总多情。

陈旅安《雅堂集》

题杨显民采诗卷后

梦游洞庭野,斜月映疏星。轩后来张乐,伶伦吹凤笙。梦回忆其音,幽眇有余清。截竹学作声,向人皆不听。东南有高士,洗耳卧岩扃。凉风鸣松林,石涧响玱□。何日即与语,旷焉千古情。

向余在京师,有诗寄扬州陈新甫云
"东华尘土满貂裘,芍药阑边系彩舟。
二十四桥春似海,令人肠断忆扬州。"
比新甫来钱唐,索余更作三首。

天下英贤皆愿仕,山中隐者尽登朝。淮南春草无端绿,公子归来不可招。

别来春梦绕东城,华屋银尊对雪晴。坐客风流谁得似,啼莺新曲度闲情。

去年病客卧淮船，故人不来心惘然。今年过我即复去，夕阳篱外马翩翩。

白南恩诗

白侯忠信多才略，故遣分符到海涯。西汉几人循吏传，南恩十载去思碑。闾阎安辑科徭省，城野高深盗贼衰。人望次公今柄用，公名宁损苾民时。

许左丞游衡湘、泛琅璃江，至东冈书院凤山，山长何明初来谒，公为诗与之。时公被召还朝，而明初携所得诗来京师，居数月南还，公属余次韵于卷末。

郴侯谩爱衡湘好，出处那能惬愿私。诏使已辞龙尾道，相君方写凤山诗。堂依翠篆川如玉，坐列华簪室有芝。东阁只今文物盛，幽人何事叹归迟。

题白玉蟾赠刘丹晨暑月诗后

玉蟾先生列仙儒，夙昔梦见冰雪如。丹晨不比刘师服，弥明本解人间书。紫清午榻松阴冷，俯视尘寰真火井。银河夜静浴明月，水风吹落玄云影。玄云盘屈龙虎章，百神守之不敢将。

友人记余少作因录之

溪村积水生寒烟，书庐睡起清明天。隔溪暮哭人饭鬼，塍间烧钱野风起。酒旗山前雨疏疏，来禽花低飞鹧鸪。荒坟累累出新草，草长如人人又老。东门大道青杨间，可怜车马无时闲。

藏六诗为林恬斋作

禹燥中野泍蛉款洛，流水青黄背畴错。五含九六中算约，举六藏之九斯作。人言天地犹橐龠，阳气流行罍旁薄。蛇甘即且蝟辱鹊，子能深弢有真乐。阳精纯凝乃脱郭，掉头不肯支床脚。

卷之九百二　二支

诗 元诗四

元虞集《道园学古录》

无题

夏簟琅玕冷于水,绿耩烹鱼手操匕。西风归燕杏梁深,恨不身先贵人死。

贝阙珠宫夜不眠,露华浩浩月娟娟。不应又作人间梦,窈窕吹箫度碧烟。

赋范德机诗后

玉堂妙笔交游尽,投老江南隔死生。最忆崖州相忆处,华星孤月海波清。

题文丞相诗后

大厦明非一本支,区区未忍听倾危。故人邂逅聊相问,矢死终天更不疑。

偶成

野田闲水浸秋天,随意行吟到水边。樵牧各归

钧窑碗

鱼鸟散,微风吹面鬓萧然。

半亩秋天近石床,金炉自炷水沉香。新凉透骨清如水,几个苍筤共夜长。

鹤骨新来怯晓寒,东窗睡觉日三竿。蒲团深坐香如缕,尘几残经亦倦看。

绝句

城南尺五野人居,六月清阴八月如。一色琅玕三百个,犹堪裁作杀青书。

与赵伯高论诗

莫道幽人有意吟,缘情生变苦推寻。奇云映日书成字,灵响盘空谱作音。春凤雖雖天广大,秋蛩唧唧雨阴沉。性情平澹随时见,礼乐何曾系古今。

陈立来求诗法

拙疏生理叹衰翁，食粥何妨甑屡空。惊见杀鸡供季路，喜看载酒问扬雄。画图乞与千山雪，诗法传来满袖风。令子读书谁得侣，高闲甘旨不忧穷。

《陆子方集》

次善卿杂诗

贞女不自媒，蛾眉为谁扫。春风吹年华，闭户绿芳草。灵修不我顾，览镜红颜槁。焉得北堂萱，聊用宽忧抱。又惧青蝇谗，善使黑白倒。遂令亲者疏，我欲卑有昊。

东坡讥举子，有类候虫鸣。退之讥诗人，谓作苍蝇声。制策直而核，联句新且清。自作复自讥，持论终未平。无人解此意，起我怀古情。

蛙从井底语，豹在管中见。若遇大方家，一笑真自献，馈浆意已惊，抱瓮力殊倦。因知巧若拙，颇觉狂次狷。玉以德保瑕，珉以多故贱。

火云吐赤日，旱势千里阔。古人救荒术，货食知本末。家家算口赋，殆类僧持钵。激水活肆枯，植木荫道暍。诸公善努力，赤子正饥渴。

弃儿啼草间，瘦妻卧路傍。公廪已告匮，私户犹多藏。嗟哉守钱奴，盗窃势且昌。莫保千金躯，汝富安得长。炼炭不及炊，宝□空自将。独有黄巾寇，不入郑公乡。高贤古所贵，薄俗今可伤。

杂书五首

田叟不知书，指望升平年，一生把锄犁，忽闻铸戈鋋。早晚征徭起，惊讹走相传。腐儒寒窗下，风雨正鬅眠。

夜半更相呼，巷南连巷北。人语何喧喧，阴风何窣窣。猛虎下山来，妥尾逐不得。村中鸡犬尽，行择小儿食。

何处人夜归，一犬穿篱吠。猖猖声四起，似各应其类。月寒人影空，帖耳循墙去。家家防穿窬，披衣不得睡。

秋声何飕飕，乃在枯柳边。畴昔韵鹂鹕，岁晚栖穷蝉。张绪少年时，春风正可怜。流光不相待，白首泪潸然。

定远未封侯，发愤投其笔。老儒七十余，毫秃手不释。才器有长短，志趣各自适。遥

思玉关外，万里风沙隔。

绝句

车薪胜杯水，舆羽重钩金。物理元无定，权衡只在心。

买丝绣平原，傼金铸子期。君子病无能，不病人不知。

杜欲诛云师，韩将讼风伯。水旱不由天，那是诗人责。

偶作

奸雄往往堕危机，成败安能论是非。空笑狂生投益智，绝怜老母遗当归。

次伯机绝句

梅天风雨一江寒，湿却滩头旧钓竿。自着渔蓑沽酒去，路逢贾客问长安。

偶书

忧时耿耿丹心在，无事悠悠白日过。万里山河音信少，一春风雨闷怀多。

旧题

剩得清明一半春，蜂衔蝶使往来频。东风自动秋千索，不见海棠花下人。

偶题

少年不更事，新学多误人。桓冲成缪语，张禹岂纯臣。

旋沽腊醅供园果，小簇春盘撷土蔬。老子兴来犹不浅，故人病后肯相疏。远书每劝加餐食，新学多承问起居。大息吾年余几耳，闲愁不乐复何如。

《王文忠公集》

读唐百家诗选

风雅变汉魏，近古犹可取。六朝伤绮靡，道丧亦已久。子昂振高风，感寓传不朽。李杜俄继兴，英名擅星斗。芙蓉照初日，亦有韦与柳。众贤复炳耀，升堂窥户牖。森然群玉府，焕若春花圃。嗟嗟大历还，制作半好丑。端为垂世规，区别岂容后。荆公选诗眼，政如经国手。自用一何愚，美恶颇杂揉。骊珠时见遗，鱼目久为宝。唐诗观此足，诬人何大厚。诬人宁此诗，感叹重搔首。

病中偶和韦苏州诗

黄鹄戢短翮，爰集江之涘。海鸥憺相忘，翛然亦庋止。抱瘵呻吟余，击缶歌下里。忽

闻阳春曲,南薰泛绿绮。龙门萃髦彦,楚材称杞梓。迭奏正始音,窈眇谐宫徵。皇风蔼清穆,大路平如砥。言观丽泽象,偲偲勖多士。坚贞莹圭璧,芳馨袭兰芷,勠力芸我田,前修蹈遐轨。

作古诗一篇奉呈庶斋盛翁,暨诸士
友继友作韵再作,未及录呈。蒙庶
斋洵诸友示予和章,而容川刘君所
作与余再和第二篇"梓"字韵一联,
合若符契。乃重次前韵,用以赠刘,
仍不改前句,以表志同道合之意云。

庐阜抗灵岳,磅礴奠江涘。岂伊宅列仙,多士亦爱止。士林擢孤秀,峨峨冠仙里。贻我英琼瑶,藉以双鸳绮。愧此樗栎姿,跂彼桥与梓。埙篪唱斯和,合宫复谐徵。奇君如莫邪,锋锷几淬砥。棣韫谅已久,赏音岂无士。老我歌远游,佩蕙扈芬芷。方驾遵修途,骓骓勿停轨。

复次前韵,呈庶斋先生。

伊昔汗漫游,弭节江之涘。娥英阻灵观,九疑徒仰止。超忽岁云迈,驾言返田里。被我芙蓉裳,含章粲如绮。亭亭南山桐,嶷嶷九山梓。爰伐清庙瑟,朱弦发宫徵。顾惟椎钝质,永言资砺砥。岂无青云彦,眷兹黄发士。赠我荆山玉,报以沅江芷。轶驾谅绝尘,遄驱尚同轨。

病中偶读韦苏州《岁日寄京师诸季端武等》诗,因次其韵。

卧疴逾休告,偶遂清净缘。幽怀复坦坦,谢彼尘虑牵。忆昨拥朱幡,守邦江北壖。冀效铅刀用,矧值强仕年。上将布德泽,下以惠颠连。拙疾负宿心,孤节差可全。缅怀千载人,聊用善自诠。故山足栖迟,解缨濯清泉。缥缈造物游,阅此岁序迁。孤鹤忽腾骞,轩轩返芝田。

无题

驽马非龙媒,形如渥洼驹。眷恋栈豆恩,低首驾鼓车。逸足思篇云,羁靮有所拘。岂无九方敔,相视空嗟吁。天厩十二闲,饱秣玉山刍。立仗殊不鸣,矫矫真良图。造物等嬉戏,孰贤复孰愚。浩歌抚秦缶,绕屋声呜呜。

猗猗彼芳兰,托根华池边。婉娈结新婚,期若金石坚。金石信不渝,婚嫁当及年。遥遥远寄音,迢遁阻山川。望君君未来,芳岁宛徂迁。感彼芙蓉华,灼灼艳且鲜。

黄河出昆仑,九曲赴东海。知历几险艰,朝宗意斯在。桓桓南山松,特立阅千载。枝柯郁且茂,不为岁寒改。世故饶变更,倚伏难豫待。但秉金石心,兹生尚无悔。

西州有寒士,结屋山之麓。锄治五亩园,但植梧与竹。汲井滋芳根,列槛护真木。绿

竹渐有实，梧桐阴始绿。凤兮渺何许，迟尔一来辱。雅意在千年，君心何太速。

　　肃肃张兔罝，依依守雉毕。超然龙与凤，世外保优逸。离群岂不若，自愿寡俦匹。白驹为场苗，俯首就维系。所以严子陵，不为汉光屈。

　　太公混渔钓，伊尹隐耕耨。一朝遇真赏，欻起佐元后。世无九方皋，相马失之瘦。昂昂千里驹，安肯恋栈豆。吾慕郑子真，躬耕老岩岫。

　　行行复行行，出门恣游衍。溪边散余步，溪水清且浅。鱼鸟各从容，闲云任舒卷。秋风柳蠲峢，岁寒松偃蹇。喜兹秋郊净，乐我襟怀展。襟怀日以展，我心日以远。安得同志人，共陟青云巘。

　　民彝物则自天全，秦火炎空讵可燃。妙理生生谁会得，鸢飞鱼跃塞坤乾。

　　圣心原委寓遗经，先达重陈炳日星。暇食安居了无事，明窗棐几静仪刑。

　　道匪虚无大路然，周程授受有心传。可怜弄笔操觚者，抵死区区几百年。

　　山静泉清全道体，草生木长验人心。导涓护蘖兢兢意，何日清江映茂林。

　　琳宫盆沼贮清冷，七泽三湘照眼明。并蒂芙蕖藏艳冶，露盘双玉共金茎。

　　露盘双玉共金茎，吸露仙人上碧冥。手把双荷一挥洒，群生醉梦豁然醒。

　　丝丝寒雨霏空碧，一片清愁宛如织。候虫抱恨复啾唧，万里羁人叹行役。

　　雌蜺千丈横晴秋，须臾倒影吞江流。葛衫无奈风飕飉，坐见暝色来高楼。

　　北平飞将老不侯，一言悟主田千秋。明发往问沧江鸥，咄哉痴计良悠悠。

　　公择藏书五老峰，贻谋燕翼垂无穷。眉山仙伯绝盛事，至今千载流清风。

　　云孙磊落殊逸群，文雅彷佛如前人。牙签插架三万轴，天禄石渠不足吞。

　　我生粗有劬学志，岁华荏苒嗟无似。有愿须读未见书，惭非海内无双士。

　　知君好事绝等伦，友朋就假宁惮勤。异篇隐帙倘垂示，微辞妙理当同闻。

偶成

　　自笑山林麋鹿姿，世缘驱迫到京师。金张有籍通青琐，严郑无阶上赤墀。扰扰纷纷

亦良苦，熙熙壤壤竟何之。野鸥未是樊笼物，夜夜江湖入梦思。

青云冠盖满皇州，黄阁乌台据上游。时事纠纷空叹息，赏音寥阔愧淹留。公车辟掾求三语，逆旅哦诗拟四愁。翁媪倚门心政切，春风菽水去来休。

古诗

幽人捐筋力，自剸十亩荒。手持蟠桃核，种之南山阳。一年萌蘖生，百年枝干长。迤逦三千年，美实期见尝。客从都邑来，衣马多辉光。荛华欲分赠，朝露含幽香。笑我大远计，悠悠何所望。

律诗

昆仑积石导洪河，银汉曾通万里槎。自厌簪裳污台阁，政宜樵牧傍陵阿。凤麟呈瑞吾何与，珠璧联辉世岂多。玉署薇垣奏风雅，空拳深愧敌操戈。

绝句

来时梅萼冲寒破，归去茂葵向日开。千古江山俨如画，不堪荒草没燕台。

王恽《秋涧集》

冬日与吕文读《毛诗》二十二首

妇道防闲贵有初，文姜失御从云如。何殊笱敝梁空在，秋水诚多得计鱼。《敝笱》

服御鲜明拟大君，辚辚毂击汶阳春。载驱既匪勤王事，隐恶能无播万民。《载驱》

济济威仪美且都，诗人流咏入嗟吁。齐家为失防闲礼，御乱无多金仆姑。《猗嗟》

为国规模以德将，恬然风俗入安疆。新婚服襫既非礼，葛屦凌霜尤失常。《葛屦》

汾水悠悠宛一方，条桑采莫仆夫当。谁知粲粲轮车子，终日倾筐沮洳傍。《汾沮如》

得民方可固邦基，此道幽深莫我知。却忆宾庭陈百旅，棘桃犹足备多仪。《园有桃》

地狭民稠十亩间，来归来逝共闲闲。何当一复周家制，各守封疆绝往还。《十亩之间》

邦畿蹙近四邻侵，行役无时怨抑深。陟岵遐瞻私自慰，倚门应甚望云心。《陟岵》

不畋安得兽悬门，匪稼胡为禾积囷。但恃鄙贪居禄位，不能无愧伐檀人。《伐檀》

硕鼠歌诗怨已成，三年贯汝未聊生。熙熙彼土虽云乐，犹抱迟迟去国情。《硕鼠》

皂绨示约人从化，玉树歌淫国旋空。蟋蟀戒深垂万世，由来奢俭贵乎中。《蟋蟀》

隰原尚赖枢榆荫，人主忧勤贵一身。堪鄙晋昭徒自苦，只将钟鼓乐他人。《山有枢》

粼粼白石水扬扬，宗国由来日盛强。本末悦从师服谏，争交窃国似田常。《扬之水》

沃土分封自晋昭，子孙蕃衍喻园椒。大夫休起盈升叹，宗本颠披尔远条。《椒聊》

东楚绸缪仰见星，时危婚嫁礼难成。却思王季兴岐日，内外俱无怨旷情。《绸缪》

骨肉凋零失所亲，徒行踽蜗一身存。不如杕杜春前树，枝叶犹能庇本根。《杕杜》

服御羔裘豹饰祛，国人不愠反居居。岂无它所携持去，恩好犹怀未忍疏。《羔裘》

孝养庭闱士乃常，反教执役事戎行。悠悠仰面苍天渺，失所何殊鸨在桑。《鸨羽》

晋国流风属变移，武公反正思依依。谁知问鼎伤肩际，肯独尊王请命衣。《无衣》

道左团团杕杜春，清阴犹自庇行人。国疆须赖群贤辅，孤特何为任一身。《有杕之杜》

葭生蔓野葛蒙枝，女子从人得所依。衾枕未温征役远，庶几百岁愿全归。《葛生》

晋献听谗似采苓，竟从微隐杀申生。后王采察能明远，潛愬虽多事不行。《采苓》

偶书

唐到开元极盛年，见人说侣即欣然。时时梦里长安道，驴背诗成雪满肩。

郝卿持节使江皋，子勉翱翔主部曹。我幸闭门无一事，醉餐秋菊读《离骚》。

人无定志何从好，事到难量尚口行。一理纵能消百妄，物情其奈正逢迎。

总题

无穷山转青龙峡，不尽溪蟠碧玉淤。西自镇江南抵福，三千里路略相同。

题遗山先生手书杂诗后

文键亲承謦欬余，又从珠璧见遗书。常疑落落江山笔，不放奎光放玉除。

杂诗

野人家具取宫中,适用都输瓦缶功。君是荆岩瑚琏璞,得来才待费磨砒。

较量暮四与朝三,初不多争让愧惭。恋恋不成丹阙梦,剑南才了又湖南。

梦归故国苍茫外,春老风沙惨淡中。辛苦西台台下柏,不成还作柳花空。

昨日清明尘障面,今朝上巳却晴明。老天气候初无定,敢倚虚名作实行。

人家构室要帡幪,小木枝撑易作功。汝是连云栋隆物,得来才费梓人工。

同干臣读漳滨唱和诗轴

草堂旧雨记相寻,细嚼漳滨唱和吟。白雪调高虽寡和,朱弦声眇有遗音。

犀寒苍渚奇逾出,气夺元胎理更深。一洗向来筝笛耳,坐听三峡泻瑶琴。

高山仰止为千寻,更对佳人与细吟。艺绝六钧俱破的,调高千古得知音。静藏脱兔无穷变,法比沧溟不自深。客去洒然心境寂,满轩秋气入丝琴。

跋王内翰与木庵唱酬诗轴

木庵诗笔唐文畅,心印多从吏部传。豹管一窥连璧句,月窗慵展碧云篇。风流岂落明昌后,真率当随靖节肩。留取人间作遗像,鬓丝禅榻话它年。

程端礼《畏斋集》

夜读友人诗,效欧公赠沈博士体

阴风飒飒玄夜长,呼童秉烛坐中堂。手开薛子五月五日书怀章,始言日月一去如箭忙。览兹节物对酒不能尝,终叹负才蕴志不得展,坐及颜衰鬓苍苍。词深意气兀硉,读之使我心徊徨。嗟乎薛夫子,尔材诚高勿悲伤,是非由来两茫茫。凤凰在筊鸡雉翔,玉石同糁一概量,鲁门九奏享爰居,西狩获麟为不祥。黔娄手足不自覆,阛闾金玉盈其藏,仪衍得志称丈夫,孔孟奔走终皇皇。嗟乎薛夫子,生得时,道可行,坐俾君民跻虞唐,不然饭疏饮水枕曲肱,死为善人称其乡。嗟乎薛夫子,古言贫乃士之常,盗泉之水不止渴,恶木之阴宁为凉。雪霜不大挚,松柏无由彰。尔不见静清先生胸蟠万卷富穰穰,志高太华狭土方,吐辞惊俗笑且僵,夏无完葛秋无粮,先生之操终巍昂。嗟乎薛夫子,尔胡为使我百感集中肠,孤灯照壁耿夜光,出门朝旭升扶桑。

无题

不为巢许不伊周，老向江湖万事休。脱下绿蓑伸脚卧，青山明月满孤舟。

刘仁本《亦玄集》

漫成六首

泾水泥一斛，混流难清漪。碔砆非美璞，珚琢将安施。庄岳置齐语，众楚争咻之。独醒不可活，何不辍糟醨。柄凿舛方圆，展转祸所罹。出门涉远道，奈此足力罢。仰天一长叹，我生胡不时。

唐虞事揖让，登庸八元凯。商周德代虐，战国干戈殆。项籍气拔山，汉高力不逮。筑城万里长，亡秦乃胡亥。迩来问鼎沸，四郊多仗铠。天运尚有恒，人心殊未改。中夜起悲酸，冥号问真宰。

城头乌夜啼，邻鸡号喷喷。起坐不能寐，仰观长太息。众星何煌煌，四绕环中极。银河浪不生，旄头泯无迹。天道垂耿光，象纬森罗织，云胡海宇间，干戈尚狼藉。真人坐法宫，明当驱鬼蜮。

昆仑起西北，沧海亘东南。洪纤有万类，化育皆春涵。王霸迭兴后，厥德胡乃惭。汉以龙翔起，秦为虎视眈。英雄横割裂，民命已不堪。混一未百年，乱复如焚啖。文运苟恢拓，武德何时戡。

十载风尘起，四海乱纵横。或图私爵号，或叛据连城。或指敌王忾，因之祸乱生。昨闻大兵马，中原已削平。江南挈壶浆，日望王师迎。又闻到淮甸，会合出襄荆。应知稍足食，高秋气肃清。

渥洼产骐骥，溟渤生龙鱼。岂是池中物，谅非辕下驹。风雷一鼓舞，天潢出云衢。匪同枯涸鲋，垂头服盐车。啼涔鄙蛙黾，皂枥陋骀驽。况逢伯乐顾，复值公子渔。天闲捧玉驾，玄极扶鳌枢。

漫成

绝怜海上觅神仙，童女童男采药船。白日人间愁短景，朱颜暗里换流年。蓬莱已见成清浅，陵谷何知又变迁。却笑五云香案吏，陈辞再拜玉皇前。

无题

学仙赢得维摩病，凡骨惭非大药姿。玉检每从天上下，瑶笙谁向月中吹。阴阳煅炼成丹鼎，沆瀣光明洗肉芝。会见此身先羽翼，飚车有约赴安期。

中华传世藏书 永乐大典 精华本

三二三

胡惟仁诗

读羽庭诗因成六十韵

委羽丹霞宅,弄珠明月宫。瑰文当瑞世,高步遂螯空。政佐东藩治,情输北阙忠。及观忧国咏,深识赞皇风。吴越干戈际,乾坤翰墨中。春陵哀困悴,梁甫惜英雄。堤海歌良吏,田湖谨在公。体应追雅什,律可协臣工。城役傍周道,河防念禹功。厉能今尚梗,怀古意何穷。美刺丽以则,编摩初有终。讵云王迹熄,犹见政音通。次第开群作,英华萃厥躬。思深沧幻妙,气合动冲瀜。崄映夫容绿,阶翻芍药红。想移清昼日,吟送碧霄鸿。乡梦归还托,天伦爱益隆。下言辉杖尊,上忆茂萱丛。唯诺寻常语,慈祥岂弟充。诵其文蔼蔼,听者识渢渢。绮绣纷相错,波澜迥不同。片言居警策,一字慎褒崇。开阖分江汉,低昂眇华嵩。葳蕤九苞凤,俊逸五花骢。关键环连锁,锋铓剑在砻。寒欺冰井玉,清泣露盘铜。月映秋河桂,霜凝晓岸枫。鸾铃锵藻轼,鲸锦结雕栊。姿媚何飘忽,襟期必混融。伴神殊变化,任物赋纤洪。间窃窥贤制,伊谁概鄙衷。颂声荒蔓草,词学擅雕虫。徐庾波流靡,王杨燎焰烘。柏松羞晚节,桃李竞春秋。秉笔归豪杰,扬桴发聩聋。哇淫方杂奏,寥廓竟孤翀。藟蕦宜王度,箫韶合帝聪。一麾郴久外,五马又从东。川莹金浮景,山辉璧吐虹。荐章交馆阁,脱粟播儿童。凤沼才名重,鸡林纸价穹。内人传乐府,使者致吟筒。化日行宣朗,卿云覆郁葱。诏归清禁直,衣染御香笼。仙苑嘲飞燕,天闲咏雪骢。赐袍题兽锦,铭器表彤弓。合是词林虎,宁淹幕府戎。锋车亻敦迫,璜佩听瑽珑。小子惟狂简,生涯任转蓬。束书游上国,沽酒醉新丰。荆棘长途暗,尘埃短褐蒙。投竿思老渭,弹铗拟归冯。杳杳迷方术,伥伥类瞽朦。八能惭赋说,一物笑佺倥。颇效铅朱抹,难名绘画攻。苦吟三径菊,清掩半窗蓬。欻尔看千首,令人豁两瞳。学鸠徒羡鹗,呴鹿敢当熊。鸣感车中铎,材怜爨下桐。甄陶知有在,蜀郡赖文翁。

李廷《寓庵诗藁》

偶成

时往草木幽,事寂门巷闭。飞鸟来亲人,故作可怜意。

风雨萧然一室虚,床头惟有旧时书。官闲不理西曹事,自取芸香辟蠹鱼。

春色堂堂不必疑,浮云流水任东西。晓来一阵催花雨,村北村南布谷啼。

春色年年自往来,偶然行上妙高台。可怜荆棘参天里,一朵桃花独自开。

五言四首

颜色不如前,舞袖无心著。寄语挝鼓人,莫挝红芍药。

自舞不知羞,欲罢更垂手。今日看他人,乃知前日丑。

对酒莫舞剑,坐上客欲起。为有伤心人,如何要人喜。

梨园人散后,处处霓裳舞。惟有李龟年,逢人泪如雨。

绝句

梦觉西斋鹤影孤,最怜残月挂高梧。一窗凉气如清雾,起看菖蒲叶上珠。

漫题

日暮山光合,雨余溪水清。可怜桃李树,犹有故乡情。

溪水东流去,春愁可奈何。美人今不见,门外落花多。

无题

世事真难托,微宗只自怜。文章登第日,淮楚用兵年。薄宦春云外,归心夕照边。长安无近使,回首意茫然。

幽居无客至,倚杖问韶华。满地生芳草,开窗见落花。衰年常畏酒,多病复思家。独立无聊赖,空墙散夕鸦。

刘彦朴索月旦评诗

乱后人才久混并,谁能着眼向高明。汝南莫诧《先贤传》,陕右重新月旦评。妍丑固难逃水鉴,重轻终不离权衡。却防暗里曹瞒至,世上奸雄要指名。

读乐天诗

寒斋坐无事,闲观乐天诗。一篇复一篇,终帙不知疲。抚卷想其人,百虑春冰澌。便如饮醇酎,心体俱融怡。夫君古达者,闻道超希夷。胸中浩然气,不为富贵移。立朝著直节,终始无磷缁。穷通等一致,未见喜与悲。放浪林野间,自比荣落期。香出月明夜,洛水花开时。沉酣溺杯杓,讽咏多诗辞。襟怀既夷旷,文字无嵚崎。虽言未尝言,真是忘言师。人生能几时,飘若风中丝。巧拙仝一死,虚名亦奚为。得酒且开颜,万事姑置之。作诗不必工,醉墨徒淋漓。袜翻我自稳,任使俗人嗤。

古诗

涉渚采春兰,兰生不盈握。我欲持赠君,路远安可托。昔者承君恩,良厚不为薄。今君在万里,音书两冥寞。我忧君不知,我意君不察。兰叶何青青,馨香随风发。安得入君

怀，为君解烦结。悠悠终莫致，脉脉心不绝。

发衰日已白，形衰日已槁。谁于形发间，不随形发老。浮云日夕变，青山依旧好。此理非智求，不在读书早。欲看杜陵花，须上长安道。

钧窑玫瑰紫蓝釉鼓钉水仙盆

娟娟圆月明，照见我心怀。明月岂不美，我怀自不佳。黄河决金堤，东南流入淮。谁令州与县，化为狼与豺。人命贱如土，委弃不得埋。忧来望中霄，北斗当空排。搀抢不可视，默默下西阶。

农家初辟地，日夕把犁锄。荆棘捵芟刈，新苗渐成区。勤劳不自怠，瘠土为膏腴。懵彼后来人，不念前人劬。耕耘付童稚，仓廪随时虚。遂令禾黍场，化为榛与芜。昔以一人耕，成此百亩居。如何有百亩，不能养其躯。牛犊辞故舍，华屋为丘墟。牧竖不忍视，落日空踌躇。

芦叶何挺挺，稻叶何垂垂。至宝不外眩，高才恒自卑。郦生白首狂，宁子扣角悲。胸中有所负，何必常人知。念彼轻薄儿，衣冠空陆离。气随黄金尽，皇皇竟何之。古来观人者，不轻微贱时。

早起坐东轩，晨风吹我衣。初日出海上，苍凉无赫辉。翳翳新木荣，交交群鸟飞。禾黍蔽原野，秋实已离离。虽非己所植，私欣雨□时。乱离得安处，贫贱何足悲。

上山行采薪，下山行采兰。采薪易粟归，采兰弃草间。虽有君子心，不如桃李颜。方知出山贱，不如长在山。我欲遗所思，路远风雨寒。嗟哉不能顾，俯之泪汍澜。

道傍华表柱，下有百年墓。不知何代孙，伐卖坟前树。伐树尚可忍，畏官留禁步。弃地与他人，遗骸一朝露。薄葬古所敦，虽贫反能固。

堂前两株树，朱夏结层阴。相看坐终日，爱此岁寒心。故人离乱间，寄我孤桐琴。不辞涉远道，以我为知音。登山觉山高，汲井知井深。不经洪炉燃，不识真黄金。丈夫同患难，方知尺与寻。伤彼市廛人，瀺瀺安足谌。

荷花未出水，荷叶已田田。何不飘流去，中有藕丝牵。荷叶牵藕丝，欲去不得去。客子万里行，栖迟在中路。岂无田与庐，岂无亲与故。丈夫既出门，虽亲弗能顾。去为人所怜，归为人所慕。安能随燕雀，低飞度朝暮。

袅袅秋风起，摵摵庭树鸣。浮云有凉意，白日东西行。路有羁旅人，自言久徂征。去

年役交河,今年戍彭城。上功在幕府,官职未分明。长枪不得用,黄金有余荣。荆棘被原野,流水不复清。无官亦归去,天下何时平。

游子念故里,日夕心悬悬。微躯下自保,远道何当旋。援琴欲抚之,一抚雨绝弦。苍天一何高,海水一何深。山高与水深,不如游子心。安得双羽翰,归飞投故林。

婉婉良家子,娟娟好颜色。芳年不自爱,误为邻里识。一朝入汉宫,引过长秋侧。虽然不得怜,名在宫人籍。已矣复何言,芳菲从此毕。

蘼芜生水滨,绿叶何委蛇。间以兰与芷,被彼清江湄。清江起洪流,化为浊水泥。憔悴勿复道,飘零渺难期。所愿蘼芜草,微根当自持。

浩浩天地间,二气相推移。流行不暂息,生物乃其宜。天地不生物,用此将安施。斯人七尺躯,不与众物齐。聪明百骸具,岂但食与衣。晨兴暨夕息,凛然当自持。

被发晞朝阳,栖迟陟行路。春风吹百草,岁月忽已暮。客从海上来,洁白如秋露。吹笙驾玄鹤,缥渺云中度。教我服华池,令我颜色固。

童子十二三,汲水西涧阿。水深不可汲,白石生清波。俯首濯双足,既行亦既歌。上山采紫芝,下山牵绿萝。手持一尺篝,捷若猿猱过。恐是黄初平,驱羊下前坡。我欲往询之,奈此顽劣何。

幽幽山中寺,释子二三人。晨兴击钟鼓,喧喧诵灵文。齐罢各分散,寂然无所闻。或坐长松间,或行清涧滨。采花献佛前,不喜亦不嗔。山头日未出,有客来扣门。自云西州士,牧牛三十春。问之无可言,长歌下青云。

晨起坐西斋,群峰净如写。初□上其巅,白云在其下。复有丹碧林,阑斑缀原野。微风披拂之,庭户亦潇洒。优游得清玩,顾我何如者。梦幻既非真,荣枯谅成假。诸缘随所遇,悠然坐兰若。

亭亭长松树,白云护其巅。飞鸟不敢下,伏苓已千年。苍鼠从何来,便捷不可言。倏忽在其后,倏忽在其前。睢盱利指爪,枝叶无由全。念彼岁寒姿,受此微物牵。驱之不得去,抚之徒自怜。

丞相出午门,大夫已来迎。兄弟同一家,无相犹以争。岂曰无他人,虽贤不如亲。晨出与暮归,以保我弟昆。

《刘文简公集》

口号

竹外花连屋,溪边柳映门。看山无俗客,邀月有芳樽。

杂书十首

雷兼电击威何壮,雨挟风来气更豪。坐待红云晚晴后,静听蛙吹起城壕。

雨后蝉声特地闻,自谐宫徵和南薰。千门万户垂杨里,无限清阴总属君。

阶下茂葵开已过,稀稀枝叶不成丛。晚花三两看时见,也自芳心向日红。

树头蛛网车轮大,遮得蚊蝇已数回。可笑无心蝴蝶子,边傍飞去复飞来。

溶溶野水淡双鸥,闲煞夕阳影外秋。忽见沙边有人立,贴云飞去不回头。

两燕累泥居屋底,群雀穿穴巢屋颠。昨宵雨自雀巢入,燕室堕床人不眠。

雨势未知几日止,不计屋漏怕欹倾。当门巨蚓长一尺,时与井蛇相乱行。

今晨好晴气不湿,家家箱帙满庭中。当天赤日照如火,群蠹铄灭须臾红。

北堂玉簪开未开,客鬓昨夜凉风来。伫目东南一千里,白云终日只裴回。

有感全前月

贫家男长忧娶妇,富家女长不出户。贫富相倾理或然,男女失时更可怜。

六言二首

经营郭外二顷,栖息城中一庵。庄叟能知鱼乐,宋宗尝与鸡谈。细看尧典舜典,熟诵《周南》《召南》。管甚东涂西抹,从渠暮四朝三。

天上人间华屋,水边物外芳庵。须知豪客歌吹,不侣儒生笑谈。好是拈红拾绿,争教看北成南。黄尘万事纷扰,青眼吾侪二三。

外兄魏鹏举以大银诗一篇见示，
仍令仆亦赋之，及云仰龟新题亦
宜致思，辄成古风一章以答之。

魏公卓荦真好奇，英才落落惟耽诗。偶观物象动佳兴，行吟坐咏还如痴。挥毫一赋不容改，自然如匪用意为。连篇累题出新险，灿然相映金玉辉。辞明理当惬人意，传写相告谁敢非。近来变例赋大银，全篇语意新尤新。恰如骊珠出沧海，照耀世日无纤尘。少陵谪仙所未有，欲诵直恐惊倒人。寒斋书生苦多病，杜门不出聊养性。嘲吟才思还废井，砚池生尘笔常冻。有时开卷能自娱，却得终朝对贤圣。偶看君诗心茫然，搔首徒能发孤咏。作意欲效西施颦，跛足莫逐霜蹄劲。新题故赐安敢为，更待宗工示龟镜。

醉中听智仲敬诵诗，喜而有作。

眉庞齿白欢颊红，足盘肋耸肩角隆。两手捉膝气吐虹，目睨屋梁顶摩空。攫如寒鹘望四野，突若惊□超绝峰。须臾问口水涌风，澜翻欲与长河东。谁知乾坤万古怪，特气泄此方寸饥寒胸。初为汉祖大风起，次拟荆卿别易水，邈然古意动悲壮，惨淡风云酒尊里。忽吟《结客少年场》，吴钩锦带照座光。恩仇生死一语顷，凛发直上须髯张。复为廊庙赓歌曲，上有明明下穆穆。民无夭札物无疵，四海一家均五福。敛情却作行路难，长鲸翻海虎满山。李白悲歌阮生哭，弊车赢马愁长安。酒阑日落风色黑，寒灯耿耿月挂壁。微吟转入楚骚城，切切门前山鬼泣。客饮不醉惨不欢，我独起舞叫且谨。文章大是写心具，如君气象碑砢谁能攀。古人已矣不可望，一笑逢君千载上。

刘将孙《养吾集》

约略杂诗

楚水浩浩白，楚山悠悠青。人生自失路，山水初何情。重华入愁云，开阖环峨缨。快然各千载，笑汝空一生。长风渺湘波，汝屈何由平。

兴衰昼夜事，反覆今昔同。可怜仁人心，忍死不忍从。明知力不及，谁遣身适逢。贩鬻有奇利，守方无骏功。一饿西山西，一霸东海东。

人生无智愚，用舍随其向。傥能采荠菲，往往见所长。当其未必意，百计无一望。因依岂非命，遇合如有相。张良本为韩，陈平亦事项。

才难圣所叹，千百不一全。能言未易得，况复可继传。大官老于事，肉食偷目前。方当窃光宠，肯顾择后贤。绛灌第一语，老死贾少年。

事主敢不忠，忠乃特未易。指躯欲奚为，中道咄非意。是非或有局，忠邪亦易位。一时容异见，千古尚倒置。呜呼东市车，此岂晁家事。

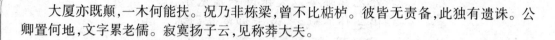

大厦亦既颠，一木何能扶。况乃非栋梁，曾不比桔槔。彼皆无责备，此独有遗诛。公卿置何地，文字累老儒。寂寞扬子云，见称莽大夫。

小儿必解事，老父何足记。顷时床下拜，终古眼中愧。新交阴郭家，平视寿张氏。风生台阁上，宠列诸王次。固宜伏波翁，岁晚困帝媚。

人或恃故素，安可知平时。誓忠益一语，成嗔痴布衣。忽逢青云友，旧意更先疑。子陵作故态，鼎足无益辞。狂奴固当尔，君房殊可儿。

狂侠世共喜，事败有余德。咄哉皆恶子，坐致人死力。风尘岂纯臣，饥虎傅健翼。君看刲昏者，此岂尝夫职。时平一偷儿，世乱两汉贼。

俗下未易居，浮沉不可谐。诶之为见玩，嘿谓我不侪。但平或可刲，好语犹乱阶。不能皆达人，谁当恕中怀。德操尚可事，逢人好复佳。

百年未易料，何往非失身。功名固震世，亦复多误人。中道失知己，小儿共经纶。千年《出师表》，磊磊悲如新。一笑孝正语，此岂高光伦。

勋业各有天，才智竟无与。伯符志不遂，公瑾年忽暮。高台铜雀春，黄屋台城路。赤壁固依然，江东两坏土。二桥幸遇君，君亦二桥误。

英雄有惑志，百炼居然柔。驱驰一世倦，历落身后愁。遗言教卖履，想见诀涕流。美人内隐笑，世子外回眸。何待伏魄时，已忘西陵丘。

大缓人所有，小靳非人情。乘危作险语，何能不疑嗔。君心人岂知，君语非所陈。造然岂友道，余悔不蔽身。暮年王茂弘，流涕周伯仁。

遂非何不至，中愧鲜自道。谁能当末路，未肯忘始好。初心盛德事，日暮行颠倒。古人有风致，语竟见怀抱。处中恸伯仁，桓公念阿浩。

名辈不可高，同流何浊清。名犹天所忌，况乃自立名。邂逅有相逢，恩怨不自明。虚裁了何益，实患安可婴。平生庾元规，晚拜陶士行。

士贫患无主，事主欲亲已。亲犹恨不密，密获全者几。奸雄志负国，疑忌及妻子。此犹凛不保，尔乃何足恃。吐茵岌殆哉，窥牍噫死矣。

少年轻前辈，新贵喜失序。虚名随位起，流俗浪交许。英贤意寥落，鼠子成乳虎。岁寒何足较，人事亦多故。向来王逸少，坐愧小怀祖。

山河向寂寂，乔木嗟久衰。云间昔汜滥，洛下相娱嬉。朝游王和同，暮宿刘乐随。身犹先一辈，事已被一时。低徊渡江来，乃识蔡克儿。

人生有邂逅，所托非所愿。物论极无情，心迹谁与辨。嘻嘻落帽狂，岂有入幕恋。髯参与短薄，谈笑入文献。孟嘉盛德人，老读桓晚传。

六合方内外，意赏各一尚。朱门玩海鸥，故觉神气王。高屐游尘间，谈辨雄坐上。或云古无有，彼道焉得放。不见元嘉间，尝有黑衣相。

六姓更逐鹿，南北沸问鼎。炽然驴九锡，纷若梦一顷。何者非奕棋，乃有愧未泯。佺嘲子庐墓，史诮士不逊。如何千年齿，独笑彦回冷。

晋阳家化国，首事子推父。擒充又戮窦，平杲遂诛武。东宫漫长嫡，统业谁基绪。纵无玄武门，可但天策府。颇笑魏郑公，欢取万余虏。

数纬圣不道，机谶吁何祥。所微辄乱萌，蚤觉幽豫防。如何比造命，拱手待成殃。英明有时昏，衽席养戈戕。但疑女君羡，皇识武媚娘。

古今有大笑，枯杨晚华出。嫦娥齿发落，未肯沮择匹。堕身奉君爱，身亦竟狼籍。彼淫固自取，渠命岂不惜。莲花张六郎，老武八十一。

语言谁不美，肝肺鲜如流。贯高对滕公，令伯念母刘。千年真寥寥，情语罕其俦。灵武黄瓜辞，蓬莱家事谋。吾评唐名相，三叹李邺侯。

知士明观火，仁人心持衡。宦阉祸东都，以权不以兵。大历衰失驭，神策监专征。佺文固奸朋，易置亦忠君。崛强昌黎公，曷赋永贞行。

论势不论理，盗或非所憎。苟安不虑远，事有愿因循。涓涓既成河，滔滔愈无津。固知多荆棘，长此待何人。不晓白乐天，风谏平藩镇。

官海古风波，高位危竿伎。况复问乱离，安所尽命义。一朝姓七八，忽起年三四。富贵不掩身，瞬息无噍类。漫今冯瀛王，得证佛地位。

渊明节高世，甲子书微茫。子美穷念君，同谷歌悲伤。可怜天复末，羁绁围困场。故官署庚子，事苦无名章。得非韩致光，坐累香奁香。

杜平闲日与青山睹诗，各得数解。

檐阴缓转厌呼茶，手倦团绡坐半斜。忽听一哇鸣草际，呼童着屐探荷花。

绿阴啼鸟不知名，午睡醒来独自行。山下行人应羡我，谁知愁是此中生。

飞鸟带将梅子落，痴虫打得纸窗声。莫嫌独坐愁如海，满眼新诗拾得成。

竹林风定日流金，人似游鱼抱釜鬵。道是无情如有意，时时一霎故轻云。

日长谈倦厌拈棋，怕惹闲愁懒赋诗。忽忆故人天外去，绿阴浓处立多时。

莫将幽梦搅天涯，珍簟凉厨锁碧纱。自爱竹床跌坐久，起来檐蔔已开花。

谩题

力屈途穷定某州，如今草莽是何丘。已伤无哭田横处，乃有追评葛亮谋。剑气寥寥狐拜斗，龙光变灭蜃成楼。逢人不忍重相问，时倚空庭泪洒楸。

穷穷厚厚此含人，零落累魂托断云。万里忠精托高庙，一函枯腊从先君。越吟已复江南些，汉土终无海外坟。故旧尽哀知有处，西州鞭语不堪闻。

《豫章熊朋来集》

奉还皮鲁赡北游诗

桃花入赋长孙枝，虎豹传斑继子皮。衰朽无因出门去，感君示我北游诗。

紫极道士葆藏萧冰厓亲写送伊
祖师住浮云诗，因次韵。

写韵檐楹颣水村，西南其户正临坤。莫谈李洞浮云观，愁见桃花今日门。涯客何期诗阅世，羽人已有子传孙。此山恨欠涪翁句，让与寻阳龟壳轩。

赵闲闲醉写陶诗三首，卷末云元光
元年冬写诗，髯雷在傍大笑。雷盖
浑源公希颜也。按元光癸未，当宋
嘉定十六年九月庚子朔食既，明年宋
宁、金宣俱登遐，又十二年而金亡。

闲闲醉写渊明诗，髯雷大笑成歔欷。是年戈鼓季秋朔，明年元光无光辉。癸末三月，邢德自金奔宋，言金改元犯汉旧，皆笑曰："非元光，乃无光矣。"一星未周世运去，酹酒匆匆风景非。义帝死围城中，酹莫未毕而城陷。代有兴亡何处避，呼精金虎御天机。《道藏经》：周宣王时，闻空中歌云："金虎入门，呼长精，吸重泉。"柱下史曰：言太白入昴毕，戎将有此。乃弃官隐去。可怜士生遇此际，不有渊明吾谁归。结庐岂免在人境，阅世从知与我违。安得梅源遍平地，不惜草露长沾衣。陶诗赵墨那忍读，倚瑟再叠西山薇。

马虚中《霞外集》

奉酬泰轩蒋明府惠诗集

六义《陈国风》，篇章著三百。齐梁变浮靡，雅道日崩迫。大历拯颓波，雄鸣破昏惑。有如赤水珠，妙在心自得。泰轩儒门老，赤手探月窟。折得芳挂枝，月姊不敢惜。吞香入肺腑，出语固超特。夜久虚室静，淡淡月光白。一读回古心，再读动精魄。乃知天地间，元气运不息。高松挺节操，众卉失颜色。小子愧学诗，应当取其则。

偶成

松风寄一龛，萧瑟我相谙。云海鸥盟冷，名场蚁战酣。履须经实地，道岂事虚谈。世态从欺老，欣欣雪满簪。

昔嫌上界多官府，不道人间足是非。四十年来悲喜梦，倚阑闲看柳花飞。

黼黻青黄入眼迷，升沉人事理还齐。曾看知北尝论蚁，不是巴西错放麋。百种时情云扰扰，一场春梦草萋萋。此心肯与南风绕，已向蒙庄悟木鸡。

雨奇晴好惯相谙，欲写天然下笔难。画舫人归歌舞散，老夫独自倚楼看。

善政犹如草上风，圣贤法则岂无同。失时谩使嗟阳虎，述古谁能祖鬻熊。治乱班班方册里，江山历历画图中。百年多少浮沉事，不及槎头把钓翁。

谷雨声连四月初，闭门甔石久无储。贫怜杜甫常赊酒，老爱边韶懒读书。乡里小儿相尔汝，檐楹乳雀自亲疏。生生化化趋春意，谁羡箪瓢乐有余。

读石田诗有感

吟看三数过，不觉烬寒灯。意趣无非道，交游半是僧。课书贫自乐，媚灶梦何曾。自后言诗辈，苦心终未能。

雕搜还不到，姚贾是宗风。势立典刑上，句存规矩中。片云孤屿远，寒水夕阳红。此理言难会，冥心感化工。

悟门难概入，转读转堪伤。天地因经纬，风骚张纪纲。高秋明素发，老菊傲繁霜。物化精神在，心中何□亡。

无题

华毂高轩傲世尘，一枝筇竹喜相亲。精神我愧鸿都客，甲子谁同绛县人。悠远山川

终古在，鲜妍花草逐时新。故交霜叶凋零尽，欲话当年记不真。

戏衫碌碌恋痴人，傀儡棚前错认真。事去谩劳添注脚，愁来悔不早抽身。濠鱼未解庄生乐，社鼠宁知晏子嚬。桃李无心自开谢，可堪春色太逡巡。

轻肥裘马我无能，粝食粗衣寄此生。游淡每怀黄叔度，巧言休耻左丘明。经天日月分迟速，行地江河自缩盈。大道甚夷民好径，等闲贫富不须惊。

堪怜堪笑苦耽吟，吟苦何堪造物嚬。容陋影惭窥井母，时来功立贩缯人。长□短褐秋云晚，白发青灯迹已陈。只有西山无限好，暮云归鸟自情亲。

读唐僧诗

高僧吟兴苦，吹万各秋声。着物鬼难测，为容人尽惊。力回千古意，气逼五言城。输与无心者，轻轻道得成。

诗思

本与名言绝，乾坤钟气清。静中收拾得，闲里琢磨成。美刺明时化，幽微索至精。不曾亲悟入，似隔万重城。

《毛诗》

六义关风教，吟须字字安。苦心雕琢易，出口浑成难。道合天心动，篇终鬼胆寒。极玄言不得，休作等闲看。

谩成

暖催花雨湿行尘，脉脉凭轩欲损神。闲忆少年如昨日，只疑乐事是前身。黄鹂紫燕春仍好，剩水残山物日新。可惜白鸥波浩荡，扁舟老却钓鱼人。

林间把酒山鸡舞，竹外支筇野鹤随。醉卧落花春不管，醒来惟有白云知。

松风满屋散轻涛，老圃无心事桔槔。曝背檐前趁斜日，怒争梨栗笑儿曹。

径曲交加锁竹阴，不教宠辱到林扃。心闲莫道浑无事，粉落松花污鹤翎。

参天杨柳手亲栽，一院西风户牖开。落日尚余三四尺，山平水远看秋来。

区区得失付酣歌，谁信箪瓢得意多。荒径久无桃李树，不知春事已如何。

绕篱绿橘间黄橙，篱外青山取次横。一阵晚风寒雾敛，阶前待得月明生。

九日篱根菊未黄，无诗无酒恼秋光。偶思巢燕归飞尽，自理枯蒲葺草堂。

溪蟹初肥浊酒香,村南村北稻登场。白头羡杀田翁乐,醉向茅檐卧夕阳。

小春天气未生寒,缀树朱栎正入看。昨夜海棠开数朵,一双蝴蝶上阑干。

新霜尚薄树声乾,寒水无痕倒浸山。知是钓船归较晚,鸬鹚嘎嘎起芦湾。

饱霜紫芋细凝酥,旋拨寒灰出地炉。惭愧邻家新酒熟,客来沽得满葫芦。

野花芳草三春梦,楚水吴山两地愁。心绪晚来禁不得,半身斜日倚江楼。

曾向山中静结庐,云边煮药自樵苏。不知白鹤巢松树,占得门前第几株。

世态争趋向背机,眼看朱碧旋成非。山桃野杏春犹浅,早有青虫化蝶飞。

萧萧野老发垂肩,家住湖西杜若烟。载得菱根入城卖,西风落日满归舡。

草木凄凉露未晞,秋虫瑟瑟渐声低。竹窗梦觉湖光白,月在邻家钓艇西。

风琴流响韵虚堂,湘簟歌眠水一方。静里数声棋剥琢,乳莺深向绿阴藏。

眼底纷纷五色迷,楚人元不重山鸡。老夫惊觉槐阴梦,悟得南华物理齐。

槐柳交阴日正长,荷花荷叶满回塘。人间未必浑无暑,心地清凉暑自忘。

老圃秋光亦可佳,淡烟凉日自生涯。尽容诗酒酬清事,丹桂才开第二花。

珠络楂橙满阁垂,欣欣节物暖炉时。胆瓶小巧偏堪爱,插得檀梅一两枝。

长忆成人总角年,学吟终夜不成眠。精神消尽今头白,只得诗名不用钱。

夜雨膏浓晓又晴,熙熙景物象升平。啼莺只在花开处,谁识桑中布谷情。

槐阴满院喧巢鸦,蜜房香老蜂趁衙。邻家艇子钓鱼去,水光摇动金莲花。

移榻松阴避月明,天河万里度流星。仙游梦觉苍华冷,犹听鹤声来杳冥。

西风吹雨十分凉,店舍新芻拍瓮香。净洗瓦盆删菊本,老夫作意做重阳。

老我何堪乐自全,不将造物强栖。贪眠又过希夷子,一梦人间七十年。

枯蒲风急骇栖禽,纸帐灯昏坐拥衾。门外霜华如练白,不知何处尚鸣砧。

饭罢回廊转数遭,不知积雪重林梢。自怜迂僻人多笑,洗竹交加助鹤巢。

胜景园西石路平,瘦筇扶我过南屏。希夷名在庵何在,应是先生睡不醒。

北风小雨戒新寒,隔水枫林叶已丹。莫道闲门知已少,白鸥飞去又飞还。

隐隐寒灯竹院深,暗风吹雪打窗声。利名不入蒲园梦,一衲蒙头坐到明。

斜阳日日过山坳,锺磬相闻隔水敲。生事一盂□粥外,静看林下鹊争巢。

燕山楚水曾为客,惯听霜砧捣月明。不似新愁怕新雁,秋风吹落两三声。

晴日穿花暖似烘,风檐微动玉丁东。山童睡起心无事,斫得筇枝补鹤笼。

岸柳禁风叶渐疏,乍凉还试夹衣初。雨添秋水入篱落,闲看鹭鸶行捕鱼。

酒能醉客心难醉,诗解穷人思不穷。千古湖山百年事,倚阑分付落花风。

芙蓉露湿天宇清,星河淡淡蟾蜍明。西村知有夜船过,撩乱一群鹡鸰鸣。

云归雨歇湖水平,五色蝲蛄山边明。唱歌舟子采菱去,十里柳堤蝉乱鸣。

烟水微茫没钓矶,物情人事两依依。杨花自逐东风去,空见渔舟日暮归。

送客河桥怆别怀,露花烟草见船开。伤心不及梁间燕,又逐春风冒雨来。

西邻张乐通宵饮,野老耽吟尽日诗。总在天机流转里,可怜乐处不相知。

耶律铸《双溪醉隐集》

回题诗卷

下字工夫大,协音格律深。不唯穿月胁,当合出天心。

莫衒编苦疾,尚知织锦迟。篇篇何警策,字字更清奇。

效古

猗猗无粒粟,西成收不得,供尽天地间,千年万年食。

郁郁无影树,无人得攀折。障尽天地间,千年万年热。

戏题近日所作诗卷末

谁擅风骚上将坛,顿还旧观据吟鞍。自然倚伏行藏在,未要闲人作话端。

拟古

水涵春色柳涵烟,半是人间半是仙。帘底东风吹梦断,一窗花影月明天。

门外西风断续歌,晓闻行李过滹沱。得封侯也知何日,人道仙郎鬓已皤。

沉沉雁影落云边,云边雁影横秋天。秋天一望万里沙,行人犹听鸣悲笳。悲笳一声悲欲绝,雪纷纷兮风烈烈。玉泉溪上多旧游,旧游别后经几秋。和林城西看春柳,何如谈笑倾杯酒。百年身世一梦中,夕阳相对空回首。

和延年所诵小诗

月满风帘醉梦残,松阴滚碎玉栏干。如何又是沉沉夜,特比寻常分外寒。

载赓赵虎岩诗韵

罗列征鸿字不如,天涯牢落正幽居。故人何处秋光老,愁把蛮笺草草书。

人生能得几清明,得亦为荣失亦荣。争后便夸饶胜事,五湖烟景有谁争。

偶得

雁时游子不禁愁,把酒悲歌醉即休。旅枕梦回情味恶,满天风雨五更秋。

舟中读仙伯诗歌

金门羽客传仙伯,雕章继贺登瀛客。锦囊满积骊龙珠,冥搜得自蛟龙宅。岂无神物为护持,未许尘凡探幽赜。金山万丈安可升,玉海千寻不可测。遂被声歌歌一曲,四望烟霞皆改色。浪花遥逐清风来,容与舟容舟,舟名也横玉溪侧。凌波弭楫水仙府,独上兰洲登醉白。驰情何许望成连,水与青天等宽窄。

《张西岩集》

刘静逸索诗

静则不动体,逸乃不劳理。何以见不动,月堕寒潭底。何以见不劳,云归故山里。欲求二者功,且旦反诸已。

读陈节斋诗刻

心远亭高树拂云,绣衣一去几经春。壁间好护题诗石,再见如公有几人。

不见当年老节斋,伤心遗迹半苍苔。读余风起庭前树,犹似英灵到此来。

方塘颇倦以此壮之

才渡清溪懒着鞭,白云岭上莫留连。与君驰下坡陀去,一簇人家是玉泉。

三月晦日

雪帽风裘出帝京,与春同到济南城。明朝春又堂堂去,剩约飞花与送行。

日长人寂薄书稀,拟赋春归第二诗。可是东风尚纤巧,乱飘飞絮胃游丝。

选杜缑山诗

缑山人去已多时,独对遗编动所思。坟上不浇千日酒,世间空爱七言诗。追随工部
仍多感,摹拟樊川更好奇。昨夜灯前选佳句,疾风应报九原知。

曹杜声名已并驰,杨王踪迹相随。千篇虽富少青眼,一字未安空白髭。得法初从缑
岭学,命题多是相州诗。可怜十五年前死,不见中原混一时。

和张秋山寿诗韵

今年此夕倍光辉,新得秋山七字诗。潇水传来仍有派,寓斋仙去更无师。清如映月
梅花朵,老似经霜桧树枝。忙著锦囊收拾起,他时不独诧吾磁。

安仁薄吴帝弼以诗求跋燕都诸公
送行诗,既题其后,复用来韵。

都城桂玉不关心,日日长吟复短吟。冷地谁逢人荐誉,清朝半是子知音。一封黄纸
中书牒,八品青衫主薄箴。五老峰头旧游处,停舟为我一登临。

《张子渊集》

上京纪行诗

世祖龙飞奠两圻,岁时延跸重依违。千官扈从趁黄屋,三子联镳总白衣。眼底关山
生藻思,马头楮颖发光辉。诗成京国争传诵,太史遥瞻动少微。

晚成

久旱妨农稼,云霓暝不开。强风秋愈壮,好雨夜深来。元帅嘉猷阔,官军荷铠回。已虞储待匮,川陆转悠哉。

元朝风雅

拟古四首

涉江采芙蓉,江水何澄鲜。朱华映朝旭,窈窕薰风前。相望不盈咫,风波良独艰。揽之置怀袖,抚玩空长叹。春荣众所慕,泯默无复言。

孟冬寒气至,晒彼庭中树。忽得故人书,中有相思句。故人隔异县,相望良独苦。候虫鸣广除,落叶被衢路。凄其对摇落,登高讵能赋。白发生镜中,荏苒流年度。故人岁寒姿,亦有济胜具。相期佩飞霞,共饮金茎露。

青青河畔草,春至不复腓。延缘被陂坂,饱彼牛羊饥。荏苒时序迁,王孙终未归。西风一萧瑟,楚客空伤悲。安知壮士心,金石乃不移。阴阳无停运,垂柳生金丝。鸟鸣百花开,回首乃尔为。丈夫贵自勖,千载以为期。

明月皎夜光,出自河汉东。众星烂以繁,牵牛正当中。永怀乘槎人,上与河源通。溯游往从之,杳杳将安穷。至人凌倒影,千载幸一逢。愿言揽其祛,一洗尘埃空。乘风游汗漫,历历天九重。有志未能就,忧心徒仲仲。

绝句

矶头系渔艇,林下访樵牧。炯然一白鸥,独有满潭绿。

独酌玩溪水,溪水清且漪。山月忽飞来,皎然谁与期。

酒醒悦山桂,流泉夜弹筝。独上青峰去,中天见月明。

坦坦黄金道,蛾眉七瑶车。莫随双燕子,容易落人家。

无为人所怜

前有亿万年,后有亿万年。寓形此穹壤,百岁指一弹。古来多少人,灭没已不闻。草木与同腐,可怜生世间。独有圣与贤,明名长久存。圣贤在世时,小心常畏天。终始履周道,没身无过言。所居至广大,靡物可与权。万乘不为泰,一瓢亦自尊。我当师圣贤,无为人所怜。

古意

美人插新花,恨不逐时好。花亦解自怜,红颜易成老。

偶题

修竹千竿万卷书,水明沙净称幽居。春风架上吹残简,时复晴窗落蠹鱼。

永夜观儿课旧编,小窗灯火忆当年。曲肱自笑不成寐,月上瑶琴第五弦。

雪夜题书玉署深,思山便欲寄瑶琴。征鸿若问平安信,河汉东流是此心。

绝句

绣帘钩月夜生凉,花雾霏霏入画堂。吹彻玉箫人未寝,更添新火试沉香。

金吾列侍拥旌旄,五色云深雉尾高。视草词臣方退食,内官传敕赐樱桃。

出门何路觅亡羊,日日红尘枉了忙。笑杀东齐赵夫子,不来看菊过重阳。

无题

自古功名孰尽酬,平时间巷诧封侯。万言未试人皆惜,一士难招国可羞。岂必后来俱醒醉,若为诸老独风流。黄尘衮衮将年待,往事悠悠与酒谋。

听儿读《卫诗》

《羔羊》同时缝素丝,抑抑有老尊其仪。如何多善臣子国,犹有北门怀仕诗。人生仕进亦偶尔,出门入室同一轨。书声听处千年心,霜月残缸夜如水。

《吴礼部集》

五言绝句。客有谈献玉绝 弦事,因赋二诗。

荆璞宁非遇,卞和犹识真。识真不自保。翻恨世无人。

识趣全琴在,赏音千载期。朱弦何用绝,自贵不求知。

题谢尧章君琬兄弟诗卷

谢氏家声旧,今犹好弟兄。依依对床语,恻恻在原情。露萼花虽减,春池草自生。殷勤同姓老,望尔早来京。

题李天台戴氏诗后

大监能全节，传家在一经。宁为重席讲，不作鼓琴伶。霞映层城赤，春留故树青。闻孙偶相识，三叹想仪刑。戴希尹者，为军器大监内附，后或荐之，不起。有子为教官，与从子同征，亦辞。从子仕至集贤直学士

读陈后山诗有感

我名异世偶然同，身迹沉微转更穷。寄食尚怜从郭概，赏音未易见苏公。

病假自秋徂冬，因读《诗》及
《楚辞后语》，集成雅言。

秋风草木黄落，日夕羊牛下来。征夫心亦忧止，曷月予还归哉。

昔往杨柳依依，行迈黍稷离离。怀归畏此谴怒，静思不能奋飞。

结幽兰而延伫，攀桂枝兮淹留。望美人兮未来，思公子兮离忧。

日宵宵兮下山，风飘飘而吹衣。临清流而长叹，望青山兮不归。

岁忽忽而遒尽，老冉冉其将至。心郁郁之忧思，夜耿耿而不寐。

雁雝雝雍而南游，猿啾啾兮夜鸣。天惨惨其无色，荒亭亭而复明。

吴舜举《吾吾类藁》

拟古

羲画阐人文，立德继玄旨。斯道古攸敦，卒乃滋末技。词华鄙雕琢，何况靡工缀。既贻俗眼嗤，还为知音弃。鱼目殆非珍，燕石浑瑶珥。绮丽炫颓波，淡泊启高致。焉知大雅音，诠讽含六义。

神龙蛰重渊，岂偶介与鳞。变化入冥漠，倏忽致屈伸。藏深苟无欲，此性安可驯。清晨涤尘虑，拂拭龙唇琴。冰丝映玉轸，宫徵发徽音。一鼓别鹤起，再鼓紫凤吟。自非山水工，曷契钟子心。贞士失知己，何自免陆沉。嘉遇良难必，聊且慰冲衿。

褰衣涉湘渚，崇兰泛幽香。折以遗所思，奈此道路长。采芳须及时，过时萎且黄。不念桃李年，离别隔两乡。何当早还归，慰此饥渴肠。

宝气吐光芒，夜烛霄汉上。孰云久沦晦，精采动星象。由来至神物，变化非可状。离

合迹靡同,显隐何由仗。冥思掘狱初,博识启浮奖。

先正邈云迈,名流若晨星。余光安足仰,竟莫资典刑。羲农殆黄虞,去余几千龄。淳源就湮塞,徒兹守群经。苟非述作功,群寐何由醒。炳炳垂懿则,颇恻昧与冥。

四壁但萧然,蓬蒿蔽幽居。岂复计贫馁,志在古人书。我来慕高谊,仰止将焉如。清风百代上,遗言良起予。

在昔炎运熄,余燋起良图。君臣及际遇,鱼水相与俱。乃知长啸时,兴怀佐庙谟。贤辅著伊吕,兹士顾不殊。秉来南阳者,孰识为凤雏。出师戒两立,恳恳忘勤劬。功名照前代,千载擅八区。

拟古杂诗

抱美不自献,孰识璞下才。乃知荆山珍,终以石见猜。凤雏未高举,秉耒南阳隈。何以答三顾,赴敌山亦摧。八阵布雄略,出师真壮哉。

淳浇无异源,靡靡逐时变。奈何迁末运,么麽伺其便。长揖采芝叟,不作市城恋。忻与木石俱,何意谋自见。边隅尚传警,风尘暗寓县。前修迈高节,岂为来者劝。食薇可终身,深期弭龙战。

哀哀我征夫,远役在边戍。雨雪忽载涂,凄其岁年莫。从戎始虽壮,容鬓已非故。甘心许徇国,勋业苦难树。枕戈愤已盈,孤征尚谁诉。

比目折中路,眷恋情所私。浩浩燕与越,驱车欲焉之。别近恒恻恻,别远宁不思。寄语室中人,远游非所陈。

昔闻《诗》与礼,忆在过庭趋。耳熟严训及,愧我昧反隅。中道逢荡析,念此气不苏。深惟素履愿,窃比逢掖儒。咄嗟岁月驶,莫遂砭厥愚。穷生贵殉义,时流重进谀。弥怜虎口脱,敢冀蜗涴濡。屡空中岂作,宁为末俗驱。

鲁连蹈东海,却秦乃权宜。战国固多士,卓然一见之。余本寒乡民,厾居河之湄。尚友笃嗜古,深衷切自私。一获展良悟,如捄渴与饥。遐躅邈千载,遗矩诚足追。因之激忠愤,愧乏熊虎姿。

滥吹诚窃禄,哂此齐庭竽。定从才一言,忝与碌碌俱。古称贤达人,高谊耿不诬。鱼目固非珍,窃混明月珠。贵耳恒贱目,把玩复自娱。穷达有恒理,敢昧待贾沽。兵尘昧遐瞩,藏深复潜需。

荏苒春又夏,芳序不我延。所思邈山海,迢递隔远天。寄书云中雁,旷绝贻厥衍。荣耀有衰歇,寸心终莫迁。如何结发亲,负此桃李年。朱唇扬妙音,岂计终取怜。当年纨扇

谣，安得今尚然。嬿婉怀哀伤，愿比金石坚。蹙蹀下闺闼，何由已悁悁。

高牖照初日，水木涌清辉。拂拭朱丝弦，山水调更微。钟子不我遇，自与聋俗违。无弦寄高兴，此意良未非。折腰卑已辱，岂是昧事机。骏奔计已得，迈迹非可几。

春台明月图

古道就芜秽，末流滋诐谲。溯求竟何稽，谁作复谁辍。知愚虽两致，宁与较县绝。飐隆逐时变，譬彼凉与热。朔风吹大漠，夜作千里雪。阴晴苦难恃，舒惨一何别。默悟元化工，喧啾息哗说。

惟昔事远游，发轫自兹始。辛勤三十载，倏忽一瞬耳。未明辙环踪，窃究怀居旨。祚运厄阳九，历稔未云已。郑重携挈心，干禄为亲喜。出身忝逢掖，残毁谅非美。多艰亦屡遭，破陷辄中止。自省几寡愆，所幸免誉毁。远别同气亲，昕夕竟何恃。于焉限阳朔，旷阔非所拟。相思只长恸，一坐致频起。寒门婴变故，延祸及先妣。肠裂五内伤，憔悴复何似。永抱终天痛，不得返乡里。蕙帷拥虚位，徒见字盈纸。旅魂不可招，痛绝真欲死。忍闻属纩言，离乱念诸子。

层云起遥空，阳曦黯沦没。倏焉光采歇，变化何仓卒。穷居念离索，终朝恒兀兀。杪冬寒气惨，凛凛伤肌骨。暖律谅可回，推迁任飘忽。

杂诗

河宿烂宵分，严霜歇芳物。嗈嗈南飞雁，声逐浮云没。征夫怀远役，戈船连暝发。孰遣严程缓，奈此苦寒月。大布不御冬，况值霜断骨。命微难自保，去去冒驰突。亲知惨别离，割痛永相恤。归来良有期，会见早宁谧。

晨起凄风厉，霜气欲断肌。喧凉谨代谢，推迁理无违。念我蓬藋居，悬罄心自怡。寝裯食列鼎，遑恤冻与饥。富贵何足羡，贱士安坦夷。

严城喧夜柝，呜咽鸣羌管。清辉鉴檐隙，桂魄光复满。秋声动寥廓，边鸿起撩乱。荣茂就衰歇，关河音信断。客寝不遑安，孰遣愁心缓。

疏散已成癖，杜门养愚蒙。矫厉非素习，甘此退与穷。由来方凿资，不与圆柄通。孜孜为利者，只自取劳躬。廉立启贪懦，将谢夷惠功。余生苟可毕，何须问飐隆。

拟古十首次刘闻廷韵

逆节圮崇纲,横溃肆狂伴。宗主炳麟史,昧此谋宁缓。民彝讵宜泯,四维遽云断。畴能靖群凶,未觉事功罕。岂不念无辜,忧来气恒短。卓彼一正功,其人独称管。

骑射息芳辰,余间端可卜。戏玩足娱心,辕门抛蹴鞠。蹴高齐浮云,式骇众观目。将军夸巧捷,接踢最称速。噫彼暴殄余,穷欲未云足。恢恢忧弗私,恶念祸胥促。

自从丧乱来,东西安所之。山谷弗可居,浮海弗可期。余黎摩孑遗,中边悉如兹。藩维弛臣节,不甗死独迟。遁辞尚可托,徒劳播声诗。愧尔忝章甫,哀号奚用悲。

夷叔卓杰识,时议骇且惊。始也议形色,终焉心靡平。登山迹既迈,薇蕨岂可生。去余已千代,昭然无隐情。后贤昧厥旨,较若失万程。何须重此文,修辞费将迎。

子房闵韩亡,捷足骋高志。修名列三杰,式佟运筹事。圮桥期屡失,讵谓偶相值。钟姿良粹美,神降会元气。明哲既保身,声名照天地。汉楚兹辽哉,邈矣隔淮泗。飞鸿堕遗音,云有帛书字。

光党著高节,明王礼不宾。藏深靡求衔,高蹈岂无因。商岭芝可茹,楚泽兰堪纫。买斧事樵采,兹焉毕晨昏。伊人不守沔,胡为乃栖筠。俯仰终愧怍,信罹遭与迍。

负固扰南纪,从昔著苗民。虞廷一振旅,舞干义常陈。只缘类莫殄,圉此弗顺身。啸聚仍续武,徒劳逻与巡。纲维遽云断,那能一朝伸。玄端袭儒服,亦复岸此巾。徒守子云学,谩夸首阳仁。投畀息群愤,毋令浼斯人。

世无柳下惠,畴宽此夫薄。全生已亏行,奚用咨流落。摛词纵工丽,未足俾述作。边廷驰羽檄,扰扰夜喧柝。流血川谷殷,疮痍曷清廓,忠臣炳休光,鼠辈尚安托。

经德贵不回,吾否悔宁晚。老去莫知非,暝行亦亡返。堂堂寻阳守,重义知所本。捐躯著忠节,欲救天步蹇。修名光简册,不愧巡与远。尔独恋乡井,归心入私忖。安成不可即,何计遂耕垦。

谩补登山屐,徒怀浮海舟。孰抱乐毅才,谁卧元龙楼。往事成悒悒,来今怅悠悠。戈舸杂游卒,川涂不可游。畴能念涂炭,积此已十秋。人命亦可怜,欻入水上沤。皇风被九宇,讴吟良不休。

绝句

飞来双粉蝶,还为落红迷。不惜余香在,随风过槛西。

幽居偏寥寞,树午绿阴团。更有双飞燕,新巢次第完。

闭门花落尽，稍稍觉春归。只忆山中好，云深笋蕨肥。

缄情聊寄远，一望去程赊。杳杳飞孤鹜，微茫近落霞。

树色偏宜晚，涵烟接古城。伤心遥驻目，荆杞乱来生。

昔时歌舞地，处处长蒿莱。共说茅檐底，今朝有燕来。

楚山不可极，楚水欲千重。雨逐飞云度，相从认去踪。

长飙中夕起，空闺幽思多。忽闻啼杜宇，奈此单居何。

飞花随雨急，欹树向风斜。不识春归路，愁来倍忆家。

怪得春多雨，农家未力耕。云涛生近渚，驾得海舟轻。

谩成

官柳摇青浅学眉，舞腰纤瘦似蛮儿。多情只解牵离思，剪尽烟中数尺丝。

杨叔能《小亨集》

李太白诗

长庚昔入梦，名与少陵齐。陈隋诸作者，稍觉气焰低。轩昂傲权贵，反为嬖幸挤。璘也一青蝇，安能点白圭。采芝谢家英，白骨埋黄泥。

效孟东野

闻昔有廉士，井饮投青钱。嗟余七尺身，眠食须人怜。夜归借卧榻，朝起寻炊烟。喟然长太息，俯仰羞前贤。曲肱一榻上，梦与汗漫期。或登高山颠，或步清溪湄。形开日已昊，身世交相悲。愿言长不寤，梦里心怡怡。我愿如蚯蚓，食土能充肠。我愿如鹔鹴，自然羽而翔。人生岂不贵，岁暮天雨霜。不知冬日短，但觉冬宵长。□袍不息耻，恐污君衣裳。粝食不自难，恐辱君膏粱。青蝇点白石，白璧亦无光。一人向隅泣，一室皆感伤。

读徐汉臣咏雪诗

颖守多宾客，玄冬燕赏时。聚星成故事，刻梓播妍辞。吾子追遐躅，儒官下绛帷。高吟三十韵，拟学二贤诗。

前朝阀阅有光辉，南国衣冠欲奋飞。两地因缘春梦断，百年事业壮心违。四民失职士为最，数口无依谁与归。鬓发苍浪五十一，天教去采故山薇。

诗

《寒山诗集》

三字诗

寒山道，无人到。若能行，称十号。有蝉鸣，无鸦噪。黄叶落，白云扫。石磊磊，山隩隩，我独居，名善导。子细看，何相好，寒山寒，冰锁石。藏山青，现雪白。日出照，一时释。从兹暖，养老客。我居山，勿人识。白云中，常寂寂。

寒山深，称我心。纯白石，勿黄金。泉声响，抚伯琴。有子期，辨此音。

重岩中，足清风。扇不摇，凉气通。明月照，白云笼。独自坐，一老翁。

寒山子，长如是。独自居，不生死。

五字诗

我在村中住，众推无比方。昨日到城下，仍被狗形相。或嫌裤太窄，或说衫少长。撑却鹞子眼，雀儿舞堂堂。

死生原有命，富贵本由天。此是古人语，吾今非谬传。

聪明好短命，痴騃却长年。钝物丰财货，惺惺汉无钱。

国以人为本，犹如树因地。地厚树扶疏，地薄树憔悴。不得露其根，枝枯子先坠。决陂以取鱼，是求一期利。

秉志不可卷，须知我匪席。浪造山林中，独卧盘陀石。辩士来劝余，速令受金璧。凿墙植蓬蒿，若此非有益。

　　报汝修道者,进求虚劳神。人有精灵物,无字复有文。呼时历历应,隐处不居存。叮咛善保护,勿令有点痕。

　　去年春鸟鸣,此时思兄弟。今年秋菊烂,此时思发生。绿水千场咽,黄云四面平。哀哉百年内,肠断忆咸京。

　　自乐平生道,烟萝石洞间。野情多放旷,长伴白云闲。有路不通世,无情孰可攀。石床孤夜坐,圆月上寒山。

　　大海水无边,鱼龙万万千。递互相食啖,冗冗痴肉团。为心不了绝,妄想起如烟。性月澄澄朗,廓尔照无边。

　　自见天台顶,孤高出众群。风摇松竹韵,月现海潮频。下望山青际,谈玄有白云。野情便山水,本志慕道伦。

　　富贵疏亲聚,只为多钱米。贫贱骨肉离,非关少兄弟。急须归去来,招贤阁未启。浪行朱雀衔,踏破芒鞋底。

　　我见一痴汉,仍居三两妇。养得八九儿,总是随宜手。丁户是新差,资财非旧有。黄蘗作驴鞅,始知苦在后。

　　新谷尚未熟,旧谷今已无。就贷一斗许,门外立踟蹰。夫出教问妇,妇出遣问夫。悭惜不救乏,财多为累愚。

　　大有好笑事,略陈三五简。张公富奢华,孟子贫辕轲。只取侏儒饱,不怜方朔饿。巴歌唱者多,《白雪》无人和。

　　老翁娶少妇,发白妇不耐。老婆嫁少夫,面黄夫不爱。老翁娶老婆,一一无弃背。少妇嫁少夫,两两相怜态。

　　可惜百年屋,左倒右复倾。墙屋分散尽,木植乱差横。砖瓦片片落,朽烂不堪停。任风吹蓦塌,再竖卒难成。

　　他贤君即受,不贤君莫与。君贤他见容,不贤他亦拒。怜善矜不能,仁徒方得所。劝逐子张言,抛却卜商语。

　　俗薄真成薄,人心个不同。殷翁笑柳老,柳老笑殷翁。何故两相笑,俱行谄诐中。装车竞嶮巇,翻载各泷冻。

　　是我有钱日,恒为汝贷将。汝今既饱暖,见我不分张。须忆汝欲得,似我今承望。有

无更代事，劝汝熟思量。

人生一百年，佛说十二部。慈悲如野鹿，嗔怒似家狗。家狗赶不去，野鹿常好走。欲伏猕猴心，须听狮子吼。

笑我田舍儿，头颊底絷湿。巾子未曾高，腰带长时急。非是不及时，无钱趁不及。一日有钱财，浮图顶上立。

买肉血湇湇，买鱼跳鲅鲅。君身招罪累，妻子成快活。捷死渠家去，他人谁敢遏。一朝如破床，两个当头脱。

时人见寒山，各谓是风颠。貌不起人目，身唯布裘缠。我语他不会，他语我不言。为报往来者，可来向寒山。

摧残荒草庐，其中烟火蔚。借问群小儿，生来凡几日。门外有三车，迎之不肯出。饱食腹膨脝，个是痴顽物。

黑釉执壶

有身与无身，是我复非我。如此审思量，迁延倚岩坐。足间青草生，顶上红尘堕。已见俗中人，灵床施酒果。

世有多事人，广学诸知见。不识本真性，与道转悬远。若能明实相，岂用陈虚愿。一念了自心，开佛之知见。

男儿大丈夫，作事莫莽卤。劲挺铁石心，直取菩提路。邪路不用行，行之枉卒苦。不要求佛果，识取心王主。

一向寒山坐，淹留三十年。昨来访亲友，大半入黄泉。渐灭如残烛，长流如逝川。今朝对孤影，不觉泪双悬。

相唤采芙蓉，可怜清江里。游戏不觉暮，屡见强风起。浪捧鸳鸯儿，波摇鸂鶒子。此时居舟楫，浩荡情无已。

垂杨结如烟，飞花飘似霰。夫居离妇州，妇住思夫县。各在天一涯，何时复相见。寄语明月楼，莫贮双飞燕。

有酒相招饮，有肉相呼吃。黄泉前后人，少壮须努力。玉带暂时华，金钗非久饰。张

翁与郑婆，一去无消息。

可怜好丈夫，身体极稜稜。春秋未三十，才艺百般能。金鞍逐侠客，玉馔集良朋。唯有一般恶，不传无尽灯。

桃花欲经夏，风月催不待。访觅汉时人，能无一个在。朝朝花迁落，岁岁人移改。今日扬尘处，昔时为大海。

我见东家女，年可十有八。西舍竞来问，愿姻夫妻佸。烹羊煮众命，聚头作淫杀。含笑乐呵呵，啼哭受殃决。

田舍多桑园，牛犊满厩辙。肯信有因果，顽皮早晚裂。眼看消磨尽，当头各自活。无裤瓦作裩，到头冻饿杀。

我见百十狗，个个毛峥狞。卧者乐自卧，行者乐自行。投之一块骨，相与嗺喋争。良由为骨少，狗多分不平。

俊杰马上郎，挥鞭指杨柳。谓言无死日，终不作梯航。四运花自好，一朝成萎黄。醍醐与石蜜，至死不能尝。

欲向东岩去，于今无量年。昨来攀葛上，半路困风烟，径窄衣难进，苔粘履不前。住兹丹桂下，且枕白云眠。

岩前独静坐，圆月当天耀。万象影现中，一轮本无照。廓然神自清，含虚洞玄妙。因指见其月，月是心枢要。

读书岂免死，读书岂免贫。何似好识字，识字胜他人。丈夫不识字，无处可安身。黄连揾蒜酱，忘计是苦卒。

我见谩人汉，如篮盛水走。一气将归家，篮里何曾有。我见被人谩，一似园中韭，日日被人伤，天生还自有。

自闻梁朝日，四依诸贤士。宝志万回师，四仙傅大士。显扬一代教，作持如来使。建造僧伽蓝，信心归佛理。虽乃得如斯，有为多患累。与道殊悬远，拆西补东尔。不达无为功，损多益少矣。有声而无形，至今何处是。

可笑五阴窟，四蛇同苦居。黑暗无明烛，三毒递相驱。伴党六个贼，劫掠法财珠。斩却魔军背，安泰湛如苏。

富儿会高堂，华灯何炜煌。此时无烛者，心愿处其傍。不意遭排遣，还归暗处藏。益人明讵损，顿讶惜余光。

可贵天然物，独立无伴侣。觅他不可出，入他无门户。促之在方寸，延之一切处。你若不信受，相逢不相遇。

多少般数人，百计求名利。心贪觅荣华，经营图富贵。心未片时歇，奔突如烟气。家眷实团圆，一呼百诺至。不过七十年，冰消瓦解置。死了万事休，谁人承后嗣。水浸泥弹丸，方知无意智。

有人把椿树，唤作白旃檀。学道多沙数，几个得泥丸。弃金却担草，谩他亦自谩。似聚沙一处，成团也大难。

蒸沙拟作饭，临渴始掘井。用力磨碌砖，那堪将作镜。佛说元平等，总有真如性。但自审思量，不用闲争竞。

推寻世间事，子细总要知。凡事莫容易，尽爱讨便宜。护却弊成好，毁即是成非。故知杂滥口，背面总由伊。冷暖我自量，不信奴唇皮。

恶趣甚茫茫，冥冥无日光。人间八百岁，未抵半宵长。此等诸痴子，论情真可伤。劝君求出离，认取法中王。

天高高不穷，地厚厚无极。动物在其中，凭兹造化力。争头觅饱暖，作计相啖食。食果都未详，盲儿问乳色。

天下几种人，论时色数有。贾婆如许夫，黄老元无妇。卫氏儿可怜，锺家女极丑。渠若向西行，我便东边走。

寒山有一宅，宅中无栏隔。六门左右通，堂中见天碧。房房虚索索，东壁打西壁。其中一物无，免被人来借。寒到烧软火，饥来煮菜吃。不学田舍翁，广置田庄宅。尽作地狱业，一入何曾极。好好善思量，思量知轨则。

侬家暂下山，入到城隍里。逢见一群女，端正容貌美。头戴蜀样花，燕脂涂粉腻。金钏镂银朵，罗衣绯红紫。朱颜类神仙，香带氛氲气。时人皆顾盼，痴爱染心意。谓言世无双，魂影随他去。狗咬枯骨头，虚自舐唇齿。不解返思量，与畜何曾异。今成白发婆，老陋若精魅。无始由狗心，不超解脱地。

骝马珊瑚鞭，驱驰洛阳道。自怜美少年，不信有衰老。白发会应生，红颜岂长保。但看北邙山，个是蓬莱岛。

竟日常如醉，流年不暂停。埋着蓬蒿下，晓日何冥冥。骨肉消散尽，魂魄几凋零。遮莫咬铁口，无因读老经。

夫物有所用，用之各有宜，用之若失所，一缺复一亏。圆凿而方柄，悲哉空尔为。骅骝将捕鼠，不及跛猫儿。

洛阳多女儿，春日逞华丽。共折路边花，各持插高髻。髻高花匼匝，人见皆睥睨。别求醱醁怜，将归见夫婿。

春女衔容仪，相将南陌陲。看花愁日晚，隐树怕风吹。年少从傍来，白马黄金羁。何须久相弄，儿家夫婿知。

欲得安身处，寒山可长保。微风吹幽松，近听声愈好。下有班白人，喃喃读黄老。十年归不得，忘却来时道。

少年何所愁，愁见鬓毛白。白更何所愁，愁见日逼迫。移向东岱居，配守北邙宅。何忍出此言，此言伤老客。

闻道愁难遣，斯言谓不真。昨朝始趁却，今日又缠身。月尽愁难尽，年新愁更新。谁知席帽下，元是昔愁人。

两龟乘犊车，蓦出路头戏。一虫从傍来，苦死欲求寄。不载类人情，始载被沈累。弹指不可论，行思却遭刺。

鹦鹉宅西国，虞罗捕得归。美人朝夕弄，出入在庭帏。赐以金笼贮，扃哉损羽衣。不如鸿与鹄，飙飏入云飞。

有一餐霞子，其居讳俗游。论时实萧爽，在夏亦如秋。幽涧常沥沥，高松风飕飕。其中半日坐，忘却百年愁。

妾家邯郸住，歌声亦抑扬。赖我安隐处，此曲旧来长。既醉莫言归，留连日未央。儿家寝宿处，绣被满银床。

快傍三翼舟，善乘千里马。莫能造我家，谓言最幽野。岩穴深嶂中，云雷竟日下。自非孔丘公，无能相救者。

智者君抛我，愚者我抛君。非愚亦非智，从此继相闻。入夜歌明月，侵晨舞白云。焉能任口手，端坐鬓纷纷。

客叹寒山子，君诗无道理。吾观乎古人，贫富不为耻。应之笑此言，谈何疏阔矣。愿君似今日，钱是急事尔。

从生不往来，至死无仁义。言既有枝叶，心怀使验诐。若其开小道，缘此生大伪。诈

说造云梯，削之成棘刺。

一瓶铸金成，一瓶埏泥出。二瓶任君看，那个瓶牢实。欲知瓶有二，须知业非一。将此验生因，修行在今日。

一自遁寒山，养命餐山莱。平生何所忧，此世随缘过。日月如逝川，光阴石中火。任你天地移，我畅岩中坐。

我见世间人，茫茫走路尘。不知此中事，将何为去津。荣华能几日，眷属片时亲。纵有千斤金，不如林下贫。

手笔太纵横，身材极魁伟。生为有限身，死作无名鬼。自古如此多，君今争奈何。可来白云里，教你紫芝歌。

氏眼邹公妻，邯郸杜生母。二人同共老，一种好面首。昨日会客场，恶衣排在后。只为着破裙，吃他残褜褷。

东家一老婆，富来三五年。昔日贫于我，今笑我无钱。渠笑我在后，我笑渠在前。相笑傥不止，东边复西边。

富儿多鞅掌，触事难祇承。仓米已赫赤，不贷人斗升。转怀钩距意，买绢先拣绫。若至临终日，吊客有苍蝇。

一为书剑客，三遇圣明君。东守文不赏，西征武不勋。学文兼学武，学武兼学文。今日既老矣，余生不足云。

庄子说送终，天地为棺椁。吾归此有时，唯须一幡箔。死将饲青蝇，吊不劳白鹤。饿着首阳山，生廉死亦乐。

人问寒山道，寒山路不通。夏天冰未释，日出雾朦胧。似我何由届，与君心不同。君心若似我，还得到其中。

天生百尺树，剪作长条木。可惜栋梁材，抛之在幽谷。年多心尚劲，日久皮渐秃。识者取将来，犹堪拄马屋。

不见朝垂露，日烁自消除。人身亦如此，阎浮是寄居。慎莫因循过，且令三毒祛。菩提即烦恼，尽令无有余。

水清澄澄莹，彻底自然见。心中无一事，万境不能转。心既不妄起，永劫无改变。若能如是知，是知无背面。

说食终不饱，说衣不免寒。饱吃须是饭，着衣方免寒。不解审思量，只道求佛难。回心即是佛，莫向外头看。

可畏轮回苦，往复似翻尘。蚁巡环未息，六道乱纷纷。改头换面孔，不离旧时人。速了黑暗狱，无令心性昏。

可畏三界轮，念念未曾息。才始似出头，又却遭沉溺。假使非非想，盖缘多福力。争似识真源，一得即永得。

昨日游峰顶，下窥千尺崖。临危一株树，风摆两枝开。雨漂即零落，日晒作尘埃。嗟见此茂秀，今为一聚灰。

自古多少圣，叮咛教自信。人根性不等，高下有利钝。真佛不肯认，置力枉受困。不知清净心，便是法王印。

我闻天台山，山中有琪树。永言欲攀上，莫绕石桥路。缘此生悲叹，幸居将已暮。今日观境中，飒飒鬓垂素。

养子不经师，不及都亭鼠。何曾见好人，岂闻长者语。为染在薰莸，应须择朋侣。五月贩鲜鱼，莫教人笑汝。

我见顽钝人，灯心挂须弥。蚁子啮大树，焉知力气微。学咬两茎菜，言与祖思齐。火急求忏悔，从今辄莫迷。

君见月光照，照烛四天下。圆辉挂太虚，莹净能萧洒。人道有亏盈，我见无衰谢。状似摩尼珠，光明无昼夜。

余往无方所，盘礴无为理。时陟涅盘山，或玩香林寺。寻常只是闲，言不干名利。东海变桑田，我心谁管你。

左手握骊珠，右手执慧剑。先破无明贼，神珠吐光焰。伤嗟愚痴人，贪爱那生厌。一堕三途间，始觉前程险。

般若酒冷冷，饮多人易醒。余住天台山，凡愚那见形。常游深谷洞，终不逐时情。无愁亦无虑，无辱也无荣。

诸佛留藏经，只为人难化。不唯贤与愚，个个心构架。造业大如山，岂解忧怀怕。那肯细寻思，日夜怀奸诈。

嗟见世间人，个个爱吃肉。碗碟不曾干，长时道不足。昨日设个斋，今朝宰六畜。都

缘业使牵，非干情所欲。一度造天堂，百度造地狱。阎罗使来追，合家尽啼哭。炉子边向火，镬子里澡浴。更得山头时，换却汝衣服。

出家要清闲，清闲即为贵。如何尘外人，却入尘埃里。一向迷本心，终朝役名利。名利得到身，形容已憔悴。况复不遂者，虚用平生志。可怜无事人，未能笑得汝。

养儿与娶妻，养女求媒娉。重重皆是业，更杀众生命。聚集会亲情，总来看盘饤。目下虽称心，罪簿先注定。

得此分段身，可笑好形质。面貌似银盘，心中黑如漆。烹猪又宰羊，夸道甜如蜜。死复受波咤，莫更称冤屈。

后来出家子，论情入骨痴。本来求解脱，却见受驱驰。终朝游俗舍，礼念作威仪。博钱沽酒吃，翻成客作儿。

若论常快活，唯有隐居人。林花长似锦，四季色常新。或向岩间坐，旋瞻丹桂轮。虽然身畅逸，却念世间人。

我见出家人，总爱吃酒肉。此合上天堂，却沉归地狱。念得两卷经，欺他市鄽俗。岂知市鄽俗，大有根性熟。

嗟见多知汉，终日枉用心。岐路逞喽𡂿，欺谩一切人。唯作地狱滓，不修来世因。忽尔无常到，定知乱纷纷。

迢迢山径峻，万仞险隘危。石桥莓苔绿，时见片云飞。瀑布悬如练，月影落潭辉。更登华顶上，犹待孤鹤期。

松月冷飕飕，片片云霞起。匼匝几重山，纵目千万里。谿潭水澄澄，彻底镜相似。可贵玉台物，七宝莫能比。

世有多解人，愚痴学闲文。不忧当来果，谁知造恶因。见佛不解礼，睹僧倍生嗔。五逆十恶辈，三毒以为邻。死定入地狱，未有出头辰。

可笑是林泉，数里勿人烟。云从岩嶂起，瀑布水潺潺。猿啼畅道曲，虎啸出人间。松风清飒飒，鸟语声关关。独步绕石涧，孤陟上峰峦。时坐盘陀石，偃仰攀萝沿。遥望城隍处，唯闻闹喧喧。水浸泥弹丸，思量无道理。浮泡梦幻身，百年能有几。不解细思惟，将言长不死。诛剥垒千金，留将与妻子。

按《三隐诗》山中旧本如此，不复校正，博古君子两眼如月，正要观雪中芭蕉画耳。

昨日何悠悠，场中可怜许。上为桃李径，下作兰荪渚。复有绮罗人，舍中翠毛羽。相逢欲相唤，脉脉不能语。

丈夫莫守困，无钱须经纪。养得一牸牛，生得五犊子。犊子又生儿，积数无穷已。寄语陶朱公，富与君相似。

夕阳下西山，草木光晔晔。复有朦胧处，松萝相连接。此中多伏虎，见我奋迅鬣。手中无寸刃，争不惧慑慑。

平流涌瀑图

出身既扰扰，世事非一状。未能舍流俗，所以相追访。昨吊徐五死，今送刘三葬。日日不得闲，为此心凄怆。

寄语食肉汉，食时无逗遛。今生过去种，未来今日修。只取今日美，不畏来生忧。老鼠入饭瓮，虽饱难出头。

一人好头肚，六艺尽皆通。南见趁向北，西见趁向东。长漂如泛萍，不息似飞蓬。问是何等色，姓贫名曰空。

褴缕关前业，莫诃今日身。若言由家宅，个是极痴人。到头君作鬼，岂今男女贫。皎然易解事，作么无精神。

五言五百篇，七字七十九。三字二十一，都来六百首。一例书岩石，自夸云好手。若能会我诗，真是如来母。

世事何悠悠，贪生未肯休。研尽大地石，何时得歇头。四时凋变易，八节急如流。为报火宅主，露地骑白牛。

常闻汉武帝，爱及秦始皇。俱好神仙术，延年竟不长。金台既摧折，沙石遂灭亡。茂陵与骊岳，今日草茫茫。

忆得二十年，徐步国清归。国清寺中人，尽道寒山痴。痴人何用疑，疑不解寻思。我尚自不识，是伊争得知。低头不用问，问得复何为。有人来骂我，分明了了知。虽然不应对，却是得便宜。语你出家辈，何名为出家。奢华求养活，继缀族姓家。美舌甜唇嘴，谄曲心钩加。终日礼道场，持经置功课。炉烧神佛香，打钟高声和。不时学客舂，夜夜不得卧。只为爱钱财，心中不脱洒。见他高道人，却嫌诽谤骂。驴屎比麝香，苦哉佛陀耶。又见出家儿，有力及无力。上上高节者，鬼神钦道德。君王分辇坐，诸侯拜迎逆。堪为世福田，世人须保惜。下下低愚者，诈现多求觅。浊滥即可知，愚痴爱财色。着却福田衣，种田讨衣食。作债税牛犁，为事不忠直。朝朝行弊恶，往往痛臀脊。不解善思量，地狱苦无极。一朝着病缠，三年卧床席。亦有真佛性，翻作无名贼。南无佛陀耶，远远求弥勒。

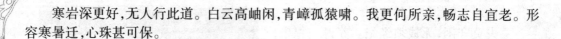

寒岩深更好，无人行此道。白云高岫闲，青嶂孤猿啸。我更何所亲，畅志自宜老。形容寒暑迁，心珠甚可保。

二仪既开辟，人乃居其中。迷汝即吐雾，醒汝即吹风。惜汝即富贵，夺汝即贫穷。碌碌群汉子，万事由天公。

余观诸稚子，急离火宅中。三车在门外，载你免飘蓬。露地四衢坐，当天万事空。十方无上下，来往任西东。若得个中意，纵横处处通。

可叹浮生人，悠悠何日了。朝朝无闲时，年年不觉老。总为求衣食，令心生烦恼。扰扰百千年，去来三恶道。

时人寻云路，云路杳无踪。山高多险峻，涧涧少玲珑。碧嶂前兼后，白云复西东。欲知云路处，云路在虚空。

寒山栖隐处，绝得杂人过。时逢林内鸟，相共唱山歌。瑞草联溪谷，老松枕嵯峨。可观无事者，憩歇在岩阿。

五岳俱成粉，须弥一寸山。大海一滴水，吸入其心田。生长菩提子，遍盖天地中。天语汝慕道，慎莫绕十缠。

无衣自访觅，莫共狐谋裘。无食自采取，莫共羊谋羞。借皮兼借肉，怀叹复怀愁。皆缘义失所，衣食常不周。

自美山间乐，逍遥无倚托。逐日养残躯，闲思无所作。时披古佛书，往往登石阁。下窥千尺崖，上有云盘磲。寒月冷飕飕，身似孤飞鹤。

我见转轮王，千子常围绕。十善化四天，庄严多七宝。七宝真随身，庄严甚妙好。一朝福报尽，犹若栖芦鸟。还作牛领虫，六趣受业道。况复诸凡夫，无常岂长保。生死如旋火。轮回似麻稻。不解早觉悟，为人枉虚老。

平野水宽阔，丹丘连四明。仙都最高秀，群峰耸翠屏。远远望何极，矶矶势相迎。独标海隅外，处处播嘉名。

我见世间人，生而还复死。昨朝犹二八，壮气胸襟士。如今七十过，力困形憔悴。恰似春日花，朝开衣落尔。

迥耸霄汉外，云里路莟，嵷，瀑布千丈流，如铺练一条。下有栖心窟，横安定命桥。雄雄镇世界，天台名独超。

盘陀石上坐，溪涧冷凄凄。静玩偏嘉丽，虚岩蒙雾迷。怡然憩歇处，日斜树影低。我自观心地，莲花出淤泥。

君看叶里花，能得几时好。今日畏人攀，明朝待谁扫。可怜娇艳情，年多转成老。将世比于花，红颜岂长保。

纵你居犀角，饶居带虎睛。桃枝折作医，蒜壳取为璎。暖腹茱萸酒，空心枸杞羹。终归不免死，浪自觅长生。

为人常吃用，爱意须悭惜。老去不自由，渐被他催斥。送向荒山头，一生愿虚掷。亡羊罢补牢，大意终无极。

寒山无漏岩，其岩甚济要。八风吹不动，万古人传妙。寂寂好安居，空空离讥诮。孤月夜长明，圆日常来照。虎丘兼虎溪，不用相呼召。世间有王傅，莫把同周邵。我自遁寒岩，快活长歌笑。沙门不持戒，道士不服药。自古多少贤，尽在青山脚。

有人笑我诗，我诗合典雅。不烦郑氏笺，岂用毛公解。不恨会人稀，只为知音寡。若遣趁宫商，余病莫能罢。忽遇明眼人，即自流天下。

世间一等流，诚堪与人笑。出家弊己身，诳俗将为道。虽着离尘衣，衣中多养蚤。不如归去来，识取心王好。

高高峰顶上，四顾极无边。独坐无人知，孤月照寒泉。泉中且无月，月自在青天。吟此一曲歌，歌中不是禅。

有个王秀才，笑我诗多失。云不识蜂腰，仍不会鹤膝。平侧不解压，凡言取自出。我笑你作诗，如盲徒咏日。

我住在村乡，无爷亦无娘。无名无姓第，人唤作张王。并无人教我，贫贱也寻常。自怜心的实，坚固等金刚。

寒山出此语，此语无人信。蜜甜足人尝，黄菜苦难吞。顺性生喜悦，逆意多嗔恨。但看木傀儡，弄了一场困。

我见人传经，依他言语会。口转心不转，心口相违背。心真无委曲，不作诸缠盖。但且自省躬，莫觅他替代。可中作得主，是知无内外。

寒山无白云，寂寂绝埃尘。草座山家有，孤灯明月轮。石床临碧沼，虎鹿每为邻。自美幽居乐，长为象外人。

鹿生深林中,饮水而食草。伸脚岩下眠,可怜无烦恼。系之在华堂,肴馔极肥好。终日不肯尝,形容转枯槁。

花上黄莺子,关关声可怜。美人颜似玉,对此弄鸣弦。玩之能不足,眷恋在龆年。花飞鸟亦散,洒泪春风前。

栖迟寒岩下,偏讶最幽奇。携蓝采山茹,挈笼摘果归。蔬斋敷茅坐,啜啄食紫芝。清沼濯瓢钵,杂和煮稠稀。当阳拥裘坐,闲读古人诗。

昔日经行处,今复七十年。故人无来往,埋在古冢间。余今头已白,犹守片云山。为报后来子,何不读古言。

我见利智人,观者便知意。不暇寻文字,直入如来地。心不逐诸缘,意根不妄起。心意不生时,内外无余事。

白鹤衔苦花,千里作一息。欲往蓬莱山,将此充粮食。未达毛摧落,离群心惨恻。却归旧来巢,妻子不相识。

惯居幽隐处,乍向国清中。时向丰干老,仍来看拾公。独回上寒岩,无人话合同。寻究无源水,源穷水不穷。

生前大愚痴,不为今日悟。今日如许贫,总是前生做。今生又不修,来生还如故。两岸各无船,渺渺应难渡。

元非隐逸士,自号山林人。仕鲁蒙帻帛,且爱裹疏巾。道有巢许操,耻为尧舜臣。猕猴罩帽子,学人避风尘。

自古诸哲人,不见有长存。生而还复死,尽变作灰尘。积骨如毗富,别泪成海津。唯有空名在,岂免生死轮。

寒山有躯虫,身白而头黑。手把两卷书,一道将一德。住不安釜灶,行不斋衣裓。常持智慧剑,拟破烦恼贼。

有人畏白首,不肯舍朱绂。采药空求仙,根苗乱挑掘。数年无效验,痴意嗔怫郁。猎师披袈裟,元非汝使物。

书判全非弱,嫌身不得官。铨曹被拗折,洗垢觅疮斑。必也关天命,今年更试看。盲儿射雀目,偶中亦非难。

贫驴欠一尺,富狗剩三寸。若分贫不平,中半富与困。始取驴饱足,却令狗饥顿。为汝熟思量，令我也愁闷。

柳郎八十二，蓝嫂一十八。夫妻共百年，相怜情狡猾。弄璋字乌觾，掷瓦名婠妠。屡见枯杨荑，常遭青女杀。

赫赫谁炉肆，其酒甚浓厚。可怜高幡帜，极目平升斗。何意讶不售，其家多猛狗。童子若来沽，狗咬便是走。

吁嗟浊滥处，罗刹共贤人。谓是荒流类，焉知道不亲。狐假狮子势，诈妄却称真。铅矿入炉冶，方知金不精。

白云起嵯峨，绿水荡潭波。此处闻渔父，时时鼓掉歌。声声不可听，令我愁思多。谁谓雀无角，其如穿屋何。

粤自居寒山，曾经几万载。任运遁林泉，栖迟观自在。岩中人不到，白云常靉靆。细草作卧褥，青天为被盖。快活枕石头，天地任变改。

昨夜梦还乡，见妇机中织。驻梭若有思，擎梭似无力。呼之回面视，况复不相识。应是别多年，鬓毛非旧色。

人生不满百，常怀千载忧。自身病始可，又为子孙愁。下视禾根下，上看桑树头。秤槌落东海，到底始知休。

亦有一等流，悠悠似木头。出语无知解，云我百不忧。问道道不会，问佛佛不求。子细推寻看，茫然一场愁。

董郎年少时，出入帝京里。衫作嫩鹅黄，容仪尽相似。常骑踏雪马，拂拂红尘起。观者满路傍，个是谁家子。

个是谁家子，为人大被憎。痴心常愤愤，肉眼醉瞢瞢。见佛不礼佛，逢僧不施僧。唯知打大脔，除此百无能。

人以身为本，本以心为柄。本在心莫邪，心邪丧本命。来能免此殃，何言懒照镜。不念金刚经，却为菩萨病。

城北仲家翁，渠家多酒肉。仲翁妇死时，吊客满堂屋。仲翁自身亡，能无一人哭。哭他杯脔者，何大冷心腹。

下愚读我诗，不解却嗤诮。中庸读我诗，思量云甚要。上贤读我诗，把着满面笑。杨修见幼妇，一览便知妙。

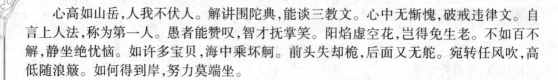

心高如山岳，人我不伏人。解讲围陀典，能谈三教文。心中无惭愧，破戒违律文。自言上人法，称为第一人。愚者能赞叹，智才抚掌笑。阳焰虚空花，岂得免生老。不如百不解，静坐绝忧恼。如许多宝贝，海中乘坏舸。前头失却桅，后面又无舵。宛转任风吹，高低随浪簸。如何得到岸，努力莫端坐。

我见凡愚人，多畜货财谷。饮酒食生命，谓言我富足。莫知地狱深，唯求上天福。罪业如毗富，岂得免灾毒。财主忽然死，争共当头哭。供僧读疏文，空是鬼神禄。福田一个无，虚设一群秃。不如早觉悟，莫作黑暗狱。狂风不动树，心真无罪福。寄语兀兀人，叮咛再三读。

劝你三界子，莫作无道理。理短被他欺，理长不奈你。世间浊滥人，恰似黍粘子。不见无事人，独脱无能比。早须返本源，三界任绿起。清净如入流，莫饮无明水。

三界人蠢蠢，六道人茫茫。贪财爱淫欲，心恶若豺狼。地狱如箭射，极苦若为当。兀兀过朝夕，都不别贤良。好恶总不识，犹如猪及羊。共语如木石，嫉妒似颠狂。不自见己过，如猪在圈卧。不知自偿债，却笑牛牵磨。

人生在尘蒙，恰似盆中虫。终日行绕绕，不离其盆中。神仙不可比，烦恼计无穷。岁月如流水，须臾作老翁。

寒山出此语，复似颠狂汉。有事对面说，所以足人怨。心直出语直，直心无背面。临死渡奈河，谁是喽啰汉。冥冥泉台路，被业相拘绊。

寄语诸仁者，复以何为怀。达道见自性，自性即如来。天真元具足，修证转差回。弃本却逐来，只守一场呆。

世有一般人，不恶又不善。不识主人翁，随客处处转。因循过时光，浑是痴肉脔。虽有一灵台，如同客作汉。

常闻释迦佛，先受然灯记。然灯与释迦，只论前后智。前后体非殊，异中无有异。一佛一切佛，心是如来地。

常闻国大臣，朱紫簪缨禄。富贵千般贪，知荣不知辱。奴马满宅舍，金银盈帑屋。痴福暂时扶，埋头作地狱。忽死万事休，男女当头哭。不知有祸殃，前路何疾速。家破冷飕飕，食无一粒粟。冻饿苦凄凄，良由不觉触。

上人心猛利，一问便知妙。中流心清净，审思云甚要。下士钝暗痴，顽皮最难裂。直得血淋头，始知自摧灭。看取开眼贼，闹市集人决。死尸弃如尘，此时向谁说。男儿大丈夫，一刀两段截。人面禽兽心，造作何时歇。

　　我有六弟兄，就中一个恶。打伊又不得，骂伊又不着。处处无奈何，耽财好淫杀。见好埋头爱，贪心过罗刹。阿爷恶见伊，阿娘嫌不悦。昨被我捉得，恶骂恣情掣。趁向无人处，一一向伊说。汝今须改行，覆车须改辙。若也不信受，共汝恶合杀。汝受我调伏，我共汝觅活。从此尽和同，如今过菩萨。学业攻炉冶，炼尽三山铁。至今静恬恬，众人皆赞说。

　　我见世间人，堂堂好仪相。不报父母恩，方寸底模样。欠负他人钱，蹄穿始惆怅。个个惜妻儿，爷娘不供养。兄弟似冤家，心中常恺快。忆昔少年时，求神愿成长。今为不孝子，世间多此样。买肉自家噇，抹嘴道我畅。自逞说喽啰，聪明无益当。牛头努目瞋，始觉时已曩。择佛烧好香，拣僧归供养。罗汉门前乞，趁却闲和尚。不悟无为人，从来无相状。封疏请名僧，衬钱两三样。云光好法师，安角在头上。汝无平等心，圣贤俱不降。凡圣皆混然，劝君休取相。

　　有鸟五色文，栖桐食竹实。徐动合和仪，鸣中施礼律。昨来何以至，为暂时一出。偿闻弦歌声，作舞欣今日。

　　昔日极贫苦，夜夜数他宝。今日审思量，自家须营造。掘得一宝藏，纯是水精珠。大有碧眼胡，密拟买将去。余即报渠言，此珠无价数。

　　一生佣懒作，憎重只便轻。他家学事业，余持一卷经。无心装褾轴，来去省人擎。应病则说药，方便度众生。但自心无事，何处不惺惺。

　　我见出家人，不入出家学。欲知真出家，心净无绳索。澄澄绝玄妙，如如无倚托。三界任纵横，四生不可泊。无为无事人，逍遥实快乐。

　　昨到云霞观，忽见仙尊士。星冠月帔横，尽云居山水。余问神仙术，云道若为此。谓言灵无上，妙药心神秘。守死待鹤来，皆道乘鱼去。余乃返穷之，推寻勿道理。但看箭射空，须臾还坠地。饶你得仙人，恰似守尸鬼。心月自精明，万象何能比。欲知仙丹术，身内元神是。莫学黄巾公，握愚自守拟。

　　余乡有一宅，其宅无正主。地生一寸草，水垂一滴露。火烧六个贼，风吹黑云雨。子细寻本人，布裹真珠尔。

　　传语诸公子，听说石齐奴。僮仆八百人，水碓三十区。舍下养鱼鸟，楼上吹笙竽。伸头临白刃，痴心为绿珠。

　　何以长惆怅，人生似朝菌。那堪数十年，新旧凋零尽。以此思自哀，哀情不可忍。奈何当奈何，脱体归山隐。

　　我诗也是诗，有人唤作偈。诗偈总一般，读时须子细。缓缓细披寻，不得生容易。依

此学修行,大有可笑事。

有偈有千万,卒急述应难。若要相知者,但入天台山。岩中深处坐,说理及谈玄。共我不相见,对面似千山。

世间亿万人,面孔不相似。借问何因缘,致令遭如此。各执一般见,互说非兼是。但自修己身,不要言他已。

男女有婚嫁,俗务是常仪,自量其事力,何用广张施。取债夸人我,论情入骨痴。杀他鸡犬命,身死堕阿鼻。

世上一种人,出性常多事。终日傍行衢,不离诸酒肆。为他作保见,替他说道理。一朝有乖张,过咎全归你。

我劝出家辈,须知教法深。专心求出离。辄莫染贪淫。大有俗中士,知非不受金。故知君子志,任运听浮沉。

寒山自寒山,拾得自拾得。凡愚岂见知,丰干却相识。见时不可见,觅时何处觅。借问有何缘,向道无为力。

从来是拾得,不是偶然称。别无亲眷属,寒山是我兄。两人心相似,谁能徇俗情。若问年多少,黄河几度清。

若解捉老鼠,不在五白猫。若能悟理性,那有锦绣包。真珠入席袋,佛性止蓬茅。一群取相汉,用意总无交。

运心常宽广,此则名为布。辍已惠于人,方可名为施。后来人不知,焉能会此义。未设一庸僧,早拟望富贵。

猕猴尚教得,人可不愤发。前车既落坑,后车须改辙。若也不知此,恐君恶合杀。比来是夜叉,变即成菩萨。

满卷才子诗,溢壶圣人酒。行爱观牛犊,坐不离左右。霜露入茅檐,月华明瓮牖。此时吸两瓯,吟诗三两首。

施家有两儿,以艺干齐楚。文武各自备,托身为得所。孟公问其术,我子亲教汝。秦卫两不成,失时成龃龉。

踯躅一群羊,沿山又入谷。看人贪竹塞,且遭豺狼逐。元不出孽生,便将充口腹。从头吃至尾,讷讷无余肉。

银星钉秤衡，绿丝作秤纽。贾人推向前，卖人推向后。不顾他心怨，唯言我好手。死去见阎王，背后插扫帚。

闲门私造罪，准拟免灾殃。被他恶部童，抄得报阎王。纵不入镬汤，亦须卧铁床。不许顾人替，自作自身当。

三界如转轮，浮生入流水。蠢蠢诸品类，贪生不觉死。汝看朝垂露，能得几时子。

闲入天台洞，访人人不知。寒山为伴侣，松下啖灵芝。每谈今古事，嗟见世愚痴。个个入地狱，那得出头时。

古佛路凄凄，愚人到却迷。只缘前业重，所以不能知。欲识无为理，心中不挂丝。生生勤苦学，必定睹吾师。

各有天真佛，号之为宝王。珠光日夜照，玄妙卒难量。盲人常兀兀，那肯怕灾殃。唯贪淫失业，此辈实堪伤。

出家求出离，哀念苦众生。助佛为扬化，令教选路行。何曾解救苦，恣意乱纵横。一时同受溺，俱落大深坑。

常饮三毒酒，昏昏都不知。将钱作梦事，梦事成铁围。以苦欲舍苦，舍苦无出期。应须早觉悟，觉悟自归依。

悠悠尘里人，常乐尘中趣。我见尘中人，心多生悯顾。何哉悯此流，念彼尘中苦。

不须攻人恶，不须伐己善。行之则可行，卷之则可卷。禄厚忧责大，言深虑交浅。闻兹若念兹，小儿当自见。

千云万水间，中有一闲士。白日游青山，夜归岩下睡。倏尔过春秋，寂然无尘累。快哉何所依，静若秋江水。

蹭蹬诸贫士，饥寒成至极。闲居好作诗，札札用心力。贱人言孰采，劝君休叹息。题安胡饼上，乞狗也不吃。

欲识生死譬，且将冰水比。水结即成冰，冰消返成水。已死必应生，出生还复死。冰水不相伤，生死还双美。

寻思少年日，游猎向平陵。国使职非愿，神仙未足称。联翩骑白马，喝兔放苍鹰。不觉大流落，皤皤谁见矜。

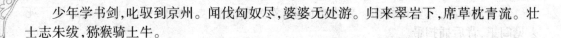

少年学书剑，叱驭到京州。闻伐匈奴尽，婆娑无处游。归来翠岩下，席草枕青流。壮士志朱绂，猕猴骑土牛。

重岩我卜居，鸟道绝人迹。庭除何所有，白云抱幽石。住兹凡几年，屡见春冬易。寄语钟鼎家，虚名定无益。

少小带经锄，本将兄共居。缘遭他辈责，剌被自妻疏。抛绝红尘境，常游好阅书。谁惜一斗水，活取辙中鱼。

徒闭蓬门坐，频经岁月迁。唯闻人作鬼，不见鹤成仙。念此那堪说，随缘须自怜。回瞻郊郭外，古墓犁为田。

本志慕道伦，道伦常获亲，时逢杜源客，每接话禅宾。谈玄月明夜，探理日临晨。万机俱泯迹，方识本来人。

可笑寒山道，而无车马踪。联溪难记曲，叠嶂不知重。泣露千般草，吟风一样松。此时迷径处，形问影何从。

众生不可说，何意许颠邪。面上两恶鸟，心中三毒蛇。是渠作障碍，使你事烦拏。高举手弹指，南无佛陀耶。

驱马度荒城，荒城重客情。高低旧雉堞，大小古坟茔。自振孤蓬影，长凝拱木声。所嗟皆俗骨，仙史更无名。

茅栋野人居，门前车马疏。林幽偏聚鸟，溪阔本藏鱼。山果携儿摘，皋田共妇锄。家中何所有，唯有一床书。

登陟寒山道，寒山路不穷。溪长石磊磊，涧浅草濛濛。苦滑非关雨，松鸣不假风。谁能超世累，共坐白云中。

六极常婴困，九维徒自论。有才遗草泽，无艺闭蓬门。日上岩犹暗，烟消谷尚昏。其中长者子，个个总无裈。

大有饥寒客，生将兽鱼诛。长存庙石下，时笑路边隅。累日空思饭，终冬不识襦。唯斋一束草，并带五升麸。

浪造凌霄阁，虚登百尺楼。养生仍夭命，诱读讵封侯。不用从黄口。何须厌白头。未能端似箭，且莫曲如钩。

以我栖迟处，幽深难可论。无风萝自动，不雾竹长昏。涧水缘谁咽，山云忽自屯。午

时庵内坐,始觉日头暾。

忆昔过逢处,人间逐胜游。乐山登万仞,爱水泛千舟。送客琵琶谷,携琴鹦鹉洲。为知松树下,抱膝冷飕飕。

今日岩前坐,坐久烟云收。一道清溪冷,千寻碧嶂头。白云朝影静,明月夜光浮。身上无尘垢,心中那更忧。

偃息深林下,从生是农夫。立身既质直,出语无谄谀。保我不鉴璧,信君方得珠,焉能同泛滟,极目波上凫。

隐士遁人间,多向山中眠。青萝疏麓麓,碧涧响联联。腾腾且安乐,悠悠自清闲。免有染世事,心净如白莲。

父母续经多,田园不羡他。妇摇机轧轧,儿弄口呱呱。拍手摧花舞,揩颐听鸟歌。谁当来叹贺,樵客屡经过。

家住绿岩下,庭芜更不芟。新藤垂缭绕,古石竖巉岩。山果猕猴摘,池鱼白鹭衔。仙书一两卷,树下读喃喃。

四时无止息,年去又年来。万物有代谢,九天无朽摧。东明又西暗,花落复花开。唯有黄泉客,冥冥去不回。

岁去换愁年,春来物色鲜。山花笑绿水,岩树舞青烟。蜂蝶自云乐,禽鱼更可怜。朋游情未已,彻晓不能眠。

青绿山水图

吾家好隐沦,居处绝嚣尘。践草成三径,瞻云作四邻。助歌声有鸟,问法语无人。月里娑婆树,几年为一春。

琴书须自随,禄位用何为。投辇从贤妇,巾车有孝儿。风吹曝麦地,水溢沃鱼池。常念鹪鹩鸟,安身住一枝。

弟兄同五郡,父子本三州。欲验飞凫集,须旌白兔游。灵爪梦里受,神橘座中收。乡园何迢递,同鱼寄水流。

独坐常忽忽,情怀何悠悠。山腰云漫漫,谷口风飕飕。猿来树嫋嫋,鸟入林啾啾。时摧鬓飒飒,岁尽老惆惆。

田家避暑月,斗酒共谁欢。杂杂排山果,疏疏园酒尊。芦菁将代席,蕉叶且充盘。醉后搢颐坐,须弥小弹丸。

止宿鸳鸯鸟,一雄兼一雌。衔花相共食,刷羽每相随。戏入烟霄里,宿归沙岸湄。自怜生处乐,不夺凤凰池。

山中何大冷,自古非今年。沓嶂恒凝雪,幽林每吐烟。草生芒种后,叶落立秋前。此有沉迷客,窥窥不见天。

城中蛾眉女,珠佩珂珊珊。鹦鹉花前弄,琵琶月下弹。长歌三日响,短舞万人看。未必长如此,芙蓉不耐寒。

三月蚕犹小,女人来采花。限墙弄蝴蝶,临水掷虾蟆。罗袖盛梅子,金锥挑笋芽。斗论争物色,此地胜余家。

妇女慵经织,男夫懒耨田。轻浮耽挟弹,趑趄拈抹弦。冻骨衣应急,充肠食在先。今谁念于汝,善痛哭苍天。

不行真正道,随邪号行婆。口暂神佛少,心怀嫉妒多。背后噇鱼肉,人前念佛陀。如此修身处,应难避奈何。

昔时可可贫,今日最贫冻。作事不谐和,触途成倥偬。行泥屡脚屈,坐社频腹痛。失却班猫儿,老鼠围饭笼。

自从出家后,渐得养生趣。伸缩四肢全,动应六根具。疏褐随春冬,粝食供朝暮。今日恳恳修,愿与佛相遇。

劝你休去来,莫恼他阎老。失脚入三途,粉骨遭千捣。长为地狱人,永隔今生道。勉你信余言,识取衣中宝。

或有街行人,才艺遇周孔。见罢头兀兀,看时身佝佝。绳牵未肯行,锥刺犹不动。恰

似羊公鹤,可怜生懂懵。

　　三五痴后生,作事不真实。未读十卷书,强把雌黄笔。将他儒行篇,唤作贼盗律。脱体似蝉虫,咬破他书帙。

　　自在白云闲,从来非买山。下危须策杖,上险捉藤攀。涧边松常翠,溪边石自斑。交朋虽阻绝,春至鸟关关。

　　玉堂挂珠帘,中有婵娟子。其貌胜神仙,容华若桃李。东家春雾合,西舍秋风起。更过三十年,还成甘蔗滓。

　　有乐且须乐,时哉不可失。虽云一百年,岂满三万日。寄世是须臾,论钱莫啾唧。《孝经》末后篇,委曲陈情毕。

　　个是何措大,时来省南院。年可三十余,曾经四五选。囊里无青蚨,箧中有黄卷。行到食店前,不敢暂回面。

　　自有悭惜人,我非悭惜辈。衣单为舞穿,酒尽缘歌啐。常取一腹饱,莫令两脚累。蓬蒿钻髑髅,此日君应悔。

　　我行经古坟,泪尽嗟存殁。冢破压黄肠,棺穿露白骨。欹斜有瓮瓶,挓拨无簪笏。风至揽其中,灰尘乱坲坲。

　　养女畏大多,已生须训诱。捺头遣小心,鞭背令缄口。未解秉机抒,那堪事箕帚。张婆语驴驹,汝大不知母。

　　余家有一窟,窟中无一物。净洁空堂堂,光华明日日。蔬食养微躯,布裘遮幻质。任你千圣现,我有天真佛。

　　子之何遑遑,卜居须自审。南方瘴疬多,北地风霜甚。荒陬不可居,毒川难可饮。魂兮归去来,食我家园葚。

　　凡读我诗者,心中虽护净。悭贪继日廉,谄曲登时正。驱遣除恶业,归依受真性。今日得佛身,急急如律令。

　　出生三十年,常游千万里。行江青草合,入塞红尘起。炼药空求仙,读书兼咏史。今日归寒山,枕流兼洗耳。

　　变化计无穷,生死竟不止。三途鸟雀身,五岳龙鱼已。世浊作^觊獳,时清为騄骊。前回是富儿,今度成贫士。

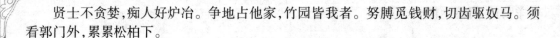

贤士不贪婪，痴人好炉冶。争地占他家，竹园皆我者。努膊觅钱财，切齿驱奴马。须看郭门外，累累松柏下。

唝唝买鱼肉，担归馁妻子。何须杀他命，将来活汝己。此非天堂缘，纯是地狱滓。徐六语破堆，始知没道理。

雍容美少年，博览诸经史。尽号曰先生，皆称为学士。未能得官职，不解秉耒耜。冬披破衣衫，盖是书误己。

寒山多幽奇，登者皆怕慑。月照水澄澄，风吹草猎猎。凋梅雪作花，杌木云充叶。触雨转鲜灵，非晴不可涉。

有树先林生，计年逾一倍。根遭陵谷变，叶被风霜改。咸笑外凋零，不怜内文彩。皮肤脱落尽，唯有真实在。

璨璨卢家女，旧来名莫愁。贪乘摘花马，乐旁采莲舟。膝坐绿熊席，身披青凤裘。哀伤百年内，不免归山丘。

谁家长不死，死事旧来均。始忆八尺汉，俄成一聚尘。黄泉无晓日，青草有时春。行到伤心处，松风愁杀人。

独卧重岩下，蒸云昼不消。室中虽瞹暖，心里绝喧嚣。梦去游金阙，魂归度石桥。抛除闹我者，历历树间瓢。

极目兮长望，白云四茫茫。鸦鸦饱腵腰，鸾凤饥傍徨。骏马放石碛，蹇驴能至堂。天高不可问，鹔鹴在沧浪。

精神殊爽爽，形貌极堂堂。能射穿七札，读书览五行。经眠虎头枕，昔坐象牙床。若无阿堵物，不啻冷如霜。

教汝数般事，思量知我贤。极贫忍卖屋，绕富须买田。空腹不得走，枕头须莫眠。此言期共见，挂在日东边。

杳杳寒山道，落落冷涧滨。啾啾常有鸟，寂寂更无人。淅淅风吹面，纷纷雪积身。朝朝不见日，岁岁不知春。

世有聪明士，救苦探幽文。三端自孤立，六艺越诸君。神气卓然异，精彩超众群。不识个中意，逐境乱纷纷。

层层山水秀，烟霞锁翠微。岚拂纱巾湿，露沾蓑草衣。足蹑游方履，手执古藤枝。更

观尘世外,梦境复何为。

　　白拂旃檀柄,馨香竟日闻。柔和如卷雾,摇曳似行云。礼奉宜当暑,高提复祛尘。时时方丈内,将用指迷人。

　　画栋非吾宅,青林是我家。一生俄尔过,万事莫言赊。济渡不造筏,漂沦为采花。善根今未种,何日见生芽。

　　鸟弄情不堪,其时卧草庵。樱桃向杏杏,杨柳正毵毵。旭日御青嶂,晴云洗绿潭。谁知出尘俗,驰上寒山南。

　　吁嗟贫复病,为人绝友亲。瓮里长无饭,甑中屡生尘。蓬庵不免雨,漏榻劣容身。莫怪今憔悴,多愁定损人。

　　群女戏夕阳,风来满路香。缀裙金蛱蝶,插髻玉鸳鸯。角婢红罗缜,阉奴紫锦裳。为观失道者,鬓白心惶惶。

　　我见黄河水,凡经几度清。水流如急箭,人世若浮萍。痴属根本业,无明烦恼坑。轮回几许劫,只为造迷盲。

　　昨见河边树,摧残不可论。二三余蕊卉,千万斧刀痕。霜剥萎黄叶,波冲枯朽根。生处当如此,何用怨乾坤。

　　怜底众生病,餐尝略不厌。蒸豚揾蒜酱,炙鸭点椒盐。去骨鲜鱼脍,兼皮熟肉脸。不知他命苦,只取自家甜。

　　佛哀三界子,总是亲男女。恐沉黑暗坑,示仪垂化度。尽登无上道,俱证菩提路。教汝痴众生,慧心勤觉悟。

　　佛舍尊荣乐,为愍诸痴子。早愿悟无生,办集无上事。后来出家者,多缘无业次。不能得衣食,头钻入于寺。

　　我见世间人,个个争意气。一朝忽然死,只得一片地。阔四尺长丈,二汝若会出。来争意气我,与汝立碑记。

　　丹丘迥耸与云齐,空里五峰遥望低。雁塔高排出青嶂,禅林古殿入虹蜺。风摇松叶赤城秀,雾吐中岩仙路迷。碧落千山万仞见,藤萝相接次连溪。

　　余曾昔睹聪明士,博达英灵无比伦。一选嘉名喧宇宙,五言诗句越诸人。为官治化超先辈,直为无能继后尘。忽然富贵贪财色,瓦解冰消不可陈。

汝谓埋头痴兀兀，爱向无明罗刹窟。再三劝你早修行，是你顽痴心恍惚。不肯信受寒山语，转转倍加业汩汩。直待斩首作两段，方知自身奴贼物。

云山叠叠连天碧，路僻林深无客游。远望孤蟾明皎皎，近闻群鸟语啾啾。老夫独坐栖青嶂，少室闲居任白头。可叹往年与今日，无心还似水东流。

闲自访高僧，烟山万万层。师亲指归路，月挂一轮灯。

闲游华顶上，天朗尽光辉。四顾晴空里，白云同鹤飞。

嗟见世间人，永劫在迷津。不省遮个意，修行徒苦辛。

身着空花衣，足蹑龟毛履，手把兔角弓，拟射无明鬼。

多少天台人，不识寒山子。莫知真意度，唤作闲言语。

吾心似秋月，碧潭清皎洁。无物堪比伦。教我如何说。

家有寒山诗，胜汝看经卷。书放屏风上，时时看一遍。

无去无来本湛然，不拘内外及中间。一颗水精绝瑕翳，光明透满出人天。

云山叠叠几千重，幽谷路深绝人踪。碧涧清流多胜境，时来鸟语合人心。

千生万死何时已，生死来去转迷情。不识心中无价宝，恰似盲驴信脚行。

心神用尽为名利，百种贪婪进己躯。浮生幻化如灯烬，冢内埋身是有无。

世间何事最堪嗟，尽是三途造罪祖。不学白云岩下客，一条寒衲是生涯。

秋到任地林叶落，春来从你树开花。三界横眠无一事，明月清风是我家。

自笑老夫筋力败，偏恋松岩爱独游。可叹往年至今日，任运还同不系舟。

千年石上古人踪，万丈岩前一点空。明月照时常皎洁，不劳寻讨问西东。

一住寒山万事休，更无杂念挂心头。闲于石壁题诗句，任运还同不系舟。

余见僧繇性希奇，巧妙间生梁朝时。饶邈虚空写尘迹，无因尽得志公师。

久住寒山凡几秋，独吟歌曲绝无忧，饥餐一粒伽陀药，心地调和倚石头。

众星罗列夜深明，岩点孤灯月未沉。圆满光华不磨莹，挂在青天是我心。

老病残年百有余，面黄头白好山居。布裘拥质随缘过，岂羡人间巧样模。

寒山顶上月轮孤，照见晴空一物无。可贵天然无价宝，埋在五阴溺身躯。

我向前溪照碧流，或向岩边坐磐石。心似孤云无所依，悠悠世事何须觅。

我家本住在寒山，石岩栖息离烦缘。泯时万象无痕迹，舒处周流遍大千。光影腾辉照心地，无有一法当现前。方知摩尼一颗珠，解用无方处处圆。

世人何事可吁嗟，苦乐交煎勿底涯。生死往来多少劫，东西南北是谁家。张王李赵权时姓，六道三途事似麻。只为主人不了绝，遂招迁谢逐迷邪。

余家本住在天台，云路烟深绝客来。千仞岩峦深可遁，万重溪涧石楼台。桦巾木屐沿流步，布裘藜杖绕山回。自觉浮生幻化事，逍遥快乐实奇哉。

自从我到天台寺，经今早已几冬春。山水不移人自老，见却多少后生人。君不见，三界之中纷扰扰，只为无明不了绝。一念不生心澄然，无去无来不生灭。

余自来天台，比经几万回。一身如云水，悠悠任去来。

逍遥绝无闹，忌机隆佛道。世间岐路心，众生多烦恼。

兀兀沉浪海，漂漂轮三界，可惜一灵物，无始被境埋。

霓光瞥然起，生死纷尘埃。寒山特相访，拾得常往来。

论心话明月，大虚廓无碍。法界即无边，一法普遍该。

本来无一物，亦无尘可拂。若能了达此，不用坐兀兀。云山诗集瞋是心，中火能烧功德林。欲行菩萨道，忍辱护真心。

碧涧泉水清，寒山月华白。默知神自明，观空境逾寂。

卜择幽居地，天台更莫言。猿啼溪雾冷，岳色草门连。竹叶覆松室，开石引涧泉。已甘休万事，采蕨度残年。

益者益其精，可名为有益。易者易其形，是名为有易。能益复能易，当得上仙籍。无益复无易，终不免死厄。

贪人好聚财，恰如枭爱子。子大而食母，财多还割己。散之即福生，聚之即祸起。无财亦无祸，鼓翼青云里。

去家一万里，提剑击匈奴。得利渠即死，失利汝即殂。渠命既不惜，汝命有何辜。教汝百胜术，不贪为上谟。

世有一等愚，茫茫恰似驴。还解人言语，贪淫状若猪。险歌难可测，实语却成虚。谁能共伊语，令教莫此居。

若人逢鬼魅，第一莫惊惧。捺硬莫采渠，呼名当自去。烧香请佛力，礼拜求僧助。蚊子叮铁牛，无渠下嘴处。

浩浩黄河水，东流长不息。悠悠不见清，人人寿有极。苟欲乘白云，曷由生羽翼。唯当鬓斑时，行往须努力。

乘兹朽木船，采彼纤婆子。行至大海中，波涛复不止。唯赍一宿粮，去岸三千里。烦恼从何生，愁哉缘苦起。

默默永无言，后生何所述。隐居在林薮，智境何由出。枯槁非坚卫，风霜成夭疾。土牛耕石田，未有得稻日。

山客心悄悄，常嗟岁序迁。辛勤采芝木，搜斥讵成仙。庭廓云初卷，林明月正圆。不归何所为，桂树相留连。

有人坐山陉，云卷兮霞璎。秉芳兮欲寄，路漫兮难征。心惆怅狐疑，年老已无成。众喔咿斯蹇，独立兮忠贞。

猪吃死人肉，人吃死猪肠。猪不嫌人臭，人返道猪香。猪死抛水内，人死掘地藏。彼此莫相吃，莲花生沸汤。

快哉混沌身，不饭复不尿。遭得谁钻凿，因兹立九窍。朝朝为衣食，岁岁愁租调。千个争一钱，聚头亡命叫。

啼哭缘何事，泪如珠子颗。应当有别离，复是遭丧祸。所为在贫穷，未能了因果。家间瞻死尸，六道不欣我。

贪爱有人求快活，不知祸在百年身。但看阳焰浮沤水，便觉无常败坏人。丈夫志气直如铁，无曲心中道自真。行密节高霜下竹，方知不枉用心神。

徒劳说三史，浪自看五经。泪老检黄籍，依前注白丁。筮遭连蹇卦，生主虚危星。不及河边树，年年一度青。

有汉姓傲慢，名贪字不廉，一身无所解，百事被他嫌。死恶黄连苦，生怜白密甜。吃鱼犹未止，食肉更无厌。

《中州集》

李纯甫杂诗六首

颠倒三生梦，飞沉万劫心。乾坤头至踵，混沌古犹今。黑白无真色，宫商岂至音。维摩瀨问口，枝上一蝉琴。

乾坤大聚落，今古小朝昏。诸子蝇钻纸，群雄虱处裈。一心还入道，万物自归根。却笑幽忧客，空招楚些魂。

丹凤翔金鼎，苍龙戏玉池。心源澄似水，鼻息细于丝。枕上山川好，壶中日月迟。神仙学道者，那许小儿知。

空译流沙语，难参少室禅。泥牛耕海底，玉犬吠云边。仰峤圆茶梦，曹山放酒颠。书生眼如月，休被衲僧穿。

狡兔留三窟，猕猴戏六窗。情田锄宿草，心月印澄江。酒戒何曾破，诗魔先已降。雄蜂雌蛱蝶，正自不成双。

道义富无敌，诗书贵不赀。浮生几两屐，狂乐一绚丝。豪侠非吾友，臞儒即我师。谁知茅屋底，元自有男儿。又作元有丈夫儿。

又偶得

包裹青衫已十年，聪明更觉不如前。簿书丛里先抽手，鼓笛场中少息肩。瓶底剩储元亮粟，又头高挂老坡钱。会须著我屏山下，了却平生不问天。

李经杂诗

四言

岩椒郁云，日夕生阴。雨雪缟夜，秋黄老林。人烟墨突，樵径云深。

造物开岩地，岩帐揜剑壁。苔花张古锦，霜叶老秋碧。日夕云窦阴，风鼓泉涌石。马蹄忌硗确，樵道生枳棘。盘盘出井底，回首帐如失。长老不耐事，底事挂尘迹。披云出山椒，白鸟表林隙。

长河老秋冻，马怯冰未牢。河山吟鞭底，日暮风更号。

晨井冻不爨，谁疗壮士饥。天厩玉山禾，不救我马鬿。

雁奴失寒更，拍拍叫秋水。天长梦已尽，秋思纷难理。

尘埃汩没伺候工，《离骚》不振矜鱼虫。风云谁复话菁蔡，不图履豨哀屠龙。挟笺搦管坐书空，呫呫堂上酣歌钟。乃知造物戏儿童，不妨远目送归鸿。莫怪魏瓠无所容，此去未许江船东。五经不扫途辙穷，门庭日月生皇风。太阿剖室砺以石，坐扫鹳鹤摇天雄。

王特起偶作

人情事胜似争棋，死怕输人一著迟。黑白不分傍袖手，年来吾亦爱吾痴。

又谩作

有时幽鸟话心事，无限秋虫夸口才。北阙上书吾老矣，东篱把菊思悠哉。竹林留得巨源在，莲社招入渊明来。不然余子败人意，怀抱耿耿胡为开。

又绝句二首

山势奔腾如逸马，水流委曲似惊蛇。溪灵不欲露天巧，眼力来到云先遮。
鸟语留春春已回，落花随意卧苍苔。清明寒食因循过，萱草蔷薇次第开。

王良臣杂诗三首

道人知我爱禅房，净扫阶前紫石床。软饱三杯风味好，脱巾和月卧黄昏。

老子平生酷爱闲，天教行处得禅关。粥鱼敲落檐头月，犹在梅花醉里间。

残阳收拾第兄行，拣得机心不到乡。安置小奴今夜梦，芦花风细月如霜。

周昂无题

西风吹白水,日暮动寒威。野帐收旗尽,奚儿饮马归。稍稍闻鸟过,惨惨见云飞。夜黑多豹虎,荒村定敢依。

又读陈后山诗

子美神功接混茫,人间无路可升堂。一班管内时时见,赚得陈郎两鬓苍。

又读柳诗

功名翁忽负初心,行和骚人泽畔吟。开卷未终还复掩,世间无此最悲音。

史肃

杂诗二首

春江日暖舞清涟,客舍萧萧一缕烟。幽鸟隔林招我醉,小桃当户为谁妍。禅心已作沾泥絮,诗思浑如上水船。却是官闲得无事,一帘红雨枕书眠。

南皮城下荒秋草,说是当日燕支台。世事翻腾只如此,吾生弃置已焉哉。迎风紫苋因循老,背日黄花次第开。独夜不眠思阿谢,白羊如驾小车来。

刘迎书

何维桢见赠诗后

尘埃握手众人中,草木重来臭味同。春夏我虽迷出处,交游君不异初终。赤黄晚岁徵奇梦,清白平生继古风。叹息蜀州人日作,伤心不觉涕无从。

密国公涛漫赋

贫知囊底一钱无,老觉人间万事虚。富贵倘来终作么,勋名便了又何如。季鹰未饱松江□,鲁望将成笠泽书。自是杜门无客过,不关多病故人疏。

刘泽

与刘之昂酬唱有诗云

侯门旧说炎如火，陌巷今犹冷似冰。半夜杯槃长袖舞，白头书册短檠灯。

蔡松年

漫成

人生各有适，一受不可更。达已欲徇世，忧患常相婴。三军护汉将，九鼎调苍生。功名岂不美，强之辄无成。朝昏忘寝食，俯仰劳心形。何如从所好，足以安余龄。予也一丘壑，野性直难名。力懦谢提剑，才拙惭穷经。疏放已成癖，纷华谁与争。惊鹿便草丰，白鸥愿江清。不堪行作吏，万累方营营。夜虑多俗梦，晓枕无余醒。拄颊西山语，适意千里羹。尘土走岁月，秋光浮宦情。欲语个中趣，知音耿晨星。世途古今险，方寸风涛惊。封侯有骨相，使鬼须铜腥。誓收此身去，田园事春耕。

蔡珪

读戎昱诗有作

我家北潭边，溪流卧衡门。俗客自不来，好客时开尊。路人或不知，云是渭南村。底事半年别，此怀谁与论。

来时西郊林，木末秋未老。借筯数归日，乃复见冬杪。心驰倚门望，望我绵绵道。惭愧戎子诗，在家贫亦好。

吴激

偶成二首

一番瘦笋羽林枪，松架阴阴尽日凉。绕屋云烟无定态，连山草木有真香。
蟹汤兔盏斗旗枪，风雨山中枕簟凉。学道穷年何所得，只工扫地与烧香。

高士谈

偶题

羡他田父老于农,远是庄西与舍东。不似宦游情味恶,半生常在别离中。

朱之才

寓言二首

兽有善触邪,草有能指佞。兽草非有心,不移本天性。前王著臣冠,俾尔效端鲠。如何不称服,触指反忠正。吾欲取二物,蓁植列台省。一令邪佞徒,奔走巫深屏。

风雨晦时夜,鸡鸣有常声。霜雪枯万干,松柏有常青。内守初已定,外变终难更。若人束世利,浮沉无定情。俯仰效桔槔,低昂甚权衡。反出木鸟下,徒为万物灵。

祝简

杂诗

雨后清寒满袖风,雁声南去暮云浓。秋来杞菊能多少,欲助盘食自不供。

榴花娇欲斗罗裙,石竹开成碎缬文。更有戎葵亦堪爱,日烘红脸酒初醺。

施宜生

无题

唱得新翻稳贴腔,阿谁能得肯双双。天宁寺里尊前月,分擘清寒入小窗。

刘从益

和渊明杂诗

俗士苦纷竞,此心本无尘。功名乃外物,了不关吾身。吾身复何有,形神假相亲。天

地开一室，日月挟两邻。有生即有化，如晏之必晨。但得醉中了，亦足称达人。

挥戈欲却日，小力自不量。何如任天运，闭门坐齐芳。诗书列四隅，著我于中央。夏卧北窗风，隆冬曝朝阳。但有藜藿羹，亦足充饥肠。

少为饥所驱，老为病所迫。人生能几何，东阡复南陌。急须沽酒来，一笑举太白。浩歌草木振，起舞天地窄。同欢二三子，谁主复谁客。浮沉大浪中，毕竟归真宅。

岁月去何速，老炎变新凉。游子久不归，回首望大梁。风埃惨如此，何处真吾乡。野菊明落日，林枫染飞霜。劝我一杯酒，悠然秋兴长。

郭邦彦

读毛诗

含气有喜怒，触物无不鸣。天机泄鸟迹，文字从此生。谁言土苇器，声合天地清。朴怀牺氏瑟，巧露娲皇笙。末流不可障，声律随合并。遍读萧氏《选》，不见真性情。怨刺杂讥骂，名曰《离骚经》。颂美献谄谀，是谓之罘铭。《诗》道初不然，自是时代更。秦火烧不死，此物如有灵。至今三百篇，殷殷金石声。汉儒各名家，辩口剧分争。康成独麾戈，诸儒约连衡。祭酒最后出，千古老成精。我欲读《尔雅》，不辨螯蟹名。尚怜沈谢辈，满箧月露形。孔徒凡几人，入室无长卿。三子论性命，举世为讥评。白首草大玄，才得覆酱罂。不如匡鼎说，愈笑人愈听。

张建

杂诗二首

瓦瓶担山泉，石鼎煮岩菊。燎以松桂枝，清芬满茅屋。

踏雪寻梅花，雪梅同一色。不是暗香来，梅花寻不得。

毛麾

无题一首

少鞌对起石州山，杨柳分青入髻鬟。乍识春风眼如鹘，为谁无语独凭栏。

李澥

谩书

胸怀平日窗八达,伎俩只今龟六藏。唯有闲情如老菊,寒华自信晚能香。

刘勋

读张仲扬诗因题其上

布衣一日见明君,俄有诗名四海闻。枫落吴天真好句,不须多见郑参军。

郭用中

偶得

参遍丛林懒出游,指端孤月照高秋。大千界里闲窥掌,不二门中暗点头。扫地烧香聊自遣,栽花种竹尽风流。庄蒙抵死谈齐物,无物齐时也合休。

宗端修

漫书

冷面宜教冷眼看,只惭索来向长安。阴崖何限枯松树,望见屏帏尽牡丹。

王敏夫

同东岩元先生论诗

林逋仙去几来年,惊见梅花第二篇。千岁冰霜松骨瘦,九秋风露鹤声圆,腾辉定出连城上,得趣知从太古前。邂逅茅斋话终夕,只疑人世改桑田。

刘曹王豫

杂诗六首

竹坞人家濒小溪,数枝红杏出疏篱。门前山色带烟重,幽鸟一声春日迟。

风荷柄柄弄清香,轻簿沙禽落又翔。红日转西渔艇散,一川山影暮天凉。

古度停骖日向沉,凄凉归思梗清吟。碧山几点塞天阔,红叶一林秋意深。

倚岩萧寺据危崖,文室轩窗面水开,雪霁暮寒山月上,数竿修竹一枝梅。

昼色晴明著色图,山光凝翠接平湖。烟岚自古人难画,远即深深近却无。

寒林烟重暝栖鸦,远寺疏钟送落霞。无限岭云遮不断,数声和月到山家。

王中立

杂诗四首

华山宫殿白云封,不见当年打睡翁。贪看终南山色好,不知红日下前峰。

独跨苍虬下太清,春风万里月华明。因君感激为君说,凿破天机我也惊。

云叶郯郯皱碧空,笙箫递响入天风。忽惊风浪耳边急,不觉形神来世中。

此生休更问浮名,名利区区不暂停。我有一丸天上药,用时还解济苍生。

王予可

杂诗二首

白露沙滩浸绿湄,小舟舣岸尚依希。山回屏曲江连树,春锁人家深处归。

暗悲秋色素团团,一雨飘零飔雾寒。天净长空烟敛处,彩虹金桂树头山。

元敏之

读裕之弟诗藁,有"莺声柳巷深"
之句漫题三诗其后。

阿翁醉语戏儿痴,说著蝉诗也道奇。吴下阿蒙非向日,新篇争遣九泉知。

莺藏深树只闻声,不著诗家画不成。惭愧阿兄无好语,五言城下把降旌。

传家诗学在诗郎,剖腹留书死敢忘。先人临终,有"剖腹留书"之语。背上锦囊三箭在,直须千古说穿杨。

元德明诗

少有吟诗癖,吟来欲白头。科名不肯换,家事几曾忧。含咀将谁语,研摩若自雠。百年闲伎俩,直到死时休。

灯下读林和靖诗

落叶落复落,清霜今几番。疏灯照茅屋,山月入颓垣。老爱寒花淡,幽嫌宿鸟喧。卷中林处士,相对两忘言。

滕茂实

偶成

纤云卷尽见秋容,古木交阴一扫空。雪压群山晓来雨,叶侵缺□几番风。欲归未得人将老,屡送还来鬼亦穷。赖得子卿佳传在,整冠时读慰飘蓬。中州元气。

李章

读太白诗六首

古风六十篇,诗家共敛手。可怜郊岛辈,区区到白首。

本是江湖人,强作金门客。拔剑斫苍蝇,归来弄明月。

长安白日晚,渭水秋风寒。蓬莱有归路,休歌蜀道难。

平生不识愁,但恐荣革改。泰山作黄金,酒池接沧海。

朝作猛虎行,暮作长相思。谁知心似铁,也有皱眉时。

诗家无处泄,挂席探禹穴。饱登黄鹤楼,烂醉金陵月。

又读过斋诗

杜老藩篱岂易窥,西昆体变渐流漓。语新涉近难名世,调古求深却背时。射虎岂无真李广,捧心那得两西施。牛腰几卷犹嫌少,鬼妒天愁不自知。

又杂诗

李杜文章冠一时,六朝高胜晚唐卑。渊明自合诗家爱,万古清风一伯夷。

双龙罐

陶潜志屈归来日,贾谊书陈恸哭时。涧底孤松休郁郁,世间万事只天知。

自怜高处少于痴,半世蹉跎坐好奇。到处溪山题品遍,闲中犹欠羡坡诗。

又谩成

学得诗篇似古人,才交人笑捧心颦。直须到却无心处,信手拈来始是真。

志短才微学失真,枉消岁月费精神。闲来点检囊中作,几首新诗到古人。

又绝句三首

李杜韩苏万古春,西昆一变渐离真。前山未了后山出,多少邯郸失步人。

开帘忽见檐前月,欹枕未眠窗下客。山云过雨不成阴,秋千院落花如雪。

竹影重封绿琐窗,蜗涎微印紫苔墙。晓来一阵催秋雨,便觉风来带嫩凉。

房灏

读友人诗六首

客从长安来,梦寐嵩少间。误入梁王都,繁华亦可观。清晨登吹台,豁豁诗眼宽。回头一西顾,三十六青山。

天垂日月光,人目借以明。夜深黑如漆,谁不摸索行。异哉学仙子,视明恐目盲。终日暗室中,痴坐守冥冥。

自古贤圣人,立行贵适中。所以千万年,人感教化功。西山耸夷节,东鲁扬惠风。清和亦奚罪,后世谥与恭。

天地有定位,醉眼迷东西。望道未之见,自鲁还适齐。安车由坦途,不闻有颠跻。胡为远丘壑,披蒿寻幽蹊。

有客从东来,携我陟峻岭。或上如缘壁,或下如堕井。四望云雾深。天藏秘佳景。归来返平川,红日正炳炳。

扬子草《太玄》,知音一何寡。寥寥千载后,仅得邵与马。费尽二公辞,不赎苏子骂。玄尚且如斯,况不及玄者。

又谩成

膰肉不至孔子行,醴酒不设穆生去。圣贤志岂在酒肉,酒肉之中礼所寓。主人待客礼已亡,客若不去真苟聚。丈夫生有万里气,岂肯低眉市虚誉。与其舐痔得车多,曷若行歌丐于路。我之为我当自持,穷达听天无必固。或乘云气登苍梧,或游东海随烟雾。杖头长挂一壶酒,满目江山总诗具。浩然一点天地间,我大物小坦无惧。不然须入鹿门山,径谒庞公栖隐处。盖头风雨茅三间,妻学辟𬊤儿织屦。石田濒水得数畦,病力犹堪种芎芋。弊衣粝食任平生,天下何思复何虑。一毫既不诎于人,绰绰胸中有余裕。

又读杜诗

后学为诗斗务奇,诗家奇病最难医。欲知子美高人处,只以寻常话做诗。

穿磔冥搜枉费功,天成一语自然工。况兼诗是穷人物,好句多生感慨中。

白水鱼竿鹤发翁,世间底处觅英雄。纵横虽有如椽笔,不入丽人眼目中。

千里奔驰蜀道难,草堂宾主馨交欢。怒冠三挂帘钩上,谁谓将军礼数宽。

又漫题

白发已刁骚,颓颜懒折腰。身如枯木瘦,心似谷芽焦。岁月长漂泊,生涯惯寂寥。年来忘肉味,岂是为闻《韶》。

又偶得

节过重阳景自殊,斜风细雨晓寒初。黄花自逐秋光老,白发还同世事疏。百念已灰时去矣,一身多病盍归欤。幽居自是无车马,独对余尊读道书。

赵从周

杂拟三首

朱明变气候,大火向西流。六龙整征辔,倏忽夏已秋。阊阖来悲风,霜稜被九州。岂不念时节,岁律聿其周。精卫填溟海,木石安所投。独携羡门子,高步登昆丘。千秋长不老,永谢区中囚。

猗猗南山竹,并生几卉丛。岁晏多霜雪,见别萧艾中。我欲食鹓雏,千岁不一逢。留之和律吕,截竹嵫谷筒。一变为清商,日暮来悲风。清泉溉石根,上有白云封。虚心抱静节,知音为谁容。不如归去来,一竿钓清沣。

白日沦西汜,沧海无回波。四时更代谢,奈此迟暮何。我欲制颓光,惜无鲁阳戈。凭高望八荒,瞵恍迷山河。惊风振江海,山林无静柯。兽狂走四顾,旷野迷绖罗。西登广武山,北顾望三河。蓬蒿蔽极目,人少虎狼多。喟然发长叹,拊剑徒悲歌。

刘昂

读山谷诗

语要新奇万世传,琴中高趣在无弦。才离古佛拈花处,又到庄周梦蝶篇。老柏烧余观物化,寒梅雪里作春妍。论封合作江南将,输与明珠万颗圆。

绝句二首

山花山雨相兼落,溪水溪云一样闲。野店无人问春事,酒旗风外鸟关关。

禅僧劝学安心法,道士教行进火功。今日一杯俱破戒,黄花篱下醉西风。

王庭筠

偶作

腰金旧说杨州鹤,网舄曾闻叶县凫。何似东平阮夫子,一官千里独骑驴。

又绝句二首

竹影横窗瘦,梅花入梦香。可怜今夜月,不肯下西厢。

几年山里伴云闲,却逐闲云漫出山。官职留人归未得,如今矫首送云还。

魏之美

绝句

百岁光阴千岁忧,三分春色二分愁。九分斟酒十分饮,一事灰心万事休。

刘赡

绝句

一旬暂得耳无事,三盏且教心太平。寄语山南旧兄弟,此时不合论功名。

葛天民

偶题

绿树何稠叠,清风稍羡余。枕萦云片片,帘透雨疏疏。修笕通泉壑,残碑出野锄。丘陵知几变,耕稼杂陶渔。

又偶成

始参龙象种,终见马牛身。再整冲冠髻,难忘漉酒巾。散花天上女,拨草道中人。寄语林和靖,非翁不卜邻。

又绝句

夜雨涨波高二尺,失却捣衣平正石。天明水落石依然,老夫一夜空相忆。

又杂诗

下竺山前打一遭,丁宁门子看溪桥。恐惊绕涧梅花落,莫遣行人语笑高。

江湖集

陈起宗以毅斋曾先生诗法曰:"能以无情作有情,子能举以见教,兼示学诗如学禅"之句,次韵声谢。

西禅欲南阐,胡僧越海来。一蹴嵩山云,支分五岐开。逢人问灵源,要识老牛胎。半生苦迷此,所见只瞢哉。有时面壁求,眼底仍飞埃。谁知机凑到,却自诗中回。无中写出有,金枝生蒿莱。再拜先生语,段段空中裁。当此意会处,高唱还自咍。如得合浦珠,如获荆山瑰。方信春力到,无地匝苍苔。可怜思花人,区区羯鼓催。我今得密旨,敢熄炉中灰。瓣香为南丰,用酬开灵台。

又天台桐柏观李高士惠诗,兼寄其游山纪咏一编,且复见招予,不能赴约,敬次来韵以谢

景物写成编,清新人竞传。风轻花自若,雨骤鸟凄然。老我尘中累,多君物外仙。未能抛世虑,山馆借床眠。

又汪起潜谢送唐诗,用韵再送刘沧小集

二年不觌盂山贤,戍客打门惊幽禅。手持姑溪之双鲤,中藏片玉龙鸾镌。弘璧天球匠意古,未数大历郎与钱。自非仙蜕得灵骨,何以坐拍洪崖肩。秋高约我西湖边,是时抱衾借枕眠。未赓疏影暗香句,且继寒泉秋菊篇。箧中尚有诗一编,持赠虽微意则虔。锦段料应重下剪,向来清思涌如泉。

又赵监簿寄建宁诸诗

推敲久不见新裁,函轴光芒寄草莱。音调似于清庙听,风骚知自建安来。每嗟衰晚同篱菊,岂意先春得岭梅。拂拭尘轩对清绝,愧无锦段报琼瑰。

又六言

破窗有子书鸦,杜门无客尝茶。春事应怜幽独,隔墙飞过杨花。

鲁吉甫

读吕居仁旧诗有怀其人，作诗寄之。

学诗如参禅，慎勿参死句。纵横无不可，乃在欢喜处。又如学仙子，辛苦终不遇。忽然毛骨换，政用口诀故。居仁说活法，大意欲人悟。常言古作者，一一从此路。岂惟如是说，实亦造佳处。其圆如金弹，所向若脱兔。风吹春空云，顷刻多态度。锵然奏琴筑，间以八珍具。人谁与口耳，宁不起欣慕。一编落吾手，贪读不能去。尝疑君胸中，食饮但风露。经年阙亲近，方寸满尘务。足音何时来，招唤亦云屡。贱子当为君，移家七闽住。

周信道

以洪致远屡来问诗，作长句遗之。

君不见，伯伦平生老闭关，只有一颂留人间。怀铅抱椠亦何益，惠子五车终不传。我今所见盖如此，堆案文书藏鼠矢。自知老境要虚心，却笑少时空血指。劳君日日求微诗，试欲把笔心自凝。无盐已老稍识耻，安敢唐突西施为。古人作诗有成法，句欲圆转字欲活。始循规矩后变化，如以金丹蜕凡骨。君试停杯参此语，莫笑前人用心苦。只今孰是前辈诗，风漪作文君记取。

无名氏

绝句

行到山深处，临流一两家。也知春色好，随分种桃花。

大乙峰前是我家，满床书籍旧生涯。春城恋酒不归去，老却碧桃无限花。

侍宴黄昏未肯休，玉阶夜色月如流。朝来自觉承恩最，笑倩傍人认绣球。

姚宽

绝句四首

一雨一风花欲零，在官在私蛙乱鸣。留春欲系金鸦脚，日日日斜楼上情。

花信今吹第几风,香苞未拆牡丹丛。雨声细入窗前树,夜夜夜寒春梦中。

京洛逢春思昔时,翩翩游骑醉中归。平川花柳浓如锦,树树树头蜂蝶飞。

愁将老眼到花稍,独自伤春叹绝交。王谢风流今不见,家家家屋燕成巢。

安晚堂颐上人索春间诗轴,以臂疼,未能录去。姑以偈语展限

转盻湖山忽半年,春莺啼处起秋蝉。诗囊未倒真成债,道眼相看总是禅。壮士不甘弓挂壁,病翁犹有笔如椽。少须定贼茅斋约,恐掉头吟聒夜眠。

又还云岑鲁直诗并见改字诗帖

蟠空健笔虎蚊腾,九折羊肠万马登。裁割爊寒真见圣,牢龙泉石肯输僧。命意得了兔走穴,放字未安狐听冰。句法当头飞棒喝,就渠言下辨三乘。

又读鲁直诗

晚唐诗似晚春景,姿媚有余风骨轻。千岁俄逢古□洗,摩挲篆籀眼增明。

又口占

谁道寒官奉给稀,赍装满路得追随。秋光不与诗肠算,无限江山信笔支。

李龚

偶作

心如野鹿迹如萍,只愿陶陶不愿醒。楚国蕙兰增怅望,雨中岚影洗还青。

独立空山冷笑春,不须歌调更含颦。平原累累添新冢,死者还曾哭送人。

又偶题

杞菊苗香雨足时,芼羹千载忆天随。食盘近觉鱼虾贵,勿笑吴伧啖逐夷。

又偶成

投老谋生未有涯,酸吟空自度年华。人间春雨秋风夜,落叶堪悲似落花。

又读周晋仙诗

句中响处玉珑玲,合使吟人洗耳听。王谢风流今不见,金鹅山下月冥冥。

薛嵎

王民山惠诗

民山名字出,朋辈独推先。不奉寒暄问,于今四十年。传来诗似锦,倏去步如仙。自古山林士,无营貌亦贤。

又谢松冈侄惠诗

韦布名犹盛,诗书不负人。每过临水宅,长想钓鱼身。思苦诗难和,岁寒交始真。乃翁怜病久,余病复兼贫。

卓汝恭刊刘后村先生

选《唐宋绝句》,谩题一绝。

千年风雅存余响,唐宋诸人是似之。好在一章章四句,后村选后恐无诗。

萧元之

与程右史论诗道

我尝论诗始,其道最希夷。神工裂浑沌,声音相雄雌。物理何钜细,人性无妍媸。当其天真发,各鸣志所之。斯民朴未散,粹如玉无疵。老稚壤衢日,君臣赓歌时。下逮雅颂作,间列民风熙。怡愉且密勿,和厚无浇漓。固经圣人择,要匪古义亏。屈宋变赋体,苏李五字诗。七字追迅电,陶谢萦寒漪。虽各骋逸思,犹如观尊彝。但有奇古意,了非斧凿姿。伤心《玉台》后,巧丽争纷披。雕镂以为工,叫噪以为奇。诗乃一技尔,那复古道为。有唐李与杜,切切哀其衰。稍欲复古作,便觉骚些遗。后人好异论,咸酸各行私。白以诡见斥,甫以朴见嗤。那知托奥妙,中有真趣怡。昧昧作者流,行行信且疑。我尝任胸臆,谓自唐无诗。山川或登览,朋友或聚离。颇以悲喜意,吐作塞复辞。岂有肩古作,聊欲支倾欹。子云不可待,赏者又复谁。所以拜坛下,傥令佐鼓旗。庶几皇甫谧,犹能知左思。

又偶成

抛却沧江事远游,独携弓剑上边头。群胡忽遁阴山北,欲渡河冰不自由。

少年鞍马疾如飞,卖尽儒衣买战衣。老去不知筋力减,夜阑犹梦解重围。

叶茵

古意三首

悠悠涧边人，溅溅涧中水。水流无返时，人生流水耳。

逝波不可回，白鸟不可驯。古人成感慨，今人犹古人。

镜空纳风月，心远辞埃尘。终日穷目力，得景亡天真。

又读梅雪村诗

雪村吟有稿，名峻斗牛低。声调唐之上，精神江以西。爱君忧国意，临水傍山题。何代无风雅，人心自鹜鸡。

又偶成六首

春阴晴复阴，因物悟浮生。杜宇乡心重，杨花世事轻。知非蘧伯玉，觉是晋渊明。此意谁人会，骑牛访偶耕。

人门总利名，此地此心清。雨架笔多润，风棂琴自声。虚堂回古味。逆境见真情。脱帽寻蕲簟，酣眠小太平。

江湖千万顷，小艇熟烟波。无梦世情薄，有吟春思多。百年空反覆，两鬓暗消磨。钓叟同吾志，鸣榔柳外过。

世事如今不可知，相逢茶罢且吟诗。无风古鼎香烟直，未午空庭树影迟。袖手好看棋胜败，论心休问酒醇醨。谋居恰与松江近，斫脍羹莼渐及时。

醉敲牛角过前村，此世应无利禄昏。有水可渔田可稼，即松而径竹而门。宾朋连属琴书乐，亭榭参差鸟雀喧。不假山灵回俗驾，惠心同是一乾坤。

留得春风趁马蹄，日长无事绿阴堤。莱花篱落谁家酒，缓辔长歌过小溪。

沙门绍嵩亚愚

口占二首

江上有微径，渔人四五家。野船明细火，宿鸟起圆沙。峡口闻猿夜，秋星见客槎。徘

徊幽兴尽,更觉在天涯。

谷口残春黄鸟稀,野梅山杏暗芳菲。百千幽胜无人见,红白落花相杂飞。

又偶成

谁复知予懒是真,平生百信解甘贫。苦无名位高今世,为有烟霞伴此身。长掩柴荆避寒暑,犹将谈笑对风尘。只今那得王摩诘,状取江湖太古民。

又偶作

孤锡依京寺,悠悠过一生。有山供杰句,无地可归耕。燕竞波中影,棋闲局上声。流年衰此世,寂寞不胜情。

又戏题

地僻人稀到,东郊自养蒙。山遥天接树,夜静竹藏风。岸柳含烟翠,江花脱晚红。诗应是游戏,吟啸不须工。

小阁称幽隐,群峰竞秀尖。村春雨外急。秋色望中添。世事已黄发,忘情付黑甜。从渠造物巧,未怪老夫潜。

又寓题

幽径草初青,无人知地名,征鞍千里远,倚杖一江横。云重欲为雨,风和拗得晴。家家好春色,春色遍空明。

王谌

绝句

紫燕黄鹂兴已阑,薰风庭院绿阴寒。儿童竞说新篁长,只隔前窗懒去看。
午风吹梦过桥西,梦里诗成未有题。睡起不知天早晚,柳风忽送子规啼。

过了荼蘼与素馨,一春风雨欠追寻。却从立夏晴多日,策杖闲来看绿阴。

又无题

草绿花红展绣衾,莱畦一色漾黄金。行行山路情何限,春事三分一半深。

小院风来荷叶香,莓苔绕砌绿阴凉。燕飞低拂琴弦响,惊破一窗幽梦长。

又题刘玉浑诗

万古玉潭水,君何独擅名。多应吟思苦,一似此泉清。山泽供高隐,江湖已著声。小

诗拈未出,更欲与君评。

俞桂

古意

无言情脉脉,美人久相隔。道阻修且长,春草几番碧。凤钗冷鬓云,鸾镜轻云幕。昔为比翼鸟,今作孤飞翮。愁绝寄郎衣,腰瘦裁宜窄。

榴枝黄鸟图

又论诗

大道本无体,何在文字间。《易》从先天画,《诗》自圣人删。流风传益远,后作莫可攀。推敲谁氏子,一字不可闲。

又看先叔祖青松居士仓使诗

儒冠每笑拙身谋,春日因何桂玉留。南浦未思芳草恨,西湖正为落梅愁。四灵去矣今如在,诸老萧然事已休。衣钵青松谁继续,家鸡还复可搜求。

又偶成二首

短发萧萧满镜秋,家居但觉岁时流。两年不见西湖面,笑我寒盟是白鸥。

吹来一叶报秋知,玉露金风正及时。戴了凉巾披野服,桂花香里看唐诗。

又口占

园林绿暗又红稀,蜀鸟啼山笋蕨肥。春夏一番交篆早,锦衣脱了著单衣。

又吟诗

渔溪僻好只吟诗,此意还须识者知。自古岛、郊贫彻骨,诗逢穷处始为奇。

陈必复

五月十三日偶成

富贵真同一蚁丘,宠荣多处独多忧。静观草木自生意,晚爱溪山多胜游。竹岂有情那得醉,鸡宁解语亦能愁。纷纷数子成何事,只合求田问舍休。

又偶成

绕屋栽梅亦可人，最怜夏月绿阴清。前村雨过山如洗，深径风来竹自鸣。涤砚不嫌池水冷，写书爱傍午窗明。近吟未许人知得，且向梅边隐姓名。

又漫赋

篝灯读易听更残，微雨萧萧独闭关。治世岂无谋可献，书生从古命多寒。数茎须为忧时白，一点心犹报国丹。未肯轩裳便尘土，此身翻恐误儒冠。

又读后山诗

百世人参杜陵句，一灯晚得后山传。天寒霜重隼孤击，木落江空花自妍。绝代文章惊此老，半生心力尽他年。后来不作嗟谁继，古意凄凉付断编。

赵汉宗

读陶诗

端居洗尘虑，细读渊明诗。畴昔慕此翁，寤寐忘调饥。此翁非诗人，而有天然姿。纷纷世事中，采采黄菊枝。此语人共赏，此意畴复知。知即翁之徒，高风接皇羲。

有篱可种菊，有琴可无弦。适趣不待声，种菊真偶然。南山有佳气，得意终忘言。薄醅空庭中，一笑凉风前。

又读陶诗罢

一山秋意入柴扉，细读渊明采菊诗。读罢依然成一笑，闲拈野草调儿嬉。

又偶成

负郭二顷田，贸易办丧祭。丧祭幸已周，啼饥坐终岁。长贫固非病，时运矧复尔。幽居日月闲，糜粥胜甘腻。明日春风生，它山蕨薇紫。

曾由基

偶作三首

才退愁无友，时艰悔有家。乡心惭杜宇，世事付杨花。

故山荏苒失归期，颜尚如丹鬓已丝。忆昔师门传拙赋，迄今客路懒工诗。不伤迟暮

无豪举，却喜聪明减旧时。便把蜗庐题退隐，何时买得草堂基。

遣愁时复赋篇章，此是书生习未忘。小吏岂堪人看觑，酒边生怕带诗狂。

又与陈刚父论诗

少陵久矣跨鲸游，近说西江沸不休。双井发源注南海，百川分港失东流。君怀正印高悬眼，我抉玄关笑点头。半世工夫缘底事，旁人却作等闲求。

又答诗友微近诗

寄傲西峰未肯东，论文旧约几时同。不知杰句真何用，便有虚名岂疗穷。珍重远书微近作，疏芜故我欠新功。每惭时辈多豪逸，点笔成章杯酒中。

又题杨敬之赠项斯诗后

今古销沉几项斯，由来作者不祈知。看渠一片怜才意，合把黄金铸敬之。

胡仲参

无题

露重湿征衣，风急翻纱帽。山下灌园人，倚锄看马过。

又偶得二首

挑灯伴寒夜，兀坐竹炉边。赤脚知吟苦，时将山茗煎。

欲问梅花信，山寒去未能。静思天外句，坐对夜深灯。戒酒频添衲，煎茶旋凿冰。月残霜又落，无复叩门僧。

萧澥

写林和靖梅花诗后

西湖幽处卧烟霞，湖里荷花匝四涯。何事先生得佳句，荷花却不似梅花。

又无题

衣缝密密今垂老，襁褓呷呷渐趁行。君纵无情到闺闱，那应母子亦无情。

赵汝遂

偶成

青云得志士,顾指快所欲。万事付杯酒,粉黛贮金屋。嗟我骨相穷,不受富贵逐。嗜欲人所同,有时未免俗。青奴颇专房,高卧擎老足。黄奶最如意,开卷醒困目。暖寒命脚婆,冻衾转阳谷。开樽唤汤妇,新醅温醽渌。始得此四人,明珠不计斛。呼之即来前,相娱不相触。时人皆笑之,画饼岂充腹。我亦翻自笑,竹窗听戛玉。

又无题

人与春俱老,花因雨易残。天涯云万里,肠断倚阑干。

姚镛

杂诗一首

北风日以劲,古道无人行。阳坡树已黄,阴崖草犹青。四时相代谢,谁为此枯荣。揽衣坐幽灯,下有流泉声。听之不成调,挹之有余清。悠悠京洛尘,污人头上缨。

芳庭偶成二首

东风玉勒马蹄轻,多少游人上凤城。燕子不来春寂寞,海棠花发近清明。
渔歌听尽欲狂嗺,一径人家柳影深。天意似嫌花信早,东风吹雨又成阴。

李涛

杂诗四首

滔滔东流水,赴海无归期。亭亭右转日,今兹复来兹。人生寄天地,百年七十稀。思虑复营营,恐为达此嗤。

燕雀贺厦屋,虫蚁慕腥羶。野花引飞蝶,古木来新蝉。秋天百虫吟,春天百鸟喧。翟公真暗事,喜愠见色言。

明主不弃士,我自志山林。爵服岂无华,才疏力难任。鸟向深山栖,鱼由深渊沉。吾亦爱吾庐,高歌复微吟。

深岩有老翁,庞眉须鬓雪。夜半呼我名,授我微妙诀。字画古籀样,体势讹复缺。双眸忽炯炯,须臾竟披阅。至今得其传,心会口难说。

罗椅

读曾景建四诗

骚客诗翁死有灵,君行亦足慰飘零。甫云来共长沙醉,原谓何如泽畔醒。一瓣谁堪续香供,四诗今拟当埋名。黄花红叶秋天晚,想见潇湘野鹭汀。景建道州听读自跋其诗云:已令家人石刻四诗殉葬。

又绝句

岩青树绿块分轧,涧落云寒折以清。二月山基九月桂,江南处处得闲行。

楚山叶脱洞庭波,纫落毛分制薜萝。欲识千秋万古意,前人此句后人哦。

杜旃

读杜诗斐然有作

王泽久沦浃,正声皆雅言。百川忽西流,青黄杂蚁樽。《骚经》吹死灰,明烛日月昏。绮丽兆建安,淳古还开元。夫子握元气,大音发胚晖。明娄失毫芒,神牺隘乾坤。再变六义彰,一日五典焚。上该周南风,下返湘水魂。仲尼不容删,余子何足吞。五季兵戈繁,嘲啾虫鸟喧。颓波既弥漫,新奇尚西昆。吻喙生讥评,神鬼怀愤冤。王苏发醯瓮,黄陈穷河源。煌煌百年间,后学同推尊。时时或尝鼎,往往犹戴杯。仿摹惑铜盘,笺释讹金根。顾予小子旃,独受罔极恩。神融泪交堕,思苦心屡扪。相望五百载,如接颜色温。炉冶无停工,况复忝诸孙。斯文诚傥存,庶以起九原。

邓允端

绝句

楚岸卸轻帆,停舟曲江曲。日暮塞鸿归,春水平桥绿。

陈宗达

绝句

鸟鸣山径晓,凫浴野塘春。一路山礬落,幽香乱扑人。

黄文雷

绝句

乳燕飞飞帘影迟,不晴不雨晚春时。开窗纵目消书困,风送杨花落砚池。

琴剑平生叹薄游,云间春晚思如秋。梦回月浸书窗冷。身在吴松江尽头。

一室如窝且屈蟠,稍加糊冪得心宽。欲教禁足名安乐,只恐难支大暑寒。

莫怪人言济叔痴,东行西去又思归。儿童旧读从温故,一笑今朝到《式微》。

张绍文

绝句

晓云扶日上高梧,一枕春醒困未苏。山鸟不知如许事,隔窗犹自劝提壶。

雨过盘池起绿波,夜来添得几圆荷。单衣不奈春寒恶,却美杨枝挟纩多。

周端臣

偶成

一洒斑斑小雨晴,杖藜随意散幽情。不论城市山林地,才有梅花处便清。

黄敏求

偶成

熨开诗眼静中观,春在虚无杳霭间。风老山樊香世界,日烘踯躅锦屏山。峙粮备岁蜂开户,坚壁防春燕抱关。不被东风相鼓弄,苍波依旧白鸥闲。

葛起文

偶成

止水澄胸次,萧然远俗氛。静求徽外趣,时策酒中勋。风马栏前乐,香狻帐底云。破黄临小草,咄咄逼鹅群。

王志道

五言一首

颇得山居趣,悠然醉复醒。开门延爽气,数竹寄闲情。清磬敲残月,寒潭浴晓星。谁能牵世网,汩汩苦劳生。

朱南杰

因陈梅隐求诗

早岁走江湖,那堪又岁除。隐梅非活计,行李盍宁居。自有珠玑集,不携朝贵书。酬君无好语,索笑谩踌躇。

赵耕夫

论诗有感

未得归山养圣胎,凭谁轻脱出山来。老犹作态经霜柳,静有余妍照野梅。大小易知

惟酒户,浅深难说是诗才。吟翁终欲招田父,止话桑麻共一杯。

陈允中

无题

闲拈红叶欲题诗,待得诗成又懒题。心事不随流水去,月明人在赤桥西。

戴复古

无题

忆闻春燕语雕梁,又听秋鸿叫断肠。一缕沉烟飞不过,两楼相对立斜阳。

又曾景建以诗得罪道州听读

闻说乌台欲勘诗,此身幸不堕危机。少陵酒后轻严武,太白花前忤贵妃。迁客芬芳穷也达,故人评论是耶非。饱参一勺濂溪水,带取光风霁月归。

又读严灿诗"风撼潇湘覆。"非深于
杜诗者不能作此语。"江空雪月明。"
以其一联隐括为对,灿字坦叔。

笔端有神助,句法自天成。风撼潇湘覆,江空雪月明。苦吟聊草草,妙趣若平平。李杜诗坛上,为君题姓名。

胡仲弓

读杜牧之诗

风流不减晋诸贤,涌出胸中万斛泉。吟到秦淮商女句,令人忆杀杜樊川。

张至龙

拟韩偓诗体

一声阿㜷鹧鸪双,学调新词未得腔。拜了夜香郎唤睡,旋收针线背银釭。

张炜

绝句

春醒听子规,枝上惜芳菲。风弄落花片,一帘红雨飞。

莆阳刘氏题洪使君诗卷,陈师复为序。

刻于芹泮士争披,传到茅庐我窃窥。突过韦郎森戟句,高如柳浑采苹诗。日惟坐啸熏沉水,间亦摇毫品荔枝。况有太丘为小序,遥知流布满京师。

又题许介之诗草 益公称其诗

我留鸢踏外,君住雁回边。走仆行千里,敲门授一编。真妍非粉黛,至巧谢雕镌。何必周丞相,男儿要自传。

又敎茂才论诗

诗道不胜玄,难于问性天。莫求邻媪诵,姑付后儒笺。至质翻如俚,庞癯始似仙。吾非肝肺异,先得子同然。

又还杜子野诗卷

老眼昏花废课程,小窗久矣断书声。夜来忽得君诗卷,自起挑灯读到明。

张良

偶题

谁家池馆静萧萧,斜倚朱门不敢敲。一段好春藏不尽,粉墙斜露杏花梢。

又赋

柳暗旗亭不忍看,临江愁杀晋衣冠。伤心明月扬州路,十里朱帘窗草寒。